디테일 사전

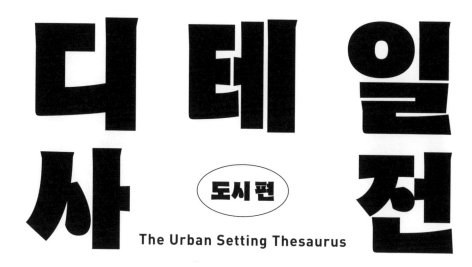

디테일 사전

도시 편

The Urban Setting Thesaurus

안젤라 애커만 · 베카 푸글리시 지음

최세희 · 성문영 · 노이재 옮김

윌북

차례

서문

1   교통

2 도심

3 소매점

4 스포츠, 엔터테인먼트, 전시 및 공연장

5   음식점

온 세상 곳곳의 배경 묘사가 담긴 놀라운 책,
이야기에 생명을 불어넣는 법을 담다

•

곽재식(《한국 괴물 백과》,《곽재식의 미래를 파는 상점》저자)

도대체 어디서부터 무엇을 써야 할지 떠올릴 수 없을 때, 마지막으로 매달릴 수 있는 동아줄 같은 책이다. 떠올릴 수 있을 만한 소설이나 영화 속 장소를 모두 망라해 두었고, 그 장소를 상상할 때 도움이 될 만한 묘사들과 각각의 장소에서 일어날 수 있을 법한 흔한 사건들까지 전부 정리되어 있다. 농산물 직판장에서 잠수함까지, 실내주차장에서 펜트하우스까지 끝도 없이 많은 배경에 대한 디테일이 가득가득 차 있는 책이 바로 이 사전이다.

이야기를 짜다가 막힌다면? 이 책의 아무 페이지나 펼쳐서 무슨 장소가 나오는지 보자. 그리고 주인공을 그 장소에 보낸다면 어떤 재미난 일이 벌어질 수 있을지 책 내용을 보면서 상상해보자. 그래도 뾰족한 수가 떠오르지 않는다면 다른 페이지를 펼쳐보자. 그렇게 해서 수가 생각날 때까지, 온 세상 곳곳을 책 속에서 돌아다니다 보면 이야기를 풀어나갈 실마리를 찾을 수 있다.

친숙하고 편안한 이야기를 만들고 싶다면 이 사전에 나와 있는 추천에 따라 떠오르는 대로 써볼 수도 있고, 독특하고 신선한 이야기를 만들고 싶다면 예시로 나온 이야기를 반대로 뒤집거나 일부러 피할 수도 있고, 중간에 갑자기 다른 방향으로 튀어 오르는 줄거리를 구상하는 작전을 세워볼 수도 있다.

방 한쪽 자리에 앉아 몇 시간이고 글자를 써내는 것이 직업인 작가들에게, 전 세계가 한 권에 담겨 있는 이 책은 그저 뒤적이는 것만으로도 즐거움이 넘친다.

서문

엄청난 오해
: 배경 따위는 아무도 신경 쓰지 않는다고?

강렬한 스토리텔링의 뼈대가 되는 구조를 이야기할 때 언제나 제일 먼저 등장하는 요소들이 있다. 가령 캐릭터는 으레 이 먹이사슬의 최상층을 차지하는데, 맞는 말이긴 하다. 캐릭터와 캐릭터의 감정은 이야기의 종류를 막론하고 독자의 심장을 뛰게 하는 요소니 말이다. 특히 주인공은 독자를 끌어들이는 요소로, 그의 내면세계는 욕구, 욕망, 두려움과 함께 이 모든 것을 뛰어넘는 어떤 성취가 자신의 것이 될 수 있을지도 모른다는 희망이 복잡하게 뒤섞여 있다. 독자는 주인공이 자아 발견이라는 목표를 향해 나아가는 여행길에서 맞닥뜨리는 장애물을 이겨낼 때 공감한다. 그리고 그가 성취감을 만끽할 만한 성과를 거둘 때마다 진심으로 응원한다.

플롯도 중요한 요소다. 주인공의 여정(목표를 좇는 과정에 장애물이나 기회를 제공하는)을 구성하는 외부 세계의 사건이 없다면 독자는 정처도 목표도 없이 우왕좌왕하는 인물을 만날 것이다. 플롯과 캐릭터는 의심할 여지없이 스토리텔링의 양대 거인이다. 여기에 편집자와 스토리 코치가 포함시키는 다른 요소들에는 목소리, 속도, 갈등, 주제, 묘사, 대화가 있다.

그렇다면 배경은? 배경은 이 중요한 계획 중 어디에 끼게 될까?

좋은 질문이다. 경험이 부족한 작가일수록 배경은 이야기에서 사건을 펼치기 위한 정경에 불과하다고 생각하는 우를 범한다. 중요하긴 해도 단어들을 쏟아부어 가며 묘사할 만큼 중요하지는 않으며, 한 장면에 어울리는 배경을 고를 때 큰 신경을 쓸 필요는 더더욱 없다는 식이다. 두

말하면 잔소리지만, 이렇게 생각하다 실패하는 작가가 부지기수다. 배경은 사실 스토리텔링에 있어서 모든 장면에 깊이를 더하는 중요한 요소이기 때문이다. 배경은 독자가 사건에 흡인력 있게 다가가게 해준다. 신중하게 고른 배경은 등장인물의 성격을 암시하고, 숨은 사연이나 전후 맥락을 보강해준다. 또 감정을 전달하고 긴장감을 불어넣으며, 독자에게 잊지 못할 경험을 안겨주는 등, 다방면에서 기능을 발휘한다. 이야기를 읽지 않고는 못 배기게 만드는 모든 요소 가운데 배경이야말로 가장 쓸쓸이가 많으면서도 완전히 활용되지 못한다고 봐도 과언이 아닐 것이다.

그렇다면 작가가 배경을 소홀히 하는 이유가 뭘까? 간단하다. 독자들은 배경에 그다지 흥미가 없기 때문에 묘사가 나오는 대목은 건너뛰기 마련이라고 착각하기 때문이다. 이런 착각에 사로잡힌 작가들은 배경이 해낼 수 있는 것들을 헤아리지 않는다. 배경이 인물의 감정 상태를 바꿀 수 있으며, 깊이를 부여해 스케일이 더 큰 이야기로 만들어줄 수 있음을 보지 못한다. 그래서 배경에 디테일을 부여할 때 독자에게 맥락을 전달하는 정도로 그친다. 물론 맥락은 이야기가 펼쳐지는 장소에 대한 '감'을 전달한다는 점에서 중요하다. 하지만 배경이 스토리텔링의 탁자에 올릴 수 있는 것에 비하면 아주 미미한 수준에 불과하다.

배경을 묘사하는 일은 만만치 않은 과정이다. 이야기 속도를 늦추지 않으면서 보여줄 것과 설명해줄 것을 완벽하게 안배하는 일은 결코 쉽지 않다. 장황한 묘사로 일관하면 독자는 읽지 않고 건너뛸 테지만, 그렇다고 독자가 부족한 묘사 때문에 장면을 머릿속에 그려보느라 진땀 빼는 것 역시 반갑지 않을 것이다. 독자는 인물이 숨 쉬는 세계를 상상해보려고 이리저리 애쓰다 지친 나머지, 책장을 덮고 두 번 다시 들여다보지 않을 수도 있다.

배경 묘사가 중요하다는 점에는 이견이 있을 수 없다. 균형을 '어느 정도'로 맞추는 것이 좋은가는 모든 작가에게 중대한 문제다. 배경의 다양한 기능을 이해하고 최소한으로 최대한의 효과를 발휘하는 법을 터득해야 독자들이 픽션의 세계에 몰입할 수 있다.

그러려면 디테일 두어 개를 뽑아 한데 뭉뚱그리는 것으로는 안 된다. 감각적인 경험을 맛볼 수 있는 배경을 선택해야 한다. 묘사는 생생한 느낌을 전달해 독자가 그와 관련된 기억을 떠올리고, 그렇게 그 장면과 감정적으로 하나가 되었다고 느낄 수 있어야 한다. 이 책에서 그리고 이 책의 자매편인《디테일 사전: 시골 편》을 통해서, 작가들은 배경이 독자를 이야기로 끌어들여 픽션의 인물들과 교감하는 통로를 만드는 방법을 구체적이고 정확하게 배우게 될 것이다.

배경,
성격 묘사를 위한 수단

스토리텔링에서 가장 중요한 점은 독자의 관심을 유발하는 것이다. 작가라면 자신이 창조한 허구의 세계가 독자를 매료시켜 책을 덮은 뒤에도 그들의 마음속에서 오랫동안 살아 숨 쉬기를 바랄 것이다. 그러기 위해서는 창조하려는 세계는 물론 인물들을 심도 있게 탐구해야 한다. 그러면 매번, 독자가 인물의 내면을 헤아리고 이야기에 더욱 빠져들 수 있을 것이다.

주인공을 비롯한 등장인물의 내면을 그릴 때는 설명하기보다 보여주는 쪽이 훨씬 강력한 효과를 발휘한다. 쉽게 말해, 정보를 구구절절 쏟아가며 설명하는 것이 아니라, 독자가 인물의 행동을 통해 그에 대해 파악하는 것이 훨씬 매력적이다. 복수심에 찬 인물을 소개할 때 '서사(내러티브)'를 쓸 수도 있지만, 꼬드겨 낚싯배에 태운 철천지원수의 몸에 휘발유를 끼얹고 불을 붙이는 인물의 '행위'를 묘사하면 독자는 훨씬 매료될 것이다. 인물의 행위, 생각, 감정이야말로 독자를 사로잡는 가장 강력한 무기다. 그럴 때 배경은 독자가 인물에게서 새로운 면모를 발견하도록 이끄는 중요한 역할을 한다.

개인화 : 개인의 됨됨이를 비추는 거울로서의 배경

식품 브랜드, 의약품, 청소용품, 생수, 배터리······. 우리가 실생활에서 마주하는 수많은 '개괄적인' 사물들이다. 우리는 지도에서 얼마든지 찾아 볼 수 있는 곳들에서 시간을 보내기도 한다. 예를 들어, 호수 같은 장소는 스포츠 경기장에서도, 극장에서도, 고등학교 현관 입구에서도 볼 수 있다. 그 호수는 캘리포니아에 있든 캐나다에 있든 상관없이 비슷한 모양일 수 있다. 이런 일반적인 공통점 때문에 이런 배경을 소설에 쓰는 것이 사실이다. 그 덕에 독자는 이야기에 금방 적응하고 그 안의 세부 묘사에 친근감을 느낀다. 덕분에 작가는 인물의 행동 같은 다른 요소에 더 많은 문장을 할애할 수 있다.

작가 입장에서는 독자들이 작품 속 세계를 나름대로 상상하는 것으로 이야기에 참여하길 바라겠지만, 어쩌다 상황이 전환되는 장면이라면 모를까 그런 게으름을 부려서는 안 된다. 의미를 담아 묘사하기가 귀찮아 일반적인 특징을 대충 늘어놓는다면 독자를 기만하는 것일 뿐만 아니라, 더 깊은 공감대를 끌어낼 수 있는 귀중한 기회를 놓치게 된다.

분위기를 전환하는 배경이 아니더라도, 어떤 장소가 장면에 중요한 역할을 한다면 고유한 개성을 부여해야 한다. 어떻게 할 수 있을까? 주인공의 발판이 되는 배경을 개인화하고, 주인공이 어떤 인간인지 알려주는 것이다.

배경의 종류에 따라 개인화하기 쉬운 것이 있고 어려운 것이 있다. 배경이 인물의 집이나 일터라면 그 인물의 성격, 관심사, 취미, 가치관, 신조 따위를 보여줄 만한 세부적인 것들로 채우기가 쉬운 편이다. 사무실이나 작업실에는 보통 규격화된 사무용품들이 있다. 하지만 그것 말고도 휴가 날짜에 의욕적으로 동그라미를 친 달력과 주변에 다닥다닥 붙은 지난 여행 사진들은 인물에 관해 많은 것을 이야기해준다. 신입 사원이라면 자신의 직업에 아직 큰 애정을 갖기는 힘들 것이다. 일과 생활과 보상으로서의 여행을 잘 안배하려는 의지도 남다를 것이다. 사진을 자세히 들여다보면 더 많은 것을 알아낼 수 있다. 스키를 좋아한다거나, 어린 자녀가 있거나, 음주벽이 있거나 하는 것들 말이다. 이런 인물은 사무실의 자기 공간을 "행운은 위험을 무릅쓰고 도전하는 자의 것이다" 같은 동기 부여 포스터만 달랑 걸려 있을 뿐 먼지 하나 없이 깔끔하게 유지하는 사람과는 판이하게 다를 것이다. 이런 인물이라면 독자는 으레 일에 많은 시간을 할애하고, 고도로 조직적이고 기회주의적이며, 직업을 보다 높은 위상으로 나아가는 발판으로 여기는 사람이라고 예상할 것이다.

대단하지 않나? 이렇게 익숙하거나 친숙한 공간이 배경인 경우에도 사적인 항목들을 배치하는 것으로 인물이 어떤 사람인지를 여러 면에서 보여줄 수 있다. 독자는 인물이 알아차리는 것, 감지하는 것, 머무르는 장소와 그곳에서 주고받는 영향을 통해 그가 무엇을 중요하게 생각하는지 알 수 있다.

한 여자가 상점들이 늘어선 대로에서 택시를 기다리는 상황을 상상해보자. 크리스마스가 코앞이라 상점 밖에 달린 스피커에서는 캐럴이 흘러나온다. 상점 문이 여닫힐 때마다 색색의 장식들과 반짝거리는 리본들이 펄럭거리고, 이따금씩 흩날리는 눈가루가 모든 것을 깨끗하게 보이게 한다. 오늘 그녀는 일주일 만에 외출을 했다. 최근 유산을 했는데 병원 예약 때문에 집을 나선 것이다. 작가는 이런 배경을 어떻게 '개인화'할 수 있을까? 그녀가 처한 민감한 상황을 '암시'만 하면서 그녀의 됨됨이와 신념을 어떻게 보여줄 수 있을까?

린다는 연석에서 노란색 택시를 찾아 오가는 차량들을 연신 훑고 있었다. 그녀 뒤로 크리스마스 쇼핑 목록에 적힌 물건들을 사기 위해 이른 오후부터 부산을 떠는 사람들이 부츠 신은 발로 눈길을 지나는 소리, 추운 날씨에 유난히 더 버스럭거리는 쇼핑백 소리가 들렸다. 상점 스피커마다 흘러나오는 경쾌한 캐럴에 그녀는 견딜 수 없을 정도로 목이 메었다. 이 세계가 저 평범하고 당연한 모습을 그녀의 얼굴 앞에 한 치만 더 들이민다면…… 아무도 없는 곳으로 도망쳐 비탄에 젖고 싶을 뿐인 심정 따윈 아랑곳 않고 한 번만 더, 그것이 무엇이건, 그녀를 향해 기관차처럼 돌진해온다면…….

병원에 다녀온 것만으로도 기력이 바닥난 터라 오로지 집에 가고 싶은 마음뿐이었지만, 그녀 앞을 지나는 택시는 하나같이 손님이 타고 있는 것 같았다. 결국 포기하고 가까운 버스 정류장에 갔을 때, 장난감 가게 앞에 혼자 서 있는 한 남자아이가 보였다. 걸음마를 뗀 지 얼마 되지 않은 어린 아이의 모습에 그녀는 숨이 막혔다. 쇼윈도 불빛이 깜빡일 때마다 함께 빛나는 뺨, 뒤꿈치를 한껏 든 두 발, 보드라운 입김에 부예진 유리창. 쇼핑 객들은 아이에게 눈길 한 번 주지 않고 지나갔지만 그녀는 뱃속에 뭔가 묵직한 것이 자리 잡는 것 같았다. 아무도 멈춰 서지 않다니. 아무도 저 아이에게 손 한 번 뻗지 않다니. 아이를 지켜봐주는 사람이 하나도 없다니. 아이의 부모는 어디 갔지? 아무나 다가가서 아이를 들쳐업고 간대도 눈 쌓인 건물 턱에 난 장갑 낀 손자국 말고는 아이가 거기 있었다는 사실을 말해줄 건 아무것도 없었다.

린다는 누가 떠밀기라도 한 것처럼 아이를 향해 발을 뗐다. 뜨거운 열이 기둥처럼 몸을 관통하는 것 같았다. 아이에게 막 다가간 순간, 스페인어로 소리치는 여자 목소리가 들렸다. 아이가 빙그르르 돌더니 연석에 주차된 차를 향해 달려갔다. 아이의 엄마가 다른 아이 둘을 차에 태우고 있었다. 아이가 폴짝폴짝 뛰고 뒤뚱거리며 뒤쪽의 쇼윈도를 가리키자, 엄마는 한바탕 웃더니 아이를 그대로 차에 태웠다.

린다는 몸을 떨며 아이를 태운 차가 떠나는 모습을 지켜보았다. 그러고는 한 손으로 이마를 짚고 조금 전의 장면을 되짚었다. 어떻게 된 상황인지 전혀 눈치채지 못한 자신을 이해할 수 없었다. 그토록 빤한 상황을 전혀 다르게 해석하고 착각하다니. 아이 엄마의 차가 떠난 빈자리에 다행히 택시 한 대가 서는 바람에 그녀는 다른 사람이 타기 전에 재빨리 택시에 탈 수 있었다. 집에 가고 싶은 마음이 그렇게 절실한 적도 없었다.

　이 장면은 배경 '안에서' 성격 묘사를 하는 데 필요한 항목들이 담겨 있다. 린다에 대해 밝혀진 건 무엇인가? 그녀는 유산 때문에 여전히 깊은 비탄에 잠겨 있고, 상실감을 더욱 깊게 만드는 크리스마스 분위기에 화가 나 있다. 그러면서도 택시를 못 잡자 버스 정류장을 찾는 모습을 보면 실리적인 면도 있다. 이때 등장하는 남자아이는 그녀의 내면 깊숙이 내재된 모성 본능을 유발시킨다. 아이와 아이 엄마가 소통하는 장면에서 독자는 린다가 원하지만 아직 갖지 못한 것이 무엇인지 알게 된다. 이 배경은 구체적인 세부 사항들을 거쳐 인물의 내면을 드러내는 시공간이 된다. 독자는 배경을 통해 인물에 감정이입 하게 되며, 인물의 동요하는 내면을 본인 못지않게 생생히 경험한다.

　독자를 위해 배경을 채색할 때는 '겉치레'에서 그치지 말고 더 나아가 고민하자. 주인공의 심리를 반영할 수 있는 배경을 생각해보고, 주인공의 머릿속 깊이 들어가자. 그리고 독자가 주인공의 내면 깊은 곳에 있는 진실을 발견할 세계를 일굴 수 있는 방법을 모색하자.

심층 관점 : 감정을 파고드는 강력한 수단

'심층 관점deep point of view'이라는 말을 들어봤는가. 카메라 렌즈를 줌인해서 클로즈업 촬영을 할 때와 비슷하다. '심층 관점'은 이야기에서 관점을 주도하는 인물, 다시 말해서 '시점 인물(주로 주인공)'의 내면에 직접 들어가 감정을 심층적으로 묘사하는 것을 뜻한다. 이 기법은 섬세한 성격 묘사를 가능하게 해주며, 독자는 인물이 보고 느끼는 것을 자신이 보고 느끼는 것처럼 받아들일 수 있다. 그래서 인물이 감지하는 것, 생각하는 것, 믿는 것, 감정을 쏟는 대상, 가치 판단을 공유할 수 있게 된다. 이 관점을 잘만 활용하면 독자는 일련의 사건 속에서 시점 인물이 겪는 경험에 몰두하게 되며, 그러는 동안 사실과 허구의 경계선도 흐릿해진다.

모든 이야기에 '심층 관점'이 쓰이지는 않지만, 작가들은 인물과 독자의 거리를 좁히는 기술을 연마해야 한다. 그러려면 상황을 능숙하게 조종할 줄 알아야 하는데 배경은 그 일을 용이하게 해준다. 배경이 주인공의 감정을 반영해 묘사될 때, 장면이 생생해지기 때문이다. 배경의 세부 항목을 거쳐 주인공의 감정과 감각을 포착할 때 독자는 이야기의 진정한 일원이 된 기분이 든다. 다시 말해 장면에 어울리는 배경은 사건을 펼쳐나가고 독자와 인물의 유대감을 증폭하는 데도 중요한 역할을 한다.

이후에 더 설명하겠지만 '심층 관점'을 활용한다는 건 감각 묘사가 이야기에 중요하다는 것, 그리고 배경에 감정적 가치emotional value가 포함되는 과정을 제대로 이해하고 있음을 뜻한다. 이 과정을 통해 배경은 주인공을 비롯한 소설 속 인물들과 특정한 감정적 연대를 형성하게 된다. 그 결과 장면의 밀도가 높아지며 특정한 의미를 띠거나, 상징으로 기능하게 된다. 그렇기 때문에 배경이 과거에 겪은 어떤 특정한 일화나 사건을 상징하고, 그 경위를 상기시키고, 그로 인한 느낌을 불러일으키는 것이리라. 한 인물이 업무상 중요한 점심 식사를 하게 되었는데, 약속 장소가 하필이면 예전에 애인에게 청혼을 했다가 거절당한 식당이라고 상상해보자. 이미 몇 년 전 일이지만, 그는 상처 받았던 감정이 되살아나면서 평소와는 다른 언행을 보일 수도 있다.

배경이 주인공과 개인적인 접점이 없다 해도 배경을 가장 먼저 내세워 분위기mood를 연출할 수 있다. 그러려면 인물과 독자가 느끼길 바라는 특정한 감정(두려움, 평온함, 불편함, 자부심 등등)을 강화할 만한 감각 묘사를 선택하면 된다. 빛과 그림자, 보편적인 상징, 날씨 등의 기법을 통해 분위기를 연출할 수도 있다. 그 방법은《디테일 사전: 시골 편》에서 상세히 설명했다. 감정적 가치가 서사 안에 의도적으로 포함되어 있든 분위기를 통해 추가되든, 감정을 불러일으키는 배경을 선택하는 것은 중요하다. 인물이 자신을 둘러싼 환경에 대해 갖는 느낌은 그 장면에 현실성을 더할 뿐만 아니라 독자를 이야기 속으로 끌어들이기 때문이다.

그렇다면 어떤 과정을 통해 이런 감정적 가치를 만들 수 있을까? 우선 특정한 장면에 가장 잘 어울리는 배경을 고르기 위한 브레인스토밍을 시작하자. 해당 장면에서 어떤 일이 벌어질지, 그럴 때 어떤 감정이 적절한지 파악하면 된다. 첫 번째로 주인공이 그 장면에서 정한 목표를 확인하라. 인물이 반드시 해야 하는 일이나, 깨닫거나 성취하는 것은 무엇인가? 그리고 작가로서 주인공과 다른 인물들이 서로 어떤 감정을 느끼며 관계를 맺게 되기를 바라는가? 이런 질문에 대한 대답을 알고 있다면, 그 장면이 자리 잡을 만한 배경의 여러 유형을 상상하자. 이때의 배경은 이야기와 어울리고, 인물이 방문할 만한 위치에 있어야 한다. 필요하면 목록으로 만들어라. 고민 없이 딱 떠오르는 배경이 가장 확실하기는 하지만, 좀 더 깊이 파고들면 더 창의적이고 흥미로운 후보들을 만날 수 있다.

몇 가지 선택지를 마련했다면, 그 배경들을 하나씩 살펴보며 어떻게 묘사해야 인물이 감정을 통해 드러내는 반응이 보다 실감 날지 고민하라. '긴장'도 그중 한 반응이 될 수 있다. 해당 장면에서 일어날 상황에 인물이 균형을 잃는 것이 의도라면 말이다. 또는 인물이 감을 잘못 잡는 바람에 임박한 상황을 내다보지 못하는 상황이 필요할 수도 있다. 어느 쪽이든 배경을 묘사하기 위해 고르는 세부 항목들이 인물의 감정을 원하는 방향으로 이끌도록 도와줄 것이다.

마지막 단계는, 장면에서 일어나는 결과로서 인물이 무엇을 깨달을지, 아니면 어떤 행동을 취하게 될지를 생각하라. 이때 인물이 결정을 내리거나 행동을 취하도록 감정을 고무시키는 요인들을 포진하는 것만으로도 마지막 장면의 결과를 강화할 수 있다.

비즈니스계의 거물인 부모의 성화로 자금 투자 회사까지 경력을 쌓은 남자를 상상해보자. 성공에 눈이 먼 부모를 마침내 만족시킬 만큼 대단한 직책을 제안받았는데, 하루가 멀다 하고 출장을 다녀야 하는 일이라 가족을 꾸리는 건 포기할 수밖에 없다. 하지만 사랑하는 아내와 예전부터 아이를 입양하는 문제로 고민해온 터다. 새 일을 하게 되면 그 꿈은 접어야 한다.

선택의 기로에서 고민하는 그를 결정을 내리는 데 계기가 될 감정들이 생길 만한 곳에 배치해보자. 그가 어렸을 때 부모님이 데려가던 공원처럼 감정적 가치를 제공할 수 있는 곳을 선택할 수 있다. 아니면 그의 사무실이 있는 고층 건물 건너편의 놀이터를 선택해 그가 거하는 두 세계를 대비시켜도 좋다.

두 장소 모두 결정의 계기가 될 만한 감정을 배치하는 데 요긴한 기회를 제공할 것이다. 그가 놀이터에서 미끄럼틀을 타고 축구공을 차며 노는 아이들을 눈여겨보는 장면을 상상해보자. 또는 콘크리트 길 주변에서 유아차를 밀고 다니는 젊은 부부를 본다고 상상해보자. 그는 이런 모습을 보며 제안받은 자리를 거절하고 가정을 꾸릴 때 가능한 미래를 그려보게 될 것이다. 물론 감정 말고도 배경에서 다른 계기를 선택할 수도 있다. 공원에서 한 아버지가 아들이 연을 띄우는 데 성공하자 머리칼을 헝클어뜨리며 쓰다듬어주는 모습은 우리의 주인공이 아버지에게 인정받고 싶은 마음을 대변해줄 수 있다. 정장 차림의 나이 지긋한 남자가 점심 시간에 산책을 하며 휴대전화로 통화하는 광경은 어떨까. 상대편의 기선을 제압하는 남자의 모습을 보며 그는 자신이 지금 이력을 고수할 경우 걷게 될 미래를 상상할 수 있다. 부유하고, 능력 있고, 존경받지만 기댈 사람이 없는 쓸쓸한 인생.

장면에 어울리는 강렬한 배경을 선택한 뒤, 위에서 예를 든 계기들을 심어주는 것으로 밀고 당기는 효과, 다시 말해서 인물의 내적 갈등을 강조할 수 있다. 배경과 조응하는 주인공을 통해 작가는 그의 행동을 이끄는 욕구, 욕망, 윤리적 신념, 두려움에 전념할 수 있다. 주인공이 이런 계기들에 반응하는 모습에 따라 그의 성격이 자연스럽게 드러날 뿐만 아니라, 과거에 일어났으나 여전히 그를 지배하는 상처 받은 경험을 암시할 수 있다.

배경의 감정적 가치와 가능한 계기들을 평가하는 가이드가 필요하다면 부록 A를 참조하라.

주인공 이외의 인물들의 성격 묘사

배경은 주인공이 아닌 다른 인물들의 특성, 태도, 신념, 감정을 드러내는 데도 쓰인다. 후자의 경우에는 심층 관점에서 쓰는 게 아니라면 어려울 때가 종종 있다.

망자의 추모 모임이나 경야에 참석해본 적이 있는가? 장례식만큼 전혀 다른 성격들이 등장하고 섞이는 상황도 드물 것이다. 장례식이 끝난 뒤 가족 친지와 친구들이 다 함께 조의를 표하는 상황은 빨갛게 달아오른 숯불로 가득한 침대와 다름없다. 떨어져 지내던 사람들이 한자리에 모인 건 곪은 상처를 터뜨리라고 판을 까는 것이나 다름없다. 스트레스, 비탄, 여기에 알코올까지 가세하면 하지 않는 편이 좋았을 말도 꺼내게 된다. 대화가 계속되다 숨겨두었던 비밀들이 튀어나오고 언쟁이 오가면서 해묵은 싸움으로 번지거나 새로운 반목의 계기가 되기도 한다.

다음 사례를 보자. 어머니가 세상을 떠나면서 떨어져 있던 가족—가까이 살거나 멀리 살며 그중 몇몇은 연락도 잘 안 하고 지내던 형제자매, 친인척—이 식사 때 함께 모이고 경야를 지내게 되었는데 시간이 지날수록 각기 다른 관점으로 추이를 지켜보게 된다. 주인공의 눈으로 이 모든 과정을 포착하기란 결코 만만치 않겠지만 배경을 통해 방법을 찾을 수 있다.

로라에게 응접실은 단연 집 안에서 가장 추운 공간이었다. 옅은 민트색 페인트를 칠한 벽과 얇은 레이스 커튼 때문에 더욱 싸늘하게 느껴지는 냉기가 어머니의 오래된 소파와 생전에 누구도 못 밟게 했던 오리엔탈풍 양탄자를 휘감고 있었다. 생기 없는 공간에 온기를 불어넣으려는 듯 누군가 벽난로에 불을 지폈지만, 탁탁 소리를 내는 불길로 방을 덥히기란 역부족이었다. 이는 창밖에서 원을 그리며 흩날리는 1월의 눈보다는, 로라와 함께 있는 사람들 탓이 컸다.

태미와 릭은 윙백 공격 대형으로 구석에 진을 치고선 사뭇 당당한 태도로 손님들이 도착하길 기다리고 있었다. 낮은 목소리와 로라를 바라보는 날카로운 눈길로 판단컨대 그녀 이야기를 하고 있는 것이 분명했다. 어머니가 그녀에게 집을 물려주는 바람에 열외로 밀려난 형제들은 그녀가 작년에 어머니를 간병하면서 뭔가 수를 썼다고 생각하는 눈치였다. 진실을 말하자면, 어머니의 결정에 누구보다 놀란 사람은 로라 자신이었다. 집은 당연히 찰리의 차지일 거라고 생각했다. 어머니가 티 나지 않게 가장 사랑했던 막내 말이다.

로라는 도자기 잔에 담긴 뜨거운 차를 한 모금 마시면서 서가 앞에서 책들을 훑어보는 척하고 있을 찰리를 찾았다. 구부정하게 선 찰리의 모습은 그녀가 얼마 전 그쪽 벽에 건 사진 액자를 발견했음을 말해주고 있었다. 앨런의 사진이었다. 네 살에 뇌막염으로 세상을 떠난 찰리의 쌍둥이. 로라는 벽로 선반 뒤로 밀려나 있던 앨런의 사진에 제자리를 찾아주었다. 앨런의 사진은 그전까지 태미의 가족사진들에 가려져 있었는데, 분명히 태미의 소행이었다. 사진 액자의 먼지를 종종 청소한 로라는 어머니가 생전에 가족사진을 배치하면서 누구 하나 편애하지 않고 늘 공평했음을 알

왔다. 하지만 정작 태미는 그런 어머니의 뜻을 이해하지 못했다.

로라는 방을 가로질러 찰리에게 갔다. 아까 태미가 턱없이 짧은 치마 차림에 하이힐 신은 발로 들어섰을 때처럼 마룻바닥이 삐걱거리는 소리가 나지 않도록 조심스레 걸었다.

찰리의 등에 한 손을 얹으며 로라가 말을 건넸다.

"괜찮니?"

"이 사진 찍었을 때 기억나?"

남동생은 매끈한 황금색 액자 틀을 엄지로 훑었다. 색이 바랜 사진 속 앨런은 단풍나무의 낮게 드리워진 나뭇가지에 두 팔을 매달듯 걸친 모습이었다. 당시에 어린 묘목이었던 나무는 지금은 집 지붕보다도 높이 자라 있었다.

"당연히 기억하지. 앨런이 사고를 치면 5분도 안 돼서 네가 꼭 따라 했잖니."

"유일한 차이라면, 앨런은 나처럼 팔이 부러지진 않았다는 거지."

찰리는 입가에 미소를 띠고, 눈물이 그렁그렁한 채 사진을 다시 선반 위에 놓았다. 로라는 어머니의 죽음이 그로선 내키지 않는 이야기를 꺼내게 만들었다는 생각이 들었다. 찰리는 당시에 너무 어렸기 때문에 쌍둥이로 사는 각별한 의미를, 박탈당하기 전까진 실감하지 못했다.

초인종이 울렸지만 로라는 개의치 않았다. 마리사가 나갈 것이다. 찰리의 아내는 사람들을 접대하고 아이들을 보살피기 위해 태어났다고 해도 과언이 아닐 정도라 로라는 기꺼이 올케가 나서게 했다.

복도에서 신발에 묻은 눈을 털고 들어와 코트를 벗는 조문객들의 목소리가 들렸다. 그들이 든 포일 덮인 고기찜 접시에서 마늘과 세이지 냄새가 풍겼다. 형식적인 대화와 온갖 자질구레한 절차들. 다른 이의 눈치를 보지 않고 마음껏 슬퍼할 수 있을 때까지 감내해야 하는 것들에 로라는 가슴이 옥죄었다. 앞으로 얼마나 더 버텨야 할까.

그녀가 든 잔이 받침 접시에 부딪쳐 계속 딸깍거리자 찰리가 재킷에서 무언가를 꺼냈다. 찰리는 백랍으로 된 휴대용 술병을 그녀의 금색 도자기 잔 가장자리에 대고 기울였다. 스카치위스키의 후끈한 열기가 휘감자 막내와 맏이는 서로에게 미소를 지어 보였다.

이 글에서 배경의 요소들은 독자를 장면에 몰입하게 만들 뿐만 아니라, 인물의 성격과 감정을 드러내준다. 각 인물이 배경에 조응할 때, 이야기가 로라의 시점에 고정되어 있음에도, 그들의 됨됨이와 그들이 느끼는 것을 알 수 있다. 상징들이 통합되면 인물들이 느끼는 바를 이미지화 하는 데 도움이 된다. 방을 묘사하며 선택한 세부적인 요소들—옅은 민트색 페인트, 레이스 커튼, 누구도 밟지 못하게 했던 양탄자, 심지어 바깥 날씨까지도—은 이 장면이 어떤 분위기인지 보여주며 가족임에도 데면데면한 사이라는 것을 강조한다. 벽난로 선반에 놓인 사진의 배치 방식을 보면 어머니가 공정한 성격이었음을 알 수 있다. 하지만 응접실을 이런 분위기로 꾸몄다는 점에서는 까다롭고, 어쩌면 냉랭한 면도 없지 않았으며, 그런 성격이 지금의 가족 관계에 어떤 요인으로 작용했을지도 모른다. 특히 앨런의 사진은 가족이 공유하는 상실감을 상징하는데, 이렇게 짧은 예시만으로도 과거의 거대한 사건을 드러낼 수 있다.

사진을 두고 주고받는 대화와 감정, 그다음에 등장하는 휴대용 술병은 로라와 찰리가 가까운 사이임을 보여준다. 태미와 릭은 그들끼리 험담을 하는 모습이나 골라 앉은 자리를 통해 성격이 오만함을 알 수 있다. 특히 자기 가족의 사진을 가운데로 옮긴 태미의 행동은 많은 것을 말해준다. 그리고 로라가 어머니를 간병했다는 사실을 알지 못한다 해도 앨런의 사진에 정당한 자리를 찾아준 행위는 그녀가 가족을 돌보는 위치에 있음을 알게 해준다.

이렇듯, 묘사의 선택지들과 배경은 제대로 잘 쓰기만 하면 특히 성격 묘사와 분위기 연출에 있어서 독자들에게 정말 많은 의미를 능동적으로 전달해준다.

배경 :
'어디WHERE'의 중요성

이야기의 배경을 '어디'로 설정할 것인가. 이는 작품 전체의 분위기에 영향을 끼칠 수 있는 문제다. 이때 이야기의 장르는 장소의 범위를 정하는 데 도움이 된다. 예를 들어, 청소년 소설을 쓰고 있다면 고등학교가 배경이 될 확률이 크다.

하지만 모든 일화와 사건이 학교에서만 벌어지는 것은 아니다. 주인공의 인생에서 중요한 사건이라 할 만한 것들은 다른 곳에서도 일어나기 마련이다. 집, 아르바이트를 하는 곳, 친구들과의 모임 장소, 데이트 장소, 한 곳에서 다른 곳으로 옮기는 과정 등등. 그래서 장면마다 다른 배경들을 선택하게 되는데, 자신이 쓰고 있는 이야기에서 중요한 사건이 무엇인지 아는 것이 선택에 도움이 된다. 장면에 딱 들어맞는 배경은 악보와 같아서 분위기, 상징, 개인화의 과정을 거쳐 장면마다 감정의 강도에 깊이를 더해준다.

이때 주인공이 선택지들을 줄이는 데 도움이 될 것이다. 주인공이 인기 많은 사람인가? 그렇다면 집에서 열리는 파티나 견학을 간 곳에서 심오한 깨달음을 얻는 계기를 만날 수 있다. 주인공이 수줍음을 많이 타는가? 내향적인 성격인가? 그렇다면 수업이 끝난 뒤, 돈을 벌려고 성격과 맞지 않는데도 일하고 있는 아이스크림 가게, 또는 자기 집 뒤뜰에서 다른 사람들과 대면하게 될 가능성이 높다.

한 장면에 어울리는 장소를 찾으면서, 자신이 선택한 장르가 허용하는 배경들이 너무 전형적이라는 생각에 답답해하는 작가가 있을지도 모른다. 하지만 창의성을 발휘하면 장면마다 완벽하게 어울리는 장소, 사건을 더하여 더없이 큰 충격을 주는 장소들을 찾을 수 있다. 그렇다고 매번 독자들이 소설에서 좀처럼 접해보지 못했을 광대하고 화려한 장소들을 골라야 한다는 의미는 아니다. 지극히 세속적인 장소도 강렬한 흡인력을 가진 배경이 될 수 있다.

로리 홀스 앤더슨의 소설 《말해 봐》에서, 주인공 멜린다는 대부분의 시간을 학교에서 보내지만 얼마 전에 겪은 충격적인 사건 때문에 말 그대로 모든 것에서 소외된다. 작가는 학교에서 멜린다가 도피할 곳을 마련하는데 다름 아닌 관리인의 창고다. 외상 후 스트레스 장애(PTSD)에 시달리는 멜린다는 줄곧 그곳을 찾으며 부서진 자신을 추스르려 한다. 흔히 택할 만한 도피처라고 할 수 없는 이곳은 멜린다뿐 아니라 그녀를 지켜보는 독자들에게도 마음 놓고 휴식을 취할 곳이 되어준다.

배경이 주인공과 감정적으로 연대한다면, 얼핏 따분하고 단조로워 보여도 얼마든지 재발견될 수 있으며, 독자에게 놀라움과 새로운 경험을 안겨줄 수 있다. 배경을 선택하느라 고민하고 있다면, 직접 답사해보길 바란다. 마음에 떠오르는 여러 가지 장소들을 살펴보면 최상의 결정을 내릴 수 있을 것이다.

배경의 선택이 감정의 '한 방'을 좌우한다!

이제 배경이 인물의 성격을 보여주는 데 중대한 역할을 한다는 점, 그리고 독자를 이끌어 인물의 행동에 동참하게 한다는 점을 이해했을 것이다. 하지만 플롯을 짜느라 머리를 쥐어뜯다 보면 '쉬운 길'을 가고 싶어지는 것도 무리가 아니다. 고민 없이 선택한 배경에 인물들이 다행히 어울리기를 바라면서 말이다. 유혹에 넘어가선 안 된다. 강력한 한 방이 있는 이야기를 쓰고 싶다면 딱 들어맞는 배경을 고르기 위해 고심해야 한다. 인물 간의 상호작용이 대수롭지 않은 대화로만 이루어져 있더라도 마찬가지다.

이해를 돕기 위해 예를 한 가지 더 들겠다. 우리의 주인공 메리는 어린 시절에 살았던 집에 막 돌아왔다. 상담사의 조언에 따라, 어린 시절 그녀에게 물리적 폭력을 가했던 아버지와 대면하기 위해서다. 메리의 목표는 아버지를 직접 만나서 그가 얼마나 모진 상처를 주었는지 알리고, 아물지 않은 상처를 봉합하고 과거사로 정리하는 것이다. 이 장면에서 나눌 대화는 장소가 어디든 감정의 동요가 극심할 것이라는 점은 쉽게 예상할 수 있다. 그럼에도 긴장감 넘치는 장면을 연출하겠다는 일념으로 '특이한' 배경을 고르겠다면 말릴 이유가 없다! 이 장면은 다양한 곳에서 벌어질 수 있다. 공항까지 마중 온 아버지와 함께 돌아가는 차 안일 수도 있고, 아버지가 최근 만든 카누를 사포로 다듬고 있는 작업실일 수도 있고, 식사를 하는 부엌 식탁일 수도 있다.

이 중에서 메리의 감정을 가장 크게 자극할 만한 곳은 어디일까? 예를 들어, 이 가족이 잘못된 교리에 빠진 나머지 "매를 아끼면 애를 망친다"는 신조에 따라 자녀에게 체벌을 가하는 것을 정당하게 여겼다면 이러한 교리의 상징이 부엌문에 떡하니 걸려 있을 수도 있지 않을까? 혹은 부엌 벽에 이러한 신념을 드러내는 경구가 십자수 액자로 걸려 있을지도 모른다. 바로 이곳에서, 메리는 어린 시절에 매를 맞은 적이 있는데 고작 식사를 마치기 전에 물을 마시겠다고 한 것이 이유였다. 이럴 때 부엌이라는 흔해빠진 장소는 부정적인 기억으로 뒤범벅된 매우 강렬한 배경이 될 수 있다.

여기에서 만족하지 말고 또 다른 선택지를 살펴보자. 배경은 메리 아버지의 작업실이 될 수도 있다. 메리는 아버지 손에 여기까지 끌려와 매를 맞으며 제발 때리지 말라고 울며 애원했었다. 그런 기억 때문에 메리는 이곳을 보기만 해도 불쾌해질 테고, 독자들도 덩달아 긴장하게 될 것이다. 작업실에서 벌어지는 일들은 그녀를 학대의 기억으로 이끌지만, 그녀가 이곳에서 아버지에게 맞선다면 과거의 상처에 매몰되지 않고 미래로 나아가리라는 힘 있는 선언이 될 것이다.

세 번째 선택지는 차 안에서 나누는 대화 장면이다. 메리가 싫어도 들어야 하는 청중이 된다는 것을 의미한다. 아버지는 딸의 비판을 견디지 못한다. 딸의 어린 시절을 악몽으로 만들었다는 자책감을 지우지 못한다. 딸과 함께 차에 있는 지금, 그는 자신의 일그러진 과거와 대면해야 한다. 하지만 앞서 말한 두 배경과 달리, 지금의 배경은 둘의 대화에 강렬한 분위기를 더하지 못한다. 메리와 감정상의 접점이 없기 때문이다. 반면 메리가 잘못된 종교적 신념이 뒤집어씌운 멍에 때문에 억압받는다고 느끼던 부엌을 선택하면 한층 강렬한 분위기가 형성될 것이다. 그리고 메리는 학대로 무너졌던 자존감을 회복하려고 애쓸 것이다. 마찬가지로 작업실이라는 배경은 메리를 무차별하게 공격하는 과거의 기억을 해결하는 시험대가 될 것이다. 결국 부엌과 작업실이 아버지와 딸이 자동차에 갇히다시피 대면하는 '손쉬운' 배경보다 강렬한 분위기를 보장할 것이다.

이렇듯 우리는 인물에게 남다른 의미를 가진 배경을 선택하고, 벌어지는 사건에 강렬한 전후 관계를 제공함으로써 해당 장면에 감정을 부여하고, 인물이 능동적이고 자연스럽게 내면을 드러내도록 연출할 수 있다.

배경,
사연을 전달하는 도구

성격 묘사의 깊이를 더하고 주인공의 동기를 이해할 근거를 제공하려면 '사연backstory'을 소개해야 할 때가 있다. 사연은 인물의 결정적인 경험이자 소설이 시작하기 전에 일어난 사건으로, 필요한 정보임에도 이야기에 찰떡처럼 갖다 붙이기가 쉽지 않다. 정확히 알고 다루지 않으면 지뢰밭을 건드리는 꼴이 되기 쉽다. 사연에는 두 가지 유형이 있다. 독자도 눈치챌 수 있을 만큼 가시적인 사연visible backstory과 작가만 알고 있는 숨은 사연hidden backstory.

숨은 사연은 작가가 인물에 대해 마땅히 알고 있어야 할 정보다. 인물이 좋아하는 것과 싫어하는 것, 취미와 여가 활동, 가장 큰 두려움의 근원, 가장 깊은 상처의 원인 등. 사연에는 과거에 해당 인물에게 영향을 끼친(좋은 영향, 나쁜 영향 모두) 다른 인물이나 계기는 물론 성격을 형성하는 데 일조한 다양한 사건들도 포함된다. 숨은 사연은 소설의 브레인스토밍 단계에서 구성하는 것이 정석이다. 그래야 작가가 인물을 보다 정확히 이해하고, 인물들 머릿속에 사연을 주입한 후 각자의 행동과 태도를 진술하게 쓸 수 있다. 작가의 열의가 넘칠 경우, 사연만 소설 한 권이 될 만큼 계획하는 경우도 있다.

가시적인 사연은 독자가 알고 있으면 인물의 행동을 이해하는 데 도움이 되는 요소다. 독자가 커튼 뒤까지 들춰봐야 이해가 되는 인물의 태도가 있기 마련이다. 인물의 과거를 들여다보면 그의 욕망과 행동의 근거, 두려움의 근원, 희망, 집착의 대상을 이해하는 데 도움이 된다. 사연을 어느 정도까지 노출할지 잘 모르겠다면 차가운 맥주가 담긴 커다란 컵을 상상해보자. 숨은 사연은 황금빛 맥주가 잔을 넉넉히 채우고 있지만 잔 밖으로 보이지 않는 정도다. 가시적인 사연은 첫 모금을 기다리며 솟아오르는 크림빛 거품이다. 중요한 점은 작가가 인물의 과거에 대해 알고 있는 사연 중에서 정말 필요하다고 생각하는 일부분만 소설에 포함시켜야 한다는 것이다.

가시적인 사연은 작가가 생각하는 중요한 시점에 독자에게 전후 관계를 설명해준다. 예를 들어, 빨간색은 무조건 피하는 인물에 관한 이야기가 있다. 그는 토마토, 석류, 크리스마스 스웨터뿐만 아니라 피만 봐도 끙끙 앓는 사람이다. 빨간색 소파는 사지 않겠다고 버티고, 탐스러운 빨간 사과가 담긴 선물 바구니도 던져버린다. 독자로서는 당연히 유별난 성격이라 생각할 텐데, 인물을 끝내 이해하지 못한다면 책을 덮어버릴 수도 있다. 하지만 '사연'이라는 양념을 살짝 뿌려주면, 인물의 이상한 행동에도 전후 관계가 생긴다.

루카스는 페인트 롤러를 내려놓고 파란색 얼룩이 묻은 수건으로 두 손을 닦았다. 그러고는 손가락 마디로 양 엉덩이를 누르며 몸을 쭉 폈다. 뻣뻣해진 등이 잘 펴지지 않았지만 그의 미소는 가시지 않았다. 이번이 세 번째 덧칠이었고 마지막이길 바랐지만, 애쓴 보람이 있었다. 그도 이 집도 새 출발 하는 의미로서 그의 손으로 직접 칠할 필요가 있었다. 과연, 창문으로 한낮의 빛줄기가 들어와 파란색 페인트를 칠한 벽이 방을 에워싸고 은은히 빛나는 모습이, 마치 그만의 비밀 파티처럼 보였다.

문득 천장 쪽 벽에 예전 빨간색 페인트 벽이 칼날 모양으로 드러나 있는 것을 본 순간, 루카스의 입이 일그러졌다. 전 주인은 어쩌자고 저런 색 페인트를 칠했는지 도무지 이해가 되지 않았지만, 저걸 다 칠해 덮어버릴 때까지 이 집에서 살 생각은 없었다. 20년 전의 일이지만 저 색깔을 볼 때마다 진 할머니네 식품 저장실 생각을 하지 않은 적이 단 한 번도 없었다. 눅눅하게 썩는 냄새, 물러터진 과일, 빨간색 래커를 칠한 벽 뒤에서 긁어 대던 쥐들. 그 색깔을 볼 때마다 루카스는 목울대를 쥐어짜듯 터져 나오 던 비명이, 피가 날 때까지 문을 긁어대던 작은 손가락의 통증이 떠올랐 다. 진 할머니는 오래전에 세상을 떠났을지 몰라도 그녀가 한 짓은 기억 속에서 자꾸만 떠올랐다.

초인종 소리에 루카스는 빨간색 페인트 자국에서 눈길을 돌렸다. 언제 든 사다리를 타고 올라가 작은 붓으로 한 번만 쓱 칠하면 저놈의 빨간색 은 언제 있었냐는 듯 싹 사라질 것이다. 과거도 그렇게 쉽게 지울 수 있다 면 얼마나 좋을까. 그는 입가에 떠도는 비통한 표정을 애써 삼켰다. 그러 고는 온 힘을 다 해 '사근사근한 새 이웃'의 표정을 지으며 방문객을 맞이 하러 나갔다.

사연이 더해지자 루카스의 행위를 가감 없이 볼 수 있게 되었다. 과 거의 상처 받은 경험에서 나오는 두려움. 이는 독자에게 인물의 행위를 명징하게 보여주는 것 말고도 인물이 여전히 고통을 느끼는 해묵은 상처 를 직접 들여다볼 수 있게 한다.

사연의 문제는 이야기의 속도를 늦추거나 정지시킬 수도 있다는 점 이다. 자칫 과거의 어떤 순간을 보여주는 데 급급한 나머지 독자에게 필 요하지도 않은 정보를 왕창 쏟아놓기 십상이다. 사연을 잘 다루려면 당 면한 장면에 의미심장한 방식으로 녹여내되, 독자가 사연과 연관이 있 는 행위를 이해할 수 있는 정도만 제시해야 한다. 벽을 페인트칠하는 루 카스의 행동은 새집을 꾸미는 것 이상의 의미가 있다. 작가는 빨간색 페 인트라는 소재를 잘 활용해 독자가 인물의 과거로 들어가도록 유인한다. 그러고는 학대를 암시하는 혼란스러운 감각적 이미지를 제시해 현재 상 황의 전후 관계를 파악하게 하며, 누군가 초인종을 누르는 장면을 통해 다시 현실로 돌아오게 한다. 배경이 의미심장한 사연을 전달하는 역할을 톡톡히 해낸 사례다.

사연과 배경은 작가가 등장인물의 성장이나 변화의 정도를 제시할 때도 의기투합한다. 인물이 내면의 변화를 겪은 뒤 어떤 장소를 다시 찾는다면, 독자는 그가 과거에 알았던 것과 지금 아는 것의 차이를 간파할 수 있다.

가령, 주인공이 십 대 시절에 인종이 다르다는 이유로 막다른 골목에 몰려 얻어맞았던 과거가 있다고 상상해보자. 지금 그는 바로 그 골목에 서서 그때의 기억을 떠올리고 있다. 골목의 풍경, 냄새, 소리는 과거로 가는 관문이 되고, 그는 그 순간을 다시 겪게 된다. 하지만 그는 이제 어른인 데다 경찰관이기에, 그 기억은 예전처럼 그를 억누르지 못한다. 그의 마음속은 두려움이 아니라 뜨거운 결단의 의지로 끓어오른다. 그의 사명은 자신의 세계에 속하는 사람들이 과거의 자신처럼 고통 받는 일이 없도록 지키는 것이다. 이는 작가가 주인공을 특별한 배경과 대면시켰기 때문에 울림 있는 장면이 될 수 있었다.

세계 자체가 변화하는 경우, 배경은 사연이 폭로하는 규모를 더 넓혀줄 수도 있다. 가령, 주인공이 옛날에 가족을 이루고 살았던 풍족한 마을을 다시 방문했는데, 이제는 전쟁의 포화가 휩쓸고 간 터라 궁핍만이 가득하다고 해보자. 이 장면은 그가 없는 동안 일어난 많은 일을 보여줄 것이다.

이런 방식은 독자가 주인공이 아닌 다른 인물의 과거를 상상해야 할 때도 도움이 된다. 생물학적 아버지를 찾는 주인공을 떠올려보자. 수소문 끝에 마침내 아버지를 찾았지만, 불과 한 주 전에 아버지가 자동차 사고로 세상을 떠났다. 주인공이 가장 가까운 혈육이라 아버지가 살던 아파트에 가게 되는데, 신중히 묘사한 배경이 아버지가 외롭고 쓸쓸하게 살았다는 단서가 되어준다. 먼지가 잔뜩 낀 커튼, 가족사진이나 기념품은 전혀 보이지 않는 와중에 탁자 위에 수북이 쌓인 광고 편지.

　　이런 배경은 우선 주인공의 아버지가 생전에 어떤 삶을 살았는지 상세히 알려준다. 그리고 늦게나마 아버지를 찾아 나섰지만 헛헛한 마음은 절대로 채울 수 없을 거라고 생각하는 주인공에게 공감할 기회를 자연스럽게 마련해준다.

인물과의 상호작용

작가로서 묘사할 대상을 결정하는 것이 사연을 전달하는 방식을 결정한다. 이때 가장 중요한 점은 선택한 배경과 인물 간에 미시적이건 거시적이건 상호작용이 이루어져야 한다는 것이다. 예를 들어, 미시적인 상호작용을 택한다면 인물이 배경 안에서 한 가지를 골라내 사연의 초점으로 삼으면 된다. 앞에서 든 예시 가운데 찰리가 죽은 쌍둥이 형제의 사진을 드는 장면처럼 말이다. 거시적인 상호작용은 가령 인물이 어렸을 때 살았던 낙농장을 다시 찾아가 농장 일을 돕거나 농장을 둘러보는 동안 중요한 사연을 서서히 침투시키면서 이루어질 수 있다.

　　또 다른 선택지로는 배경과 인물이 사연을 암시하는 용도로만 서로 영향을 주고받는 방법이 있다. 정보―마땅히 제시해야 할―를 독자에게 일부러 주지 않으면 밀고 당기는 재미와 함께 긴장감이 연출된다. 독자는 생각지도 못했던 폭로가 나중에 이어지리라고 기대하며 이야기에 더 집중할 것이다.

　　여기, 한 여성이 아침 일찍 기차역에서 어머니를 배웅한 뒤 노상강도를 당했다고 해보자. 그로부터 며칠 뒤, 같은 기차역에 또 가게 되자 그때의 불쾌한 기억이 떠올라 편하게 행동할 수가 없다. 공교롭게도 여러 부분이 그날과 비슷하다. 화창한 날씨, 해가 뜨면서 빠르게 사라지는 주황빛과 분홍빛 여명, 이른 시각이라 드문드문 오가는 사람들, 철로를 따라 바람에 밀려가는 낙엽과 쓰레기 들이 시멘트 바닥에서 내는 바스락 소리.

그녀는 당연히 극도로 예민해진다. 주변 행인들을 끊임없이 둘러보며 경계할 수도 있고, 주머니에 호신용 스프레이를 집어넣을 수도 있다. 또한 작은 소리만 나도 깜짝 놀라고, 심호흡을 하려고 애쓸 수도 있다. 이런 행동들을 잘 조합하면 독자는 그녀가 좋지 않은 일이 일어날 거라고 예상하거나, 좋지 않은 일이 일어날 경우에 대비하고 있음을 알게 된다. 노상강도를 당했던 사연은 아직 등장하지 않았지만 기민한 독자라면 곧바로 의문을 가질 것이다. 이 인물은 무엇 때문에 초조해할까? 왜 작은 소리나 냄새에도 화들짝 놀랄까? 예전에 뭔가 안 좋은 경험을 했나?

경우에 따라 사연을 공유하는 대신 독자가 계속 의문을 갖게 만드는 편이 더 좋을 수도 있다. 독자는 의문에 답을 얻을 때까지 책장을 계속 넘기게 된다. 이때 배경은 아무것도 폭로하지 않은 채 과거의 특정한 사건을 넌지시 암시하는 훌륭한 수단이 된다. 단, 이런 경우에는 강력한 사연을 마련해놓아야만 결정적인 장면에서 독자를 만족시킨다는 점을 명심하자.

'배경'이라는 왕관의 보석
: 감각 디테일

독자를 완전히 빠져들게 만들고 싶은 장면이 있다면 감각의 대잔치를 벌여 그들이 상상의 나래를 펼치게 하고 싶을 것이다. 색다른 감각들을 동원해 묘사의 신선도와 생생함을 높이면 해당 장소가 실감 나게 다가온다. 작가라면 독자가 지금 읽고 있는 작품이 허구라는 사실을 잊고 시점 인물이나 주인공이 그 장면에서 경험하는 풍경, 냄새, 맛, 촉감, 소리를 고스란히 느끼길 바랄 것이다.

묘사가 탁월해서 실제로 가보고 싶었던 배경이 있는가? 다 읽고도 오래도록 이야기에 사로잡힌 채 그곳을 계속 떠올리면서 지금 그곳에서는 어떤 일이 벌어지고 있으며, 그곳 사람들은 무엇을 할까 하는 즐거운 상상에 빠진 적이 있는가? 분명히 있을 것이다. 결이 생생히 살아 있는 배경을 만나면 상상은 신경 회로에 희열의 불을 지핀다.

배경을 묘사할 때 다중 감각을 활용하면 놀랍도록 실감 나는 중첩된 풍경을 만들 수 있다. 묘사하는 배경과 독자와의 교감이 깊어질수록 작가가 일군 세계의 일원이 되고자 하는 욕망 또한 커진다. 감각의 세부 항목을 고를 때는 독자를 장면 안으로 끌어들일 수 있는 것인지 생각하라. 그리고 메시지, 다시 말해 감정적 반응을 일으킬 만한 메시지를 보낼 수 있는 것인지 생각하라. 어떤 메시지를 선택하느냐는 작가의 몫이지만, 독자의 마음이 크게 움직일 만한 것이어야 한다.

풍경 : 픽션에 생명을 불어넣는 디테일

감각을 통틀어 작가가 가장 많이 의존하는 요소는 풍경이다. 인물이 '바라보는 것'을 묘사할 때 독자도 시각적으로 상상하기 쉽기 때문이다. 하지만 풍경 묘사로 독자의 흥미를 불러일으키려면 모든 것을 시점 인물이나 주인공의 감정을 거쳐 서술해야 한다.

이런 말을 들어봤을지도 모른다. '모든 이야기에는 두 가지 측면이 있다. 당신이 보는 것, 그리고 실제로 일어난 상황.' 이는 픽션에도 해당되는 명제다. 인물이 눈에 보이는 것을 해석할 때는 자신의 느낌에 의존하기 때문이다. 이와 관련해 다음 글을 읽어보자. 주말에 출장을 떠났다 집에 돌아온 어느 가장의 이야기다.

한낮의 빛이 비쳐 들어와 리로이는 눈을 찡그리며 아파트 문을 닫았다. 눈이 어둠에 익숙해지자 손에 힘이 빠지며 여행 가방 손잡이가 스르르 빠져나갔다. 부엌에 가자 조리대 위에 물이 고이듯 넓게 깔린 그림자의 형상이 금방이라도 손에 잡힐 것 같았다. 달걀 껍질 부스러기, 오믈렛 그릇, 말라붙은 음식 찌꺼기가 가장자리에 붙은 프라이팬 두 개, 오믈렛 조리용 기구들이 가히 묵시록적인 풍경을 빚어내고 있었다. 싱크대에는 접시와 포크, 나이프가 가득 차 있었고, 냉장고는 문이 살짝 열려 있었다. 혈압이 확 치솟았다. 이틀 동안 죽어라 일하고 돌아온 보답이 이건가? 제들 딴엔 다 컸다고 아주 망나니짓을 하는구나. 빌어먹을. 학교 끝나고 오기만 해봐라. 두 놈 다 목을 비틀어버릴 테다.

이제 같은 장면을 다른 감정을 가진 시점으로 볼 때 얼마나 달라지는지 살펴보자.

리로이는 문을 닫은 뒤 무너지듯 문에 기댔다. 그의 입술 사이로 억눌린 한숨이 새어 나왔다. 떨리는 두 다리로 간신히 몸을 지탱했다. 그 벌목 트럭…… 내가 차선을 변경했으니 망정이지……. 그는 멍한 눈으로 어두운 아파트를 응시하며 하마터면 죽을 뻔했던 경험이 마음속에서 물러가기를 기다렸다. 눈이 침침한 어둠에 적응하자 아수라장이 된 부엌이 그를 반겼다. 조리대 위의 주스 통, 가스레인지 위의 달걀이 눌어붙은 프라이팬, 싱크대에서 넘칠 정도로 쌓인 접시들. 맙소사, 냉장고 문마저 살짝 열려 있었다. 쿡 실소가 터졌다. 녀석들, 이제 다 컸다고 이렇게 아수라장을 만들어? 그는 고개를 설레설레 저으며 싱긋 웃었다. 그래도 내가 없는 동안 용케 식사를 차려 먹었구나.

같은 장면을 둘 다 리로이의 감정을 거쳐 묘사하고 있다. 첫 번째 묘사에서 리로이는 분노에 휩싸여 어떤 사소한 디테일도 그냥 넘어가지 못한다. 하지만 두 번째 묘사에서는 엉망진창이 된 부엌에서 유쾌한 단면을 찾아내고, 오히려 그 광경에 흐뭇해한다. 이렇듯, 시점 인물의 감정을 거쳐 묘사할 때는 독자가 경험하는 배경도 달라지기 마련이다. 그러니 인물이나 화자가 각 장면에서 어떤 감정을 느껴야 하는지 잘 생각하고, 그 감정을 돋보이게 해줄 만한 디테일들을 고민해야 한다.

냄새 : 기억을 떠올리게 하는 디테일

어떤 냄새를 맡자마자 예전 기억을 떠올린 적이 있을 것이다. 뇌에서 냄새를 감지하는 부분은 기억을 저장하도록 돕는 감각기관과 아주 가까이 있기 때문이다. 모든 감각 중에서 감정에 호소하는 기억을 강력하게 유발하는 요인이 냄새라는 뜻이다. 냄새는 '함께했던 경험'에서 정말로 중요한 감각을 불러일으키고, 독자가 이야기에 더욱 깊이 들어가도록 이끈다.

그런데도 냄새는 픽션에서 자주 간과되곤 한다. 냄새는 독자가 묘사를 새삼 눈여겨보게 되는 중요한 요소이기 때문에, 냄새를 두어 개 더하는 건 매우 중요하다. 이야기에 냄새를 더함으로써 더 깊이 있는 상징이 될 수 있고, 분위기를 강화하고 감정을 끌어낼 수 있다. 고장 난 차 때문에 주차장에서 견인 트럭을 기다리는 주인공을 생각해보자. 바로 옆 빵집에서 풍기는 빵과 각종 향신료 냄새에 주인공은 불쾌했던 마음이 환기되는 것을 느낀다(아울러 허기가 몰려온다). 하지만 뜨거운 태양에 달궈진 아스팔트와 재활용 센터에 쌓인 맥주병에서 풍기는 역한 냄새에 주인공은 금세 아까보다 불쾌해질 것이다.

장소와 결부된 특정한 냄새는 픽션에 사실성을 더한다. 위의 사례에서 냄새에 대한 묘사를 빼면 독자는 묘사가 공허하다고 느낄 것이다. 항구가 배경이라면 해조류에서 풍기는 짭조름한 냄새를, 극장이라면 갓 튀긴 팝콘과 소금 냄새를 더해보자. 독자는 그 장소에서 풍기는 대표적인 냄새에 이끌려 장면에 몰입하게 된다. 묘사하는 배경에 실생활에서 잊기 힘든 냄새가 포함된다면 이야기에 반드시 넣도록 하자.

소리 : 세계에 사실성을 불어넣는 디테일

소리는 배경을 풍부하게 만드는 또 다른 요소다. 무음의 진공 상태에서 사는 인물은 없다. 인물이 사는 세계에 다양한 소리가 울려 퍼질 때 독자는 배경 속으로 쉽게 빠져든다. 소리는 중요한 퍼즐 조각처럼 독자가 장면을 그림처럼 상상하게 해준다. 그렇지만 소리는 무대 연출보다 훨씬 현실적이다. 다른 감각적 요소들처럼 소리도 다양한 방식으로 활용할 수 있다.

싸움을 벌일 때나 비행기에 탑승했을 때처럼 인간은 급박하게 변하는 상황이나 익숙한 환경이 아닌 곳에 있을 때 소리에 극도로 예민해진다. 방어 본능과 반사적인 반응 때문이다. 이런 점을 이야기에도 활용한다면 소리는 곧 다가올 변화(좋든 나쁘든)에 대한 경고로 탁월한 기능을 발휘한다. 반드시 큰 소리가 아니어도 된다. 문의 경첩이 뜬금없이 서서히 삐걱거리는 소리는 총탄이 공기를 가르는 소리와 똑같은 효과를 낼 수 있다.

배경을 묘사하면서 특정한 분위기를 강화하고 싶다면, 그 장면에서 어떤 감정을 연출할지 생각하라. 그리고 소리를 이용해 긴장감을 고조할지 완화할지 생각하라. 예를 들어, 베이비시터 일을 끝내고 밤늦게 집으로 걸어가던 여성이 누군가 내내 자기를 지켜보고 있음을 알아차린다. 집에 들어서는 길에 오빠의 트럭에서 막 꺼진 엔진이 식으면서 나는 딱딱 소리를 들으면 마음이 놓일 것이다. 그 소리는 그녀가 안전하다는 뜻이며, 도움이 필요할 경우 아는 사람이 가까이 있음을 안다는 뜻이다. 하지만 등 뒤에서 자갈밭을 걷는 발소리가 들리거나, 포치의 전구가 깨지는 소리가 난다면 그녀의 두려움은 훨씬 커질 것이다.

감각 디테일을 활용할 때 적은 요소로 큰 효과를 내고 싶다면, 단순히 사실성을 더하는 것보다 원대한 목적을 가지고 소리를 활용해보라. 배경 묘사에서 디테일을 신중히 선택하는 습관을 가질수록 글의 밀도가 높아지는 것은 물론, 독자에게 쉽게 잊지 못할 근사한 독서 경험을 선사하는 스토리텔링 기술을 갖추게 될 것이다.

맛 : 독자를 이야기의 세계로 이끄는 디테일

감각 중에서 맛을 사용하는 빈도는 가장 낮은 편이다. 음식이나 음료가 해당 장면과 직접적인 관련이 있는 경우가 거의 없기 때문이다. 음료에서 독을 검출한다거나, 주목할 만한 요리 대회 심사를 본다거나, 당장 끼니를 해결하지 못하면 자기가 끼니가 될 상황이라면 모를까 맛과 관련한 인물의 경험이 플롯의 흐름과 깊은 연관이 있지 않는 한 인물이 먹고 마시는 모습을 지켜보는 게 딱히 매혹적일 리 없다.

하지만 먹는 행위는 신체적 기능이나 사교 활동의 일부로 필요하기 때문에, 이 감각을 배경 속에서 적절히 사용하려면 실제 맛을 보는 경험 이상의 의미를 부여해야 한다. 이 감각은 난이도가 높지만, 독자가 장면을 체험하도록 도와주는 창의적인 방법이 될 수도 있다. 작가가 맛에 대한 감각을 사용할 때 방향을 잡도록 이끌어주는 세 가지 요소가 있다. 바로 맥락context, 비교comparison, 대비contrast다.

맥락은 '누가, 어디서, 언제, 왜'를 하나로 묶는 일을 한다. 인물이 지금 먹고 있는 곳이 다른 사람의 집인가, 식당인가, 캠프파이어 앞인가, 아니면 노점상인가? 무슨 이유로 이 공간에서 먹는 행위를 하고 있는가? 이 장면에서 음식의 질과 장소가 말해주는 사실은 무엇인가? 맛을 포함한 맥락은 묻지 않았지만 타당한 질문에 답을 한다. 인물과 그 인물이 먹는 것을 서로 비교하고 대비시키는 과정을 통해 인물의 성격을 암시할 수 있고, 관계의 구도를 드러낼 뿐만 아니라 감정을 불어넣고 분위기를 연출할 수 있다. 예를 들어, 주인공이 다혈질에 속내를 거리낌 없이 드러내는 성격인데 먹으면 땀이 날 정도로 자극적인 음식을 좋아하는가(비교)? 아니면 자선 행사에서 한 번도 먹어본 적 없는 고급 샴페인을 홀짝이던 주인공이 바로 그 순간 남편이 다른 여자와 정사를 나누고 있음을 알게 되었나(대비)? 이렇게 맛에 대한 감각을 사용해 인물의 디테일을 인상적인 방식으로 보여줄 수 있다.

맛은 일상을 픽션의 세계에 끌어들이는 견인차 역할을 한다. 현실의 인간은 자양분을 필요로 하는데 픽션이라고 해서 달라야 할 이유가 있을까? 실제로 먹지도 마시지도 않는 것 같은 인물은 튀기 마련이고, 작가의 스토리텔링 기술에 대한 독자의 신뢰를 떨어뜨릴지도 모른다. 맛이 인물의 성격을 드러내는 데 도움이 되지 않고, 플롯과의 직접적인 관련성이 없다 해도 사실성을 더하고 독자의 신뢰를 형성하는 데 쓰일 때가 몇 번은 있을 것이다.

촉감 : 배경과의 상호작용을 촉진하는 디테일

촉감은 모든 감각 가운데 배경과의 상호작용이 가장 활발한 디테일이다. 동선을 만들고 이야기의 속도를 유연하게 조절하며, 독자가 인물의 마음속으로 들어갈 수 있는 내적 통로를 만든다. 촉감은 속성이 보편적이기 때문에 배경에 현실감을 더한다. 독자는 작가가 묘사하는 특정 소재의 촉감에서 자신이 과거에 경험한 것과 똑같은 촉감을 떠올린다.

동물 병원에 있는 인물을 생각해보자. 그는 사랑하는 반려동물의 안락사를 앞두고 그 부드러운 털을 쓰다듬으며 이제 그만 놓아주자고 스스로를 달래고 또 달랜다. 예전에 같은 경험을 한 적이 있는 독자라면, 이 장면에서 자신의 과거를 떠올리며 죽어가는 동물에게 강렬한 유대감을 느낄 것이다. 그로 인해 참담한 혼돈을 맛볼 수도 있고, 주인공이 어떤 기분일지 상상할 수도 있다. 어느 쪽이든 작가가 역량을 발휘해 개의 보드라운 털에 대한 촉감을 묘사할 때 공감대는 절정에 이르며, 독자와 인물의 유대 관계도 무르익을 것이다.

촉감을 활용할 때 명심할 점이 있다. 어떤 촉감이든 이야기의 주제와 연결되어야 한다. 결국 인물은 다른 대상과 접촉해 행동할 수밖에 없으며, 작품에 나오는 모든 행동은 이야기를 발전시켜야 한다. 인물이 이유도 없이 대상과 접촉한다면 단어 낭비일 뿐이다. 하지만 촉감이 어떤 분위기를 강화하거나, 인물의 감정을 드러내거나 더 깊은 속내를 보여준다면 스토리텔링의 쾌거를 이뤘다고 말할 수 있다.

촉감으로 묘사의 기능을 높이는 또 다른 방법은 복선이나 상징이 될 때다. 인물이 달려가다 녹슨 쓰레기통을 스치는 바람에 쓰라린 통증을 느낀다고 해보자. 이는 임박한 위험을 암시하는 복선이 된다. 아니면 이미 위험에 빠져 누군가에게 쫓기고 있는 경우 통증은 붙잡히지 않은 대신 치르게 된 대가를 상징하고, 그 정도의 통증은 무릅쓸 만한 것임을 상기시킨다.

균형을 갖춘 감각 디테일

감각 디테일의 상당수가 눈에 보이는 대상에 집중하는 편이지만, 육안으로 확인할 수 없는 감각 디테일은 묘사의 기술을 잘하는 수준에서 탁월한 경지로 끌어올린다. 모든 감각 디테일을 매번 사용해야 한다는 것이 아니다. 두어 개만 섞어도 한 개만 썼을 때보다 훨씬 흥미로운 이미지를 만들 수 있다. 예를 들어, 시각적인 경향에 치중한 비유와 직유 대신 다른 감각 디테일들을 쓰면 신선한 묘사를 할 수 있다. 다음은 고전에서 가져온 예시들이다.

종소리가 그쳤다. 처음 울릴 때처럼 일제히. 뒤이어 땅 속 깊은 곳에서 쩔그렁 소리가 들렸다. 와인 판매상의 지하 저장고에서 누군가 나무통들 위로 무거운 쇠사슬을 끄는 듯한 소리였다.

소리 디테일, 《크리스마스 캐럴》 중에서

지금껏 이런 강은 본 적이 없었다. 온몸이 유연하게 곡선을 그리는 기름진 동물이 신이 나 쫓아가면서 끽끽 끽끽 꼬르륵 꼬르륵 소리까지 내며 손에 잡히는 대로 부여잡았다가 놓아주곤 웃음을 터뜨리더니, 다시 새로운 놀잇감을 찾아 거침없이 몸을 날려 도망쳤다가 다시 잡혀 안기는 것 같았다.

소리와 촉감 디테일,《버드나무에 부는 바람》중에서

가죽 닦는 비누 냄새가 났다. 그 냄새와 함께, 갑옷에 밴 체취가 분명히 섞여 있었다. 골프장에서 전문 용품점에 들어가면 풍기는 특유의 냄새…….

냄새 디테일,《옛날, 그리고 미래의 왕》중에서

위의 짧은 사례들은 눈으로 보는 듯한 구체적인 요소를 전달하지만 이는 '풍경'이 아닌 다른 디테일을 통해 이루어진 이미지다. 냄새, 맛, 소리, 촉감에 대한 묘사를 잘 안배하면 어떤 배경에도 깊이를 더할 수 있고, 독자는 이야기에 더 밀착된 느낌을 받게 된다. 이런 묘사는 시점 인물의 감각을 거쳐 묘사될 때 더 실감 나기 때문에 심층 관점을 더욱 강화하고, 독자도 인물의 감정에 더 깊이 공감할 수 있게 된다.

도시 세계 구축 :
실재 장소를 선택할 때의 장단점

수많은 픽션이 동시대를 배경으로 펼쳐지기 때문에, 도시 지역에서 배경을 선택하는 건 지극히 자연스러운 일이다. 현대에 사는 우리는 일터든, 교육이나 유흥에 관련된 장소든, 사회에서 시간을 보낸다. 픽션은 현실의 삶을 반영한다.

하지만 도시를 배경으로 한 이야기를 쓸 때도 나름의 고충이 따른다. 실재 장소를 선택할 것인가, 상상의 장소를 만들 것인가. 전자를 선택한다면 작가는 인물이 거하는 세계의 중심에 보다 확고히 자리 잡을 수 있다. 작가가 잘 아는 곳을 배경으로 택하면 이점은 더 크다.

실재 도시의 이름을 밝히거나 유명한 지형지물을 언급하면 독자는 곧바로 그 장소를 파악할 수 있고, 작가는 묘사를 하며 다른 경우에는 쉽게 얻기 힘든 사실성을 확보할 수 있다. 기억을 거쳐 풍경, 냄새, 소리, 맛, 촉감을 되살릴 수 있다면 눈으로 보는 듯한 생생함과 함께 배경의 개인화와 픽션이 충돌하는 가운데 진정성이 빛을 발할 것이다. 그 장소를 아는 독자라면 인물과 경험을 공유하는 기분을 보다 충만하게 누리면서 이야기에 빠져들 것이며, 주인공과 자신을 보다 쉽게 동일시하고 그의 욕망을 이해하게 된다.

특히 정치 스릴러 같은 장르라면, 실재 장소에서 펼쳐지는 이야기는 더욱 생생하게 느껴진다. 이야기 속 사건이 현실에서도 일어날 수도 있음을 강하게 시사하며 독자의 손에 땀을 쥐게 만든다. 하지만 실재 장소를 배경으로 선택할 때의 단점도 있다. 독자들은 자신이 갔던 곳, 살았던 곳의 이야기를 좋아할 수도 있겠지만 정말 그들의 마음에 들게 쓰려면 그곳을 손바닥 들여다보듯 훤히 꿰뚫고 있어야 한다. 세부적인 사실 하나라도 틀릴 경우 독자는 금세 알아차리고 이야기에서 눈을 돌릴 것이다. 작가가 조사를 제대로 하지 않았다고 화를 내는 독자가 있을지도 모른다.

실재 장소를 배경으로 할 때의 단점이 하나 더 있는데, 작가가 통제할 수 없는 부분이라 더 난감하다. 바로 장소가 시간에 따라 변한다는 사실이다. 회사는 생겼다 사라질 수 있고, 건물은 임대됐다 재건축되기도 하고, 아예 철거될 때도 있다. 마을의 모습 역시 바뀔 수 있고, 공사 때문에 지도에서 아예 사라질 수도 있다. 그렇기에 확신을 갖고 특정한 배경을 묘사한다 해도 실제로도 그 모습일 거라고 장담할 수 없다. 독자들이라고 그런 변화를 늘 유념하고 있지는 않다. 이야기의 배경이 되는 곳에서 10년 전에 살았던 독자는 자신이 기억하는 모습과 책 속의 묘사가 다르면 혼란스러울 것이다. 그렇게 되면 선입견을 가지고 이야기를 볼 수도 있다. 등장인물이 즐겨 찾는 식료품점에 실제로 갔다가 형편없는 서비스를 받은 독자라면, 그 차이로 인해 인물에 대해 감정의 괴리를 느낄 수도 있다.

이런 단점들 때문에 어떤 작가들은 온전히 자신의 상상으로 도시의 새로운 장소를 만든다. 작가가 창조한 세계라 독자가 사적인 애착을 가질 수 없고, 작가가 맞서야 할 편견도 없는 말 그대로 상상하는 대로 만들 수 있는 배경이다. 하지만 여기에도 난점은 있다. 이러한 배경을 만들려면 작가가 공력을 쏟아부어야 한다. 머릿속의 그림을 실제로 살아 움직이는 곳처럼 구현해야 독자도 어렵지 않게 심상을 떠올릴 수 있을 테니 말이다. 독자는 그 장소(도시든 시골이든 현실에는 존재하지 않는 모든 곳)가 현실의 장소와 어떻게 다를지 궁금할 것이다. 그런 장소를 배경으로 한 이야기에서 정부는 어떻게 운영되고, 사회는 어떻게 기능하며, 성 역할은 어떻게 수행될지, 그리고 다른 수많은 디테일은 어떤 양상을 보일지 등등. 그러므로 작가는 아주 사소한 디테일 하나도 놓치지 말고 꼼꼼히 설계해야 한다. 그 배경은 실재하는 배경에 견주어도 손색없을 만큼 풍부한 의미와 신빙성을 갖추어야 한다.

동시대의 배경을 묘사하는 경우, 실재와 상상을 적당히 섞으면 성공할 확률이 높다. 실재 국가나 유명한 도시를 선택해서 이야기에 개연성을 부여하고, 독자가 예상할 수 있는 근거를 제시할 수 있다. 그런 다음, 더 큰 배경(마을, 도시, 거리 등등) 속에 허구의 공간을 만들면 그 이야기에 가장 잘 맞는 도시의 요소들을 엮어넣을 수 있을 것이다. 실재 지형지물과 독자가 가질지 모를 선입견 사이에 끼어서 이러지도 저러지도 못하는 것이 아니라.

선택한 배경이 실재하는 곳이든 상상으로 만들어진 곳이든, 일상에서 변하지 않는 요소를 포함하는 것이 중요하다. 그래야 독자는 인물을 비롯해 픽션의 세계에서 만나는 것들을 이해할 수 있다. 배경이 아주 새롭고 특이해도 친숙한 요소들이 있으면 독자는 이야기에 적응할 수 있다. 예를 들어, 듣도 보도 못 했지만 좋은 냄새를 풍기는 케밥을 파는 노점상처럼 사소한 소재를 쓸 경우, 폴란드의 소시지 노점상이 먹음직스러운 소시지에 소금을 뿌리는 장면을 떠올리는 독자도 있을 것이다. 그렇게 현실과의 접점이 생기는 것이다. 마찬가지로, 학교 수업을 마치고 집에 가는 아이들, 학부모 모임에 참가하는 어른들, 거리를 오가는 경찰관의 모습은 배경이 아무리 환상적이더라도 결국 독자의 일상적 경험을 반영한다.

배경에서 흔히
부딪치는 난관

작가가 해야 하는 것들(성격 묘사, 분위기 강화, 과거 사연 암시, 상징적 표현, 갈등 제공 등등) 중에서 배경은 카멜레온이 따로 없을 정도다. 스토리텔링에서 사건에 큰 영향을 끼치는 요소들은 저마다 주의해야 할 난관이 있다. 어떤 묘사를 하든 이야기의 속도를 해치지 않도록 주의해야 하며, 특히 배경에 대한 묘사라면 더더욱 조심해야 한다. 묘사가 인색할 경우 독자는 적절한 근거도 없이 장면에 던져지는 꼴이 된다. 하지만 묘사가 지나치게 많으면 인물의 행위는 바람 빠진 타이어처럼 밋밋해질 것이다. 각 장면에 가장 잘 어울리는 배경을 찾는 일은 결코 빼놓을 수 없는데, 이 단계가 빠질 경우 온갖 문제에 휘말릴 소지가 커진다. 그중에서도 제일 심각한 세 가지가 지루함, 밋밋함, 뭐가 뭔지 알 수 없는 혼란스러운 배경이다.

배경이 지루한 책은 수면제나 다름없다

"페인트칠이 마를 때까지 지켜보는 것만큼 재미나다"라는 관용 표현을 들어봤는가. 이 말을 배경에 대입해 말하자면, 디테일 하나하나에 열광하는 작가 때문에 뭔가 등장하길―뭐든 좋으니 제발 등장하기를―기다리다 지친 독자들은 지루해서 나가떨어질 수도 있다. 지금부터 독자가 건너뛰자고 애원할 만한 배경의 원흉들을 알아보자.

지나친 묘사

독자가 장면에 등장하는 행위에 대해 마음의 준비를 하려면 그 행위가 펼쳐지는 무대나, 고조되거나 이완되는 긴장, 강렬해지는 분위기, 무언가 중요한 상징 등을 감지하게 만드는 배경의 디테일을 제시해야 한다. 하지만 신중하게 고른 디테일 몇 개를 배합한 다음 묘사의 산사태로 글의 분량을 늘린다면 비탈길로 미끄러지는 꼴이 될 것이다. 작가가 허구의 세계를 만든 후 온갖 디테일로 그 속을 채우다 정도를 벗어나는 경우는 허다하다. 독자는 나름대로 이야기 곳곳의 괄호들을 채워나가야 한다. 안 그러면 이야기는 영영 결론을 내지 못할 것이다.

배경이 과부하에 걸리지 않으려면 디테일을 선별하는 훈련을 해야 한다. 배경을 '인물'처럼 생각하면 도움이 된다. 한 인물이 지금 면접을 보게 되었는데 그의 신장, 체중, 눈동자 색깔, 헤어스타일에 관해 시시콜콜히 늘어놓을 필요는 없다. 그의 외모보다는 성격과 감정을 보여주는 디테일을 골라야 한다. 가령 몸에 잘 맞지 않는 정장을 자꾸만 잡아당기고, 어색해 보일 정도로 자세가 뻣뻣하며, 쑤시는 부위를 마사지하듯 가슴을 쓸어내리는 등의 묘사 말이다. 독자는 이런 디테일들을 통해 인물의 불안한 감정을 읽을 테고, 더 나아가 인물의 외적 이미지에 관한 대략의 정보를 얻을 수 있다.

배경에 대해서도 똑같은 원칙, 다시 말해서 '적게 써서 더 큰 효과를 얻는 것'이 좋다. 무대를 준비하는 것 이상의 의미를 배경에 더했는지 확인하려면 부록 A를 참조하라.

미사여구의 남발

작가가 돋보이는 묘사에 지나치게 욕심을 내는 바람에 이야기가 감각적 이미지, 비유, 현란한 표현들로 난무하는 경우를 말한다. 가령 물망초 꽃잎을 '옅은 파란 빛깔'이라고 표현하는 대신 '푸르스름한 빙산'이라고

하거나, 협곡 사이로 떠오르는 태양을 '여왕이 된 여성의 머리에 얹힌 영예로운 불의 관'처럼 표현할 때, 미사여구를 남발했다고 할 수 있다.

언어는 작가의 빵이자 버터다. 문체를 활용하면서 강력한 어휘를 쓰는 것이 중요하다. 하지만 너무 지나치면 독자의 눈에는 단어들만 보이고 이야기는 사라진다. 스토리텔링의 마법이 깨지길 바라는 작가는 없다. 사랑하는 대상을 제 손으로 죽이게 될 수도 있다. 자신이 쓴 표현이 가슴이 아릴 정도로 아름답더라도, 이야기의 발전과 무관하다면 묘사의 묘지로 보내야 한다.

전문성의 늪

장소에 따라 보여주어야 할 것이 많은 경우가 있다. 외계 행성처럼 첨단 기술과 가상의 환경이 등장하거나, 적군을 맞닥뜨리게 되는 미로 같은 전쟁터처럼 말이다. 이런 배경이 나오는 장면을 연출할 때 성공과 실패는 작가의 능력에 달려 있다. 흔치 않은 배경을 효과적으로 보여주면 독자는 생소한 장소라 해도 무난히 적응할 수 있다.

익숙하지 않은 배경을 독자에게 완벽히 이해시켜야 한다는 일념으로 모든 걸 시시콜콜히 묘사하다 전문적이고 기술적인 디테일의 늪에 빠져서는 안 된다. 그러면 페이스를 잃게 되고 이야기는 오도 가도 못하게 된다. 까다로운 배경 안에서 보다 거창한 디테일들을 다뤄야 한다면 '비교'를 통해 의미를 분명히 전달해보라. '비교'는 어느 독자나 친숙하게 느끼는 방식이다. 그런 다음 회심의 디테일을 더하면 원하는 분위기를 전달할 수도 있고, 사연을 자연스럽게 드러내거나, 중첩된 묘사 특유의 남다른 측면을 활용할 수 있다. 마음껏 해석할 여지를 줄 때, 독자도 흐름이 끊기는 일 없이 이야기를 따라가며 장면을 감상할 수 있다.

사연의 소용돌이

우리는 앞에서 배경이 인물의 숨겨진 사연을 자연스럽게 드러내는 효과적인 수단이 될 수 있음을 살펴보았다. 배경은 성격 묘사와 사연을 거쳐 이야기의 더 깊은 의미를 드러내는 데 도움이 되지만, 그렇다고 과거에 발목을 잡히면 안 된다. 사연의 소용돌이에 휘말려 들어가는 불상사를 방지하려면 과거를 보여줄 때 묘사나 플래시백을 활용해 '치고 빠지는' 심리전을 구사해야 한다. 배경은 하나의 미끼다. 미끼답게 신속하고 효율적으로 할 일만 하고 빠져야 한다. 그 장면에서 꼭 필요한 사연만 보여주고, 독자에게 인물의 행동과 생각의 전후 관계를 알려주거나, 관련된 이해관계를 설명하라. 그리고 감각 디테일 하나를 골라서 현재로 돌아오는 관문으로 쓰자. 현실에서 들려오는 소리, 인물을 현재로 소환하는 냄새, 아니면 과거와의 연결을 끊는 촉감도 좋다.

배경 묘사로 중단되는 이야기

한 장면을 해부하는 건 뻐꾸기 시계를 해부하는 것과 같다. 톱니바퀴도 많고, 핀도 많고, 모든 요소가 용도와 목적에 맞게 작동해야 한다. 이 과정이 본의 아니게 멈춰지면 글의 효용성에도 심각한 차질이 생긴다. 한 장면의 기계 장치를 멈추게 하면 배경 묘사만 두드러질 뿐이다.

배경을 디테일하게 묘사하기 위해 이야기를 멈추는 것은, 특히 너무 오랫동안 멈추는 것은 이야기의 흐름을 부적절하게 방해한다. 배경은 모든 것을 아우르는 덮개처럼 다뤄야 한다. 배경은 스토리텔링의 모든 요소를 잘 감싸서 정돈되고 응집력 있게 만드는 포장재 같은 것이다. 이 점에 유의하면서 배경 묘사를 이음매 없이 하나로 묶어주면, 묘사가 어디에서 시작하고 어디에서 끝나는지 명확히 가르기 힘들어진다.

차가 속도를 늦추며 헤드라이트 불빛이 이슬 맺힌 잔디밭과 이웃집의 창백한 벽을 물을 튀기듯 비추며 지나갔다. 도노번은 몸을 수그렸고, 그 바람에 가지런히 손질한 산울타리에 옷자락이 걸리며 몸이 긁혀서 숨이 턱 막혔다. 에릭의 자동차 엔진이 우르릉거리는 소리가 도노번의 가슴을 마구 두드렸다. 그는 더더욱 몸을 웅크렸고, 문이 끽 열리는 소리에 자동차 엔진이 꺼지기를 기다렸다. 아까 도너번이 보도교를 지날 때 형의 친구가 틀림없이 자신을 봤을 것이다. 그렇다 하더라도 미로처럼 꼬인 집들과 마당들 사이에서 자신을 놓쳤을 거라고 도노번은 확신했다. 도노번은 에릭이 늘 불편했다. 의미를 해석할 수 없는 그 미소도. 더없이 고약한 타이밍에만 나타나는 건 말할 것도 없었다.

청바지 차림의 그가 축축한 흙에 무릎을 꿇자, 한기가 뼛속까지 스며들었다. 시간은 더디게 흘러갔다. 추적자를 따돌렸기를 기도했으나 에릭은 받아야 할 빚을 잊는 법이 없었다. 빚을 진 사람은 도노번의 쌍둥이 형이라는 사실도, 둘은 생김새도 전혀 다르다는 사실도 아무런 도움이 되지 않았다. 정산이 끝나기 전까지 에릭은 사냥개처럼 그를 쫓아올 것이다. 최악의 경우, 도노번도 형처럼 저수지에 버려진 채 죽음을 당할 것이다.

위 장면에서 인물이 배경에 대응하면서 그의 행위와 그가 느낀 감정의 '이유'를 포함해서, 무슨 일이 일어났는지 이해했는가? 그랬기를 바란다. 행동을 차례대로 이어가며 배경을 묘사하면 배경의 디테일에만 집중하느라 일어나는 일들을 간과하는 것보다 훨씬 많은 것을 전달할 수 있다. 이 장면에서 확인했듯 감각 디테일들, 감정, 전후 관계의 사연, 긴장이 여러 개의 톱니처럼 함께 맞물려 돌아가야 플롯을 제대로 강화할 수 있다.

하늘이 무너져도 밋밋한 배경은 안 된다

이 문제 많은 동전의 다른 면이 바로 밋밋한 배경이다. 지나치게 불친절하거나 맥 빠지는 묘사 등 다양한 문제로 빚어지는 재앙이다.

하품만 나오는 배경

죽은 말에 채찍질하는 헛수고는 미연에 방지해야겠지만, 세상에 존재하는 걸작들을 뒤져보면 '표준'에 만족하는 경우는 없다. 이는 플롯과 인물뿐만 아니라 배경에도 해당한다. 장면에 안배한 장소가 어디든, 작가는 생생하고 믿음직한 세계를 창조하기 위해 자신만의 개성을 부여하고, 고유한 비전을 보여주고 싶을 것이다.

선택한 배경이 세상 모든 소설에 등장한다 해도 딱 맞는 장갑처럼 시점 인물에 맞는 장소임을 보여줄 수 있는 방법이 있다. 기숙학교를 배경으로 선택했다면, 그곳의 성격을 드러낼 만한 특정한 요소들이 있을 것이다. 학교가 크든 작든, 도시에 있든 시골에 있든, 공립이든 사립이든 인물이 거하는 곳과 인물의 경제적 상태를 설명해줄 요소들이 있다. 또 인물의 관점을 통해 묘사한 감각 디테일들은 인물이 그곳에 어떤 태도를 갖고 있는지 암시해준다. 체계가 잘 갖추어진 학교인가? 아니면 문을 닫아도 이상하지 않은 곳인가? 교사들은 열정적인가, 태만한가? 체육 프로그램이나 미술, 또는 과외 활동이나 클럽 활성화에 적극적인가? 이에 대한 대답들이 기숙학교라는 빤한 틀을 벗어나게 해줄 것이다.

앞서 말했듯이, 선택한 장소를 인물이 아는지 모르는지에 따라 배경은 사적인 공간이 될 수도 있다. 배경에 감정적 가치가 딸려 있지 않은 경우라면, 감정의 기폭제를 심어줄 수도 있다. 어떤 공원도 그저 흔한 공원으로 끝내서는 안 된다. 어떤 호텔 방도 그저 흔한 호텔 방으로 끝내서는 안 된다. 각 장소마다 긴밀하게 연결되어 있는 감각 디테일, 빛과 그림자,

사람들, 상징들을 고르는 행위는 결국 인물의 성격 묘사와 독자가 장면마다 조응하는 방식에 영향을 준다.

감각의 기아 상태

베이컨이나 초콜릿을 아무리 좋아해도 그것만 먹고 싶어 하는 사람은 없다. 마찬가지로 수많은 감각 가운데 달랑 하나에만 의존해 묘사한 배경이라면 독자는 금세 지루해진다. 실생활에서의 의존도가 상당히 높은 시각은 매우 기초적인 감각이라서 배경을 묘사하면서도 자칫 시각에만 의존하기 쉽다. 인물의 경험을 시각 말고도 다른 다양한 감각을 통해 제시하고, 이런 감각들을 끌어들여 인물의 세계를 보다 다차원적이고 현실적으로 보여주는 방법을 모색해야 한다.

자신이 그 인물이 되었다고 상상하는 것도 도움이 된다. 그 상황에서 인물이 느낄 감정들을 상상해보라. 당신이 그 인물이라면 이 장소에서 어떤 일이 일어날 거라 예상하는가? 인물의 심리 상태에 따라 다른 것을 느끼고 예측할 것이다. 인물이 확신이 없거나 근심에 차 있다면 상황에 따라 맞서거나 도피하는 본능이 앞서면서 감각이 앞으로 닥칠지 모르는 위협에 예민해질 것이다. 그래서 보도에서 분필로 그림을 그리고 있는 아이처럼 정겨운 광경보다는 상황에 어울리지 않는 이상한 낌새나 소리에 기민하게 반응하게 된다.

사용 빈도가 상대적으로 낮은 감각을 자꾸 잊어서 걱정이라면 안심하라. 습작을 하면서 점점 더 익숙해질 것이다. 그리고 이 책에 수록된 개별 항목들이 다양한 묘사를 습관화 하는 데 도움을 줄 것이다.

작가의 편향성

묘사의 또 다른 문제는, 어떤 작가도 편파적인 성향을 벗어날 수 없다는 사실이다. 어떤 장면에 연석에 주차된 녹슨 노란색 픽업트럭을 넣었다고 해보자. 그 자체로는 아무 문제 없다. 그런데 주인공의 오토바이도 노란색이고, 노란색 오토바이의 체인을 거는 난간 뒤 빵집 문도 노란색이라면? 그렇다면 문제다. 의도치 않은 반복은 장면 묘사를 밋밋하게 만들기 때문이다.

작가의 편향성도 감각의 일종이 될 수 있다. 작가가 나뭇잎 사이를 스치는 바람 소리를 유독 좋아해서 감각 디테일로 쓴다면 독자가 배경을 체험하는 데 효과를 볼 수도 있지만, 다른 배경에서도 반복해 쓰면 금세 들통날 것이다. 작가의 편향성을 독자에게 들켜서 좋을 일은 별로 없다. 물론 특정한 바람 소리에 어떤 메시지가 담겨 있다면 용의주도하게 반복하는 것이 전략이 되겠지만, 맥락도 없이 여기저기에서 튀어나온다면 편집의 칼로 잘라야 한다.

그렇다면 편향성을 극복할 만한 좋은 방법이 없을까? 특별히 좋아하는 디테일과 자신 있는 기법을 활용하고 싶다면, 그것을 글의 색깔을 드러내는 요소나 감각 디테일로, 또는 국면을 전환하는 수단이나 비유적인 언어의 선택지로 쓰는 것이다. 목록을 작성했다가 퇴고할 때 무작위로 몇몇 장면을 뽑아 점검해보라. 묘사에서 특정한 패턴이 발견되는가? 직유를 너무 많이 쓰는가? 그렇다면 그중 몇 개를 지우고 보다 신선한 대안으로 채우자.

한 가지 좋은 소식이 있다면, 자신의 눈에는 이렇다 할 반복이 발견되지 않더라도 비판력을 갖춘 사람은 발견한다는 점이다. 그 글을 처음 접하는 사람이라면 작가가 보지 못한 맹점도 보기 마련이다. 비판력을 갖춘 주변 사람에게 글 속에서 자주 반복되는 단어, 어구, 묘사를 기록해달라고 부탁하라. 그런 뒤 이 기록에 근거해 자신이 반복한 것들을 보다 신선한 이미지들로 대체하자. 이런 과정을 통해 독자도 미처 발견하지 못했을 만한 문제점을 살펴볼 수 있다.

빈약한 문장력

배경이 지루해서 하품이 절로 나온다면 빈약한 어휘, 형용사와 부사의 남용, 다양하지 못한 묘사 기법 때문이다. 작가라면 남다른 문장 구조를 사용하고, 비유적인 언어로 감정을 불러일으키는 표현을 쓸 뿐만 아니라 독자에게도 읽는 즐거움을 주고 싶을 것이다. 묘사의 효과를 높이는 작법을 더 구체적으로 배우고 싶다면《디테일 사전: 시골 편》을 참조하길 바란다.

언어를 통섭하는 능력은 습작(쓰고, 쓰고, 또 쓰자!)만이 아니라 독서를 하면서 글을 살펴보는 훈련을 통해서도 얻어진다. 글은 써야만 발전한다는 것을 명심하자. 완벽의 경지란 실제로 존재하지 않을지도 모르지만, 배우겠다고 마음먹은 한 실력은 얼마든지 늘 수 있다. 당신이 작가가 되는 여정의 어디까지 왔든 언제나 더 높은 단계로 나아갈 수 있다. 그런 발전의 과정이야말로 작가가 맛볼 수 있는 참된 즐거움이다.

헷갈리는 배경 : 뭘 어쩌자는 거야?

세 번째로 극복할 난관은 방황하는 독자다. 배경 묘사가 불분명하면 독자는 장면에 빠져들지 못하고 방황한다. 작가가 허를 찌르는 반전, 긴장감 넘치는 로맨스에만 정신이 팔린 나머지 독자는 알아서 잘 따라올 거라고 넘겨짚으며 배경은 뒷전에 팽개치는 일이 종종 벌어진다. 장소에 대한 확고한 이해가 없으면 독자는 이야기 속에서 길을 잃는다. 픽션을 쓸 때 유념해야 할 두 가지 주의 사항을 알아보자.

동선의 딸꾹질

퇴고할 때 수정한 묘사 부분에서 동선, 다시 말해서 행동의 순서가 뚝뚝 끊긴 것을 발견할 때가 있을 것이다. 장면을 깔끔하게 정리하면서 묘사에 치중하다 보면 가끔 이런 실수가 벌어진다. 결과는? 한동안 당구장 의자에 앉아 8번 공을 넣을 차례만 기다리던 인물이 다음 장면에서는 느닷없이 바에서 술잔을 연거푸 비우고 있다. 동선의 이런 딸꾹질은 당연히 거슬리기 때문에 독자들은 이야기에서 나가떨어지게 된다. 이런 실수는 다행히 쉽게 되돌릴 수 있다. 퇴고 단계에서 모든 장면을 살펴보며 인물이 A 장소에서 B 장소로 옮겨 가는 과정에서 C와 어울리게 될 때, 그 흐름이 매끄러운지 점검하라.

격한 장면의 배경 묘사

격한 행동을 그린 장면이라면 배경 묘사는 잠시 뒤로 물러나야 하지만, 그렇다고 아예 사라지면 독자는 무슨 일이 일어나는지 제대로 이해할 수 없다. 특히 격투 장면 같은 경우, 인물 간의 갈등 구도에 지나치게 매달리다 혼돈의 구렁텅이가 되고 만다. 격한 몸싸움에 주먹이 오가고 얼굴을 걸어차고, 이따금씩 무릎으로 샅을 올려치는 피비린내 나는 난투극을 그리다 보면 배경 같은 건 깡그리 잊기 쉽다. 그렇다 해도 독자가 그 장면을 '볼 수 없다면' 독자의 관심을 얻는 데 실패한 것이다.

　격돌이나 자동차 추격전, 또는 밤을 불태우는 데이트 장면이라 해도 배경의 요소들을 어떻게 작동시킬지 고민하라. 주먹 싸움을 그린 장면인가? 그렇다면 석고 벽 여기저기에 구멍이 뚫리는가? 어머니가 애지중지하는 부엉이 유리 장식품들이 단번에 박살 나는가? 타이어가 아스팔트와 마찰하며 끽끽거리는 자동차 추격전을 그린 장면인가? 그렇다면 주인공이 하마터면 우편집배원을 칠 뻔하는가? 스쿨버스를 스치듯 지나가는가? 아니면 최고급 식당 파티오의 토피어리 장식을 짓밟아놓는가? 열정에 눈이 먼 남녀가 침실로 달려간 후를 그린 장면인가? 그렇다면 벽에 부딪치는 바람에 걸려 있던 액자가 한쪽으로 기우는가? 침대 매트리스

62

가 프레임에서 반쯤 밀려나고, 곰 인형이 놓여 있는 것이 민망해 무르익은 분위기를 깨지 않도록 옆으로 치워놓는가?

아무리 격한 장면을 묘사하더라도 그 장면에 자연스럽게 어울릴 만한 디테일을 고민하자. 그래야 독자도 상상의 나래를 펴고 그 장면을 즐길 수 있을 것이다.

도시 배경과 관련한
그 밖의 유의 사항

수많은 도시 배경 중 하나를 선택할 때 골치 아픈 문제 중 하나는 애써 고른 배경이 자신의 이야기에 얼마나 잘 어울리느냐 하는 문제다. 배경은 두말할 것 없이 이야기를 위해 열심히 일하며 플롯을 이끌고, 작가가 전달하려는 메시지를 강화해야 한다. 다음은 선택한 도시 배경을 한 장면씩 만들어나갈 때 유념해야 할 주의점들이다.

구체적이고 독창적일 것

흔한 배경이더라도 작가는 그 배경을 공들여 다듬어 독자가 독창적이라고 느끼게 만들어야 한다. 천 개의 결정 사항을 양 어깨에 짊어진 채 각 배경마다 현실에서 갓 뽑아낸 듯한 생생함을 부여해야 한다. 보도가 배경이라면 사람들이 북적이는지 한산한지, 어떤 버스킹 밴드들이 오가는 사람들의 귀를 즐겁게 해주는지, 교통 체증은 어느 정도인지, 건물의 모습을 봤을 때 빈민가인지 부유한 동네인지 등등, 사소한 것도 빼놓지 않고 결정해야 한다. 근처에 베트남 식당이 있다면 뜨끈한 쌀국수 냄새를 묘사하고, 길 건너에 공사장이 있다면 건축 자재의 잔해와 바람이 뒤섞인 꺼끌꺼끌한 먼지의 소용돌이를 묘사하라.

　도시의 배경들은 상점이 열리고 닫히는 시간, 러시아워의 교통 패턴, 배달하는 택배 기사들, 노선을 따라 정거장에 속속 도착하는 버스나 지하철의 리듬을 통해 현실 세계의 익숙한 광경들을 그대로 재현한다. 이런 디테일은 작품을 더욱 실감 나게 하며, 어떤 배경을 선택할 때도 이야기에 가장 잘 맞는 종류로 자유롭게 골라 쓸 수 있다.

배경의 쳇바퀴에서 탈출하라

이야기에 어울리는 배경을 찾기가 쉽지 않다 보니, 비슷한 영화나 책을 보며 아이디어를 얻을 때가 많을 것이다. 그러나 흔한 배경을 재활용하다 보면 이야기의 개성을 잃을 위험이 있다. 독자는 신선한 경험을 하길 바란다. 믿고 써도 좋을 배경을 내놓기 전에 방향을 바꿔 생각해보라. 바닷가나 부모가 자리를 비운 집이 배경이라고 해서 늘 십 대들이 파티를 벌일 필요는 없다. 아이들을 폐쇄된 공사장이나 세를 내놓아 아무도 없는 창고로 숨어들어가게 하면 어떨까? 맥주 몇 병, 스프레이 캔 몇 개에 전기 충격기를 들고 느닷없이 등장하는 경비원 한 명만 있어도 갈등의 폭풍을 불러일으킬 만한 독창적인 배경을 얻을 수 있을 것이다.

　인물의 내면이 매우 복잡하게 펼쳐지는 장면을 쓰고 있다면, 그 심리적 혼란에 더 집중하고 싶은 마음에 평범한 곳을 배경으로 선택할지도 모른다. 하지만 인물의 내면에만 지나치게 신경을 쓰면 이야기의 속도감에 문제가 생긴다. 적절하게 안배한 배경은 상징으로 훌륭하게 기능하며 생생한 사연을 전달한다. 또 인물과의 상호작용을 통해 인물의 감정을 드러내준다. 그러니 이야기의 속도감을 유지하고 플롯을 발전시키면서 내면의 풍경과 상호작용할 수 있는 배경을 찾는 데 힘써야 한다.

작가들을 위한
마지막 소고

이 책에 수록한 배경은 광범위한 조사를 거친 것들이지만, 그럼에도 기초적인 수준에 머물 수밖에 없었다. 현실 세계의 배경은 제각각 전혀 다른 사촌들이 있다. 예를 들어, 알래스카 숲에 사는 동식물은 보르네오나 뉴질랜드는 말할 것도 없이, 상대적으로 가까운 캘리포니아 남부의 동식물과도 다르다. 자신의 소설이 실제로 존재하는 특정한 장소에서 펼쳐진다면, 시간을 들여 조사하면서 이 책에 실린 것과 다른 점들을 찾아내야 한다.

그리고 이 책을 읽어나가는 동안 각 배경마다 실제로 찾을 수 있거나 찾을 수 없는 수많은 상이한 디테일들이 있음을 알게 될 것이다. 예를 들어, 세상의 모든 전당포에 조경 장비와 연장이 있는 것은 아니다. 하지만 이야기에서 필요할지도 모른다는 가정 하에 그런 요소들을 포함시켰다. 또 세상의 모든 빵집에 앉아서 빵을 먹을 수 있는 공간이 있지는 않지만, 그런 공간이 배경으로 필요할 경우에 대비해 포함시켰다. 선택의 폭을 넓히고자 하는 의도이니 자신이 선택한 배경에 맞는 항목을 고르기 바란다.

실재 장소를 배경으로 선택할 경우, 기후를 잊어서는 안 된다. 1년 중 어느 때인지, 적도와 얼마나 가까운지, 계절은 무엇인지가 배경에 미묘하지만 중요한 영향을 끼친다. 캐나다의 많은 지역은 12월에는 4시만 돼도 해가 지지만, 낮이 길어지는 여름에는 밤 10시에도 해가 완전히 지지 않는다. 산악 지방인지 해안선과 가까운 지역인지에 따라 기온과 날씨도 크게 달라진다. 선택한 배경이 토네이도나 지진이 많이 일어나는 곳인가? 공기는 건조한가, 습도가 높은가? 그로 인해 그 지역 사람들은 샌들을 신는가, 등산화를 신는가? 정확한 정보를 얻고 싶으면 '구글'과 친해져라. 그보다 좋은 방법은 그곳을 직접 답사하는 것이다.

이 책과《디테일 사전: 시골 편》에서 픽션에서 쓰일 만한 지극히 일반적인 배경 가운데에서 효과가 강렬한 사례를 제시했음에도, 완전하다고 자평할 생각은 결코 없다. 배경에 따라 서로 너무나 비슷한 경우가 간혹 있었다. 그럴 경우에는 비슷한 장소들의 범위에서 시작할 수 있는 배경을 묘사한 적도 많다. 딱 들어맞는 배경을 찾을 수 없다면 비슷한 다른 곳들을 찾아보는 방법을 추천한다. 원하는 묘사의 디테일을 만날 수 있을지도 모른다.

그리고 사전의 각 항목들은 다양한 인물의 관점에서 나온 디테일들을 망라한 결과임을 잊지 말기 바란다. 예를 들어, '경찰차' 편에서는 앞좌석과 뒷좌석에 따라 달라지는 디테일들을 모두 수록했다. 작중 인물이 경찰관이라면 운전석에서 조종 장치들을 제어할 것이다. 그의 관점에서 이루어진 묘사는 두 손이 묶인 채 뒷좌석에 앉아 있는 사람의 관점까지 아우르지는 않을 것이다. 선택한 배경을 묘사할 때 이야기의 시점을 이탈하지 않으려면 작중 인물이 논리적으로 가능한 선에서 보고, 듣고, 맛을 보고, 냄새를 맡고, 만질 수 있는 것을 생각해야 한다.

작가로서 배경을 고려할 때는 결코 감정을 잊어서는 안 된다. 인물의 감정이 반영된 묘사는 자신이 지금 있는 곳에 대한 인식과 그곳을 어떻게 느끼는지를 보여준다. 감정은 인물의 심리적 경향을 만들고, 자신이 있는 장소에 대한 인식을 좌우할 수 있다. 이때의 심리적 경향, 또는 편견이 독자들에게 전달되면서 둘은 똑같은 렌즈로 세계를 보게 되고, 결국 독자와 인물의 친밀도는 높아진다.

마지막으로 이 책을 볼 때는《디테일 사전: 시골 편》도 참고하길 바란다. 그러면 배경의 요소들을 훨씬 자유자재로 통솔할 수 있을 뿐만 아니라 장면의 흡인력을 더욱 높일 수 있을 것이다. 이 책의 마지막 부분을 보면 '시골 편'에서 탐사한 배경 목록을 확인할 수 있다.

교통

ㄱ
ㄴ
ㄷ
ㄹ
ㅁ
ㅂ
ㅅ
ㅇ
ㅈ
ㅊ
ㅋ
ㅌ
ㅍ
ㅎ

경찰차

풍경

앞좌석   핸들과 대시 보드 설비, 차의 속력을 정확히 측정하기 위한 속도 측정기, 도로 촬영 카메라, 주머니에 든 휴대용 마이크, 조수석에 탑재된 노트북, 도난 차량 추적 시스템, 사이렌과 경광등을 켜는 버튼, 기록을 위한 도구(파일 폴더, 용지, 펜, 메모장, 클립보드)가 담긴 정리함, 특정 위치에 고정된 라이플총과 산탄총, 겨울에 쓰는 방한 도구(재킷, 모자, 장갑), 무전기, 예비용 수갑이나 결박 도구, 형광색 안전 조끼와 장갑, PA 시스템Public Address system[많은 사람에게 한 방향으로 정보를 전달하는 확성 장치], 컵 홀더에 놓인 음료수

뒷좌석   아무것도 없는 살풍경한 내부, 발을 뻗을 자리가 거의 없는 딱딱한 비닐 좌석, 안전벨트, 내충격 창문, 안에서는 열리지 않는 문손잡이, 창살을 두른 창문, 앞뒤 좌석을 나누는 플렉시글라스plexiglas[유리처럼 투명한 특수 아크릴 합성수지]나 금속망 칸막이, 딱딱한 바닥(죄인을 수송하는 차량에는 매트가 없는 경우가 많다)

소리

갈라져 들리는 라디오 소리, 사이렌, PA 시스템을 통해 밖으로 크게 울려 퍼지는 경찰관의 목소리, 앞좌석에 앉아 이야기하는 경찰관, 용의자(뒷자리의 딱딱한 비닐 좌석에 앉아 자세를 바꾸고, 불안감에 바닥이나 운전석을 발로 탁탁 두들기고, 화내며 외치고, 울고, 토하고, 혼잣말하고, 칸막이를 두드리는), 지나가는 차들, 행인들의 목소리와 발소리, 차 밖에서 들려오는 목소리, 속도 측정기, 기록을 검색하기 위해 손가락으로 두드리는 노트북, 차가 속도를 올리거나 줄일 때 나는 소리

냄새

커피, 차내에서 먹은 패스트푸드, 용의자나 체포된 사람이 풍기는 냄새(땀, 소변, 체취, 토사물, 술, 담배나 마리화나 연기), 낡은 천(직물 커버를 씌운 좌석일 경우), 호신용 스프레이

71

이 배경에서는 등장인물이 가지고 있는 것(껌, 박하사탕, 립스틱, 담배 등) 말고
는 관련된 특정한 맛이 없다. 이럴 때는 미각 외의 네 가지 감각에 집중하는 것
이 좋다.

촉감과 느낌

빳빳한 경찰 유니폼, 사이렌을 울리며 경찰차가 출발할 때 몸속에서 솟구치는
아드레날린, 뒷자리의 딱딱한 비닐 좌석, 매트가 없는 바닥 위에서 미끄러지는
발, 경찰차의 좁은 뒷좌석에 갇힌 느낌, 차에 타려고 구부리는 몸, 손목에 찬 수
갑이나 결박기 때문에 생긴 통증, 폐소공포증, 양손을 등 뒤로 돌리고 어색한 자
세로 앉는 느낌, 차가 속력을 올리는 바람에 비닐 좌석 위에서 미끄러지는 몸,
세게 부딪쳐 문을 열려는 무모한 시도, 구역질, 차멀미, 아드레날린이나 마약 때
문에 초조해지거나 둔해진 감각

ㄱ

이 배경에서 벌어질 만한 갈등의 원인

- 금속망 칸막이로 용의자가 경찰관에게 침을 뱉으려고 한다.
- 용의자가 취해서 어떤 행동을 할지 모른다.
- 경찰관이 폭력적인 성격이다.
- 무고한 사람을 용의자로 붙잡는다.
- 체포되었는데 도움을 청할 사람이 아무도 없다.
- 차멀미를 하는 체질이라 뒷좌석에서 구토를 한다.
- 몸집이 큰 사람을 좁은 뒷좌석에 태워야 한다.
- 용의자를 학대했다며 경찰관이 부당한 질책을 당한다.
- 경찰관의 직권 남용 행위가 테이프에 기록된다.
- 경찰관 파트너끼리 도덕관이 다르다.
- 상부에서 정치적 압력이 들어온다.
- 뒷좌석에 탄 용의자가 발작을 일으키거나 의식을 잃는다.

이 배경에서 볼 만한 유형의 사람들

* 범인, 용의자, 허가를 받고 동승한 친구나 가족, 경찰관 및 연수 중인 경찰관

이 배경과 밀접한 다른 배경

* **시골 편** 시골길, 불난 집, 하우스 파티
* **도시 편** 대도시 거리, 자동차 사고 현장, 법정, 퍼레이드, 경찰서, 감방, 소도시 거리

참고 사항 및 팁

수갑을 차고 경찰차 뒷좌석에 오르는 사람들의 태도는 매우 다양하며, 그 반응으로 독자들은 많은 것을 알 수 있다. 용의자는 지나칠 정도로 과장된 반응을 보일 수도 있고, 감정을 전혀 드러내지 않고 침착할 수도 있다. 또한 끊임없이 수다를 떠는 즐거운 인물과 딱딱한 비닐 좌석에 자빠져 그대로 곯아떨어지는 인물을 만나면 독자는 거기에서 무엇을 추측할까? 이런 상황에서 우리는 인간의 본성을 엿볼 수 있다. 등장인물이 본래의 성격대로 행동하게 만들어라.

배경 묘사 예시

저넬의 떨리는 무릎은 좌석 칸막이에 끊임없이 스치며 소리를 냈다. 좌석은 딱딱하고 차가웠으며, 두 손 위에 앉지 않으려면 몸을 옆으로 구부려야 했다. 경찰차가 모퉁이를 돌 때마다 피냐타piñata[중남미 축제에 사용되는 인형 모양의 종이 박. 안에 장난감이나 과자가 들어 있다] 인형을 두드리는 야구 방망이처럼 창의 철격자가 몸을 때렸다. 잔혹한 놈. 금속 수갑이 손목의 피부를 잡아당기고, 그 이상한 각도 때문에 충격이 어깨까지 전달됐다. 경찰관은 대화를 시도했지만, 저넬은 그렇게 어리석지는 않았다. 변호사가 도착할 때까지 입을 다물라는 아버지의 목소리가 들리는 듯했다. 아버지가 체포되는 모습을 지켜본 적이 있기에 이 일이 어떻게 진행되는지 알고 있었다.

* **이 글에 쓴 기법** 다중 감각 묘사, 직유
* **얻은 효과** 성격 묘사, 과거 사연 암시, 감정 고조, 긴장과 갈등

공항

풍경

유리로 된 자동문, 항공사 체크인 카운터로 통하는 긴 공간(수하물 계량기, 모니터, 항공권 인쇄기, 수하물용 태그와 스티커, 항공사 직원, 항공권과 여권을 든 승객, 수속을 마친 수하물을 기내로 보내는 컨베이어 벨트 등이 있는), 수하물을 카트에 실은 승객들이 만든 긴 행렬, e-티켓(전자항공권)용 단말기, 경비원, 공항 직원, 각 항공사 게이트(기업을 나타내는 상징 색깔, 유니폼을 입은 직원, 회사의 로고와 정보를 표시하는 모니터가 설치된), 천장에 설치된 공항의 안내 표식, 수하물 인도장, 화장실, 안내 데스크, 수하물 수취소, 렌터카 수속 카운터, 비행기의 도착과 출발 시간을 표시한 대형 모니터, 기입 용지가 놓인 테이블(트렁크용 태그와 펜, 휴대품 신고서, 세관 신고 서류), 기내 반입이 가능한 수하물에 관한 설명서, 청소 카트를 밀고 다니는 관리인, 자판기, 보안 검사장(줄 선 사람들, 라텍스 장갑을 끼고 유니폼을 입은 보안 직원, 신발을 벗는 승객, 컨베이어 벨트와 스캐너, 주머니 속 자질구레한 물건이나 핸드백을 담는 바구니, 노트북을 담는 바구니, 보디 스캐너, 손에 들고 사용하는 금속 탐지기), 유리창을 통해 활주로가 보이는 게이트 터미널(비행기에 화물을 싣고 내리는 작업을 하고, 수하물을 운반하는 카트와 지상 근무원 등이 있는), 각 게이트에 설치된 많은 의자, 휴대전화와 노트북을 충전할 수 있는 콘센트, 짐을 든 승객들이 오가는 넓은 통로, 노약자들의 이동을 돕는 전동식 카트, 상품을 주문하는 키오스크(무인 주문기), 음식점과 작은 바, 흡연실, 콘센트와 미디어 접속 기기가 설치된 렌탈식 와이파이 작업장, 각 게이트의 데스크(항공권을 확인하고, 좌석을 지정하고, 보이지 않는 승객의 이름을 부르는)

소리

여닫히는 자동문, 승객의 이름을 부르는 방송, 비행기의 도착을 알리는 방송, 출발과 지연을 알리는 방송, 바닥을 굴러가는 트렁크 바퀴, 아이에게 잘 따라오라고 말하는 부모, 다음 승객을 부르는 승무원, 여닫는 지퍼, 바닥에 놓는 푹신한 짐(더플백과 배낭), 또각거리는 부츠와 하이힐, 훌훌 넘기는 종이, e-티켓이 인쇄되는 단말기, 서류에 찍는 스탬프, 작은 소리로 나누는 대화, 탑승권을 가진 승객(전화를 걸고, 헛기침을 하고, 자세를 바꾸고, 줄을 선 다른 승객과 수다를 떠는), 경비원의 무전기, 외국어로 나누는 대화

냄새

커피, 헤어 제품, 향수, 박하사탕이나 구강청결제, 종이, 금속, 청소용품, 푸드 코트에서 파는 음식, 땀, 구취, 비닐, 고무

맛

커피, 물, 박하사탕, 껌, 자판기의 과자, 간단한 음식(베이글, 머핀, 샌드위치, 쿠키), 가게에서 산 음식

촉감과 느낌

오랜 시간 줄을 서서 기다리는 동안 단단한 트렁크 위에 앉는 느낌, 다른 사람과 부딪치다 트렁크 바퀴가 발을 치는 느낌, 사람들의 줄을 정리하는 역할을 하는 거친 천으로 된 로프, 압박감을 덜기 위해 어깨에 걸고 있던 짐을 반대편 어깨로 옮기는 느낌, 막 인쇄된 반들거리는 탑승권, 가지고 다니기 편한 여권, 뭉침을 방지하려고 돌리는 어깨와 목, 유도 사인을 보려고 빼는 목, 가득 채운 가방 지퍼를 끌어당겨 잠그는 느낌, 정중하고도 빠르게 몸수색을 하는 검사원의 손길, 게이트에 있는 불편한 의자에서 배배 꼬는 몸, 손에 든 커피의 온기, 짐 위에 올린 발, 여행의 최종 비행이 시작되기를 기다릴 때 밀려오는 피로감

이 배경에서 벌어질 만한 갈등의 원인

- 비행기의 이륙 시간을 착각해서 늦게 도착한다.
- 드넓은 공항 안에서 길을 잃는다.
- 절도를 당한다.
- 중요한 물건(돈, 신용카드, 여권 등)을 잃어버렸다는 것을 깨닫는다.
- 항공편이 취소되거나 초과 예약된다.
- 악천후로 모든 비행기가 지상 대기한다.
- 수하물에서 금지된 물건(약물, 무기, 육류, 규정을 초과한 액수의 현금)이 발각된다.

이 배경에서 볼 만한 유형의 사람들

- 관리 직원, 배달원, 승무원과 항공사 지원 인력, 지상 근무원과 수하물 담당 직원, 유지 보수 직원, 경찰관과 공항 내 구급대원, 경비원, 여행객

이 배경과 밀접한 다른 배경

- 비행기, 캐주얼 다이닝 레스토랑, 싸구려 모텔, 패스트푸드 레스토랑, 호텔 객실, 공중화장실, 택시

참고 사항 및 팁

공항은 크기가 다양하다. 대부분의 공항은 거대하고 부지가 넓어서 셔틀버스나 전차를 타고 터미널로 이동한다. 비교적 작은 마을에 있는 공항에는 최소한의 시설만 있는데 제대로 된 게이트 구역조차 갖추지 못한 곳도 있다. 세계의 많은 공항이 터미널 밖으로 나가서 차량에 탑승하지만, 게이트에 연결된 통로를 통해 기내로 들어가는 형태도 있다. 공항은 각 나라의 규칙과 규정에 따르기 때문에 경비 체제도 그에 따라 달라진다.

배경 묘사 예시

엄청나게 긴 아메리칸 에어라인의 줄이 드디어 움직이나 생각했지만 겨우 반 발 앞으로 나갔을 뿐이었다. 짐을 맡기기 위해 멍하니 서 있는 것, 이것이 이륙 몇 시간 전에 공항에 도착하라는 진짜 이유다. 건너편 대한항공 카운터의 승객들은 마치 80대 노인의 소화기관을 통과하는 건자두처럼 거침없이 나아가고 있었다. 장거리 비행에 이용하는 항공사를 슬슬 바꿀 때가 된 것 같다.

- **이 글에 쓴 기법** 대비, 직유
- **얻은 효과** 감정 고조

구급차 Ambulance

풍경

환자를 실어 나르는 들것, 벽을 따라 늘어선 벨트가 달린 의자나 쿠션 처리된 긴 의자(필요한 경우에는 보조 들것의 역할을 하는), 캐비닛과 선반, 보관함(붕대, 의약품, 주사기, 정맥주사용 용액, 투여 기구, 의료용 장갑, 예비 배터리, 아이스 팩, 상처 세정 용액 등이 든), 기도 확보 기구, 기관 튜브, 휴대용 산소 탱크, 진단 기구(혈압계, 심전도 모니터, 제세동기), 정맥 펌프, 환자 이송 용구(척추 교정판, 목 보호대, 부목, 스트랩), 콘센트, 압력계와 환기구, 검사와 치료를 하는 구급대원, 들것에 까는 흰 시트와 가벼운 담요, 기본 비품이 든 의료 키트, 의약품과 기도 확보 기구가 준비된 전문 의료 키트, 들것을 고정하는 금속 클립, 금속으로 된 차 문, 머리 위에 설치된 밝은 조명, 케이블, 물병들, 감염성 폐기물을 버리는 용기, 청소용품, 전자 진료 카드, 운전석에 탑재된 내비게이션 겸 통신 장비용 컴퓨터, 유니폼을 입은 구급대원(가위와 의약품이 담긴 파우치가 붙은 벨트를 하고, 무전과 마이크를 어깨에 달고, 방탄조끼나 청진기 등을 가진)

소리

공기가 압력을 받는 소리, 심전도 모니터나 수액 펌프의 신호음, 우르릉거리는 엔진, 구급대원의 목소리(환자를 달래고, 질문을 하거나 치료법을 협의하고, 무선으로 의사와 이야기하는), 지시를 내리는 상황실 직원의 목소리, 신음과 울음, 환자의 가빠지는 호흡, 열리는 캐비닛과 서랍, 혈압계의 가압대를 풀 때 벨크로를 떼는 소리, 사이렌과 경적, 울퉁불퉁한 도로를 통과할 때 서랍이나 캐비닛 속에서 흔들리는 소품, 붕대와 무균 장비가 담긴 비닐을 찢는 소리, 무전기의 잡음

냄새

소독약, 피, 소변, 대변, 토사물, 청소용품, 탄 냄새와 연기(환자가 화상을 입은 경우), 땀, 깨끗한 시트, 배기가스, 향수나 애프터셰이브 로션, 환자의 취기 어린 숨결

맛

산소마스크의 플라스틱, 피

촉감과 느낌

충전재를 넣은 푹신한 들것, 팔에 닿는 들것의 차가운 금속 난간, 몸을 고정시키
는 스트랩과 금속 버클, 찢겨나가는 옷, 상처에서 흐르는 피, 깊은 상처에 사용
하는 탄성 붕대, 서서히 젖어 피투성이가 되는 붕대, 상처 입은 부위가 흔들리거
나 부목으로 고정될 때 거세지는 통증, 피부에 들러붙는 반창고, 충격으로 인한
방향감각 상실, 몸에서 뭔가가 떨어져나가는 느낌, 계속되는 오한, 피부를 닦는
차가운 소독약, 주삿바늘의 통증, 가슴을 감싼 구불구불한 관, 얼굴을 가볍게 압
박하는 산소마스크, 코에 넣는 산소 주입용 삽관, 상처 위에 테이프로 고정시킨
거즈, 위안을 찾거나 통증에 대비하려고 들것의 난간이나 구급대원의 손을 잡
는 느낌, 진통제 효과로 서서히 잦아드는 불쾌감

이 배경에서 벌어질 만한 갈등의 원인

- 깊은 바퀴 자국이나 울퉁불퉁한 도로 때문에 들것이 몸에 부딪혀서 통증이 거
  세진다.
- 구급차가 도로에 갇히거나 경로를 바꿔서 가뜩이나 중태에 빠진 환자의 생명이
  위태로워진다.
- 비품에 결함이 있다.
- 환자가 의약품에 예상치 못한 알레르기를 일으킨다.
- 병원으로 향하던 구급차가 자동차 사고에 휘말린다.
- 전염병에 걸린 환자를 태운다.
- 선입견 때문에 환자를 보살필 때 개인적인 편견이 생긴다.
- 사랑하는 사람이 구급차로 이송되는데 따라갈 수가 없다.
- 환자의 상태가 급속히 악화된다.
- 병원이나 의사에게 공포감을 가진 환자를 만난다.

- 사랑하는 사람을 보살피는 가족, 구급대원, 환자, 응급 구조를 배우는 학생

이 배경과 밀접한 다른 배경

- **시골 편** 시골길, 불난 집
- **도시 편** 대도시 거리, 자동차 사고 현장, 응급실, 병실, 소도시 거리

참고 사항 및 팁

구급차는 종류와 형태가 다양하지만, 모두 인명 구조를 위한 필수품을 갖추고 있다. 일반적으로는 병원이나 응급 환자 이송 센터, 소방서 등에 대기한다. 구급 대원이 화재 현장에 출동할 경우를 대비해 차체 밖에 소방복(방화복, 헬멧, 자급식 호흡 기구)을 비치한 차량도 있다.

배경 묘사 예시

문이 탕 닫히고 번쩍이는 빛이 리엄의 눈에 꽂혔다. 구급대원이 물집이 생긴 피부에 산소마스크를 대자 통증은 한층 심해졌다. 차가운 공기를 들이마신 순간, 그을린 폐가 안도의 숨을 내쉬었다. 구급차가 급하게 출발하자 연기 속에 폐허가 된 집이 눈 깜짝할 사이에 멀어지고 대기하고 있던 생각들이 그의 머릿속을 바삐 돌아다녔다. 구급대원은 리엄을 안심시키려는 듯 미소를 지으며 이야기했지만, 정신이 혼란스러워 무슨 말인지 들어오지도 않았고 화상 입은 몸에서 나는 냄새 때문에 기분은 최악이었다. 뭔가 팔을 찌르더니 얼얼한 통증을 완화시키는 차가운 감각이 몸에 퍼졌다. 눈물이 계속 흘러내렸다. 그는 기적적으로 목숨을 건진 것이다.

- **이 글에 쓴 기법** 다중 감각 묘사
- **얻은 효과** 긴장과 갈등

군용 헬리콥터   **Military Helicopter**

풍경

조종사들이 앉는 두 개의 좌석, 조종석 전체를 둘러싼 유리창, 디지털 표시 창에 뜬 숫자, 고도·속도·방향 등의 수치와 계측기가 잔뜩 배치된 대시 보드, 나침반, 조종석 천장에 설치된 여러 손잡이와 제어장치, 헬멧을 써도 대화할 수 있도록 헤드셋을 장착한 조종사, 좌석에 놓인 장갑 한 켤레, 헬리콥터를 띄울 때 쓰는 두 개의 조종간, 발밑에 있는 페달, 각 좌석에 설치된 안전벨트, 로프나 망으로 고정한 적재 화물, 비품용 아이스박스나 대형 용기, 소화기, 구급함, 쌍안경, 미닫이식으로 된 옆문, 문 옆에 비치한 총, 좌석에 앉은 부대원, 위생병이 부상 정도에 따른 순위를 정하는 동안 들것에 누워 있는 부상병들, 옆문에서 무기를 준비하고 있는 저격수

소리

시동이 걸려 점점 커지는 엔진 소리, 공중에서 고속 회전을 할 때 드문드문 들려오는 프로펠러 소리, 미사일 발사음, 총탄을 날리는 기관총, 헤드셋을 통해 말하는 조종사, 스피커에서 들리는 잡음 섞인 목소리, 비행 중에 금속이 딸깍거리며 여기저기 부딪치는 소리, 헬리콥터 바닥을 두드리는 군화, 바닥에 떨어지는 탄약, 안전벨트를 매는 소리, 여닫는 옆문

냄새

연료, 땀, 금속, 피, 총, 기름, 소독 티슈

맛

이 배경에서는 등장인물이 가지고 있는 것(껌, 박하사탕, 립스틱, 담배 등) 말고는 관련된 특정한 맛이 없다. 이럴 때는 미각 외의 네 가지 감각에 집중하는 것이 좋다.

촉감과 느낌

기울거나 흔들리는 헬리콥터, 쿵 떨어지는 듯한 심장, 어깨에 부딪히는 안전벨

트, 땀이 찬 군복, 헬리콥터가 갑자기 방향을 바꾸는 바람에 꽉 잡는 좌석이나 손잡이, 조종간이나 페달의 미세한 진동과 움직임, 딱딱한 금속 좌석, 옆자리에 앉은 병사와 부딪치는 느낌, 열린 창문이나 문으로 세차게 부는 바람, 모래와 티끌에 긁힌 피부, 움직이는 헬리콥터 안에 서서 중심을 잡는 느낌

이 배경에서 벌어질 만한 갈등의 원인

- 헬리콥터가 격추된다.
- 헬리콥터에서 낙하해야 한다.
- 쌓아놓은 짐이 움직여 지상으로 떨어지거나 누군가 그 짐에 다친다.
- 부여받은 임무에 대해 갈등한다.
- 헬리콥터가 손상되어 비행에 문제가 생긴다.
- 구출 작전을 완수하기 전에 후퇴한다.
- 사랑하는 가족이 그립지만 임무에 지장을 주지 않으려고 애쓴다.
- 목숨을 잃을까 겁이 난다.
- 조종사가 병에 걸리거나 상처를 입은 채 비행한다.
- 사태가 점점 나빠지자 사람들이 조종사의 결단을 비판한다.
- 도움이 안 되거나 믿을 수 없는 사람들을 의지해야 한다.
- 자원이나 탄약이 바닥난다.
- 적지에 강제로 착륙한다.
- 엄청난 요동 때문에 멀미를 한다.

이 배경에서 볼 만한 유형의 사람들

- 저격수, 정비사, 위생병, 조종사, 부대원, 부상병

이 배경과 밀접한 다른 배경

- **시골 편** 북극 지대 툰드라, 사막, 숲, 산, 열대 섬
- **도시 편** 비행기, 공항, 군사 기지, 탱크

만능 이동 수단인 헬리콥터는 부대의 수송, 전지에 재료 운반, 의료 지원 제공, 전투 참가 등 여러 목적으로 이용된다. 목적에 따라 헬리콥터에 싣는 물품도 달라진다. 헬리콥터의 설비는 최근 들어 엄청난 발전을 거두었기에 예전에 쓰였던 헬리콥터를 묘사할 때는 이 점을 기억해야 한다.

밀리터리 장르는 오랜 기간에 걸쳐 만들어졌다. 이 분야에 나오는 군용 헬리콥터라고 하면 〈플래툰〉, 〈블랙 호크 다운〉, 〈지옥의 묵시록〉 같은 영화를 떠올릴 것이다. 이런 이야기들은 확실히 성공을 거두었지만, 새로운 이야기를 쓰고 싶다면 처음 머릿속에 떠오른 이미지에 구애받지 않아야 한다. 전형적인 배경인 사막이나 바다를 떠나 눈보라가 치는 북극을 무대로 쓰면 어떨까? 낮이 아니라 칠흑 같은 어둠에 둘러싸인 밤에 임무를 수행해야 한다면? 독특한 관점이나 색다른 취향을 더해 평범하지 않은 시놉시스를 만들면 독자에게 새로운 갈등과 공포, 이미지를 선사할 수 있을 것이다.

깊은 창상과 골절의 통증을 느끼면서도 헬리콥터가 이륙하자 우리들은 금속 좌석에 기대 빙그레 웃었다. 해냈다. 제어반의 불빛이 점멸하고, 조종사가 뭐라고 외쳐댔지만 그의 말은 계속되는 충격음에 묻혀 들리지 않았다. 그때 헬리콥터가 흔들리며 하강했고, 내 심장도 같이 쿵 떨어졌다. 몸이 옆으로 미끄러지고, 상처 입은 허벅지에 금속 리벳이 파고들었다. 나는 스트랩을 움켜쥐고 재빨리 손에 감아 고정시켰다. 안정을 되찾은 헬리콥터는 사정거리를 벗어나 남쪽으로 향했다. 헬리콥터가 선회할 때 우리가 서 있던 언덕에 폭발로 구멍이 파이고 검은 연기가 피어오르는 모습을 흘끗 내려다보았다. 이 세계의 일부가 방금 사라졌다. 여차했으면 우리도 함께 사라졌을 것이다.

- **이 글에 쓴 기법** 다중 감각 묘사
- **얻은 효과** 감정 고조, 긴장과 갈등

풍경

차양이 있는 콘크리트 구역, 껌이 여기저기 붙은 포석, 울타리로 나뉜 상하 선로, 기찻길 사이의 자갈, 승강장 테두리에 있는 노란색 출입 금지선, 자전거 보관소에 있는 자전거, 반대편 선로로 이동하는 데 쓰는 육교로 이어지는 계단과 엘리베이터, 신문 보관함, 쓰레기통, 벤치, 매표기, 벤치에 앉아 있거나 자는 사람, 표지판(스케이트보드 금지 등의), 분수식 음수대, 벽에 붙은 기차 운행표와 노선도, 종이로 된 기차 운행표가 놓인 선반, 다음 기차의 도착 시간을 알리는 전광 게시판, 시계, 기계실과 전기실, 화장실, 자판기, 땅에 떨어져 있는 쓰레기(빨대 포장지, 뭉쳐진 휴지, 페트병 뚜껑, 담배꽁초), 떨어진 음식을 쿡쿡 쪼는 새, 트렁크를 끌며 걷는 승객, 녹슨 선로, 역으로 들어오는 기차, 주위의 짐을 챙겨 줄을 서는 승객, 사랑하는 사람에게 인사를 하고 이별을 고하는 승객, 주변을 뛰어다니는 아이들, 기차를 기다리며 포장해 온 음식을 먹는 승객

소리

오가는 사람들, 새의 울음소리와 날갯짓, 역 밖에서 엔진을 켠 채 정지해 있는 버스와 택시, 대화, 떵 울리는 엘리베이터, 덜거덕거리는 트렁크, 안내 방송, 선로에 부는 바람, 바스락거리는 신문지, 휴대전화로 통화하는 소리, 헤드폰에서 희미하게 새어 나오는 음악, 매표기의 삐 소리, 표가 개찰구를 찰칵 통과하는 소리, 지붕에서 떨어지는 물방울, 기차 문이 밀리며 열리는 소리, 지나가는 기차, 기차가 속도를 떨어뜨릴 때 끽 소리를 내는 브레이크, 울려 퍼지는 경적, 승객이 기차에 오를 때 지면을 스치는 신발, 출발한 기차가 천천히 흔들리며 점차 속도를 올리는 소리, 아이에게 선로에서 떨어지라고 외치는 부모, 지붕에 떨어지는 비, 자판기에서 덜컹 떨어지는 캔, 바스락거리는 사탕 포장지

냄새

비, 신선한 공기, 포장해 온 음식, 신문지, 모래와 자갈

(맛)

벤치에 앉아 급히 먹는 점심, 자판기에서 파는 음식, 탄산음료, 물, 포장해 온 커피

(촉감과 느낌)

콘크리트가 균열된 부분을 지나가는 트렁크 바퀴, 어깨를 파고드는 무거운 가방, 계단을 오르느라 달아오른 종아리, 딱딱한 금속 벤치, 역내로 세차게 부는 바람, 잉크가 번진 신문, 따끔거리고 피곤한 눈, 손에 꽉 쥔 기차표와 영수증, 음수대의 미지근한 물, 종이로 된 운행표를 구석구석 살펴보는 느낌, 자판기에서 무엇을 살지 고민하면서 호주머니 속 동전을 굴리는 느낌, 차가운 음료수에 선뜩한 손바닥, 아기의 손을 잡는 느낌, 지나가는 기차가 일으킨 바람에 나부끼는 머리카락, 사랑하는 사람의 곁을 떠나며 흘린 눈물 때문에 따끔거리는 눈, 떨어지기 아쉬운 포옹, 따뜻한 야외에서 냉방으로 서늘한 기차 안으로 이동하는 느낌

이 배경에서 벌어질 만한 갈등의 원인

- 실수로 혹은 떠밀려서 선로로 떨어진다.
- 짐을 도난당한다.
- 매표기가 부서져 있다.
- 타야 하는 기차를 놓친다.
- 기차가 연착하거나 취소된 것을 발견한다.
- 응석받이 아이가 승강장에서 떼를 쓰지 않도록 어떻게든 달래본다.
- 껌을 밟는다.
- 주위에 불쾌한 느낌을 주는 사람이 있다.
- 장애가 있는데 장애인 배려 시설이 없는 역을 이용해야 한다.
- 안전 수칙을 무시하는 사람들이 있다(승강장에서 스케이트보드를 타는 등).
- 부서진 트렁크를 끌고 간다.
- 배가 고픈데 자판기에서 음식을 살 현금이 없다.
- 곧 떠날 여행이 불만스럽다.
- 먼 길을 떠나기 전에 화장실에 다녀오고 싶은데 곧 기차가 도착한다.

이 배경에서 볼 만한 유형의 사람들

- 통근하거나 통학하는 승객, 사랑하는 이를 배웅하거나 마중 나온 사람, 관리 직원, 승객, 경비원

이 배경과 밀접한 다른 배경

- 비행기, 공항, 대도시 거리, 싸구려 모텔, 시내버스, 호텔 객실, 지하철 터널, 택시

참고 사항 및 팁

오랜 세월에 걸쳐 크게 발전한 기차는 장거리를 이동할 때도, 주거지와 직장이 있는 인구 밀집 지역을 오갈 때도 중요한 교통수단이다. 많은 사람이 버스처럼 고속 통근 기차를 이용한다. 우리는 기차의 쾌적함과 편리한 설비 덕분에 편안히 여행을 즐기거나 남은 일을 정리하는 생산적인 시간을 얻을 수 있다. 통근 기차가 정차하는 역은 구조가 훌륭하며, 많은 사람이 아침저녁으로 오고 간다. 물론 모든 역이 장대하고 아름답지는 않다. 실외 승강장과 매표기만 갖춘 작은 역도 있다. 하지만 모든 기차역은 규모와 이동 구간과 상관없이 다른 수단으로는 가기 불편한 지역은 물론 비용이 늘어나더라도 목적지까지 갈 수 있는 기회를 준다는 확고한 목적을 가지고 있다.

배경 묘사 예시

나는 무너지듯 벤치에 앉았다. 메신저백이 어깨에서 흘러내려 벤치 끝에서 덜렁거렸다. 열여섯 시간이나 일한 탓에 눈꺼풀은 깨진 창의 블라인드처럼 불규칙하게 올라갔다 내려갔다 했다. 몸을 추슬러 자세를 바로잡고 주변을 돌아보았다. 남자 두 명이 있었는데, 한 명은 먼 벤치에 앉아 있었고, 다른 한 명은 매표기에 기대서 있었다. 둘 다 사람을 죽일 것처럼 보이지는 않았지만 만약을 위해 가방을 무릎에 얹었다. 빨리 집에 가고 싶었다.

- **이 글에 쓴 기법** 직유
- **얻은 효과** 분위기 설정, 긴장과 갈등

낡은 픽업트럭   Old Pick-Up Truck

풍경

금이 가고 파인 앞 유리, 먼지 쌓인 대시 보드, 깨진 유리창, 진흙투성이 바닥 매트, 손잡이가 사라진 라디오, 카세트 플레이어, (고장 난) 에어컨과 히터, 먼지투성이 환풍구, 바닥에 떨어진 쓰레기(햄버거 포장지, 탄산음료 컵, 테이크아웃 컵, 초콜릿 바 껍질, 도넛 상자), 대시 보드 위에 놓인 찌그러진 티슈 상자, 접히고 찢어진 지도, 제대로 여닫히지 않는 조수석 수납함, 낡거나 뜯어져 안의 내용물이 보이는 좌석의 직물 커버, 금속제 텀블러, 자질구레한 물건들(공구, 용구, 잡동사니, 신문)로 뒤덮인 뒷좌석, 사이드미러 근처의 기울여서 여는 쐐기 모양의 작은 창문, 백미러에 걸린 차주의 성향이 엿보이는 물건(가터벨트, 묵주나 종교적 상징물, 나무 모양의 방향제, 갓난아기 신발, 개 이름표), 떨어진 후드 오너먼트, 더러워진 발판, 군데군데 녹슨 프레임, 녹슨 링이나 패치가 달린 연료 탱크 커버, 긁힌 상처와 닳은 자국, 녹슨 휠 웰wheel well[타이어를 탈착하도록 설치된 홈], 닳거나 짝이 안 맞는 타이어, 울퉁불퉁한 범퍼, 슬라이딩식 뒷창문, 총을 걸어두는 선반, 완전히 안 닫히는 뒷문, 짐칸에 놓인 각종 물건(염화칼슘, 모래주머니, 로프, 건초 더미, 공구, 장작이나 목재 더미), 깨진 미등, 짙은 잿빛 연기를 토하는 녹슨 배기구, 구부러지거나 꺾인 라디오 안테나, 담배꽁초나 꾸깃꾸깃한 껌 포장지가 가득한 재떨이, 담배용 라이터, 좌석에 붙은 뭔가를 엎지른 자국이나 얼룩, 문 안쪽에 묻은 진흙 자국, 떨어져 나간 흙받기

소리

덜커덩거리거나 시끄러운 엔진, 풀어진 히트 실드heat shield[컨버터에서 발생하는 열을 차단하는 장치] 때문에 울리는 금속음, 삐걱거리는 차 문, 끽끽거리는 브레이크, 내연기관의 역화 소리, 엔진이 구동하기 직전에 나는 소리, 모터의 둔한 폭발음이나 끊어지고 이어지는 구동음, 강하게 고정하는 기어, 클러치, 좌석의 삐걱거리는 스프링, 트럭이 바퀴 자국을 지날 때 짐칸에 든 물건들이 미끄러지고 튀어 오르는 소리, 트럭이 급커브를 돌 때 흔들리는 빈 용기, 차 안에 흐르는 컨트리 음악이나 록 음악, 운전자의 콧노래나 흥얼거림, 빨대로 홀쩍거리며 마시는 음료수, 시동이 걸리기를 바라며 손으로 두드리는 대시 보드, 욕설, 크랭크

핸들로 창문을 올리고 내릴 때의 마찰음, 쿵 닫는 문, 보닛을 여는 소리, 느슨한 손잡이나 달그락거리는 핸들, 열린 창문으로 들어오는 바람

냄새

배기가스, 오일과 윤활유, 오래된 음식, 먼지, 녹, 흙, 너덜너덜해진 시트의 발포 우레탄, 발 냄새, 예전에 차내에서 엎지른 음료수(시큼해진 우유, 탄산음료, 커피), 뜨거운 가죽과 비닐, 담배, 방향제, 땀, 체취

맛

차가운 커피, 물, 껌, 담배, 포장 음식, 주유소에서 산 음식(육포, 초콜릿 바, 감자칩, 핫도그, 땅콩), 탄산음료, 자양강장제나 에너지 드링크

촉감과 느낌

깨끗하게 하려고 손으로 닦는 앞 유리, 흠집 나고 울퉁불퉁한 대시 보드, 크랭크 핸들을 돌리려고 힘을 준 손, 고장 난 에어컨이 내뿜는 미지근한 바람, 발밑에서 뒤죽박죽이 된 쓰레기들, 컵 홀더가 없어서 허벅지 사이에 조심스레 놓은 음료수 컵, 수동 변속기의 부드러운 레버, 흔들리는 좌석, 갑자기 브레이크를 밟았을 때의 저항력, 조절하는 라디오 볼륨, 차내에서 어깨로 밀어 여는 문, 문을 완전하게 닫기 위해 세게 당기는 손잡이, 엔진이 걸려 갑자기 움직이는 차, 고르지 못한 길을 지날 때 차내 이곳저곳에 부딪치는 몸, 타이어에 밟혀 부서지는 자갈과 돌, 작동되지 않아서 세게 밟는 브레이크, 핸들의 들쑥날쑥한 질감, 음악에 맞춰 톡톡 두드리는 핸들, 시동을 걸어놓고 느끼는 트럭의 진동, 팔에 내리쬐는 뜨거운 햇볕, 창문으로 들어오는 산들바람, 열린 창밖으로 늘어뜨린 팔, 사이드 미러나 백미러를 조절하는 느낌, 손바닥으로 누르는 경적, 목 안으로 들어오는 바깥 먼지, 고장 난 에어컨에 퍼붓는 욕설, 좌석에 달라붙는 땀에 젖은 다리

이 배경에서 벌어질 만한 갈등의 원인

- 트럭에서 나는 소리와 냄새가 창피하다.
- 운전하고 있는 트럭이 게이트로 둘러싸인 거주 지역 등 특정 장소의 출입을 거부당한다.

- 상대에게 좋은 인상을 주고 싶은데, 바람을 정통으로 맞아서 옷차림이 망가지고 땀투성이가 된 채 도착한다.
- 트럭에서 떨어진 물건 때문에 사고가 일어난다.
- 짐칸에 탔던 사람이 떨어진다.
- 장거리를 가야 하는데 트럭이 버텨줄지 의심스럽다.
- 사람이 꽉 찬 트럭을 타고 장거리 여행을 떠난다.
- 급하지만 천천히 진중하게 운전해야 한다.

이 배경에서 볼 만한 유형의 사람들

- 돈이 없는 십 대들이나 운이 다한 사람, 건설 현장 일꾼, 농부, 지나가는 자동차를 얻어 타려는 사람, 트럭 주인의 친구

이 배경과 밀접한 다른 배경

- **시골 편** 농장, 지방 축제, 차고, 쓰레기 매립지, 과수원, 채석장, 목장, 로데오
- **도시 편** 술집/바, 편의점, 주유소, 자동차 정비소, 트럭 휴게소

참고 사항 및 팁

차 안에서 많은 시간을 보내는 사람은 차를 보면 주인의 성격을 알 수 있다. 차종, 전체 상태, 단순한지 개조되었는지, 차내에 있는 물건이나 장식 등을 보면 등장인물에 대해 어느 정도 알 수 있다. 등장인물이 타는 차량은 사건이 발생할 수 있는 무대가 될 뿐 아니라 등장인물의 성격을 충분히 드러낼 수 있는 배경이기 때문에, 그 두 가지 역할을 잘 수행하도록 준비해야 한다.

배경 묘사 예시

어떤 에어컨 못지않은 시원한 바람이 창문에서 들어오고, 소나무 방향제가 빙빙 빠르게 돌아갔다. 비포장도로에 파인 구멍들 덕분에 이가 덜덜 흔들려서 흥얼거리던 조니 캐시의 〈링 오브 파이어Ring of Fire〉가 엉망이 되었지만, 그래도 내 기분을 가라앉히지는 못했다. 게다가 천을 댄 탄력 있는 시트는 흔들림을 억

제해주었다. 나는 빙그레 웃으며 라디오 볼륨을 올렸다. 이 트럭은 분명히 나보다 오래 살 것이다.

- **이 글에 쓴 기법**   다중 감각 묘사
- **얻은 효과**   감정 고조

리무진

풍경

차 내부를 둘러싸듯 설치된 가죽 소파, 물병이 담긴 아이스박스, 천장과 바닥을
네온처럼 비춰주는 LED 조명, 음향 시스템 리모컨, 좌석과 운전석을 나누는 선
팅 처리한 칸막이, 선루프, 파티에 가는 들뜬 사람들, 병에 담긴 술을 돌려 마시
거나 탄산음료 캔을 붓는 모습, 조명을 어둡게 조절하는 스위치, 차 내부의 돌
출된 부분에 놓인 빈 병과 빈 맥주 캔, 선팅 처리를 한 반짝이는 창문, 빛나는 은
색 문손잡이, 유리잔과 컵 홀더가 구비된 작은 바, 텔레비전과 DVD 플레이어,
USB 단자, 크롬 도금한 세부 장식, 선루프 주변에 유리창을 설치한 천장 , 뒤에
서 스테레오 기기를 비추는 광섬유, 승객의 승하차를 돕는 운전사, 조명에 비친
승객 한 사람 한 사람의 얼굴, 시시덕거리는 커플, 마약을 하는 승객

소리

크게 튼 음악, 웃음, 파티에 가는 사람들(음악을 들으며 큰 소리로 외치고, 선루프
로 몸을 내밀기 위해 좌석에 올라서고, 텔레비전으로 영화를 감상하고, 술을 마시
는), 밖에서 울려 퍼지는 경적, 라디오 채널을 돌릴 때 나는 잡음, 자동으로 여닫
히는 창문, 운전사에게 방향을 지시하는 승객, 닫히는 문, 음료수 잔에서 달그락
거리는 얼음, 밖에서 바쁘게 오가는 차들, 포장도로를 달리는 타이어의 안정적
인 소리

냄새

술, 땀, 좁은 공간을 덮친 강렬한 향수 냄새와 애프터셰이브 로션 냄새, 가죽, 에
어컨

맛

술, 물, 탄산음료와 칵테일, 리무진에 가져온 간단한 음식

촉감과 느낌

매끈한 가죽 좌석, 차가운 물, 차내에서 서로 부딪치는 몸, 엎지른 음료수, 모퉁

이를 돌거나 교차점에서 설 때 움직이거나 흔들리는 리무진, 좌석에 전달되는 진동, 선루프로 몸을 내밀고 만끽하는 차가운 밤공기

이 배경에서 벌어질 만한 갈등의 원인

- 승객이 과음해서 길가에 차를 세운다.
- 교통 혼잡 때문에 바쁜 승객이 시간에 늦는다.
- 차가 고장 나거나 타이어에 펑크가 난다.
- 과속으로 경찰이 차를 세운다.
- 승객이 멀미를 해서 뒷자리에 시큼한 냄새가 퍼진다.
- 승객이 현금을 가져오지 않아서 운전사에게 팁을 주지 못한다.
- 승객이 유명한 범죄자나 마피아의 중요 인물과 관계가 있다.
- 리무진을 몰던 중 승객의 심각한 위법 행위를 목격한다.

이 배경에서 볼 만한 유형의 사람들

- 운전사, 승객(댄스파티에 가는 십 대, 그 지역을 방문 중인 중요 인물, 연예인, 결혼식을 올린 커플)

이 배경과 밀접한 다른 배경

- **시골 편** 대저택, 졸업 무도회, 결혼 피로연
- **도시 편** 정장을 입어야 하는 행사, 카지노, 연예인 대기실, 호텔 객실, 펜트하우스 객실, 공연 예술 극장

참고 사항 및 팁

리무진에는 승객이 술을 마실 수 있도록 유리잔이 준비된 경우가 많지만, 대부분의 승객은 화장실에 갈 일을 염려해서 이용을 피한다. 리무진의 크기와 형태는 대형 SUV와 허머(지프형 차량)를 비롯해 다양하다.

리무진은 다양한 목적으로 움직이는데, 승객을 한 곳에서 다른 곳으로 운반한

다는 공통점이 있다. 이 공통점으로 차량은 '변화'를 줄 수 있는 환경이 된다. 예를 들어, 주인공이 A 지점에서 B 지점으로 이동한다고 치자. 이동은 꼭 물리적인 사건에 국한되는 것은 아니다. 짧은 거리를 갈 때도 자신의 성격이나 결단을 내린 사정, 미래의 목표 등에 대해 차분히 생각하는 심리적 이동의 기회를 가질 수 있다. 이런 설정에서는 주인공이 실제로 이동하는 거리와 함께 앞으로 걸을 자기실현의 길과 미래의 계획을 어떻게 구성할지 생각해 보자.

| 배경 묘사 예시 |

놀란 표정을 들키지 않도록 주의하며 나는 데니스의 뒤를 따라 리무진에 오른 뒤 가죽 시트 끝으로 미끄러져 들어갔다. 건너편에는 음료수가 가득 찬 미니바와 텔레비전 두 대가 있었고, 벽에 달린 녹색 조명은 내 연한 색 드레스를 부드러운 에메랄드색으로 물들였다. 데니스가 사운드 시스템의 조작 버튼을 만지작거리자 음악이 크게 울리고 베이스의 울림이 시트의 쿠션을 타고 전해졌다. 더욱 놀라운 일은 조명이 비트에 맞춰 번쩍번쩍 빛나며 차 안이 우리만의 미러볼 파티장으로 변신했다는 점이다. 와우. 고등학교의 마지막 파티에 이런 차를 타고 가게 될 줄은 상상도 못했다. 우리가 주차장에 도착하면 로라와 스티븐은 질투로 분해 죽겠지.

- **이 글에 쓴 기법** 과장, 빛과 그림자, 다중 감각 묘사
- **얻은 효과** 분위기 설정, 감정 고조

비행기 Airplane

풍경

카펫이 깔린 좁은 통로, 퍼스트 클래스(넓은 리클라이너 시트, 특제 담요와 베개, 기내 엔터테인먼트 장비, 친절한 승무원이 유리 식기에 준비해주는 식사와 음료), 칸막이용 커튼, 이코노미 클래스의 좌석, 머리 위에 설치된 흰색 짐칸, 음량과 라디오 채널을 조정하는 리모컨이 비치된 팔걸이, 안전벨트, 덮개가 달린 비행기 창문, 머리 위의 공기와 조명을 조절하고 승무원을 호출하는 버튼, 짐칸에 짐을 넣기 위해 통로를 가로막은 사람, 기체 중간에 있는 비상용 출구(문 여는 방법, 문손잡이, 주의를 끌기 위한 빨간색 또는 노란색 위험 경고 줄무늬), 접이식 테이블, 너덜너덜한 기내 잡지, 앞좌석 등받이에 꽂힌 안전 수칙 안내서, 등받이에 설치된 작은 화면(터치스크린이나 팔걸이에 설치된 리모컨으로 작동하는), 구토용 봉지, 승객(노트북 키보드를 두드리고, 책을 읽고, 모바일 기기로 음악을 듣거나 게임을 하고, 무릎 위에서 아기를 달래고, 식사를 하고, 싸구려 스펀지 베개의 모양을 잡는), 음료 카트(플라스틱 컵, 커피, 탄산음료, 물, 홍차, 알코올음료, 포장된 쿠키와 프레첼 등 스낵을 실은), 비상시를 위해 불을 켜둔 통로, 좌석 아래 있는 부양 장치, 기내에 산소가 부족할 경우 위에서 떨어지는 산소마스크, 식사나 음료 준비를 하는 조리실, 몇 개의 작은 화장실(변기, 거울, 스테인리스 세면대, 화재 감지기, 종이 타월, 물비누 디스펜서가 있는), 조종석으로 통하는 잠긴 문, 손님으로 가장한 항공 보안관

소리

이륙시 점화하고 가속하는 엔진의 굉음, 비행 중 들리는 안정된 엔진 소리, 카트에 실린 음료들, 머리 위의 짐칸을 닫는 소리, 승객들의 대화, 웃음, 코 고는 소리, 부모가 달래려는데 울음을 터뜨리는 아기, 자세를 바꿀 때 삐걱대는 좌석, 여닫는 지갑이나 가방의 지퍼, 음식 포장지, 고정하는 접이식 테이블, 부스럭거리는 신문과 잡지, 빳빳한 책장을 넘기는 소리, 두드리는 키보드, 승객에게 설명을 하거나 근무를 하는 승무원, 에어컨, 기침, 헛기침, 난기류가 한창일 때 머리 위 짐칸에서 흔들리는 짐들, 흡입식 변기, 찰칵 잠그는 화장실 문, 조리실에 있는 대형 용기를 쿵 닫는 소리, 큰 소리로 불만을 터뜨리는 손님, 안전벨트 착용

사인이 꺼질 때 울리는 차임벨, 스피커에서 흘러나오는 기장의 목소리

냄새

옆자리 승객이 뿌린 강렬한 향수, 음식물, 밀폐된 공기, 민트 향이 나는 껌, 구취, 맥주, 은은한 손 소독제 향기, 땀이나 체취, 곰팡내가 나는 천(기체가 낡았을 경우), 헤어스프레이, 누군가 신발을 벗었을 때 나는 발 냄새, 주변에 있는 아기나 유아의 기저귀 냄새, 누군가 구토 봉지를 사용할 때 나는 시큼한 토사물 냄새

맛

물, 커피, 탄산음료, 주스, 홍차, 설탕, 술(와인, 맥주, 증류주), 기내식이나 공항에서 산 음식(샌드위치, 초콜릿 바, 과자, 그래놀라 바, 베이글, 머핀, 쿠키), 기침 해소용 사탕, 구강청결제, 박하사탕, 껌, 건조한 입속에 퍼지는 시큼하거나 쓴 맛

촉감과 느낌

피부를 파고드는 팔걸이, 몸을 움직이거나 뭔가를 잡을 때 옆 사람을 가볍게 치는 느낌, 통로로 나갈 때 낮은 위치에 있는 짐칸에 부딪치는 머리, 탄성이 강한 좌석, 달궈진 신발 속에서 쥐가 나거나 부어오른 발, 접질린 목, 푹신한 베개, 화장실 차례를 기다리며 단단한 벽에 기대는 느낌, 좌석을 발로 차는 뒤에 앉은 아이, 아플 정도로 죄는 안전벨트, 손가락으로 누르는 팔걸이에 있는 리모컨 버튼, 책장의 얇은 질감, 뭉치는 냅킨, 비행기에서 주는 쿠키 포장지를 벗기는 느낌, 뜨거운 커피를 마실 때 입 주변에 퍼지는 온기, 냅킨으로 가볍게 두드리며 닦는 입가, 셔츠 앞쪽에 묻은 음식 부스러기를 털어내는 느낌, 여닫는 창문 덮개, 잠을 청할 때 느끼는 기내 담요의 편안한 무게감

이 배경에서 벌어질 만한 갈등의 원인

- 기계가 고장 난다.
- 멀미를 한다.
- 옆 사람이 무례하게 굴거나 부적절한 행동을 한다.
- 술에 취한 승객이 있다.
- 비행 중 누군가 심하게 아프다(맹장 통증이나 심장 발작).

- 중요한 물건(돈, 신용카드, 여권 등)을 잃어버렸다는 것을 깨닫는다.

이 배경에서 볼 만한 유형의 사람들

- 기장과 부기장, 항공 보안관, 승무원, 승객

이 배경과 밀접한 다른 배경

- 공항, 호텔 객실, 택시

참고 사항 및 팁

비행기는 기체의 크기, 제조 연도, 상태에 따라 내부 모습이 달라진다. 비교적 작은 비행기(특히 단거리 비행용으로 제조된)는 비행 중 최소한의 서비스만 제공하거나 서비스가 아예 없다. 이런 비행기는 공간이 협소해서 실내 이동에 제한을 받고, 짐을 싣는 데도 한도가 정해져 있으며 좌석도 이코노미 클래스밖에 없다. 특정한 항공 회사를 설정한다면 정확한 묘사를 위해 승무원 복장이나 제공하는 서비스에 대해 확실히 조사하자.

배경 묘사 예시

작은 베개를 이리저리 놓으며 자리를 잡던 나는 창가에 앉은 옆자리 승객을 흘긋 곁눈질했다. 창백한 얼굴이 땀으로 번들번들 빛나고, 두 손은 손가락뼈가 부러지지 않는 게 이상할 정도로 팔걸이를 꽉 쥐고 있었다. 더구나 세상에서 제일 맛없는 음식을 먹고 마라톤 풀코스를 뛴 것처럼 숨소리가 띄엄띄엄 이어졌다. 대단하군. 나는 베개를 내던지고 잠을 포기한 채 텔레비전을 틀었다. 제발 난기류를 만나지 않길. 토할 가능성이 다분한 이 사람은 결코 제시간에 화장실에 도착하지 못할 것이다.

- **이 글에 쓴 기법** 과장, 다중 감각 묘사
- **얻은 효과** 성격 묘사, 복선, 긴장과 갈등

시내버스 City Bus

풍경

짧은 계단과 연결된 접이식 문, 의자에 앉아 있는 운전사, 버스 양쪽의 좌석을 가로지른 좁은 통로, 차 앞부분에 그어진 노란색 승객 대기선, 천장에 연결된 가죽 손잡이, 난간, 벤치식 좌석이나 플라스틱 몰딩 의자, 지저분한 유리창, 좌석 위의 짐칸, 창문 사이나 위쪽에 붙인 포스터와 광고, 버스 내부에 사인펜이나 펜으로 쓴 낙서(그림, 갱단의 상징, 메시지, 유머나 모순이 깃든 격언, 사랑 고백, 인종 차별적 발언), 앞으로 몸을 구부리고 앉은 승객(독서를 하고, 문자메시지를 보내고, 음악을 듣고, 게임을 하는 등 자신의 일에 몰두하는), 충전재가 빠져나온 찢어진 의자, 바닥에 떨어진 쓰레기(휴지, 사탕 껍질, 종잇조각, 과자 부스러기), 창밖으로 눈 깜짝할 사이에 지나가는 거리와 차량, 문을 여는 버튼, 하차 버튼, 문에서 떨어지라고 경고하는 표시, 손잡이를 잡고 서 있는 사람, 승객(버스의 흔들림에 따라 움직이고, 다리 사이나 빈 옆자리에 장바구니나 가방을 두고 앉은), 좌석에 두고 간 신문, 즐거운 듯 무리 지어 있는 십 대들, 벽에 붙은 껌, 탄 자국이 있는 구멍이나 칼로 찢어진 좌석

소리

동전 투입구에서 짤랑거리는 동전(현대의 많은 버스는 차표를 받거나 교통 카드를 찍는다), 초록색 신호등에 액셀을 밟거나 기어를 바꿀 때 회전 속도를 올리는 엔진, 끽 밟는 브레이크, 쉭 소리를 내는 에어 브레이크air brake[압축 공기를 이용하여 차량의 속도를 조절하는 장치], 끽 소리를 내며 열리는 문, 통로를 사뿐히 지나가는 발걸음, 승객이 자리에 앉을 때 쇼핑백이 내는 탁탁 소리와 바스락거리는 재킷, 버스가 울퉁불퉁한 도로를 튀어 오르며 통과할 때 나는 금속성의 삐걱 소리, 승객의 수다, 승객의 이어폰에서 새어 나오는 음악, 아이들의 시끄러운 목소리, 웃음, 욕설, 부스럭거리는 신문지, 여닫는 핸드백이나 배낭의 지퍼, 바스락거리는 비닐, 기침이나 헛기침, 열린 창문으로 들리는 거리의 소음, 하차를 알리는 버저, 쿵쿵거리며 계단을 급하게 뛰어 내려가는 부츠

냄새

발 냄새, 체취, 향수, 헤어 제품, 가죽, 기름 낀 머리, 흙, 차가운 금속, 탁한 공기, 따뜻해진 비닐, 금이 간 창문으로 들어오는 신선한 공기

맛

껌, 박하사탕, 커피, 페트병에 담긴 물, 버스에 가지고 탄 남은 점심 식사

촉감과 느낌

딱딱한 좌석, 버스가 속도를 줄이거나 올릴 때 상하좌우로 흔들리는 움직임, 다른 승객에게 가볍게 닿는 몸, 내리는 문으로 가기 위해 사람들을 밀며 지나가는 느낌, 피부에 닿는 차가운 금속 난간, 꽉 껴안은 핸드백이나 배낭, 작은 아이의 몸에 팔을 두르는 느낌, 땀이 밴 아이의 손, 만지기 싫어서 소매나 어깨로 미는 문, 지저분한 바닥에 놓기 싫어서 무릎 위에 놓은 가방, 버스의 움직임에 따라 흔들리는 느낌, 방금 탄 승객을 위해 자리를 좁혀서 공간을 만드는 느낌

이 배경에서 벌어질 만한 갈등의 원인

- 술에 취했거나 난동을 부리는 승객이 있다.
- 약에 취한 승객이 환각 증세를 일으킨다.
- 차비가 없거나 교통 카드를 잃어버린다.
- 버스를 잘못 탄다.
- 운전사가 오늘은 여기까지만 운행한다며 강제로 낯선 장소에 내려준다.
- 오싹한 분위기를 풍기는 사람이 지그시 쳐다본다.
- 버스가 고장 나거나 사고를 당한다.
- 칼이나 그 밖의 무기를 숨기고 있는 승객이 있다.
- 어떤 무리가 다른 승객이나 운전사를 공격한다.

이 배경에서 볼 만한 유형의 사람들

- 버스 운전사, 승객

이 배경과 밀접한 다른 배경

- 대도시 거리, 소도시 거리

참고 사항 및 팁

시내버스의 분위기는 거의 운전사에 의해 좌우된다. 사교적인 운전사는 얼굴 가득 웃음을 띠고 승객에게 이것저것 묻는가 하면, 그 지역의 화젯거리에 대해 함께 이야기하기도 한다. 반면 버스를 운전하는 일에만 몰두하는 운전사도 있다. 그들은 승객과의 교류를 피하고, 필요할 때만 승객의 질문에 마지못해 대답한다. 또 말하기보다는 근처에 붙은 버스 노선도를 가리키기도 한다.

버스를 타는 승객에는 다양한 사람들이 있다. 차가 없는 사람, 차를 정비소에 맡겼거나 운전면허가 정지된 사람, 혹은 운전면허를 따는 데 필요한 서류가 없는 불법 이민자가 버스에 탈 수도 있다. 나아가서는 폭파 테러를 계획 중인 테러리스트나 사람들의 눈을 피해 도주 중인 탈주범 등 악의를 가진 사람이 탈 수도 있다. 사람들은 각자의 이야기를 가지고 있다. 소설에 나오는 모든 인물의 뒷이야기를 상세히 알아둘 필요는 없지만, 그래도 그 사람이 왜 버스에 탔는지 간단한 밑그림을 준비해두면 각 등장인물이 어떤 사람이며, 이야기 속에서 어떤 역할을 하고 있는지 분명해진다.

배경 묘사 예시

뚱뚱한 회사원이 옆 좌석에 앉자 의자의 쿠션이 요동쳤다. 애나는 창문 쪽으로 몸을 바싹 댔다. 남은 공간을 모두 점령한 남자는 휴대전화를 들고 큰 소리로 끊임없이 수다를 떨었다. 그의 입에서 풍기는 양파 냄새는 세균 병기가 아닐까 의심될 정도로 지독했다. 맙소사. 누군가의 옆자리 대신 비어 있는 곳을 선택했는데 이런 일을 당하다니.

- **이 글에 쓴 기법** 과장, 다중 감각 묘사
- **얻은 효과** 성격 묘사, 감정 고조

풍경

수면에 반사되는 햇빛, 물속에서 잽싸게 움직이는 물고기, 상공에서 나선 하강을 하는 갈매기 떼, 항구의 바위 위에서 일광욕을 하는 바다사자, 갑판에서 위로 펼쳐지는 돛대, 라디오 안테나들, 권양기[밧줄이나 쇠사슬을 이용해 무거운 짐을 들고 내리는 기구]와 와이어, 튼튼한 난간, 쌓아 올린 나무 상자, 선실 벽에 걸린 낚싯바늘과 갈고리, 사다리와 그물망, 물고기를 썻고 갑판을 청소할 때 쓰는 호스 다발, 고정된 닻, 기다란 투광기[빛을 한 가닥으로 모아서 비추는 장치], 양동이에 담긴 구명조끼, 고정된 연료 통, 갈고리에 걸린 우비와 방수용품, 좁은 통로, 낚싯대로 미끄러져 들어가는 용접된 쐐기, 작은 바비큐 그릴, 선내로 연결된 물막이문, 쌓아 올릴 수 있거나 접을 수 있는 의자, 해치가 달린 거대한 물고기용 냉장고, 비좁고 갑갑한 선실, 구석구석에 설치된 수납 공간, 작은 부엌(냉장고나 냉동고, 간이 조리대, 망에 보관된 과일과 채소, 식칼과 그 밖의 식기, 종이 타월, 쓰레기통, 닳아빠진 도마, 좁은 테이블, 싱크대, 자물쇠가 달린 찬장, 가스레인지가 있는), 옷장 크기의 화장실(변기, 세면대, 환기용 둥근 창이 있는), 기관실(발전기, 여러 가지 도구, 예비 부품, 냉각 모터, 보트 엔진, 냉각제, 케이블, 압력계, 소화기가 있는), 조타실과 선장실(선장의 의자, 계측 기기, 배의 방향을 조종하는 키 또는 핸들, 컴퓨터, 밀폐된 창, 물고기를 탐지하는 기기 및 레이더, 속도계, 심도계, 수중 음파 탐지기, 조절판, 물고기 울음소리를 내는 피리, 선내 방송 시스템, 커피포트, 지도와 해도, 해상 무선, 탐조등용 스위치, 안전 손잡이, 수납 찬장 등이 있는), 침실(이층 침대, 담요, 전기, 작은 수납장, 고리가 있는)

소리

엔진 시동음, 선체를 때리는 파도, 방송을 하는 선장, 젖은 갑판을 쩍쩍 밟는 부츠, 그물에서 넘쳐 나오는 물고기, 그물을 끌어 올릴 때 날카롭고 높은 소리를 내는 권양기, 악천후를 만났을 때 갑판 위를 미끄러지는 가벼운 짐 꾸러미, 삐걱거리는 팽팽한 로프, 프로펠러가 가동되어 튀는 물, 배에 세차게 내리치는 비, 낚싯줄을 재빨리 풀 때 고속으로 울리는 릴reel[낚싯줄을 감고 풀 수 있는 장비] 소리 또는 정해진 길이의 낚싯줄을 풀 때 일정한 리듬으로 울리는 릴 소리, 도구함에 던져 넣는 금속 공구, 큰 물고기를 잡고 환호하는 어부, 쿵 울려 퍼지는 천둥소리, 갈매기의 울음소리, 물속에서 뛰어오르는 물고기, 수면에 살짝 모습을 드러내고 공기를 분사하는 고래, 부엌에서 하는 요리, 접시를 닦는 은식기, 침대 위에서 뒤척이는 몸, 머리 위에서 들리는 발소리

(냄새)

물고기 내장, 바닷물, 휘발유, 모터오일이나 윤활유, 땀, 체취, 조리하는 음식, 커피, 맥주

(맛)

바닷물, 프라이팬으로 요리한 생선과 해산물, 버터를 바른 따뜻한 스콘, 스튜, 구운 닭고기, 스테이크, 햄버거, 샐러드, 핫도그, 센 불에 재빨리 볶은 채소, 감자, 옥수수, 오트밀, 오믈렛, 물, 탄산음료, 맥주나 그 밖의 술, 커피, 핫초콜릿, 감자 칩, 팝콘

(촉감과 느낌)

두꺼운 고무 재질의 바지와 우비, 미끄러워 잡기 어려운 물고기, 옷깃을 타고 떨어지는 물보라, 얼굴에 힘차게 떨어지는 비와 우박, 햇볕에 타서 따끔거리는 피부, 못이 박힌 손바닥을 미끄러지듯 빠져나가는 둘둘 말린 로프, 폭풍 속에서 이리저리 내쳐져 아픈 몸, 처진 몸의 통증, 난간이나 탱크에 부딪치는 느낌, 손으로 쥐어 배 밖으로 뿌리는 미끈거리는 밑밥, 실수로 낚싯바늘에 찔린 따끔함, 미끄러운 낚싯줄, 낚싯줄에서 물고기를 뺄 때 다리와 발밑에 흐르는 물방울, 더위를 피해 물속으로 뛰어들 때의 시원함, 머리카락에서 떨어지거나 얼굴을 타고 흘러내리는 물방울, 빗속의 교대 근무를 마친 뒤 느끼는 머그잔의 온기

이 배경에서 벌어질 만한 갈등의 원인

- 기기가 고장 난다.
- 사람들이 물고기를 함부로 잡아 포획할 물고기가 부족하다.
- 선원들 사이에 병이 퍼지거나 선원이 죽는다.
- 냉각 시스템의 결함으로 잡은 물고기들이 부패한다.

- 해적을 만난다(해상 순찰이 없는 수역에서).
- 비바람이 몰아치는 거친 날씨를 만난다.
- 항법 장비가 고장 난다.
- 물 위에 사람이 떠 있는 것을 발견한다(생사에 관계없이).
- 그물을 끌어 올렸는데 그 안에서 이상한 물체나 불쾌한 물건을 발견한다.
- 난파선의 파편을 발견해 생존자를 찾아야 하는 상황이 된다.

이 배경에서 볼 만한 유형의 사람들

- 선장, 해안 경비대, 어부

이 배경과 밀접한 다른 배경

- **시골 편** 해변, 등대, 바다, 열대 섬
- **도시 편** 항구

참고 사항 및 팁

어선의 기본 설비는 대부분 비슷하지만, 가공 처리 구역이나 냉동 장치 등의 전문 설비는 포획하는 물고기 종류와 선박의 크기에 따라 차이가 있다. 상업용 어선은 소형 개인 어선보다 선체가 크고, 설비도 좀 더 전문적이다. 또한 작업 규모에 따라 승선하는 선원의 수도 다르다.

배경 묘사 예시

하산은 레이더를 다시 한 번 확인하고 전기를 껐다. 조타실을 나와 난간으로 간 뒤, 소금기를 머금은 공기를 깊이 들이마셨다. 갑판 아래에서 들리는 희미한 엔진 소리를 빼면 매우 조용했다. 보기 드물게 잔잔한 바다는 수면을 따라오는 보름달을 완벽히 비추었다. 긴 상념에 빠지기에 딱 알맞은 환경이었다.

- **이 글에 쓴 기법** 은유
- **얻은 효과** 분위기 설정

요트 　　　　　　　　　　　　　　　　　　　　　　　　Yacht

풍경

여러 개의 갑판, 로프, 보트 정상에서 펄럭이는 깃발, 메인 살롱(카우치와 소파, 장식용 쿠션, 두꺼운 커튼이 걸린 탁 트인 유리창, 텔레비전, 카펫, 바, 스툴이 있는), 조리실(싱크대, 냉장고, 냉동고, 오븐, 조리대, 찬장이 있는), 식당(탁자와 의자, 접시, 꽃 장식, 냅킨이 있는), 브리지(가죽 의자, 바퀴 모양의 조타륜, 조종간, 조절판, 컵 홀더, 스크린, 버튼, 키패드, 손잡이, 지도, 내비게이션, 도구, 통신 기기가 있는), 층 사이에 있는 계단, 갑판 하부의 선실들(침대와 베개, 텔레비전, 거울, 요트에서 더욱 안락하게 지내기 위한 개인 물품과 가구가 있는), 의자를 놓고 덮개를 씌운 갑판들, 작은 바와 온수 욕조, 선원용 선실(침대와 베개, 수납장, 욕실, 세탁기와 건조기가 있는), 엔진실, 체육관, 영화관, 돛대와 로프나 쇠사슬(세일링 요트의 경우), 유니폼을 입은 선원(보트를 손질하고, 선장에게 보고하고, 식사 준비를 하고, 승객을 접대하는), 구급상자, 정해진 위치에 설치된 구명조끼, 각 층에 비치한 소화기, 선체 안쪽에 넣은 오락용 탈것(제트스키, 튜브, 카약), 라운지체어가 놓인 일 층 갑판

소리

엔진이 내는 소리(아이들링, 가속, 감속), 물을 가르며 나아가는 선체, 선체에 부딪히는 파도, 하늘을 나는 물새의 울음소리, 흘러나오는 음악, 대화와 웃음, 아이의 아우성, 갑판 위를 철퍽철퍽 걷는 맨발, 바다로 풍덩 뛰어드는 아이들, 변기 물을 내릴 때의 기계 소리, 금속제 닻을 내리는 소리, 귀에 가득 들어오는 바람 소리, 싱크대 안으로 쏟아지는 물, 탄산음료와 맥주 캔을 따는 소리, 유리잔에 따르는 음료수, 유리잔 속에서 짤그랑거리는 얼음, 승객에게 작은 소리로 말을 거는 선원, 야외에서 깃발이 바람에 펄럭이며 내는 날카로운 소리, 바람에 펄럭거리는 커튼과 옷, 조리실에서 들리는 음식 만드는 소리, 접시 위를 긁는 은제 포크와 나이프, 잠수복 차림으로 갑판에 오를 때 떨어지는 물, 제트스키를 탄 승객이 파도 속을 빠져나갈 때 웅웅거리는 엔진

냄새

바다 공기, 젖은 수건, 조리하는 음식, 가죽, 목재 광택제, 커피, 맥주와 그 밖의

102

음료수, 깨끗한 리넨, 청소용품

맛

신선한 생선과 해산물, 탄산음료, 물, 레모네이드, 커피와 홍차, 술, 피부에 달라붙은 소금

촉감과 느낌

바람에 휘날리는 머리카락, 파도의 물보라, 발밑의 나무 갑판, 두꺼운 카펫, 부드러운 카우치, 쿠션감 있는 데크 체어, 섬세하게 세공된 목이 긴 유리잔, 물방울이 맺힌 유리잔, 손에 닿는 목재와 금속 난간, 두꺼운 침대보, 부드러운 시트, 목을 적시는 음료수, 코에서 흘러내리는 선글라스, 햇볕에 그을린 피부, 피부에 흘러내리는 땀, 젖은 비키니 끈에서 물방울이 떨어져 등으로 흘러내리는 느낌, 소금기 있는 바닷속으로 뛰어드는 느낌, 바닷물 때문에 따가운 눈, 피부를 뒤덮은 땀과 소금을 차가운 샤워로 씻어내는 느낌

이 배경에서 벌어질 만한 갈등의 원인

- 실수로 혹은 떠밀려서 요트 밖으로 떨어진다.
- 불량한 선원이 말을 듣지 않는다.
- 질투 심한 친구나 가족이 휴식을 방해한다.
- 집에서 멀리 떠나왔는데 요트가 부서진다.
- 선로에서 길을 잃어 위험한 지역으로 들어간다.
- 해적을 만난다.
- 승객과 선원들 사이에 한바탕 소동이 벌어진다.
- 감시를 벗어난 아이들이 위험한 장소에서 논다.
- 식중독이나 병으로 승객의 건강이 위험해진다.
- 요트를 조종할 수 있는 사람이 갑자기 사망하거나 사라진다.
- 상어가 요트를 공격한다.
- 한창 항해 중에 에어컨이 고장 난다.
- 필수품(식량, 약, 식수)이 떨어진다.

이 배경에서 볼 만한 유형의 사람들

- 요리사, 선장, 갑판장, 가족, 요트를 대여한 단체, 승객, 친구, 객실 승무원, 요트 주인

이 배경과 밀접한 다른 배경

- **시골편** 해변, 해변 파티, 바다, 열대 섬
- **도시편** 정장을 입어야 하는 행사, 리무진, 항구

참고 사항 및 팁

요트의 길이는 다양하다. 일반적으로 10미터에서 24미터 크기의 요트를 '슈퍼 요트', 6미터에서 30미터 사이의 요트를 '세일링 요트', 50미터 이상은 '메가 요트'라고 부른다. 소형 요트는 소유자가 조종하기도 하지만, 대형 요트는 선원을 고용하는 경우가 많다. 요트 크기에 따라 선상 설비와 수영장, 엘리베이터, 헬리콥터 이착륙장 등 호화 설비의 규모가 달라진다.

배경 묘사 예시

잉크 속을 헤엄치고 있는 것처럼 물은 어둡고 따뜻했다. 밤에 이렇게 멀리 온 것을 알면 엄마는 기절할 만큼 놀라겠지만 길을 잃어버릴 염려는 없었다. 멀리 있는 요트는 퍼레이드 행렬을 둥둥 떠다니는 거대한 차처럼 불을 환하게 밝히고 있어서 몇 킬로미터 밖에 있어도 음악이 들릴 테니까. 물론 어머니가 진짜로 걱정하는 일은 어둠이나 딸이 미아가 되는 것이 아니다. 튼튼한 두 팔이 허리를 휘감으며 입술이 목 뒤에 가볍게 닿아 미지근한 물속에서 몸을 떨었다. 나는 빙그레 웃으며 돌아서서 듀크를 맞았다.

- **이 글에 쓴 기법** 빛과 그림자, 다중 감각 묘사, 직유
- **얻은 효과** 성격 묘사, 분위기 설정

잠수함　　　　　　　　　　　　　Submarine

풍경

둥근 창문과 잠수함 내부로 내려가는 사다리, 선내를 오가는 계단과 손잡이가 있는 좁은 통로, 다양한 장치(손잡이, 호스 및 배선, 밸브, 파이프, 계측 기기, 스위치, 버튼, 표시등, 전자 계측기, 여러 가지 상자, 소화기, 구명조끼, 클립보드, 전화, 표식)로 뒤덮인 벽, 제어실(몇 개의 버튼과 장치가 설치된 여러 개의 조작판, 함장과 부함장이 있는), 음파 탐지실 직원이 선명한 녹색의 출력 기록이 가득 찬 제어판을 사용해 물체가 있는 장소를 특정하고 있는 모습, 암호 해독 장치나 암호화 송수신 장치가 있는 통신실, 어뢰실(어뢰, 미사일, 사람으로 넘쳐 나는 침대, 관리와 작동 확인을 하는 기술자), 미사일 관리실, 원자로 구획, 엔진실(엔진, 발전기, 증유 장치, 펌프가 있는), 조종실, 의무실(좁은 침대, 진단 및 모니터 장비, 점적 주사[많은 양의 약물을 높은 곳에서 긴 시간에 걸쳐 한 방울씩 떨어뜨려 정맥에 흘러들게 하는 주사], 진통제와 일반적인 약, 제세동기와 그 밖의 의료 기기들이 있는), 함장과 승무원을 위한 분리된 조리실(금속 쟁반, 커피 메이커, 음료가 든 디스펜서, 승무원을 위해 뷔페식으로 차려놓은 요리, 식당 형식의 좌석, 텔레비전 등이 있는), 함장과 승무원이 쓰는 욕실과 화장실, 좁은 샤워실, 승무원의 침대(이층 침대, 담요와 베개, 커튼으로 주위를 둘러싼 침대, 유니폼을 넣는 작은 로커, 개인 물건을 담는 상자, 각 침대에 개별적으로 설치된 조명, 헤드폰과 이어폰 잭), 함장과 부함장을 위한 개인실, 작은 체육관과 오락실(비번이라 카드 게임이나 보드게임을 하는 승무원, 아래위가 붙은 작업복을 입고 밑창이 부드러운 신발을 신은 병사, 청소를 하는 승무원이 있는)

소리

명령과 복창, 함내 방송, 경적과 경보, 신호음, 수중 음파 탐지기, 승무원의 말소리와 웃음, 식당 구역에서 들려오는 텔레비전 소리, 금속 사다리를 오르내리고 통로를 걷는 소리, 버튼과 레버, 구역에 따라 달라지는 기기들의 다양한 소리, 두드리는 키보드, 끽끽거리는 의자, 금속제 클립보드의 표면에 딸깍딸깍 부딪치는 펜, 통신실에서 들려오는 모스 부호 소리, 고래와 돌고래의 노래, 조리실에서 쨍그랑거리는 접시와 은식기

105

(냄새)

체취, 땀, 방귀, 오일, 기기, 디젤 엔진, 유압유, 이산화탄소 제거 시스템에서 풍기는 아민 냄새, 조리실에서 만드는 음식

(맛)

조리실에서 대용량으로 만든 뷔페 형식으로 차린 음식, 껌, 물, 커피

(**촉감과 느낌**)

승선한 뒤 각종 강도의 빛에 익숙해진 눈, 좁은 공간에서 여러 가지 물건에 부딪치는 어깨와 무릎, 다른 승무원과 간신히 스치고 지나가는 느낌, 금속제 사다리의 촉감, 커튼으로 주위를 둘러싼 좁은 침대에서 청하는 잠, 재빠르게 마치는 샤워, 며칠 동안 입어 더러워진 작업복, 오랜 시간 화면을 본 탓에 피로한 눈, 다른 승무원과 나란히 앉는 느낌, 잠수하고 부상할 때 기울어지는 잠수함, 선체가 옆으로 흔들리며 부상할 때 균형을 잃는 느낌, 폐소공포증, 이마까지 깊게 눌러쓴 모자, 손에 든 따뜻한 커피 컵, 지금이 밤인지 낮인지 모르는 혼란스러운 감각

이 배경에서 벌어질 만한 갈등의 원인

- 사생활은 물론 자신만의 공간도 거의 없다.
- 태양과 하늘을 볼 수 없다.
- 많은 사람이 있는 비좁고 답답한 장소에서 좀처럼 잠이 오지 않는다.
- 승진하고 싶었는데 낮은 평가를 받는다.
- 잠수함 설비에 이상이 생긴다.
- 식량이나 필수품이 바닥난다.
- 항해 중에 승무원이 죽는다.
- 임무를 수행하던 중에 심각한 병에 걸린다.
- 승무원 사이에 전염병이 퍼진다.
- 어려운 시기(한참 병을 앓고 있을 때, 심각한 사고를 겪은 뒤, 임신한 아내의 출산 예정일 직전)에 사랑하는 사람들을 떠나야 한다.

ㅈ

- 잠수함에 있는 동안 배우자가 바람을 피울까 걱정된다.
- 승무원 간에 충돌이 발생한다.

이 배경에서 볼 만한 유형의 사람들

- 함장, 승무원

이 배경과 밀접한 다른 배경

- **시골 편** 해변, 바다
- **도시 편** 군사 기지

참고 사항 및 팁

바닷속에 잠복하고 있는 잠수함에는 폐쇄적이고 작은 공동체가 만들어진다. 다른 사람은 견디기 힘든 협소한 공간과 특유의 심한 냄새도 온종일 그곳에서 지내는 승무원에게는 대수롭지 않은 일이다. 잠수함은 작가에게 매혹적인 배경이지만, 한 인물의 시점에서 이야기를 쓸 때는 그 인물의 시점을 정확하게 설정해야 한다. 즉, 그 인물만이 감지할 수 있는 디테일을 묘사하는 것이 중요하다.

배경 묘사 예시

존슨은 콧등을 꽉 쥐었지만 왼쪽 눈 안에서 느껴지는 두통은 해결되지 않았다. 목을 돌려 자세를 고치고, 녹색 화면에서 눈을 떼고 벽시계를 보았다. 40분이 지나면 근무 시간도 끝이다. 레이더가 이상한 움직임을 보이는 바람에 밤낮으로 혹독하게 근무했다. 존슨은 차갑게 식은 커피를 한꺼번에 들이켜고 무엇을 할지 대충 생각해보았다. 우선 뭘 좀 먹고 가볍게 운동을 한 뒤 번개처럼 샤워를 마친다. 그리고 곯아떨어지는 거다.

- **이 글에 쓴 기법** 다중 감각 묘사
- **얻은 효과** 시간의 경과, 긴장과 갈등

지하철

Subway Train

(풍경)

벤치식 의자, 전철 안의 풍경을 비추는 얼룩진 유리창, 접이식이나 미닫이문, 천장에 달린 가죽 손잡이, 바닥에서 천장까지 수직으로 뻗은 봉, 난간, 환기구, 벽에 붙은 포스터와 광고판, 낙서, 다른 사람과 눈이 마주치지 않도록 노력하는 승객들, 수다를 떠는 친구들, 휴대전화로 문자메시지를 보내거나 누군가와 휴대전화를 같이 보는 사람, 좌석의 파손된 부분에 붙인 접착 테이프, 무릎 위의 가방, 서류 케이스를 올려놓거나 아이를 안은 통근자, 바닥에 떨어진 쓰레기와 자갈, 차량 사이의 작은 문, 가끔 점멸하거나 꺼졌다가 다시 켜지는 밝은 조명, 어두운 터널, 사람들이 창밖을 지나쳐 가는 지하철 역, 기관사를 호출하는 비상 전화, 문을 여는 버튼, 문에서 한 발 물러서라는 표시, 스피커, 다음 정차 역을 알리는 표시판, 벽에 붙은 지하철 노선도와 정차 역 지도, 다양한 승객들(정장을 입은 회사원, 피어싱과 문신을 한 분홍색 머리의 십 대, 유아차를 미는 아기 엄마, 좌석에서 자는 노숙자, 바퀴 달린 장바구니를 끄는 노인)

소리

에어 브레이크가 내는 쉭 소리, 삐걱거리며 열리는 문, 정차 역을 알리는 방송, 고속으로 달리는 차량의 금속 앞바퀴가 이상 진동을 할 때 들리는 삐걱거림과 울림, 차량 밖에서 전기가 울리는 소리, 커브를 돌 때 나는 금속 소리, 승객의 수다, 이어폰에서 새어 나오는 음악, 웃음, 욕설, 바스락거리는 신문, 넘기는 책장, 부스럭거리는 비닐봉지, 자세를 바꿀 때 삑삑거리는 천이나 가죽, 문이 열릴 때 들리는 사람들로 붐비는 승강장의 소음

냄새

발 냄새, 체취, 향수, 헤어 제품, 가죽, 기름진 머리카락, 흙, 차가운 금속, 정체된 공기, 따뜻한 비닐, 소변

맛

이 배경에서는 등장인물이 가지고 있는 것(껌, 박하사탕, 립스틱, 담배 등) 말고

는 관련된 특정한 맛이 없다. 이럴 때는 미각 외의 네 가지 감각에 집중하는 것이 좋다.

촉감과 느낌

딱딱한 좌석, 지하철이 흔들릴 때의 진동, 다른 사람과 닿지 않으려고 움츠리는 몸, 내리려고 사람들 옆을 간신히 빠져나가는 느낌, 차가운 금속 난간, 핸드백이나 배낭에 주의를 기울이는 느낌, 다른 승객에게 피해를 주지 않도록 아이를 단속하는 느낌, 만지기 싫어서 소맷부리나 어깨로 밀어 여는 문, 누군가 자신을 지켜보는 듯하지만 눈이 마주치는 게 겁나서 얼굴을 들고 싶은 충동을 억누르는 느낌

이 배경에서 벌어질 만한 갈등의 원인

- 승객이 거의 없을 시간대에 지하철에 탄다.
- 타인이 괴롭힘당하는 것을 목격하지만 참견하기가 두렵다.
- 승객을 협박해서 금품을 갈취할 목적으로 지하철에 탄 무리가 있다.
- 승객들 사이에서 한창 난투극이 벌어지던 중 한쪽이 무기를 꺼내 사태가 악화된다.
- 누군가 자신을 가만히 지켜보는 것 같아서 불안하다.
- 모르는 사람이 지하철 안까지 따라온다.
- 역과 역 사이에서 긴급 의료 상황이 발생한다.
- 지하철이 고장 나서 승객들이 오도 가도 못하게 된다.
- 지하철이 탈선한다.
- 용의자와 보안 요원의 대결로 주변 승객들이 위험에 처한다.

이 배경에서 볼 만한 유형의 사람들

- 승객, 기관사, 지하철 직원

이 배경과 밀접한 다른 배경

• 대도시 거리, 지하철 터널, 기차역

참고 사항 및 팁

무슨 일이 일어나도 이상하지 않을 법한 고속으로 움직이는 상자 속에 아무것도 모르는 승객을 가둠으로써 영화는 지하철을 상징적인 설정으로 만들었다. 하지만 그 폐쇄적인 공간에서는 영화뿐만 아니라 현실에서도 무서운 일이 많이 벌어지고 있다. 한 번에 다수의 희생자를 낼 수 있고, 많은 사람들의 이동 수단을 빼앗을 수 있다는 점에서 지하철은 자주 테러의 표적이 된다. 지하철 시스템을 파괴하면 대도시의 기능을 효과적으로 정지시킬 수 있고, 사람들의 공포심을 증폭시킬 수 있기 때문이다.

지하철은 보통 지저분하고 위험한 장소로 간주되지만 현대에는 꼭 그렇지도 않다. 배경이 있는 장소와 그 유지 상태가 겉모습을 결정짓는 요인이 되는 것은 어떤 세팅에서나 똑같다. 예를 들어, 뉴욕시의 지하철은 예전부터 치안이 좋지 않았지만, 시장이 지하철을 안전한 교통수단으로 만드는 정책을 진행시키면서 완전히 바뀌었다. 기존의 시스템을 묘사할 때는 정확한 묘사를 위해 꼭 현지답사를 하자. 상상의 지하철을 묘사한다면 선택지는 무한하지만 말이다.

배경 묘사 예시

지하철이 승강장에 정차하고, 열차의 과열된 브레이크는 지금이라도 발사될 것 같은 불꽃처럼 피 하는 소리를 냈다. 이 시간대에는 어떤 사람을 만나게 될까 궁금해하며 차내로 들어갔다. 아침에 집에 돌아가는 대학생으로 침대에서 그대로 기어 나온 듯 헝클어진 머리에 맨발 차림인 남자애일까, 아니면 의자에 쓰러져 자고 있는 노숙자? 혹은 해적 모자를 쓰고 세상의 종말에 대해 설명하는 여자를 만나도 좋다. 종말론자는 아침 손님 중에서도 마음에 드는 존재다. 그녀는 뒷마당에서 우주선을 기다리고 있다고 하겠지. 아, 나는 이 거리가 너무 좋다.

• **이 글에 쓴 기법** 다중 감각 묘사, 직유
• **얻은 효과** 분위기 설정

풍경

선로를 따라 일정한 폭을 두고 설치된 파란색 야광 등, 어둠, 콘크리트 벽, 그래피티, 벽의 한쪽 면이나 양쪽을 따라 설치된 좁은 턱, 벽을 따라 수평으로 설치된 파이프, 인체 감지 센서, 레일(전력 공급용 포함), 자신이 타고 있는 지하철이 역에 가까워짐에 따라 시야에 크게 다가오는 밝은 불이 켜진 터널 입구, 금속 선로를 따라 빛나는 지하철의 헤드라이트, 선로 근처의 쓰레기(종이봉투, 휴지, 찌그러진 플라스틱 컵, 빨대), 색색의(빨간색, 노란색, 녹색의) 신호등, 직원이 사용하는 특별한 비품(전화기, 소화기, 경보기), 다른 터널과 연결된 선로의 분기점, 무단 거주자가 있다는 증거(담요, 신문, 평평하게 만든 종이 상자, 쓰레기, 오래된 책), 멀리서 다가오는 지하철 불빛, 윤곽이 흔들리게 보일 정도로 빠른 속도로 지나가는 지하철, 시궁쥐, 바퀴벌레, 지하철이 지나간 뒤에 바람에 날리는 쓰레기, 웅덩이, 날개를 펄럭이는 나방, 사용하지 않는 지하철 역

소리

덜커덩거리며 지나가는 지하철, 고속으로 달리는 차량이 급커브를 돌 때 브레이크가 내는 소리, 떨어지는 물방울, 윙윙거리는 전력 공급용 레일, 울음소리를 내거나 콘크리트를 기어오르는 시궁쥐, 근처 역의 스피커에서 나오는 희미한 소리, 바닥을 스치는 바람에 날린 쓰레기, 사뿐사뿐 걷는 발소리, 메아리, 울려 퍼지는 지하철 경적 소리, 지나가는 지하철의 속력에 따라 정도가 다른 소음, 휘파람을 부는 듯이 또는 으르렁거리듯 부는 바람, 완만한 자갈길로 내려가는 발소리, 주위에서 울리는 직원과 경비원의 목소리

냄새

먼지, 소변, 차가운 콘크리트, 고인 물, 시궁쥐, 곰팡이, 흙

맛

이 배경에서는 등장인물이 가지고 있는 것(껌, 박하사탕, 립스틱, 담배 등) 말고는 관련된 특정한 맛이 없다. 이럴 때는 미각 외의 네 가지 감각에 집중하는 것

이 좋다.

지나가는 지하철이 세차게 일으키는 바람, 차가운 콘크리트, 벽을 따라 걷던 중 거친 콘크리트의 거스러미에 옷이 걸리는 느낌, 지하철이 옆을 지나갈 때 자갈과 모래가 피부를 긁는 느낌, 발밑에서 부서지는 작은 쓰레기, 다가오는 지하철 불빛에 눈이 부신 느낌, 발 위를 재빨리 지나가는 시궁쥐, 머리 위를 날아다니는 나방, 근처에 있는 터널의 출입구에서 표류하는 차가운 공기, 지하철이 지나갈 때 다리로 날아오는 쓰레기, 질주하는 지하철을 피하기 위해 벽에 꼭 붙인 몸, 머리 위로 떨어지는 물방울, 웅덩이를 건느라 젖은 바지와 신발, 벽이나 턱을 뛰어넘거나 미끄러져 벗겨지고 긁힌 피부

이 배경에서 벌어질 만한 갈등의 원인

- 마주 오는 지하철에 치인다.
- 전력 공급용 레일에 떨어진다.
- 위험한 사람(마약 중독자, 갱, 그 일대를 활동 구역으로 점거하고 있는 사람)을 만난다.
- 길을 잃어 출구를 찾을 수 없다.
- 폐소공포증을 겪는다.
- 어둠이 무섭다.
- 담이 무너져서 근처의 선로를 걸어야만 한다.
- 위험에서 벗어나기 위해 어쩔 수 없이 터널로 잠입해야 한다.
- 지하철 직원과 경비원에게 발견되어 쫓긴다.
- 사람들과 멀리 떨어진 곳에서 굴러 떨어지고 다리를 삔다.
- 선로가 바뀔 때 바지가 레일에 낀다.
- 시체를 발견한다.
- 지하철이 다가오는데 터널 안에서 빠져나올 수가 없다.
- 선로 위에서 움직일 수가 없다(뼈가 부러지거나, 세게 맞아 의식을 잃는 등).

이 배경에서 볼 만한 유형의 사람들

* 노숙자, 지하철 직원

이 배경과 밀접한 다른 배경

* 지하철, 하수도

참고 사항 및 팁

지하철 터널은 일반인의 출입이 금지되어 있지만, 마음만 먹는다면 침입도 가능하다. 불법 이민자나 노숙자들이 사는 버려진 터널도 여럿 존재한다. 좁은 터널을 걸어가다 보면 넓은 공간이 나타나거나 사용하지 않는 역으로 통하는 일이 많은 지하에는 완전한 사회가 존재한다. 어떤 경우든 지하철의 어둠과 격리된 감각이라는 요소는 이야기에 신비함과 오싹함을 더해준다.

배경 묘사 예시

습기를 머금은 공기 속에서 마틴의 발소리가 울렸다. 규칙적인 미풍이 작업복 셔츠에 불어와 몸이 으스스했다. 뭔가 울리는 소리가 들려서 선로 사이의 자갈 길에 손전등을 비췄다. 구겨진 맥도날드 포장지, 사용한 몇 대의 주사기, 납작하게 찌그러진 탄산음료 캔에 이어 시궁쥐가 눈에 들어왔다. 녀석은 코를 실룩거리며 그가 있는 쪽을 가만히 바라보더니 어둠 속으로 재빨리 사라졌다. 마틴은 한숨을 내쉬었다. 일단 좀비는 아니었기 때문이다.

* **이 글에 쓴 기법** 빛과 그림자, 다중 감각 묘사
* **얻은 효과** 분위기 설정, 복선

크루즈선 Cruise Ship

풍경

실외 금속 난간으로 둘러싸인 실외 갑판, 저녁 공연을 위한 작은 원형 극장, 미끄럼틀이 달린 수영장, 암벽 등반용 벽, 파도 풀장, 스포츠 설비(탁구장, 미니 골프장, 비닐 풀, 농구와 배구 코트)가 마련된 어린이 놀이터, 크루즈 둘레에 설치된 운동용 트랙, 쌓아 올린 구명보트, 상공에서 나부끼는 깃발, 몇백 개의 접이의자(엎드리고, 자고, 책을 읽고, 수다를 떨고, 일광욕을 하는 승객들), 한곳에 모여 있거나 기기로 음악을 듣는 십 대들, 아이들(달리고, 헤엄치고, 물장난을 하고, 소리를 지르는), 더위에 물방울이 맺힌 음료 용기, 끝없이 펼쳐진 바다와 하얀 파도, 멀리 보이는 작은 배와 요트, 하늘을 나는 바닷새

실내 수영복에 비치 샌들을 신은 승객, 유니폼을 입은 승무원, 고급 식당과 패스트푸드점, 소매점, 라운지 바, 잡화와 과자를 파는 매점, 카지노, 어린이용 게임 룸, 엘리베이터와 계단, 손 소독제를 비치한 곳, 배 바깥 둘레로 이어지는 선실 앞쪽의 좁은 복도, 문밖에 내놓은 쟁반 위의 먹다 만 요리, 문손잡이에 달린 '방해하지 마세요' 꼬리표, 청소 카트, 청소 중임을 알리기 위해 열어놓은 방문, 좁아도 필요한 물건을 모두 갖춘 실용적인 방, 재미있는 모양(원숭이, 백조, 강아지)으로 접어 침대 위에 놓은 수건, 발코니로 가는 문을 가린 무거운 커튼, 작은 탁자와 의자가 비치된 발코니로 통하는 유리문, 의자에 펼쳐서 걸어놓은 젖은 수건과 수영복, 발코니에 있는 사람들(술을 마시고, 난간에 기대고, 책을 읽고, 지평선을 바라보는), 대연회장에 준비된 격식을 갖춘 저녁 식사에 참석하기 위해 정장을 입은 승객들

소리

물 위로 조용히 나아가는 배, 귓가에 세차게 부는 바람, 펄럭이는 깃발, 시끄럽게 우는 새, 사투리가 섞인 종업원의 수다, 열리는 자동문, 어린이 구역에서 들리는 고함과 물보라 일으키는 소리, 달리는 발소리, 배의 스피커에서 흘러나오는 음악, 스피커에서 나오는 선내 방송, 튀는 농구공, 파도 풀장에서 나오는 환성, 탁구대에서 튀어 오르는 공, 정적이 감도는 선내의 통로, 방에서 희미하게 들려오는 텔레비전 소리와 사람 목소리, 여닫히는 문, 선실을 청소하면서 노래

ㅋ

114

를 부르거나 휘파람을 부는 직원, 땡 울리는 엘리베이터, 식당에서 들려오는 음식 먹는 소리, 낮에 들리는 탁탁거리는 샌들 소리와 밤에 들리는 또각거리는 하이힐 소리, 클럽과 바에서 울려 퍼지는 음악, 카펫이 깔린 계단을 조용히 걷는 발걸음

냄새

바다의 소금 냄새, 선크림, 로션, 땀, 핫도그, 피자, 맥주, 햄버거, 바닥 세정제, 가구 광택제, 손 세정제, 헤어스프레이, 비누, 비

맛

땀, 차가운 물, 탄산음료, 주스, 맥주, 트로피컬 드링크, 아이스크림, 껌, 사탕, 승객이 원하는 모든 음식

촉감과 느낌

어깨에 닿는 뜨거운 햇볕, 피부에 흐르는 땀, 바람 때문에 얼굴과 어깨에 붙은 머리카락, 젖어서 피부에 달라붙은 수영복, 피부를 파고드는 플라스틱 접이의자, 거친 수건, 피로를 풀어주는 수영장의 물(염소가 아닌 해수), 피부에 두껍게 바른 선크림이나 태닝 로션, 햇볕에 타서 따끔거리는 피부, 햇볕을 지나치게 받아 현기증이 나는 느낌, 수영장에서 튄 물보라, 땀을 흘려 샤워를 해야 하는 거친 피부, 입술 사이에 긴 빨대, 뜨거운 야외에서 서늘한 실내 복도로 이동하는 느낌, 발밑의 부드러운 카펫, 놋쇠 난간, 거품형 손 세정제, 땀과 선크림을 씻어내는 차가운 샤워, 만찬을 위해 입은 딱 붙는 옷, 밤에 기온이 떨어졌을 때를 대비해 팔에 걸친 코트나 숄의 무게감, 부드러운 침대와 베개, 열린 발코니 문을 통해 실내로 들어오는 따뜻한 산들바람

이 배경에서 벌어질 만한 갈등의 원인

- 정전이 된다.
- 음식이나 식수가 변질된다.
- 배신을 당하거나 연인과 결별한다.
- 해적을 만나거나 테러를 당한다(위험성이 높은 수역이나, 제대로 된 경비대가 없

는 국제 수역을 통과할 때).

- 전염성이 매우 높은 병이 퍼진다.
- 심장 마비나 발작 등 의료적인 위급 상황에 빠진 승객이 있다.
- 승선 중인 승객이 사망한다.

이 배경에서 볼 만한 유형의 사람들

- 선장과 승무원, 요리사, 엔터테이너, 이벤트 기획자, 승객, 경비원, 사환 및 청소부, 소매점과 스파 시설의 직원, 선내 의료 담당자

이 배경과 밀접한 다른 배경

- **시골 편** 해변, 바다, 열대 섬
- **도시 편** 술집/바, 카지노, 캐주얼 다이닝 레스토랑, 패스트푸드 레스토랑, 아이스크림 가게, 영화관, 야외 수영장

참고 사항 및 팁

많은 사람에게 크루즈선은 꿈 같은 장소지만, 어떤 사람에게는 이상적인 휴가지가 아니다. 내성적인 사람이나 엄격한 시아버지에게 아이를 맡기고 여행에 나서길 꺼리는 젊은 엄마, 사람이 붐비는 곳이나 밀폐된 공간이 달갑지 않은 사람, 또는 물 공포증이 있는 사람에게 크루즈선은 오히려 스트레스를 줄 일이 많은 장소다. 배경에 대해 조사할 때는 명백해 보이는 사항의 뒤편에 눈을 돌려 어떻게 새로운 전개를 펼쳐나갈지, 주인공을 어떻게 곤란한 상황에 몰아넣을지 생각해야 한다.

배경 묘사 예시

맨 위층 갑판에서 본 바다는 달빛을 반사하며 깨진 거울 조각처럼 빛나고 있었다. 소금기를 머금은 비바람이 사납게 몰아쳐 머리카락이 엉키고 몸은 휘청거렸다. 나는 한 발도 나가지 않도록 금속 난간에 매달린 채 꾸깃꾸깃해진 브래들리의 이별 편지를 바다로 멀리 던졌다.

- **이 글에 쓴 기법** 의인화, 직유, 날씨
- **얻은 효과** 분위기 설정, 과거 사연 암시, 감정 고조

ㅋ

택시   **Taxi**

풍경

오래 사용한 좌석, 얼룩지거나 더러운 바닥 매트, 바닥에 떨어진 쓰레기(사탕과 껌 포장지, 영수증, 구겨진 휴지), 뒷좌석 상단에 놓인 반쯤 찌그러진 티슈 상자, 눈에 띄는 곳에 달린 택시 면허증, 얼룩진 유리창, 디지털 요금 미터기, 승객이 주의할 점 및 면책 사항에 관한 안내판, 휴대전화와 무전기, 컵 홀더에 놓인 음료(물, 커피, 탄산음료), 대시 보드에 달아놓은 펜, 백미러에 달린 방향제, 바닥에 보이는 쓰레기와 모래, 금이 가거나 움푹 파인 앞 유리, 클립보드와 종이가 던져진 대시 보드, 신용카드 단말기, 영수증과 팁으로 가득 찬 봉투, "팁 감사합니다"라고 쓰여 있는 표지판, 조수석에 놓인 잡지나 신문, 테이크아웃 컵, 우산, 뒷좌석 상단에 달린 손잡이를 잡고 있는 승객

소리

라디오에서 흐르는 음악, 휴대전화나 무전기로 대화하는 운전사와 배차 담당자, 스프링이 삐걱거리는 좌석, 공간을 확보하려고 좌석을 앞뒤로 조정하는 승객, 거리의 교통 소음, 도로에 난 작은 구멍이나 과속방지턱 위를 덜그럭거리며 통과하는 택시, 콧노래, 손님과 나누는 세상 돌아가는 이야기, 딸깍 채우는 안전벨트, 미터기, 경적을 누르는 운전사, 조용히 혹은 큰 소리를 내며 돌아가는 모터, 백파이어backfire[내연기관에서 실린더로부터 흡기관이나 기화기로 불꽃이 거꾸로 흐르는 현상] 소리, 기어 넣는 소리, 브레이크, 운전하며 핸들을 탁탁 두드리는 운전사, 기침과 헛기침, 승객들의 즐거운 대화, 운전사에게 하는 질문, 바스락거리는 지폐, 소리 내며 열리는 문, 닫히는 트렁크, 운전하며 지인에게 말을 거는 운전사, 명소를 가리키며 잡다한 이야기를 하는 운전사, 반쯤 열린 창문으로 힘차게 들어오는 바람

냄새

낡은 카펫과 내부 장식, 쓰레기, 먼지, 택시 운전사의 숨결에서 풍기는 점심 식사 냄새, 차내에서 먹고 마신 커피나 음식물의 잔향, 향수, 다른 냄새를 감추기 위한 방향제

이 배경에서는 등장인물이 가지고 있는 것(껌, 박하사탕, 립스틱, 담배 등) 말고
는 관련된 특정한 맛이 없다. 이럴 때는 미각 외의 네 가지 감각에 집중하는 것
이 좋다.

촉감과 느낌

탄성 좋은 좌석, 무릎 위로 당기는 안전벨트, 손잡이를 잡는 느낌, 동전이나 구
겨진 지폐, 가죽 시트 위로 미끄러지듯 이동하는 느낌, 갈라진 가죽 시트 때문에
아픈 피부, 정체된 미지근한 공기, 세찬 에어컨 바람, 열린 창문으로 들어와 피
부를 힘차게 스치는 공기, 승객들로 가득 찬 차내에서 공간을 확보하기 위해 거
북한 자세로 앉아 있는 느낌, 택시가 언덕길과 커브를 달리는 바람에 멀미를 하
는 느낌, 등을 타고 흐르는 땀, 택시가 갑자기 모퉁이를 돌 때 자세가 흐트러지
지 않도록 유지하는 느낌, 균형을 잡기 위해 붙잡는 앞좌석, 단단히 쥔 핸드백과
물병, 내용물이 튀지 않도록 조심스레 든 커피 컵

이 배경에서 벌어질 만한 갈등의 원인

- 택시비가 생각보다 많이 나온다.
- 언어가 통하지 않는 운전사와 의사소통을 해야 한다.
- 차멀미를 한다.
- 운전사가 목적지까지 빙빙 돌아간다.
- 운전사가 초보라 주변 지리를 잘 모른다.
- 운전사가 운전 중 갑자기 흥분해 이성을 잃는다.
- 택시를 너무 천천히 모는 운전사를 만난다.
- 교통사고가 난다.
- 목적지에 도착했는데 택시비가 충분하지 않다.
- 친구와 택시비를 함께 냈는데 자신이 낸 액수가 더 많다.
- 승객이 너무 많아서 택시 안이 꽉 찬다.

E

* 택시 운전사, 승객

이 배경과 밀접한 다른 배경

* **시골편** 하우스 파티
* **도시편** 공항, 술집/바, 대도시 거리, 카지노, 싸구려 모텔, 호텔 객실, 나이트클럽, 소도시 거리, 기차역

참고 사항 및 팁

어디를 가도 택시는 비슷한 모습이다. 택시 운전사는 될 수 있는 한 많은 승객을 실어 날라야 돈을 벌기 때문에 차내의 청결은 중요한 문제가 아닐지도 모른다. 승객이 택시에 타고 있는 시간은 그리 길지 않기 때문에 내부 장식에도 신경을 쓰지 않을 수 있다. 즉, 찢어진 좌석이나 더러운 창문, 벗겨진 도장, 녹슨 지붕 등 외관의 문제는 매우 흔한 상황이라는 뜻이다. 운전사가 빨리 다른 승객을 받으려고 목적지까지 서두르다 보면 난폭 운전을 할 수도 있다. 등장인물을 깨끗하고 세련된 차에 태우고 싶다면 리무진이나 전용차를 빌려야 한다.

배경 묘사 예시

부드러운 좌석에 앉아 삐걱거리는 문을 닫은 순간, 은은한 닭고기 요리 냄새가 풍겼다. 사천요리를 좋아하는 운전사라니, 최악이군. 목적지를 큰 소리로 말한 뒤 의자에 몸을 묻고 기다리는데 뭔가 구두를 찔렀다. 토사물 같은 누런 소스가 흐르는 포장 용기 쓰레기. 나는 휴지를 뽑아 그 끈적끈적한 것을 문질러 없앴다. '이걸로 팁은 안녕이야, 운전사 양반.' 그는 거울 너머로 미소 지으며 포장 요리에 딸려 온 서비스 사탕을 입에 넣었다. 그의 입장에서는 매우 기쁜 일이겠지. 나는 스카프를 코 위까지 끌어 올리고 어떻게든 숨을 쉬지 않으려고 애썼다.

* **이 글에 쓴 기법** 다중 감각 묘사
* **얻은 효과** 분위기 설정, 감정 고조, 긴장과 갈등

탱크 Tank

풍경

외부 주변과 섞이도록 도장한 금속 장갑(녹색, 갈색, 황갈색, 회색 또는 복잡한 혼합색을 띤), 전방부의 전조등, 후방부의 후미등, 번호판, 대포와 기관포, 다양한 해치(운전수용 해치, 저격수용 해치), 안테나들, 보관 상자(식량, 탄약, 구급품, 공구가 든), 탱크 안에서 밖을 볼 때 이용하는 관측 창, 관측 창에 달린 와이퍼, 양쪽에 설치된 후크, 무한궤도를 따라 움직이는 바퀴들, 뒤쪽의 견인 후크, 차체에 달라붙은 진흙과 흙과 먼지, 바퀴에 낀 풀, 탱크를 뒤덮은 위장 소재(망, 이끼, 천), 포탑 안에 서 있는 병사, 먼지와 티끌이 자욱하게 차오르는 바퀴 자국, 발연탄이 만들어내는 연막, 쏘아 올린 대포가 내뿜는 폭풍, 대포를 쏠 때 차체에서 흩날리는 먼지

내부 다양한 기기에 둘러싸인 채 해치 밑에 설치된 좌석, 조절판, 브레이크 페달, 디지털 표시판, 쌍안경 형식의 관측 창, 밖에 설치된 장비를 올리고 회전시키는 핸들, 병기를 바꾸는 스위치, 점화 장치, 제어 및 감시 장치, 전원 장치, 추가 부품을 저장하는 공간, 공격 장비(여러 회분의 병기, 기관총), 외부에 달린 환기 제어 장치, 기관포의 반동으로부터 병사를 지키는 발사 보호 장치, 완전 군장을 하고 헤드셋을 쓴 병사들

소리

철컥거리고 삐걱거리는 바퀴, 윙윙거리는 기계음, 금속으로 만든 다양한 부분들이 덜컹거리는 소리, 흐느끼는 듯한 소리를 내는 유압 장치, 금속 바닥에 떨어지는 탄약, 탱크 안에서 내리는 명령, 발사되는 기관총, 헤드폰으로 들리는 선명하지 않은 외부 소리, 헤드폰으로 명료하게 들리는 목소리

냄새

윤활유, 땀, 연기, 연료, 뜨거운 금속

맛

이 배경에서는 등장인물이 가지고 있는 것(껌, 박하사탕, 립스틱, 담배 등) 말고

E

는 관련된 특정한 맛이 없다. 이럴 때는 미각 외의 네 가지 감각에 집중하는 것이 좋다.

촉감과 느낌

전기와 기기에 둘러싸인 좁은 공간, 탱크가 움직일 때의 흔들림, 잠망경에 바싹 대는 눈, 두 손에 묻은 먼지, 귀를 감싼 헤드폰, 무거운 군복, 매끄러운 버튼과 방 아쇠, 레버를 잡은 손, 뒤로 젖혀지는 운전석, 병기의 발사를 준비하고 있을 때의 뒤숭숭하고 불안한 감정(긴장감, 목의 압박감), 탱크가 울퉁불퉁한 지면을 통과할 때 내부의 어딘가에 몸을 부딪치는 느낌, 수동 핸들, 탄약의 무게감, 다리를 스치는 빈 약협[총포 탄알의 화약이 담긴 놋쇠로 만든 작은 통]의 온기, 금속으로 된 보관 용기, 열리지 않아 애를 먹이는 꽉 잠긴 기계, 좁은 관측 창으로 상황을 살피기 위해 가늘게 뜬 눈, 다른 병사와 가볍게 스치는 느낌, 해치에 몸을 밀어 넣거나 간신히 빠져나오는 느낌, 열린 해치로 들어와 얼굴에 닿는 신선한 공기

이 배경에서 벌어질 만한 갈등의 원인

- 강력한 적군을 만난다.
- 아군이 착오로 잘못 공격한다.
- 상태가 안 좋은 병사가 있다(수면 부족, 약물 남용, 병이나 부상, 불안정한 정신 상태).
- 소통에 혼란이 생겨 병사 한 명에게 지시가 전달되지 않는다.
- 하드웨어나 소프트웨어에 이상이 생긴다.
- 연료나 임무를 수행하기 위한 보급품이 바닥난다.
- 폐소공포증을 겪는다.
- 향수병이 도진다.
- 공황 상태에 빠진다.
- 기기나 상자가 떨어져 부상을 당한다.
- 명령을 내렸지만 따르기를 주저하는 병사가 있다.

E

이 배경에서 볼 만한 유형의 사람들

- 지휘관, 조종수, 포수, 장전수, 정비사

이 배경과 밀접한 다른 배경

- **시골 편** 사막, 숲, 목초지
- **도시 편** 군사 기지, 군용 헬리콥터

참고 사항 및 팁

시대와 함께 탱크도 현저하게 변화했다. 속도, 중량, 크기, 충격 흡수성, 소음 레벨, 장갑, 내부의 기기들은 모두 개량을 거듭해서, 오늘날의 탱크에 타는 것은 1940년대의 경험과는 매우 다르다. 일관성과 정확성을 유지하기 위해서라도 이야기에 쓰고 싶은 탱크의 종류를 파악하고 그 특징을 꼼꼼히 조사해야 한다.

배경 묘사 예시

고대하던 정적이 포수의 귀에 찾아왔다. 요란한 소리를 내는 바퀴와 포탑이 움직일 때 윙윙 소리를 내던 유압 기기도 조용했다. 헤드셋에서 들려오던 말소리도 끊어지고 애타게 기다리던 정적이 그 자리를 대신했다. 금속과 오일 냄새에 위로를 느끼며 그는 관측 창에서 암시장치를 통해서 보는 바깥 광경에 집중하고, 적의 모습을 찾기 위해 녹색으로 물든 일대를 둘러보았다.

- **이 글에 쓴 기법** 다중 감각 묘사
- **얻은 효과** 분위기 설정, 시간의 경과

E

트럭 휴게소   **Truck Stop**

풍경

대형 차량(세미트레일러semitrailer[트랙터에 연결한 뒤 화물을 운반하는 트레일러], 이동 주택, 버스, 트레일러나 캠핑카를 끄는 차, 이사 트럭)이 가득 찬 매우 넓은 주차장, 건물 지붕 위에서 펄럭이는 깃발들, 트럭 운전사용 비품을 구비한 편의점(커피 메이커와 텔레비전·DVD 플레이어 등 소형 가전 제품, 휴대형 난방기, 비디오, 오디오 북, 음악, 지도, 차량용 무전기, 위성 라디오 수신기, 세제), 좌석이 마련된 작은 식당, 패스트푸드 레스토랑, 화장실, 샤워장, 빨래방, 게임 센터, 세차장, 가까이 있는 모텔, 네온사인과 밝은 조명, 식당과 시설이 적혀 있는 긴 표지판, 주유 공간에 줄지어 선 트럭들, 젖은 아스팔트에 반사되는 트럭의 라이트, 윤활유와 오일로 얼룩진 포장도로, 좁은 녹지에서 개를 산책시키는 운전사, 보닛이 열려 있는 대형 트레일러, 밤에 라이트를 켜는 트럭, 근처 간선도로나 고속도로를 통과하는 차량, 밖에 모여 담배를 피우는 트럭 운전사들, 포장 음식과 플라스틱 컵을 들고 식당을 나서는 운전사, 주차장에 떨어진 쓰레기(담배꽁초, 사탕 포장지, 찌그러진 탄산음료 캔, 바람에 날린 나뭇잎)

소리

대형 엔진이 내는 소리(아이들링, 가속, 감속), 부릉거리고 털털거리다가 시동이 걸리는 트럭 엔진, 브레이크 밟는 소리, 쾅 닫히는 트럭 문, 울려 퍼지는 경적, 자갈과 작은 돌 위를 자박거리며 지나는 타이어, 근처 간선도로나 고속도로를 오가는 차들, 서로 외치는 트럭 운전사들, 철컥거리는 체인, 여닫는 차체 외부의 수납공간, 콘크리트 위를 스치는 신발, 미풍에 펄럭이는 깃발, 가게 문이 스치며 열릴 때 울리는 종소리, 덜걱거리며 연료 탱크에 미끄러져 들어가는 노즐, 찰칵 멈추는 급유 펌프, 윙윙거리는 주차장 조명, 스피커나 근처 트럭에서 들려오는 음악, 게임 센터에서 들려오는 삐 소리와 알람 소리

냄새

배기가스, 휘발유, 윤활유와 오일, 젖은 포장도로, 따뜻한 음식, 신선한 공기, 담배 연기

E

124

$$\boxed{맛}$$

패스트푸드, 식당에서 파는 음식, 편의점 상품, 담배, 껌, 배기가스

$$\boxed{촉감과 느낌}$$

대형 트레일러가 정지할 때의 진동, 장시간 운전으로 피곤하고 쥐가 나는 몸, 어색한 자세로 차 안에서 기어 나오는 느낌, 뻣뻣한 다리로 걷는 느낌, 아픈 관절, 얼굴에 닿는 서늘한 산들바람, 고속도로에서 불어오는 바람에 날리는 옷, 발밑의 단단한 콘크리트, 식당 좌석에 앉아서 켜는 기지개, 따뜻한 음식을 잔뜩 먹고 불룩해진 배, 침대의 부드러운 매트리스, 차가운 급유 펌프, 긴 자루에 달린 걸레로 앞 유리를 닦으려고 몸을 뻗는 느낌, 촌스러운 옷과 가느다란 머리카락, 따뜻한 샤워, 뜨거운 엔진, 배기가스로 근질근질한 목구멍과 코, 엔진을 점검한 뒤에 손수건이나 종이 타월에 닦는 손, 무겁고 피곤한 눈

이 배경에서 벌어질 만한 갈등의 원인

- 누군가 트레일러에 침입한다.
- 주차장에서 마약 판매가 이루어진다.
- 매춘부의 유혹을 받는다.
- 트럭 안에서 하던 불미스러운 행위를 타인에게 들킨다.
- 집에서 멀리 나와 있는데 신용카드가 해지된 것을 발견한다.
- 근처 고속도로에서 도주 중인 차나 트럭과 충돌한다.
- 고독감을 느낀다.
- 수면 부족으로 머리가 빙빙 돈다.
- 직업에 따른 건강 문제(두통, 요통, 눈의 피로, 관절염)를 안고 있다.
- 패스트푸드를 너무 많이 먹은 탓에 체중이 늘어난다.
- 주차장에서 과속하는 트럭이 있다.
- 도로에 난 구멍이 너무 깊어서 타이어가 손상된다.
- 다른 트럭 운전사들이 예측할 수 없는 행동을 한다.
- 경쟁 트럭 회사 운전사가 자신의 대형 트럭을 파괴한다.
- 저임금으로 장시간 일해야 하는 상황이 불만스럽다.

E

125

- 하룻밤 쉬어야 하는데 트럭 휴게소가 문을 닫았거나 다른 트럭들로 가득 찼다.

이 배경에서 볼 만한 유형의 사람들

- 매춘부, 트럭 휴게소의 직원(주유소 직원, 식당 직원, 요리사, 관리 직원), 트럭 운전사

이 배경과 밀접한 다른 배경

- 편의점, 간이식당, 패스트푸드 레스토랑, 빨래방, 야외 주차장

참고 사항 및 팁

트럭 휴게소는 트럭이나 대형 트레일러가 이용한다는 점에서 일반 휴게소와 다르다. 트럭 휴게소는 주요 고속도로 및 몇 개의 간선도로를 따라 설치되어 있으며, 지방의 경우에는 설비도 작고 장소도 좁지만 대도시 근처에 있는 트럭 휴게소는 서비스가 더 훌륭하다. 그중에는 매춘과 마약 판매가 이루어지는 질 나쁜 휴게소도 있다. 예전에는 이런 불건전한 행위가 일반적인 일이었지만 지금은 그렇지 않다. 많은 휴게소가 대부분의 시간을 차에서 보내는 운전사를 위해 성실하고 안정된 서비스를 제공한다.

배경 묘사 예시

벽돌에 기댄 채 비 냄새가 나는 공기를 들이마시며 디카페인 커피를 신중하게 홀짝였다. 벽 맞은편에 있는 게임 센터에서 버저 소리가 울렸고, 10분 뒤에 작은 극장에서 〈블레이드 러너〉의 상영이 시작된다는 방송이 들렸다. 다른 때 같았으면 영화를 보러 갔을지도 모른다. 뭘 하든 텔레비전 채널을 돌리면서 아무도 없는 호텔 방에 있는 것보다는 낫기 때문이다. 그렇지만 왠지 아이들이 많이 그리운 오늘 밤은, 바깥의 맑은 공기 속에서 아이들을 떠올리고 싶었다.

- **이 글에 쓴 기법** 다중 감각 묘사
- **얻은 효과** 분위기 설정, 감정 고조

항구 Marina

풍경

넓은 수역으로 통하는 수로, 수로를 따라 설치된 콘크리트 보도, 물속으로 뻗은 부두와 나무로 만든 좁은 다리, 보도와 부두를 따라 늘어선 다양한 크기의 배, 배를 부두의 쐐기에 연결하는 나일론 로프, 잔잔한 파도, 물가에 있는 거대한 바위, 고무 범퍼가 둘러싼 나무 말뚝, 물가의 말뚝 위에서 자라는 따개비, 부두에서 물속으로 이어진 금속 사다리, 플라스틱 보관 용기, 급수용 호스와 마개, 쓰레기통, 오일과 윤활유 용기, 구명조끼, 소화기, 어업 용구, 항해를 위해 배를 준비하거나 부두에 배를 정박시키는 비치웨어 차림의 사람들(비품을 싣고, 갑판을 청소하고, 왁스 칠을 하는), 수면 위에서 반짝이는 태양, 반짝거리는 크롬 도금과 은, 힘차게 뛰어올랐다가 다시 물속으로 사라지는 물고기, 하늘을 향해 펼치는 돛, 조용한 수면에 비치는 배, 주위를 나는 새, 항구 입구에 있는 식당과 가게, 트레일러에서 배를 내릴 때 쓰는 경사로, 급유 시설

소리

바람에 날린 사슬이 돛에 닿아 울리는 소리, 배와 기둥을 때리는 파도, 배에서 만으로 흘러 들어가는 물, 로프가 풀리고 말리며 삐거덕거리는 소리, 기둥에 가볍게 부딪히는 배, 배에서 공구(래칫ratchet[한쪽 방향으로만 회전하는 톱니바퀴], 드릴, 완충기)로 작업하는 소리, 바람에 펄럭이는 깃발, 배와 근처 가게에서 들리는 음악, 엔진의 웅웅거리는 시동 소리, 서로를 부르며 즐겁게 주고받는 대화, 웃음, 배의 갑판이나 부두 위를 타박거리며 걷는 샌들, 고무 밑창을 댄 신발의 찍찍 소리, 바람에 흔들리는 나뭇가지나 야자수잎, 벨 울리는 소리, 크게 울려 퍼지는 뱃고동, 호스에서 튀는 물, 물새의 울음소리, 소리를 내며 나는 곤충

냄새

물(해수나 담수), 모터오일, 물고기, 왁스, 땀, 맥주, 선크림, 젖은 옷, 근처 식당에서 파는 음식

ㅎ

127

맛

바닷물, 땀, 음료수(물, 탄산음료, 맥주), 배 위에서 먹는 간단한 음식(정크 푸드, 과자, 과일, 샌드위치, 포장 음식)

촉감과 느낌

바람에 날리는 옷과 엉키는 머리카락, 햇볕에 타서 따끔거리는 피부, 오랫동안 바람을 맞아 건조해진 피부, 부러지기 쉬운 나무 기둥, 거친 나일론 로프, 크롬 도금과 유리섬유의 매끈한 질감, 부드러운 수건, 흔들리는 배, 열에 뜨겁게 달궈진 금속 사다리, 몸에 내리쬐는 햇볕, 물보라, 벌레에게 쏘이는 느낌, 피부에 닿는 젖은 옷, 흠뻑 젖어 무거워진 신발, 피부를 타고 흘러내리는 땀, 탄산음료 캔에 맺힌 물방울 때문에 차가워진 손끝, 배에서 잡은 미끈거리는 물고기, 아이스박스와 비품을 배에 싣고 내리느라 생긴 요통

이 배경에서 벌어질 만한 갈등의 원인

- 좁은 부두에서 습격을 받아 싸움으로 발전한다.
- 익사할 뻔한다.
- 자신의 배가 파괴되거나 손상된다.
- 수면 위로 떠오른 시체를 발견한다.
- 배를 빼앗긴다.
- 인생의 쓴맛을 느낄 정도로 속이 좁은 항구 경영자들과 대립한다.
- 물속에서 상어나 인도악어 같은 위험한 동물을 발견한다.
- 바다에서 보내는 즐거운 하루를 준비했으나 나들이를 취소하게 된다(물이 새는 배, 바닥난 연료, 이상한 소리가 나는 엔진 때문에).

이 배경에서 볼 만한 유형의 사람들

- 배 중개업자, 배 주인과 그 가족, 항해 준비를 하는 손님, 항구 경영자와 종업원, 정비사, 선장

ㅎ

이 배경과 밀접한 다른 배경

- **시골 편** 해변, 호수, 바다, 열대 섬
- **도시 편** 어선, 야외 주차장, 요트

항구는 배는 있지만 보관할 곳이 마땅치 않은 사람이나 항상 물가에 배를 정박시키고 싶은 사람에게 최적의 장소다. 이 외에 육지의 건선거에 배를 보관하다가 사용할 때 물로 이동시키는 방법도 있다. 요트 소유주들을 위한 전용 항구에는 그들을 위한 클럽이 있다. 배 소유주 중에는 자택에 보관하는 배를 트레일러에 실은 뒤, 차에 연결해 물가까지 운반하는 사람도 있다. 또 자신의 부두나 해안에 있는 친구 소유지에 배를 정박시키기도 한다.

편안하고 기분 좋은 시간을 보낼 수 있는 장소인 항구는 대부분 평온하고 안정된 환경이다. 그렇다고 긴장감을 일으키는 사건이 벌어지지 말라는 법은 없다. 부두에서 벌어지는 말다툼이나 취기에 벌어지는 싸움, 익사, 기물 파손, 절도 등 이런 가능성은 실제로 무궁무진하다. 흉악한 행동이 반드시 불쾌한 장소에서 일어나는 것은 아니다. 평화로워 보이는 장소에서 일어나는 갈등이 독자에게 더 큰 놀람과 만족감을 줄 수도 있다.

배경 묘사 예시

잔뜩 흐린 하늘을 길고 가는 돛으로 푹 찌르며 몇 척의 배가 항구를 점령하고 있었다. 선박이 앞뒤로 흔들릴 때마다 체인이 덜컥거리고 로프는 삐걱거렸다. 바람은 뜨겁고 건조해서 어떤 위안도 되지 않았다.

- **이 글에 쓴 기법** 다중 감각 묘사, 날씨
- **얻은 효과** 분위기 설정

도심

ㄱ
ㄴ
ㄷ
ㄹ
ㅁ
ㅂ
ㅅ
ㅇ
ㅈ
ㅊ
ㅋ
ㅌ
ㅍ
ㅎ

감방 Prison Cell

ㄱ

풍경

여러 사람의 손을 타 반들거리는 쇠창살, 시멘트 벽, 벽이나 바닥에 단단히 고정된 가구, 침대나 이층 침대, 금속 로커, 책상과 의자, 창살 있는 창문, 얇은 매트리스와 베개, 낡은 시트, 꺼끌꺼끌한 담요, 변기와 세면대, 벽에 쓰거나 새긴 것들, 시멘트 바닥의 페인트가 닳은 모습(죄수가 이리저리 서성대거나 팔굽혀펴기 등을 한 탓에), 교도소에서 제공하는 의복과 신발, 단출한 세면도구(치약, 빗, 비누), 전구와 전구 커버, 독서용 책상, 책이나 잡지, 사진을 붙인 벽, 눈에 띄지 않은 곳에 숨겨둔 반입 금지품(담배꽁초, 약, 칼날 등이 장착된 무기, 돈, 주사기, 전자 제품, 라이터, 음식, 절삭 공구), 죄수(감방을 서성거리고, 독서하고, 자고, 벽을 뚫어지게 노려보고, 윗몸일으키기와 팔굽혀펴기를 하고, 편지를 쓰는), 이층 침대 밑면과 매트리스 사이 스프링 틈에 끼워놓은 사진들

소리

통로를 울리는 발걸음, 기침, 옆방 죄수와 속닥거리는 소리, 휘파람과 흥얼거리는 콧소리, 욕설, 혼자 중얼거리는 죄수, 바닥을 끌며 걷는 신발, 책장 넘기는 소리, 잠그고 여는 수도꼭지, 내려가는 변기 물, 운동하면서 내는 신음이나 헐떡임, 삐걱거리는 매트리스, 죄수에게 무언가를 말하거나 소리 지르는 교도관, 문에서 울리는 버저, 좌우로 열리는 철문, 기계 장치가 설치된 문이 닫히는 소리, 잠그거나 여는 기계식 자물쇠, 확성기에서 나오는 목소리, 사이렌, 폭동이나 싸움, 수갑이나 족쇄 사슬이 부딪치는 소리, 감방의 길이를 재는 규칙적인 발걸음

냄새

땀, 금속, 흰 곰팡이, 청소 제품, 비누, 에어컨, 단체 급식소에서 풍겨오는 음식 냄새, 먼지, 흙

맛

물, 반입 금지 식품, 교도소 매점에서 판매 승인된 식품(쿠키, 칩, 인스턴트커피, 초콜릿), 단체 급식소의 엄격히 통제된 식단

$\overbrace{\text{촉감과 느낌}}$

차가운 쇠창살과 스테인리스 세면대, 여기저기 움푹 파이거나 글자가 새겨진 콘크리트 벽, 등받이 없이 축 늘어진 매트리스, 등을 파고드는 침대 스프링, 울퉁불퉁 뭉친 베개, 까끌까끌한 담요, 피부에 닿는 시트의 보푸라기, 사랑하는 사람의 사진을 보며 손가락으로 사진의 얼굴 부분을 쓸어내리는 느낌, 잡지의 매끈한 질감, 펜을 꽉 쥐고 쓰는 편지, 다른 죄수나 교도관과 한바탕 싸운 탓에 생긴 타박상과 근육통, 딱딱한 콘크리트 바닥, 운동한 뒤 얼굴에서 흘러내리는 땀, 높이 난 창문으로 들어오는 햇빛, 수갑이나 족쇄에 쓸리는 피부, 작은 신발 때문에 아픈 발, 자꾸 흘러내려 끌어 올리거나 허리춤에 단단히 고정하는 바지, 차가운 쇠창살에 꾹 누르는 이마

이 배경에서 벌어질 만한 갈등의 원인

- 죄수와 교도관이 대립한다.
- 절망감과 자살 충동을 느낀다.
- 교도소 생활이 지루하다.
- 편견 가득한 교도관이 마음먹고 죄수를 괴롭힌다.
- 껄끄러운 죄수(코골이가 심하거나, 끊임없이 수다를 떨거나, 추근거리거나, 폭력적이거나, 고자질을 잘하거나, 혐오스러운 습관을 가진)와 한방을 쓰게 된다.
- 교도관이나 다른 죄수에게 숨겨둔 반입 금지품을 들킨다.
- 다른 죄수가 때리거나 보복할까 봐 자신의 감방을 나가기 두렵다.
- 변기가 고장 난다.
- 비좁은 감방에 많은 죄수가 수감된다.
- 교도소에서 일어난 폭동에 휘말린다.
- 죄 없이 억울하게 갇혔다는 확신이 드는 죄수를 만난다.

이 배경에서 볼 만한 유형의 사람들

- 교도관, 죄수, 시찰 온 관계 당국 인사

이 배경과 밀접한 다른 배경

• 구급차, 법정, 경찰차, 정신병동, 테라피실

지난 수년 동안 교도소에는 많은 변화가 일어났기 때문에 감방의 모습을 하나로 묘사하기는 어렵다. 요즘 감방은 쇠창살 대신 단단한 벽과 문을 설치하고, 기존의 자기 소재 가구를 스테인리스로 대체했다. 또한 대부분 버저가 울리며 버튼을 눌러 여닫는 자동문으로 바뀌어 교도관이 찰랑거리는 열쇠 꾸러미를 든 모습은 옛일이 되어버렸다. 그러나 이런 현대화에는 비용이 따르기 때문에 과거 장비를 계속 사용하거나 일부만 수리하고 개선한 곳도 있다. 교도소에 따라 감방 환경도 달라진다. 삼엄한 경계를 자랑하는 교도소에는 단체 수용실보다 독방이 많고, 가구도 생활에 필요한 최소한만 구비해둔다.

배경 묘사 예시

7년을 보낸 교도소 내부의 황량한 벽들을 마지막으로 둘러보는 동안, 교도관은 문 한편에서 기다리고 있었다. 방은 말끔했다. 치약 거품으로 금이 간 세면대 구석구석을 씻고 테이블도 닦았다. 침대도 단정히 정리했다. 굳이 이렇게까지 할 필요는 없었지만, 습관이란 무서운 법이다. 가져가는 짐은 딱 세 개뿐이다. 조지 오웰의《1984》, 아내와 아이 사진, 내 칫솔. 칫솔을 챙겨 가는 건 멍청한 짓이라고 할 수도 있겠지만, 개인적인 물건은 어떤 것도 여기에 두고 싶지 않았다. 나는 방에서 등을 돌리고 교도관을 따라 복도와 문 들의 미로를 지나 가족이 기다리고 있을 밖으로 걸음을 옮겼다. 가슴이 낯선 감정에 벅차올랐다. 오랫동안 잊고 있었던 것, 바로 희망이었다.

• **이 글에 쓴 기법** 은유, 상징적 표현
• **얻은 효과** 성격 묘사, 감정 고조

경찰서   Police Station

풍경

의자가 있는 대기실, 깃발, 시市 혹은 주州 지도, 로터리클럽 명판, 화장실, 음수
대, 서내 진입 차단을 위한 유리 벽, 호출용 벨, 전자자물쇠와 키패드, **종합상황
실**(컴퓨터, 전화기, 텔레비전이 있는), 보안이 철저한 무기 및 탄약고와 각종 무기
들, **취조실**(탁자와 의자, 수갑, 펜과 공책이 있는), 유치장(콘크리트 벽, 창문이 딸린
문, 바닥에 고정된 철제 탁자와 의자가 있는), **기록실**(취조 내용과 목격자 진술을 저
장하는 컴퓨터, 취조실 내부를 보여주는 모니터, 펜과 종이, 탁자와 의자가 있는), **전
사실**(책상에 딸린 칸막이, 조서 내용을 녹음하는 경찰들, 조서를 컴퓨터에 입력하는
전사 담당자가 있는), **보고실**(큰 탁자와 의자, 화이트보드, 게시판, 서류 상자들, 펜
과 공책이 있는)에서 경찰관들을 대상으로 최신 동향에 관해 설명하는 모습, **증
거물 보관실**(증거물 보관 봉투, 증거물 보관 봉투를 가득 실은 바퀴 달린 카트, 꽉 찬
선반, 증거물 보관 로커, 증거물 보관 봉투가 담긴 상자들, 증거 및 방문자 기록을 정
리하는 담당자가 있는), 각 부서 사무실(경장 및 경사반, 특수 장비를 갖춘 SWAT
팀, 종합민원실), **아동용 대기실 혹은 취조실**(부드러운 소재의 가구, 컬러링북과 크
레용, 보드게임, 블록, 책과 장난감이 있는), 증거물 차량을 분석하거나 위장 잠입
활동에 필요한 차량을 준비하거나 경찰차로 수감자를 호송하기 위한 **차고**(각종
도구 및 자동 장비를 갖춘), 도난 방지를 위해 **철망**으로 만든 자전거 보관실, 증언
중인 증인, 취조받는 용의자, 대기실에서 기다리는 아이들과 가족, 책상에서 일
하는 경찰관들, 휴게실

소리

가만히 있지 못하고 서성거리는 발걸음, 유리문 너머로 사건에 관해 이야기 나
누는 경찰관들, 전화벨, 윙 소리를 내며 열리는 문, 찰랑거리는 열쇠, 찰칵거리
며 열리는 전기 문, 헤드셋을 통해 내용을 전달하는 낮은 목소리, 용의자를 취
조하는 경찰, 신문에 대답할 때마다 찰캉거리는 용의자의 수갑, 두드리는 키보
드, 넘기는 종이, 음악, 타일 바닥에 시끄럽게 미끄러지는 신발, 당겨서 여는 문
서 보관함, 경찰 무전기의 잡음, 싸움, 우는 아기, 멀리서 들려오는 사이렌, 인터
폰 너머의 목소리, 휘파람, 콧노래, 여닫히는 문, 휴게실에서 수다를 떨며 농담

을 나누는 경찰관들, 전과 기록을 인쇄하는 프린터, 휴게실의 텔레비전과 전자레인지

(냄새)

커피, 세제, 금속, 땀, 흡연자 옷에서 풍기는 담배 냄새

(맛)

커피, 탄산음료, 배달 음식이나 집에서 만들어 온 점심

(촉감과 느낌)

폐쇄된 공간에 갇힌 사람이 느끼는 폐소공포증, 서성거리는 비좁은 유치장, 손목을 조이는 차가운 수갑, 딱딱한 플라스틱 의자, 등을 타고 흐르는 땀, 라텍스 장갑을 끼고 증거를 만질 때 묻어나는 가루, 장시간 키보드를 치거나 허리를 구부린 채 파일을 뒤지고 난 뒤에 스트레칭을 하거나 걷는 느낌, 자꾸만 귀를 긁는 헤드셋, 키보드를 오래 두드린 탓에 저리는 손목과 손가락, 허리춤에 찬 묵직한 총, 회전의자에 앉아 상체를 뒤로 젖힌 채 보고를 듣는 느낌

이 배경에서 벌어질 만한 갈등의 원인

- 용의자가 비협조적이다.
- 용의자가 술이나 마약에 취해 있다.
- 서류 작업과 불필요한 의전, 관행 탓에 일처리가 늦어진다.
- 목격자가 거짓말을 하거나 신뢰할 수 없다.
- 도덕적으로 부패하거나 무능한 경찰관이 있다.
- 경찰서에서 정치 공작이 벌어진다.
- 윗선의 압박을 받는다.
- 경찰관이 열쇠나 카드를 잃어버린다.
- 멋대로 구는 변호사 때문에 사건 처리가 어려워진다.
- 정전으로 전자 보안 시스템이 작동하지 않는다.
- 증거물을 엉뚱한 곳에 보관한다.
- 경찰관으로서 곤란한 상황(가족이나 친구를 취조해야 하는 등)에 처한다.

이 배경에서 볼 만한 유형의 사람들

* 신고를 위해 경찰서를 찾은 시민, 배달원, 형사, 상황실 근무 인력, 용의자로 지목된 이들의 친구와 가족, 변호사, 경찰관, 기자, 용의자와 범죄자

이 배경과 밀접한 다른 배경

* 법정, 경찰차, 감방

참고 사항 및 팁

과거부터 오늘날까지 경찰서에는 많은 변화가 있었다. 여전히 규모가 작은 곳도 있고, 어떤 경찰서는 여러 층의 건물을 통째로 쓰기도 한다. 경찰서 환경을 결정하는 요소에는 예산과 위치 등 여러 가지가 있다. 인구가 적은 곳의 경찰서는 깨끗하고 정갈하지만, 범죄율이 높은 지역은 그렇지 않을 것이다. 또한 다양한 문제를 안고 있는 사람들로 가득한 널찍한 대기실도 있고, 의자 몇 개만 덩그러니 놓인 텅 빈 대기실도 있다. 대형 유치장을 여러 개 설치해 많은 인원을 충분히 수용할 수 있는 곳도 있지만, 용의자 한 명만 수용할 수 있는 유치장 한두 개만 있는 경찰서도 있다.

배경 묘사 예시

미나스 씨는 손가락 끝이 하얘질 정도로 핸드백을 꽉 쥔 채 플라스틱 의자 가장자리에 앉아 있었다. 브라이언의 일이라며 전화가 온 지 벌써 두 시간이 지났다. 이 의자에 앉아 있은 지만 90분이다. 그동안 미나스 씨는 지역의 참된 일꾼 상 따위를 받은 사람들과 보조개가 팬 얼굴로 미소 짓는 경찰관 포스터 사이에 둘러싸여 있었다. 자신의 손자를 이곳에서 체포했다는 사실, 저 유리문 너머 어딘가의 방에 손자를 강제로 구금했다는 사실에는 아무도 신경 쓰지 않는 듯했다.

* **이 글에 쓴 기법** 대비
* **얻은 효과** 감정 고조

138

풍경

얼룩이 묻은 나무 상자 더미, 쓰레기통(꼬깃꼬깃 접힌 테이크아웃 컵과 포장지, 담배꽁초, 빈 술병, 깨진 유리 조각), 곳곳에 있는 녹슨 대형 쓰레기통과 쓰레기통에서 새는 정체 모를 액체, 마른 토사물 웅덩이, 기름 찌꺼기가 고인 바닥, 먼지와 때, 해진 담요와 누더기 조각(노숙자가 머무는 골목인 경우), 해체해서 평평하게 접은 판지 상자와 부서진 침대 프레임, 쥐, 바퀴벌레, 거미, 개미, 쓰레기를 먹는 새(까치, 비둘기, 까마귀), 건물의 철제 비상계단, 길고양이와 떠돌이 개, 담배를 피우려고 뒷문으로 슬쩍 빠져나온 직원, 폐가구나 망가진 가구, 인근 건물 담벼락에 가득한 낙서와 흰 곰팡이 자국, 구석까지 날아온 신문과 전단지 뭉치, 먼지가 가득 낀 창문과 출입구, 한쪽 끝에 있는 철책, 희미한 가로등, 도로에 있는 자동차에서 산란하는 전조등 불빛, 사명이 새겨진 명판이 달린 금속 문, 잡상인 출입금지 혹은 적하·적재 구역 표지판, 범죄행위가 일어나는 모습(강도, 취해서 벌이는 싸움, 살인, 무단 침입, 마약 복용)

소리

바람에 춤추는 골목 구석의 쓰레기, 쓰레기 더미를 뒤지는 개, 고양이 울음소리, 기침 소리나 소리 죽여 나누는 대화, 클럽 후문에서 새어 나오는 음악, 쨍그랑 부딪치는 병, 꽝 닫히는 쓰레기통 뚜껑, 쓰레기통에 던져진 쓰레기봉투가 부스럭대는 소리, 먹이를 찾던 동물에게 내동댕이친 쓰레기통 뚜껑, 후다닥 이동하는 쥐, 문을 잠그거나 열 때 열쇠에서 나는 찰그랑 소리, 근처에서 들려오는 자동차 엔진 소음, 근처 길가의 소음(자동차 경적, 타이어의 마찰 소리, 도보를 걷는 구두), 아스라이 들려오는 사이렌, 주거 건물의 열린 창문 틈으로 들리는 언쟁 소리, 탈이 나서 음식물을 토해내는 소리, 지저분한 골목에 울려 퍼지는 찰박거리는 발소리, 노숙자의 소지품을 실은 쇼핑 카트가 굴러가는 소리, 누군가를 내동댕이치며 욕하는 클럽이나 바의 문지기, 잭나이프에서 달칵 튀어나오는 칼날

냄새

썩어가는 쓰레기, 체취, 동물과 사람 배설물의 악취, 엔진오일, 열린 문틈이나

139

식당에서 풍기는 음식 냄새, 젖은 판지 상자, 흰 곰팡이, 토사물, 깨진 맥주병에서 흘러나온 맥주, 담배 연기, 퀴퀴한 천, 곰팡이 악취, 자동차 배기가스

(맛)

술, 쓰레기통의 음식물 쓰레기나 집 밖으로 가지고 나온 음식물 쓰레기, 따뜻하게 데운 맥주, 담배

(촉감과 느낌)

취해서 휘청대며 손바닥으로 짚은 거친 담벼락, 어둠 때문에 밟은 질척거리고 축축한 쓰레기 더미, 신발에 들러붙은 끈적한 이물질, 쓰레기통에서 흘러나온 기름에 미끄러지는 발, 발아래로 전해지는 폐지와 나뭇잎 뭉치의 촉감, 금속 쓰레기통 뚜껑의 느낌, 금속 물체 모서리에 스치거나 긁힌 옷이나 피부, 무거운 쓰레기통 뚜껑을 겨우 올려 던져넣는 쓰레기, 매끈한 맥주병 표면의 익숙한 감각, 총으로 옆구리나 등을 찌르듯 누르거나 칼날의 뜨거운 열기를 의식하는 강도, 두들겨 맞아 생긴 통증, 골목 바닥의 찌꺼기에 걸려 넘어지는 느낌, 쓸 만한 것을 찾아 쓰레기 더미를 뒤지는 느낌, 물웅덩이에 넘어지는 바람에 신발 안창에 스며든 물, 움켜쥔 손을 파고드는 철조망의 철선, 팔꿈치로 깨는 유리창, 닫힌 문을 향해 어깨를 부딪칠 때의 통증, 문고리나 문손잡이를 잡는 느낌, 곰팡내가 나는 소파나 더러운 판지에 누워서 청하는 잠

이 배경에서 벌어질 만한 갈등의 원인

- 강도를 당한다.
- 어둠 속에서 떨어뜨린 지갑이나 휴대전화를 더듬거리며 찾는다.
- 골목에서 끼닛거리를 찾아 모여든 야생동물이나 들짐승을 발견한다.
- 지름길을 찾아 나섰다가 막다른 골목에 다다른다.
- 누군가에게 쫓긴다.
- 범죄 현장(무단 침입, 강도, 마약 거래 등)을 목격한다.
- 가게 주인이 경찰을 부르는 바람에 다른 장소를 찾아 나서야 한다.
- 눈을 붙이려 하는데 보호 시설 직원이 깨운다.

이 배경에서 볼 만한 유형의 사람들

- 건물 입주민, 상점 주인, 범죄자, 노숙자, 경찰관, 보호 시설 직원

이 배경과 밀접한 다른 배경

- 구급차, 대도시 거리, 싸구려 모텔, 낡은 아파트, 노숙자 쉼터, 버려진 아파트, 지하도

참고 사항 및 팁

골목을 묘사할 때는 생각한 환경과 갈등이 선정한 골목과 확실히 어울려야 한다. 아파트 사이에 있는 골목의 냄새와 광경은 술집이나 식료품점 사이의 골목과 다르다. 도시가 얼마나 큰지, 한 해 중 어떤 시기인지, 인근 지역 상권은 어떤지부터 유동 인구와 주로 출몰하는 동물의 종류도 고려해야 한다. 또 이 골목에서 볼 법한 쓰레기는 어떤 것이 있을지, 창살 틈과 가로등에서 흘러나오는 빛은 얼마나 될지도 생각해 원하는 분위기를 연출하라.

배경 묘사 예시

앨프리드는 토요일마다 벽의 자동차 정비소와 브레드볼 카페 사이의 골목을 찾았다. 11월의 바람은 늘 그랬듯이 다친 사슴을 뒤쫓는 늑대 울음소리처럼 사납기 그지없었지만, 신문지와 종이 쪼가리로 만든 담요로 몸을 두른 덕에 끄떡없었다. 빵집 오븐으로 달궈진 벽에 등을 대자 따스해졌다. 공기 중에 퍼지는 짙은 효모 냄새에 머리가 핑 도는 쓰레기장의 엔진오일 냄새가 어느 정도 눌린 것 같았다. 그는 모자를 눈 밑까지 내리고 담요 안으로 파고들면서 버터를 발라 윤기가 흐르는 화덕 위 갓 구운 빵을 상상했다. 운이 좋다면 오늘 마거릿이 가게에 나오는 날일 수도 있다. 어제 팔고 남은 빵이 담긴 봉지와 라즈베리 잼을 얻을 수 있을지도 모른다.

- **이 글에 쓴 기법** 대비, 다중 감각 묘사, 직유, 날씨
- **얻은 효과** 성격 묘사, 분위기 설정

공사장

Construction Site

ㄱ

풍경

건물을 떠받치는 기둥과 시멘트 밖으로 튀어나온 철근, 목재 더미, 철골 구조의 벽, 건설 물품 보호용 비닐과 방수포 혹은 위험 지역 접근 차단용 비닐이나 방수포, 대여용 폐기물 처리 컨테이너, 인부들(방탄 조끼, 안전화, 보안경, 산업용 귀마개, 안전모를 착용한), 이동식 사무실 트레일러(대규모 공사인 경우), 석고보드, 테이블, 시멘트 자루, 휴대용 접이식 톱 작업대, PVC 파이프, 코일 호스와 전깃줄, 칭칭 감긴 고무나 비닐 튜브, 측면에 쌓은 비계[높은 곳에서 작업할 때 임시로 설치해서 쓰는 발판]에 튄 페인트, 확장 가능한 쓰레기 활송 장치를 타고 내려가는 쓰레기, 목재로 만든 화물 운반대(콘크리트 블록과 파이프, 지붕 타일이 가득 쌓인), 짐수레, 소형 지게차, 아직 스티커를 떼지 않은 새 창문, 환기용 파이프와 장치, 사다리, 철책, 방수를 위한 타르 용지, 콘크리트 혼합기, 샌더sander[센 압축 공기로 모래를 뿜어내는 전동 기계], 테이블 톱, 공기 압축기, 외발 수레, 대형 기계(크레인, 덤프트럭, 평상형 트럭, 불도저), 화학 폐기물 처리 통, 자갈 더미, 양동이, 공구 상자, 진단 장비 및 기계 장치, 쓰레기들(못, 쇠붙이 장식, 스티커, 찢어진 비닐 덮개, 지붕에 덮는 방수용 종이, 접은 판지 상자, 물병, 자투리 목재, 톱밥), 공사장 울타리, 안전 표지판, 규정대로 하는지 확인하는 공사장 안전 조사관

소리

중장비 엔진음, 예비 센서 경고음, 윙 돌아가는 공압기 및 에어드릴, 망치로 두드리는 소리, 규칙적으로 들리는 못 박는 소리, 부츠를 신고 금속 계단을 철컹거리며 오르거나 목조 비계를 쿵쿵거리며 오르는 소리, 건축물 안에서 들려오는 인부가 듣는 음악, 나무를 자르는 톱에서 나는 요란한 소음, 줄자 감을 때 나는 소리, 접거나 펼치는 도면, 바람에 펄럭이는 비닐과 방수포, 인부들의 고함, 맞부딪치는 금속들, 목재나 배관을 떨어뜨릴 때 나는 소리, 가스 토치 밸브를 열자 새어 나오는 가스, 에어드릴로 허무는 콘크리트, 들보를 분리해 빼내자 삐걱대는 나무와 철선, 이명 현상, 철퍼덕거리며 쏟아지는 콘크리트 반죽, 구덩이를 파는 굴착기

냄새

막 자른 장작, 먼지, 플라스틱 타는 냄새, 자동차 배출가스, 톱밥, 석고보드나 회반죽, 접착제와 페인트, 체취, 담배 연기, 과열된 작업 기계에서 나는 냄새

맛

이 배경에서는 등장인물이 가지고 있는 것(껌, 박하사탕, 립스틱, 담배 등) 말고는 관련된 특정한 맛이 없다. 이럴 때는 미각 외의 네 가지 감각에 집중하는 것이 좋다.

촉감과 느낌

보안경에 눌린 귀마개, 흐릿한 유리 사이로 사물을 보기 위해 가늘게 뜬 눈, 피부에 잔뜩 묻은 땀과 먼지, 뜨거운 햇볕에 달궈진 딱딱한 안전모, 두꺼운 안전장갑에 쓸려 생긴 물집과 굳은살, 실수로 망치에 찧은 손가락, 착암기 진동에 흔들리는 몸, 각종 조각과 자투리, 부스러기, 눈썹이나 목 뒤에 흐르는 땀을 훔치는 느낌, 압축 공기식 장비나 전동기를 구동할 때 전해지는 진동이나 충격(크레인, 지게차, 평상형 트럭, 덤프트럭, 화물 트럭), 위험하거나 무거운 화물의 하중, 막 절단한 목재에 쌓인 톱밥, 손가락 사이로 미끄러지는 줄자, 수평계를 조작하는 느낌, 진흙이나 자갈로 덮인 땅을 삽으로 파낼 때 전해지는 충격, 고된 노동에서 오는 통증, 공구 벨트의 주머니가 연장으로 꽉 찬 덕에 느껴지는 균형감

이 배경에서 벌어질 만한 갈등의 원인

- 공사장 내에서 절도 사건이 일어난다.
- 공사 중 누군가 부상을 입거나 죽었다.
- 허술한 설계로 건물 일부가 무너진다.
- 홍수 때문에 공사 현장에 물이 차올라 기초 공사가 무너지거나 장비가 손상된다.
- 어떤 직원이 회계 장부를 조작하다가 들킨다.
- 기초 공사를 위해 터를 다지던 중 사람 뼈가 발견된다.
- 실수로 공사가 지연돼 마감 기한을 맞추지 못한다.

143

이 배경에서 볼 만한 유형의 사람들

• 공사장 인부, 개발자, 엔지니어, 푸드 트럭 주인, 안전 조사관, 중장비 기사

이 배경과 밀접한 다른 배경

• **시골 편** 쓰레기 매립지
• **도시 편** 낡은 픽업트럭

참고 사항 및 팁

공사 현장은 어떤 건물을 짓느냐에 따라 세부적인 모습이 달라진다. 교량 건설 현장에서 쓰는 장비와 자재는 주택이나 병원을 건설할 때와 매우 다르다. 대규모 공사에 비해 도시 내 건설 현장은 공간을 보다 효율적으로 사용한다.

배경 묘사 예시

랜디는 일찍 현장에 왔다. 아침 공기 사이로 커피의 뜨거운 김이 올라왔다. 전기 담당 인부들이 전날 밤에 마감 기한에 맞춰 일을 급히 마무리하는 모습을 봤기에, 엄청난 양의 전선과 피복 들이 여기저기 널브러져 있을 거라는 생각에서였다. 하지만 막상 눈에 들어온 것은 찌그러진 맥주 캔과 석고 보드 곳곳에 튄 빨간 페인트 자국, 토사물 웅덩이가 두 개, 폭발한 화학약품 처리 통이었다. 이어 거대한 파란색 폐기물 컨테이너의 한쪽에 난 거대한 구멍을 보고 랜디는 손에서 커피를 떨어뜨리고 말았다. 온갖 오물과 폐화합물이 자갈과 파란 플라스틱 덩어리와 배설물과 섞여 설치하려고 한편에 쌓아둔 창문 더미를 뒤덮고 있었다. 누군가의 목을 조르고 싶은 충동이 솟구치면서 양손이 부들부들 떨렸다. 정리하는 데 나갈 어마어마한 비용도 비용이었지만, 그 난장판을 보니 그 정도는 당해도 싸다는 생각이 들었다.

• **이 글에 쓴 기법** 다중 감각 묘사, 성격 묘사
• **얻은 효과** 분위기 설정, 시간의 경과, 감정 고조, 긴장과 갈등

144

공원 Park

풍경

오래된 나무와 구불구불한 길, 야외 활동(개 산책, 담요에 누워서 하는 독서, 축구, 원반 던지기 등)을 하는 젊은이, 잡기 놀이를 하는 아이들, 야외 촬영을 하는 예비 부부, 낙엽 쌓인 보도와 잔디밭, 벤치, 산책로 옆에 설치한 체력 단련장의 철봉과 기타 운동기구, 정자, 지붕이 있는 가설 건물과 간이 식탁, 연못이나 강가에서 풀을 뜯는 거위 떼, 다리, 조경용 수석, 놀이터나 야구 경기장, 나뭇가지 사이를 뛰어다니거나 잔디 사이를 쏘다니는 다람쥐나 청설모, 목줄을 맨 개, 분수대에서 물을 튀기며 노는 새들, 잔디를 느릿느릿 이동하는 개미 떼, 머리 주변에서 윙윙거리며 날아다니는 파리와 각다귀, 꽃 사이를 스치며 날갯짓하는 나비, 날아다니는 모기, 연못에서 물장난 치는 오리와 백조, 식물과 나무 이름이 적힌 팻말, 가로등, 쓰레기통, 깃대, 벤치에 깜빡 놓고 간 아이 모자나 신발, 공원 바닥에 표시한 선을 따라 조깅을 하고 자전거를 타는 사람들

소리

산책을 하거나 어울려 놀면서 나누는 대화, 조깅하는 사람들의 규칙적인 발소리, 웃고 떠드는 아이들, 짖는 개, 새의 울음소리, 찍찍거리며 덤불 사이를 돌아다니는 청설모, 날아와서 글러브 안에 정확히 안착하는 공, 공을 때리는 야구방망이, 분수에서 치는 물장구, 아이를 부르는 어른, 바스락거리며 여는 과자 봉지, 흐르는 강물이나 분수

냄새

방금 자른 잔디, 비, 꽃을 피우는 나무와 식물, 나무, 흙, 커피, 선크림, 수거하지 않아 가득 찬 쓰레기통

맛

피크닉 도시락(샌드위치, 과일, 과자, 프레첼), 패스트푸드, 물, 커피, 탄산음료, 맥주, 간식(초콜릿 바, 땅콩, 시리얼 바, 트레일 믹스trail mix[한 입 크기의 시리얼, 건조 과일, 견과류 등이 혼합된 식품])

145

촉감과 느낌

따뜻한 담요나 수건에 앉는 느낌, 피부를 찌르는 잔디, 뜨겁게 달궈진 공원 금속 벤치, 뜨거운 햇볕으로 인한 현기증, 바스락거리는 책장, 맨발로 잔디를 밟거나 발가락으로 흙 위를 걷는 느낌, 얼굴을 감싸는 따스한 햇볕, 울퉁불퉁한 자갈길, 달리다 발이 걸리는 느낌, 맨발로 연못이나 개울물을 지나는 느낌, 바람이 강한 날 분수 주변의 뿌연 안개, 햇볕에 달아오른 바위, 개울가 나무다리의 꺼끌꺼끌한 난간, 개가 앞으로 튀어 나가려고 하자 팽팽히 당겨지는 손에 쥔 목줄, 가슴을 세게 강타하는 축구공, 손가락 사이를 미끄러져 나가는 원반, 얼굴 주변을 윙윙거리며 날아다니는 각다귀, 몸에 앉은 파리, 조용한 휴식에서 오는 여유, 병에 든 시원한 물, 신발 아래에서 바스락거리는 풀, 콧등에서 자꾸 미끄러지는 선글라스, 줄줄 흐르는 땀

이 배경에서 벌어질 만한 갈등의 원인

- 밤에 공원에 갔다가 강도를 만난다.
- 빗나간 야구공이나 원반에 맞는다.
- 수영할 줄 모르는 아이가 물에 이리저리 휩쓸리거나 빠진다.
- 뜨거운 날씨에 음식이 상했는데 모르고 먹어버린다.
- 넘어져서 피부가 까지거나 발목을 접질린다.
- 연인 사이에 다툼이 벌어진다.
- 공원까지 따라와 괴롭히고 협박하는 아이들이 있다.
- 우연히 개밋둑에 앉아버린다.
- 날씨에 안 맞는 옷을 입어서 너무 덥거나 춥다.
- 목줄을 하지 않은 개에게 물린다.
- 개똥을 밟는다.
- 아이가 유괴된다.
- 말벌에 쏘여 알레르기 반응이 일어난다.

이 배경에서 볼 만한 유형의 사람들

- 자전거 타는 사람, 개와 산책하는 사람, 가족, 조경사와 관리인, 피크닉 나온 사람, 달리거나 걷는 사람, 학교에서 단체로 온 학생들, 경비원, 일광욕하는 사람

이 배경과 밀접한 다른 배경

- **시골 편** 숲, 등산로, 호수, 풀밭, 놀이터, 연못, 강
- **도시 편** 야외 스케이트장, 야외 주차장, 공중화장실, 스케이트보드 파크

참고 사항 및 팁

공원의 규모와 위치에 따라 시설이나 설비가 다르다. 예를 들어, 미국 뉴욕의 센트럴파크는 규모가 매우 큰 공원이라 아이스 스케이트장과 마차, 먹거리를 파는 노점상까지 볼 수 있다. 하지만 작은 공원들은 널따란 잔디밭에 나무 한두 그루가 서 있는 것이 대부분이다. 또한 도심에 있는 공원에는 자연의 소리부터 각종 차량 소리와 도시의 소음이 섞여 있지만, 외딴곳에 있는 공원은 고요하기 그지없다. 계절과 날씨도 공원의 풍경에 영향을 미치므로 무엇을 묘사할지 구체적으로 정하고, 인물의 눈에 어떤 풍경이 보이는지 생각해서 묘사해야 한다.

배경 묘사 예시

나무들이 길을 따라 늘어서 있다. 우거진 나뭇가지 위로 풍성한 캐노피가 노랗게 반짝거렸다. 청설모들이 나무에서 나무로 폴짝폴짝 뛰어다녔다. 거울처럼 맑고 고요한 호수 주변에 자신만의 고속도로를 만들어 쏘다니며 둥지를 만들고, 겨울나기를 위해 조각들을 모은다. 나뭇잎이 나무에서 종종 미끄러져 내려와 다른 아이들과 함께 산책로에 나란히 눕는다. 사람이 지나가고 자전거가 요란한 소리를 내며 지나갈 때마다 잎과 가지와 먼지는 빙빙 돌고 몸을 비튼다. 잠깐 동안 생생히 움직이다가 다시 잠이 든다.

- **이 글에 쓴 기법** 은유, 의인화, 계절
- **얻은 효과** 분위기 설정, 시간의 경과

공장 Factory

풍경

금속 패널로 마감한 외벽과 뒤편의 물류 적재용 창고, 굴뚝에서 나오는 흰 연기, 건물 외관에 붙은 회사 이름이나 브랜드 로고, 주요 건물이나 부속 건물에 있는 판매관리 부서(책상, 전화기, 컴퓨터, 직원이 있는), 장비 분석과 제품 개발을 담당하는 엔지니어링 부서(3D 설계 및 모델링 기계, 전기 엔지니어들, 제도 책상 등이 있는), 제조 부서(불을 환하게 밝힌 개방형 창고 안의 기술자와 공정 담당자·관리자 등 여러 업무 인력, 산업용 로봇 셀robot cell[기계류·장비를 포함한 하나 이상의 로봇 시스템과 안전 장치로 둘러싸인 영역], 시멘트 바닥에 페인트로 그린 길 안내 표시, 공장용 선반, 자동화된 페인트 도장 부스, 화물 운반대, 원자재, 호스, 밸브, 주형, 체인, 각종 도구, 온도 조절이 가능한 검사실, 안전 표지판, 부상자나 기타 비상 상황 발생 시 누르는 경광등 버튼, 세안 설비실, 구급용품을 갖춘 응급 처치실이 있는), 부품 조립 및 생산 부서(부품 조립 라인, 딱딱한 안전모를 쓴 기술자가 부품을 연결하고 검사 설비로 꼼꼼히 확인하는 모습, 생산 라인 관리자, 안전 관리자가 있는), 포장 부서(화물 운반대, 비닐 포장지, 판지 상자, 지게차, 스티커와 라벨, 운송 트럭이 있는), 입구에서 바닥의 쓰레기를 치우거나 쓰레기통을 비우는 청소부, 압축 공기 호스와 산업용 드릴, 습식톱이나 건식톱[작업 과정에서 물을 사용하느냐의 차이가 있다], 작업 현장을 위에서도 관찰하기 위해 부품 조립 라인 위에 설치한 금속 철망 길

소리

윙 돌아가는 기계, 공압기, 철컹거리는 금속 소음이나 금속 기계로 절삭하는 금속, 맞물려 돌아가는 롤러나 체인이 내는 달칵 소리, 산업용 프레스의 잠음, 큰 공간을 울리는 메아리, 중장비나 수동 지게차의 예비 경고등, 바닥을 쓰는 빗자루, 작업대에 무거운 장비를 내려놓자 울리는 육중한 소리, 무거운 부츠를 신고 금속 계단을 덜컹거리며 오르는 소리

냄새

그 공장에서 어떤 제품을 생산하느냐에 따라 냄새가 달라진다. 엔진오일, 윤활

유, 금속, 고무, 가열식 기계, 화학제품, 목재, 페인트, 합성수지 냄새는 보다 상업적이고 유기체가 아닌 제품을 만드는 공장에서 맡을 수 있다.

맛

커피나 병에 든 음료가 등장할 수 있으나, 보통 식음료는 공장 안으로 반입할 수 없다. 병맥주, 쿠키나 사탕, 냉동 피자 등의 식품 공장이라면 품질 관리를 위해 무작위로 완제품을 골라 시식해보는 검사실을 등장시킬 수 있다.

촉감과 느낌

두꺼운 장갑 속 땀에 젖은 손가락, 머리를 조이는 안전모나 헤어네트, 사용한 금속이나 플라스틱 기계의 홈에 낀 찌꺼기를 손가락으로 걷어내는 느낌, 울퉁불퉁한 사포, 구동 부품을 수리하거나 기름을 친 탓에 미끈거리는 손가락, 피부에 닿는 차가운 금속, 맨손으로 작은 부품을 조립하다가 집히거나 찔리는 느낌, 이마에 줄줄 흐르는 땀을 훔치는 손등, 손가락에 쌓인 대팻밥(혹은 플라스틱 조각들), 푹신푹신한 인체공학적 바닥재[탄성 포장 혹은 소음 저감 효과가 있는 우레탄 바닥재], 묵직한 작업용 부츠 속의 뜨거운 발, 온종일 서서 일한 탓에 피곤한 발, 제품 조립을 위해 알맞은 클립이나 파스너fastener[분리되어 있는 것을 잠그는 데 쓰는 도구]를 찾아 상자를 뒤적거리는 느낌

이 배경에서 벌어질 만한 갈등의 원인

- 공장에서 일하던 사람이 다친다.
- 불만을 품은 직원이 일부러 일을 게을리한다.
- 노조가 파업한다.
- 제품 광고가 형편없다.
- 작업 과정이 위험하거나 비위생적이다.
- 한밤중에 누군가 공장 설비를 파손하거나 훔쳐 간다.
- 재정적 어려움이 닥친다.
- 공장이 도산해 직원들이 일자리를 잃는다.
- 권력을 이용해 사람들을 협박하거나 괴롭히는 직원이 있다.
- 신기술이나 기계화 때문에 공장 직원들의 일자리가 위협받는다.

149

- 사업 관리자, 공장 직원, 건강 안전 관리자, 투자자, 경비원, 청소부 등 잡역부, 경영진, 트럭 기사와 물류 운송 기사

참고 사항 및 팁

공장은 위치, 기술, 생산 제품에 따라 풍경과 소리, 냄새가 달라진다.

배경 묘사 예시

매들린은 지난 5년간 익힌 흐름에 몸을 맡겼다. 먼저 철판을 골라 프레스 기계에 넣는다. 측면의 버튼을 엄지손가락으로 꾹 누르면, 프레스가 얇은 VG-10 철판 위로 떨어지며 똑같은 칼날 서른 개를 잘라낸다. 프레스를 열고 철판을 치우면 서른 개의 칼날은 찰캉거리며 깔때기를 거쳐 상자 안으로 들어가 단조와 연마 작업에 들어가기 전까지 기다린다. 그래, 이게 칼 공장의 매력이지! 이안이 어린 아들과 자신을 떠난 뒤로 매들린은 이 직업에 깊이 감사하며 살고 있다. 손에 잡힌 물집과 아무리 씻어도 빠지지 않는 검은 얼룩 덕에 매일 밥을 먹을 수 있다. 더구나 완성된 칼을 보면 완성하기까지 들인 수고가 떠오르며 꽤 아름답다고 감탄하게 된다. 자신이 이 과정에 참여했다는 생각에 소박한 즐거움이 생기는 것이다.

- **이 글에 쓴 기법** 다중 감각 묘사, 시간의 경과
- **얻은 효과** 성격 묘사, 과거 사연 암시

공중화장실   Public Restroom

ㄱ

풍경

한쪽 벽에 늘어선 작은 화장실 칸, 찌그러진 문짝이나 자물쇠가 사라진 자리에
잔뜩 구겨넣은 휴지, 여러 개의 세면대와 물이 새는 수도꼭지, 녹슨 배수구 테두
리, 흰 세면대에 가득한 머리카락 뭉치, 소변기와 그 옆 배수구에 버려진 분홍색
이나 파란색 비누, 콘돔이나 여성용품 자판기, 벽과 화장실 칸막이에 휘갈긴 낙
서들, 화장실 안쪽 칸막이에 부착한 광고, 휴지 디스펜서(망가지거나 휴지가 바
닥난), 변기나 바닥에 흘린 소변, 쓰레기통과 변기 커버 디스펜서, 땅에 떨어진
찢어지고 더러운 휴지, 칸막이 안의 코트나 가방 걸이, 꾸깃꾸깃한 휴지로 넘치
는 쓰레기통, 세면대 가장자리에 쌓인 물에 젖어 흐물거리는 종이 타월 더미, 디
스펜서에서 흘러 세면대에 떨어진 분홍색 물비누, 제대로 작동하거나 고장 난
핸드 드라이어, 세월에 흐릿해진 유리, 물때가 낀 세면대, 벽에 고정된 접이식
기저귀 교환대

소리

수도꼭지에서 끊임없이 떨어지는 물, 내려가는 변기 물, 깔깔거리며 화장과 머
리 모양을 고치는 여자들, 핸드 드라이어, 찢고 구기는 휴지, 다시 차오르는 변
기 물, 메아리로 되돌아오는 목소리, 여닫는 화장실 문, 달칵 잠그는 문, 전화 통
화, 배변 행위, 아무것도 만지지 말라고 아이에게 주의를 주는 부모, 울음이 터
진 아기

냄새

세제, 비누, 표백제, 역겨울 정도로 진하게 뿌린 향수, 헤어스프레이, 화장실 냄새

맛

이 배경에서는 등장인물이 가지고 있는 것(껌, 박하사탕, 립스틱, 담배 등) 말고
는 관련된 특정한 맛이 없다. 이럴 때는 미각 외의 네 가지 감각에 집중하는 것
이 좋다.

151

종이처럼 얇은 변기 시트에 앉는 느낌, 문이 잠기지 않는 탓에 문을 꾹 밀고 있는 발, 발로 내리는 변기 물, 팔꿈치나 팔뚝으로 여는 문, 미끌미끌한 비누, 씻고 난 뒤 젖은 손, 몽글몽글한 비누 거품, 거친 종이 타월로 닦는 손의 물기, 입술에 골고루 립스틱을 바르거나 머리카락을 잡아당기는 느낌, 손가락으로 문질러 지우는 번진 눈 화장, 공중화장실에서 볼일을 보기가 싫어서 빨리 해결하려고 애쓰는 느낌, 손을 씻는 동안 젖지 않게 하려고 걷어 올린 소매, 세면대 가장자리에 고인 물에 젖은 셔츠 앞자락, 변기에 앉을 때 바닥에 닿지 않게 하려고 붙잡은 바지나 치마, 거칠고 얇은 휴지

이 배경에서 벌어질 만한 갈등의 원인

- 화장실 칸 안에 누군가 숨어 있다.
- 휴지나 비누가 다 떨어진다.
- 모든 변기가 막혀 있다.
- 괴롭히는 무리가 따라 들어와 출구를 막고 선다.
- 우연히 엿들은 대화 때문에 위험한 상황에 처한다.
- 화장실 칸 안에 있다가 잔혹한 범죄 현장을 목격한다.
- 위장에 탈이 난다.
- 결벽증이 있는데 공중화장실을 써야만 한다.
- 아무도 없는 곳을 찾아 화장실에 들어왔는데 이미 사람이 있다.
- 볼일이 급한데 화장실을 쓸 수가 없다.

이 배경에서 볼 만한 유형의 사람들

- 청소부, 이용객

이 배경과 밀접한 다른 배경

- 공항, 놀이공원, 시장, 편의점, 주유소, 노숙자 쉼터, 공원, 쇼핑몰, 스포츠 경기

관람석, 워터 파크, 동물원

문 옆에 점검표를 붙여 청소 빈도와 청결 상태를 보여주는 등 관리가 철저한 공중화장실도 있지만 청소를 거의 하지 않거나 화장실용품을 채우지 않는 곳도 있다. 공중화장실이 등장하는 장면이라면 등장인물이 이곳에 가는 이유와 이곳에서 벌어질 만한 사건에 대해 곰곰이 생각해야 한다. 어떤 상태의 화장실이어야 첨예한 대립과 갈등, 혹은 상징적 의미를 더할 수 있을까?

배경 묘사 예시

에이미는 점심으로 특대 사이즈의 탄산음료와 햄버거를 먹은 것을 후회하며 어깨로 휴게소 문을 열었다. 열린 문으로 들어온 한 줄기 바람에 더러운 타일에 버려져 있던 꾸깃꾸깃한 휴지 뭉치들이 이리저리 굴렀다. 윙 소리를 내며 깜빡거리는 천장의 형광등은 금방이라도 꺼질 것 같았다. 하나밖에 없는 세면대는 쩍쩍 갈라져 있고 벌레 사체가 장식처럼 널브러져 있었지만, 수도꼭지에서 똑똑 떨어지는 물방울을 보니 물이 나오기는 하는 모양이었다. 화장실 칸을 보니 두 칸은 문짝이 날아갔고, 세 번째 칸에는 문짝이 비스듬히 기울어진 채 대롱거리고 있었다. 에이미는 세 번째 칸으로 발길을 옮기며 휴지가 한두 칸 정도는 남아 있기를, 기절해 널브러진 마약 중독자 따위와 마주치지 않기를 간절히 기도했다.

- **이 글에 쓴 기법**　대비, 다중 감각 묘사
- **얻은 효과**　분위기 설정, 긴장과 갈등

공터

Empty Lot

풍경

갈라진 보도 블록 사이로 자란 잡초와 풀, 쓰레기 더미(초콜릿 바 포장지, 테이크
아웃 용기, 빨대, 둥글게 구긴 휴지, 담배꽁초) 아래 죽은 풀밭, 잡초 사이에 몰래
버린 쓰레기로 가득 찬 봉투, 벽돌 혹은 도로 턱에서 떨어진 조각들이 흩어진
모습, 아무렇게나 버려진 납작하게 접은 판지와 폐합판, 햇빛에 바랜 부동산 판
매 안내판, 인근 건물 벽에 그려진 낙서, 자갈과 흙, 끈질긴 생명력을 자랑하는
민들레꽃이 노랗게 수놓은 풍경, 낡은 자전거의 뒤틀린 고무 타이어, 기울어지
거나 부서진 울타리, 낮은 키의 나무나 덤불, 버려진 머리 끈, 하수구 덮개 근처
에 쌓인 펜 뚜껑과 껌 포장지, 폭풍이 지나간 뒤 도로 구멍마다 물이 가득 고인
모습, 땅에 널브러진 더럽고 낡은 셔츠 더미, 뒤집어진 쇼핑 카트, 버린 콘돔, 주
삿바늘과 파이프(마약용), 공터에서 노는 아이들(사방치기, 술래잡기, 줄넘기, 빈
깡통 차기, 축구 등을 하는), 공터를 가로질러 질주하는 사람, 잔디밭에 소변 보
는 개

소리

덤불에 걸려 바람에 펄럭이는 비닐봉지, 보도 위에서 이리저리 휘날리는 신문
지, 거리의 소음(지나가는 차량, 보도를 걷는 사람들, 차량 경적, 사이렌, 끽 밟는 브
레이크, 공중의 비행기), 바람에 바스락거리는 나뭇잎, 폭풍이 불면서 후드득 혹
은 뚝뚝 떨어지는 빗방울, 공터 주변을 잽싸게 오가는 쥐들, 새의 울음소리, 열
린 아파트 창문 사이로 들려오는 목소리, 노는 아이들(수다, 웃음, 도발이나 야유,
공 튀기는 소리, 깡통 차는 소리, 뛸 때마다 바닥을 찰싹 때리는 줄넘기 줄, 사방치기
를 하며 구르는 발)

냄새

뜨거운 보도, 부패하는 쓰레기, 흰 곰팡이가 핀 판지, 대소변, 먼지, 풀

맛

이 배경에서는 등장인물이 가지고 있는 것(껌, 박하사탕, 립스틱, 담배 등) 말고

는 관련된 특정한 맛이 없다. 이럴 때는 미각 외의 네 가지 감각에 집중하는 것이 좋다.

촉감과 느낌

제대로 걷기 힘든 울퉁불퉁한 땅, 맨발목을 찌르는 길게 자란 풀, 신발을 뚫고 들어온 날카로운 것, 단단한 땅이나 보도에 얇은 판지 한 장을 깔고 자는 느낌, 친구를 기다리며 콘크리트 계단에서 청하는 잠, 머리가 익을 정도로 작열하는 태양, 콘크리트가 뿜어내는 열기, 물웅덩이를 밟았을 때 튀는 미지근한 물, 섬뜩한 느낌에 뒷목의 잔털이 곤두서는 느낌, 공터를 달음질하는 누군가의 쿵쿵거리는 발소리, 말을 안 듣고 줄을 당기는 산책 나온 개, 줄넘기 줄을 넘을 때마다 발바닥에 닿는 콘크리트 감촉, 울퉁불퉁한 아스팔트 위에 분필로 그리는 사방치기 놀이판, 쓰레기를 옆으로 차버리고 만드는 놀이 공간

이 배경에서 벌어질 만한 갈등의 원인

- 인적 없는 깜깜한 공터에서 습격을 받거나 강도를 당한다.
- 공터와 맞닿은 땅을 소유하고 있는데, 노숙자나 범죄 탓에 땅값이 떨어진다.
- 돈을 모아서 공터를 사들이려 했는데, 대기업이 다른 목적으로 중간에 낚아챈다.
- 외딴 공터에 갔다가 범죄 피해자가 된다.
- 집 옆 공터가 범죄자들이 각종 범죄를 저지르는 장소로 전락한다.
- 마약을 사러 공터에 왔다가 경찰관에게 발각된다.
- 공터에서 노숙을 하다가 경찰관에게 쫓겨난다.
- 공터에서 불한당과 마주친다.

이 배경에서 볼 만한 유형의 사람들

- 범죄자, 노숙자, 놀고 있는 아이들, 공터를 지름길 삼아 다니는 동네 주민, 개를 산책시키는 공터 주변의 땅 주인

공터는 갈등과 반전이 일어나는 장소로 유용하게 쓸 수 있다. 사람들이 자주 들르는 곳도 아닐뿐더러 경찰관이 순찰을 하는 경우도 드물기 때문이다. 또 불빛도 거의 없는 어두운 곳이라 비밀스러운 만남이나 거래를 하기에 최상의 조건을 갖추고 있다. 등장인물이 공터를 지름길 삼아 지나다가, 혹은 술에 거나하게 취해 잠들었다가 깨어났을 때 우연히 목격한 장면이나 엿들은 대화 등을 상상해보라.

배경 묘사 예시

데니스는 사람이 없는 곳을 약속 장소로 삼는 걸 싫어했다. 부서진 아스팔트 더미와 그 사이로 자란 무성한 잡초에서 세월의 흐름이 느껴지는 이곳처럼 말이다. 이곳은 한때는 주차장이었을지도 모르나 지금은 위험한 일이 종종 일어나는 섬이었다. 가로등 불빛은 고사하고 경찰마저 완전히 잊어버린 곳이다. 한쪽에는 잡초밭이, 다른 한쪽에는 나무가 우거진 습지가 있었다. 또 다른 쪽에는 다 무너져 내려가는 그래머 스쿨 건물 벽이 있었다. 그늘진 곳이 많아 숨기에 안성맞춤이다. 친구를 만나려고 왔다가 실종되기도 딱 좋은 곳이다.

- **이 글에 쓴 기법** 빛과 그림자, 은유, 시간의 경과
- **얻은 효과** 분위기 설정, 복선

군사 기지 Military Base

풍경

철망 울타리와 꼭대기의 면도날형 철조망과 가시형 철조망, 경비 초소 입구와 출입 통제용 자동 차단 바, 감시 카메라, 기둥이나 옥상에서 나부끼는 깃발, 경계 상황실, 교차로의 표지판과 가로등, 행정실, 기본적인 시설(발전소, 수도 시설, 하수 처리 시설 등), 병원, 다양한 의료 시설, 군사 우체국, 주유소, 군용차(차량 정비소, 지프, 험비Humvee[미국이 개발한 고성능 사륜 구동 장갑 수송차], 트럭, 중장비, 정부 승인 차량), 매점, 다양한 상품(식료품, 담배, 운동용품, 의복, 하드웨어 부품)을 갖춘 육군용 PX나 공군용 BX, 특정 음식(커피, 아이스크림, 핫도그)을 파는 스낵바, 기지를 돌아다니는 보안 차량, 이발소, 빨래방, 세탁소, 은행, 기지를 돌아다니는 순찰차, 휴식 시설(수영장, 탁구대, 볼링장, 농구 코트, 배구 코트, 골프 연습장, 체육관), 영화관, 도서관, 공원과 놀이터, 학교, 종교 시설(예배당, 유대교 회당 등), 단독 주택 혹은 다세대 주택 형태의 거주 단지, 병사 식당, 병영(이층 침대, 베개, 시트, 담요, 유니폼과 개인 소지품 보관용 선반 혹은 로커, 더플백, 노트북, 책, 사랑하는 사람의 사진이 있는)

소리

아침의 기상 나팔과 밤의 소등 나팔, 깃대에 부딪히는 사슬, 차량 소음(시동을 거는 차, 신호등 때문에 멈춘 차에서 공회전 하는 엔진, 끽 밟는 브레이크, 사이렌), 대화, 발걸음, 울리는 전화벨, 바람에 펄럭이는 깃발, 여닫는 문, 짖는 개, 달릴 때 테니스화 바닥과 땅이 마찰하는 소리, 학교나 놀이터에서 들려오는 아이들 목소리와 웃음소리, 여가 시설을 즐기는 사람들(공을 튀기고, 수영장 물을 튀기고, 볼링공으로 볼링 핀을 쓰러뜨리고, 체육관에서 운동을 하는), 산책하는 개의 목줄에서 나는 찰캉거리는 소리, 삐걱거리는 녹슨 이층 침대, 이착륙하는 비행기

냄새

자동차 매연, 새 잎이 돋은 나무와 활짝 핀 꽃, 음식, 커피, 그릴에 굽는 고기, 빗물, 젖은 보도

군사 기지에 식음료를 등장시킬 때는 고를 수 있는 종류가 많다. 기지 내 단지에 산다면 집에서 직접 음식을 만들 테고, 막사에서 생활하는 군인은 병사 식당에서 다양한 음식을 먹을 수 있다. 기지 안에는 외식하기에 좋은 소규모 레스토랑이나 가게가 있고, 매점에서 고를 수 있는 음식의 폭도 넓다.

촉감과 느낌

셔츠 주머니에서 대롱거리는 플라스틱 배지, 잘 다림질한 부드러운 제복, 미간까지 내려 쓴 모자, 잘 정비된 도로 위를 굴러가는 자동차 타이어, 규정에 따라 이발한 뒤 시간이 지나 살짝 자란 머리카락, 식료품점에서 미는 바퀴 달린 카트, 매점에서 가득 장을 봐서 장바구니를 걸친 팔 안쪽이 당기는 느낌, 얇은 이층 침대 매트리스에 털썩 드러눕는 느낌, 주름이 빳빳이 잡힐 정도로 잘 다림질한 제복을 당겨 입는 느낌

이 배경에서 벌어질 만한 갈등의 원인

- 군인의 생활 패턴 때문에 가정불화가 생긴다(잦은 이동, 사생활이나 공간 부족, 엄격한 규칙과 규정 등).
- 승진에서 제외된다.
- 인사 결과가 좋지 않다.
- 원치 않은 지역에 주둔하게 된다.
- 멀리 떨어져 있는 배우자가 한눈을 팔까 걱정스럽다.
- 군사 기록에 영원히 남을 정도의 사고를 친다(싸움, 체포, 음주 운전, 명령 불복종).
- 성격과 행동 방식의 차이로 군인과 민간인 사이에 갈등이 벌어진다.
- 외상 후 스트레스 장애(PTSD)에 시달린다.

이 배경에서 볼 만한 유형의 사람들

- 군종 사제와 군종병, 서비스 업무를 담당하는 민간인과 민간 계약 업체(잔디 관

리, 학교 강의, 자판기 관리 등), 배달원, 의사와 병원 지원 인력, 군인과 가족, 고위 관리와 방문자

이 배경과 밀접한 다른 배경

- 군용 헬리콥터, 잠수함, 탱크

참고 사항 및 팁

군사 기지는 작은 마을과 같다. 생활 편의 시설을 갖추고 있어서 다른 지역에 갈 필요 없이 이 안에서 모든 것을 해결할 수 있다. 어떤 시설이 있는지는 기지의 규모에 따라 다르다. 육군인지 해군인지, 어떤 지역에 있는지, 국내 기지인지 국외 기지인지에 따라서도 달라진다. 날씨와 위치, 계절에 따라 기지의 모습이 얼마나 달라질지 생각해보라. 건물과 사택의 외관도 나라와 현지 환경에 따라 차이가 있다.

배경 묘사 예시

트럭이 요란한 진동과 함께 거의 멈춰 섰다. '꼰대'가 트럭에서 뛰어내리더니 명령을 내렸다. 바람을 쐬기 위해 차 문을 밀기는 했지만, 앞 좌석에 뭉갠 채 나가지 않았다. 규정에 따라 일정한 간격으로 설치한 가로등 불빛이 어두운 거리를 밝혔다. 작은 집과 정갈하게 관리한 네모난 앞마당이 마치 한 줄로 선 신병들처럼 나란히 늘어서 있었다. 이번에는 단풍나무 대신 잘 전지된 야자수가 보였지만, 군 기지에서 다른 군 기지로 떠도는 삶이란 다른 지점의 월마트에서 쇼핑하는 것처럼 크게 바뀌는 것이 없다. 이렇게 늦은 시간에는 다른 것을 자세히 보기도 어려웠다. 이번에는 내 전화기가 울리기를, 할 일이 있기를 바랐다. 전화기가 무슨 장난감도 아니건만. 하품이 나왔다. 벌써 지루했다.

- **이 글에 쓴 기법** 빛과 그림자, 직유
- **얻은 효과** 분위기 설정, 감정 고조

난민 수용소　　　　　　　　　　　　　Refugee Camp

풍경

울타리로 둘러싸인 지역과 초소, 마른 모래땅, 휘날리는 깃발, 현지식 거주지(초막에 방수포로 만든 지붕, 움막, 미로처럼 여기저기 설치된 임시 텐트, 금속판으로 만든 벽이나 시멘트 벽으로 된 오두막이 줄지어 선 모습), 접수 건물(책상과 컴퓨터, 사무용품이 있는), 식품 저장용 대형 텐트, 그 밖의 배급품 저장소(의복, 침구, 땔감 등 난방 연료), 병원(나란히 배치된 야전침대, 모기망, 침구, 의료 기구가 든 통이 있는), 놀이터나 작고 탁 트인 들판, 공용 화장실, 구덩이를 파서 지핀 불, 플라스틱 물통과 물병, 텅 빈 바구니와 양동이, 세탁이나 음식 세척을 위한 커다랗고 우묵한 통, 냄비와 프라이팬, 말리려고 지붕이나 덤불에 널어놓은 옷가지, 난민들이 물을 긷는 펌프, 맨발로 혹은 자전거를 타고 돌아다니는 사람들, 보급품을 실은 나무 수레를 끌고 캠프를 돌아다니는 난민들, 식량(밀가루, 쌀, 밀, 렌틸 콩)과 의약품을 가득 싣고 도착한 트럭, 등록하거나 보급품을 받으려고 길게 줄 선 난민들, 교실이 하나뿐인 학교(책상, 교과서, 분필로 쓰는 칠판이 있는), 머리에 짐 보따리를 이고 이동하는 여성들, 어깨에 짐을 메고 걷는 남자들, 유엔(UN) 트럭과 기타 차량, 군인들을 실은 지프, 쓰레기 더미(물통, 빈 자루, 천 조각, 목재 파편, 양철 컵), 그라피티가 그려진 구조물, 급조한 장난감(돌, 폐금속 조각, 바람 빠진 공)을 가지고 노는 아이들, 돈을 가진 난민들끼리 사고파는 간이 장터, 팔거나 물물교환을 위해 음식이나 물건을 열심히 만드는 난민들, 부모 곁에서 일하거나 하릴없이 시간을 보내는 아이들, 피난처 지붕에서 물이 뚝뚝 떨어져 고인 웅덩이, 망가진 물건을 고치거나 다른 용도로 활용하는 난민들

소리

확성기나 기타 스피커에서 흘러나오는 안내 방송, 손으로 쥐고 흔드는 철조망, 방수포로 만든 지붕과 바람에 펄럭이는 천으로 만든 출입문, 대화, 기침, 노래, 아기 울음, 아이들 노는 소리(공 차는 소리, 술래잡기 등), 짖어대는 개, 먼지 가득한 바닥을 질질 끄는 발걸음, 냄비에 붓는 쌀이나 콩, 요리를 위해 불을 지필 때 타닥 타오르는 소리, 고함, 움막이나 판잣집 틈을 비집고 지나는 바람, 펄럭이는 텐트, 우툴두툴한 자갈길을 굴러가는 타이어, 고르지 못한 길을 끽끽 휘청거

리며 가는 자전거, 날아다니는 모기, 오염된 물을 퍼내는 소리, 물통이나 물병에 담는 물, 숟가락으로 땅땅 치는 냄비, 땅에 떨어뜨린 포대, 사람들로 가득한 비좁은 공간에서 나는 각종 소음, 끽 멈춰 서는 보급 트럭, 수업 시간에 배운 내용을 낭독하거나 합창하는 아이들, 라디오에서 흘러나오는 뉴스

(냄새)

땀, 체취, 씻지 않은 몸과 옷, 대소변, 먼지, 요리를 위해 피운 불, 뜨거운 화덕에 구운 납작한 빵, 끓는 물

(맛)

밍밍한 음식(쌀, 콩, 빵), 미지근한 물, 땀

(촉감과 느낌)

더러운 물로 빠는 거친 옷, 오랫동안 빨지 않아 땀으로 얼룩덜룩하고 늘어진 옷, 피부를 무는 벌레, 극한의 더위나 추위 속에서 딱딱한 땅에서 자는 잠, 갑자기 덮친 굶주림과 갈증, 상하고 잔모래가 섞인 물, 사방이 먼지로 가득한 느낌(옷, 침구, 음식), 끝없이 흐르는 땀, 낡고 젖은 천으로 닦는 몸, 어깨에 지거나 머리에 이는 묵직한 식량 자루, 특정 질병(콜레라, 말라리아, 황달, 간염, 결핵, HIV, 갑상샘 질환, 기생충)과 관련한 증상, 밤새도록 뒤척이며 이루지 못하는 잠(열악한 환경, 걱정이나 공포, 외상 후 스트레스 장애 때문에), 물통에 물을 넣을 때 손이나 발에 튀는 물, 태양이나 바람을 피해 들어가는 거처, 거친 움막 벽에 기대앉는 느낌, 타는 목을 적시는 물, 무언가를 먹는 데서 오는 안도감, 바위나 통나무에 앉는 느낌, 피부에 닿는 먼지와 흙, 땅에 발을 질질 끌며 걷는 느낌, 뻣뻣하고 건조한 머리카락과 가려운 두피, 무기력증, 지루함, 익숙해진 체념

이 배경에서 벌어질 만한 갈등의 원인

- 외부자들이 들이닥쳐 주먹을 휘두르고 공격한다.
- 상이한 문화나 종교를 가진 난민 사이에서 다툼이 벌어진다.
- 보급품과 식량을 차지하기 위해 다툼이 벌어진다.
- 여성에게 폭력을 휘두르는 사람이 있다.

161

- 하릴없이 시간을 보내는 아이들이 있다.
- 육체적·정신적 질환에 시달린다.
- 불면증이나 외상 후 스트레스 장애(PTSD)에 시달린다.
- 공정해야 할 수용소 지원 인력이 강한 편견을 지니고 있다.
- 정치적 상황이 변화해 수용소 존폐에 영향을 미친다.

이 배경에서 볼 만한 유형의 사람들

- 수용소 관리자, 무장 경비, 자선 행사로 방문한 유명인, 의사와 간호사, 정신과 의사와 테라피스트, 난민, 기자, 교사, 유엔 대표

참고 사항 및 팁

지구상에는 700개가 넘는 난민 수용소가 있고, 수천만 명의 실향민이 수용소에서 집단생활을 한다. 자금 사정이 좋은 수용소는 생활 편의 시설이 잘 갖춰져 있어 다른 곳보다 지내기가 괜찮다. 하지만 시설과 관계없이 모든 수용소는 결국 다른 곳으로 이주하기 원하지만, 달리 갈 곳이 없는 난민들로 포화 상태가 된다. 또한 난민들을 대상으로 잔혹한 테러가 벌어지거나 그 밖에도 많은 문제가 발생하는데, 피해자들을 돕는 프로그램은 전무하다시피 하다. 이 때문에 난민들은 정서적으로 불안하고 무모한 선택을 하기도 한다. 사람 사이의 갈등도 쉽게 불거지고 빠르게 번진다.

배경 묘사 예시

줄이 한 발자국 정도 줄어들어서 앞으로 갔다. 목을 쭉 빼고 사람들이 얼마나 많이 남았는지 살폈다. 파리가 윙윙거리며 귓가를 날아다녔다. 물통을 양손 가득 들고 있어 어깨가 절로 움츠러들었다. 새벽부터 줄을 섰는데 이제 태양이 머리 꼭대기에 있다. 좁은 움막에 있을 나탈리야와 아기가 몹시 걱정됐다. 이 줄이 빨리 줄어들기를 기도하면서 땅에 발을 질질 끌며 앞으로 나아갔다.

- **이 글에 쓴 기법** 날씨
- **얻은 효과** 분위기 설정, 시간의 경과

낡은 아파트

Run-Down Apartment

(풍경)

작은 방과 낮고 물때로 얼룩진 천장, 때가 낀 창문, 벗겨진 리놀륨 바닥, 찢어진 벽지, 까지고 마모된 수납장과 비스듬하게 틀어져 걸린 문, 녹슨 싱크대, 쓰레기로 엉망인 바닥, 가구나 바닥에 아무렇게나 던진 옷가지, 싱크대에 산더미처럼 쌓인 그릇들, 색이 바랜 벽과 부엌 상·하부장, 완전히 안 닫히는 서랍, 서로 어울리지 않는 가구 배치와 아주 드물게 보이는 장식, 구식 가전 기기, 더러운 몰딩, 구석의 거미줄, 휘어지거나 망가진 블라인드, 창문형 에어컨, 고장 난 라디에이터, 창문(열리지 않고, 방충망이 찢어지고, 오르내리창[미국의 일반적인 창문 중 하나로, 주로 위쪽 유리는 고정하고 아래쪽 유리를 위아래로 오르내려 조정한다]이 내려가지 않게 책을 끼워 고정한), 올이 다 풀린 커튼과 리넨 침구, 등갓을 씌우지 않은 더러운 조명 기구, 노출된 파이프와 벽의 구멍, 검게 더러워진 타일 이음새, 욕실 샤워 부스의 벗겨진 타일, 물때가 가득한 샤워 부스, 기울어지거나 구부러진 바닥, 금이 쩍쩍 간 천장, 무너지기 직전의 계단, 얄팍하거나 물 빠진 카펫, 발코니(세탁물을 널고, 쓰레기봉투나 재활용 물품을 둔), 온갖 것이 들어 있는 거의 빈 냉장고, 부엌을 기어 다니는 바퀴벌레와 개미 떼, 마룻바닥의 쥐똥, 선반에 쌓거나 상자 안에 넣은 물건들, 비뚜름하게 걸린 액자

(소리)

수도꼭지에서 떨어지는 물, 삐걱거리는 마룻바닥, 얇은 벽을 타고 들려오는 목소리와 텔레비전 소음, 소리 지르며 싸우는 이웃들, 우는 아기, 짖어대는 개, 터덜터덜 오르내리는 계단, 발을 질질 끌며 복도를 지나는 소리, 요란하게 여닫히는 뒤틀린 문, 사이렌과 기타 차량 소음, 복도의 누군가가 두드리는 문, 전화벨, 삐걱거리며 열리는 서랍 문, 윙 울리는 오래된 냉장고, 벽 사이를 후다닥 달리는 쥐, 에어컨을 켜거나 끌 때 나는 철커덕거리는 소음, 억지로 열자 삐걱거리는 낡은 창문, 배관을 타고 흐르는 물, 부르르 떨며 돌아가는 천장 선풍기, 바람에 흔들리는 커튼, 삐걱거리는 침대 스프링, 작은 아파트에서 들릴 법한 자잘한 소음(가스레인지에서 지글거리며 익는 음식, 뒤적이는 서랍, 접시를 긁는 포크, 똑딱거리는 시계, 전화 통화, 샤워)

163

냄새

곰팡이, 먼지, 물때에서 나는 녹슨 냄새, 계단참의 소변, 상한 와인과 음식, 땀, 체취, 요리하는 음식, 부엌에서 풍기는 동물성 기름과 그 밖의 기름 냄새, 빨지 않은 옷, 밖으로 내놓아야 할 정도의 쓰레기 냄새, 더러운 기저귀, 오래된 담배 꽁초

맛

퀴퀴한 공기, 저렴하고 만들기 간편한 음식, 담배, 술, 수도꼭지의 물

촉감과 느낌

문에 걸린 무거운 금속 자물쇠, 낮은 수압에 가느다란 물줄기만 떨어지는 샤워기, 차가운 물, 무언가의 무게에 휘어지고 비틀린 마룻바닥, 경사진 바닥을 걷는 발걸음, 억지로 잡아당기는 꽉 닫혀 열리지 않는 서랍, 탄력을 잃은 소파나 매트리스에 앉을 때 몸이 파묻히는 느낌, 에어컨이 없어 줄줄 흐르는 땀, 가끔 선풍기에서 불어오는 바람, 억지로 미는 잘 열리지 않는 창문, 맨손으로 하는 설거지, 망가진 의자가 주저앉지 않게 조심스레 앉는 느낌, 피부에 닿는 까끌까끌한 담요, 얄팍한 베개 때문에 아픈 목, 수납함에서 기어 나오는 쥐나 바퀴벌레를 보고 화들짝 놀라는 느낌, 얇은 카펫 아래로 느껴지는 딱딱한 바닥, 맨발에 전해지는 바닥의 냉기, 이웃집 소음에 대한 항의 표시로 두들기는 벽이나 천장, 먼지나 곰팡이로 인한 알레르기 반응

이 배경에서 벌어질 만한 갈등의 원인

- 가전 기기가 고장 났는데, 집주인이 수리를 안 해 준다.
- 아파트에서 수상한 이웃이 범법 행위를 저지른다.
- 집세를 내지 못한다.
- 집주인이 고압적인 사람이다.
- 스프링클러와 비상계단이 고장 난다.
- 해충을 매개로 한 질병이 발생한다.
- 돈이나 마약을 요구하는 강도를 만난다.

- 차를 탄 일당이 벌이는 총격전 중 빗나간 총알이 날아온다.
- 믿을 수 없거나 위험한 룸메이트와 함께 산다.

이 배경에서 볼 만한 유형의 사람들

- 손님, 임차인과 임대인, 아파트 관리인

이 배경과 밀접한 다른 배경

- **시골 편** 욕실, 아이 방, 부엌, 거실, 십 대의 방
- **도시 편** 골목, 엘리베이터, 낡은 픽업트럭, 실내 주차장, 야외 주차장

참고 사항 및 팁

낡은 아파트는 건물 자체가 아예 오래된 곳(물론 아닌 경우도 있다)이고, 입주민들도 하루하루의 생계를 걱정하는 사람들이다. 하지만 낡고 무너질 듯한 건물이라고 개성 없는 배경은 아니다. 이곳에 사는 사람들이 무엇을 수집하고, 벽에 어떤 예술 작품을 걸고, 집을 얼마나 깨끗하게 유지하는지에 따라 많은 정보를 전달할 수 있다. 다른 많은 거주지가 그렇듯, 집과 관련한 디테일을 적절히 선정하면 등장인물에 대해 많은 이야기를 풀어낼 수 있다.

배경 묘사 예시

벤은 깜짝 놀라 일어났다. 눈을 깜빡이며 어른거리는 그림자를 걷어내고, 축축한 이불을 발로 찼다. 심장이 베이스 기타처럼 둥둥 울리는 탓에 도대체 왜 잠에서 깼는지 파악하기 힘들었다. 사이렌인가? 312호 남자가 또 부인에게 소리를 지르나? 옆집 개가 또 발코니에서 울어댔나? 아니다. 그건 다 바깥의 소리가 아닌가. 하지만 벤의 방은 무덤이다. 시곗바늘 소리, 바퀴벌레 소리 하나 없다. 선풍기도 있으나마나…… 벤은 고개를 홱 들어 천장을 봤다. 선풍기 날개가 완전히 휘어진 채 금세라도 멈출 듯 시계 방향으로 움직이고 있었다. 한 바퀴 도는 데 천년이 걸릴 듯 느릿한 속도였다. 정말 환상적이군. 벤은 땀에 흠뻑 젖은 티셔츠를 머리 위로 벗은 뒤 얼굴을 쓸었다. 이제 잠은 다 잤다.

- **이 글에 쓴 기법** 은유, 다중 감각 묘사, 의인화
- **얻은 효과** 분위기 설정, 복선, 긴장과 갈등

노숙자 쉼터

Homeless Shelter

풍경

입소 희망자 접수처와 쉼터 직원들, 식사와 방문을 위한 카페테리아 스타일의 공간(장식 없는 벽, 타일을 깐 바닥, 줄 맞춰 배치한 테이블과 접이의자), 뷔페식 상차림과 균형 잡힌 식사를 배식하는 직원들, 음식을 받기 위해 식판을 들고 길게 줄 선 입소자들, 김이 모락모락 올라오는 수프 통과 고기와 채소를 담은 그릇, 가장자리의 세면도구 자판기, 중고 책으로 채워진 책장, 오래된 컴퓨터와 구인 정보 검색을 위한 무료 와이파이, 게시판(분실물 안내, 봉사자 모집 및 행사, 무료 교육 및 일자리 정보), 앞치마를 입고 헤어네트를 쓴 봉사자(설거지를 하고, 입소자와 잡담을 나누고, 테이블을 닦고, 장애인 도우미 역할 등을 하는), 음수대와 플라스틱 컵, 대형 커피 머신, 공동 침실(남성용과 여성용 침실, 나란히 배치한 이층 침대, 개인 소지품을 담은 쓰레기봉투나 더플백, 기부받은 탓에 서로 어울리지 않는 담요와 침구가 있는), 상대적으로 사생활이 더 보장되는 공간(서너 개의 침대나 이층 침대, 쉼터 자원봉사에 참여하는 입소자가 머무를 수 있는), 소박한 공용 화장실(세면대, 샤워기, 변기가 있는), 공용 라운지(벽걸이 텔레비전, 테이블과 플라스틱 의자, 카드와 보드게임 등이 있는)

소리

대화, 텔레비전의 방청객 효과음(웃음소리), 싸우는 소리, 코 고는 소리, 삐걱거리는 침대 스프링, 깨끗이 씻은 쟁반을 차곡차곡 쌓는 소리, 접시에 철썩 담기는 음식, 노래와 콧노래, 중얼거림, 문을 두드려 입소자를 깨우는 소리, 뒤척일 때마다 부스럭거리는 침대나 야전침대의 비닐 매트리스, 여닫는 배낭 지퍼, 샤워기에서 흐르는 물, 화장실 세면대에서 새는 물, 바닥을 긁는 의자, 볼일이 급하다며 화장실에서 나오라고 외치는 소리, 콘크리트 바닥에 발을 질질 끌며 걷는 소리, 방이나 개인 물건을 두고 다투는 소리, 아이의 울음

냄새

수프, 파스타, 카페테리아에서 요리하는 그레이비소스와 채소, 시큼한 체취, 담

배 연기, 숨결에서 나는 알코올 냄새, 땀, 고약한 냄새를 풍기는 빨지 않은 옷, 비닐 매트리스 커버와 수면용 패드, 커피, 침구와 수건에서 나는 강한 표백제 냄새

맛

무료 급식소나 카페테리아에서 제공하는 음식(번, 수프, 파스타, 햄버거, 미트 로프meet loaf[다진 고기, 달걀, 채소를 섞어 덩어리째 구운 요리], 핫도그, 익힌 채소, 신선한 과일), 치약, 구강청결제, 담배, 달달한 간식, 자판기에서 파는 탄산음료

촉감과 느낌

낡은 매트리스의 탄성, 등을 찌르는 침대 스프링, 금방이라도 무너질 듯한 이층 침대에 오르자 사정없이 흔들리는 느낌, 약하고 가벼운 플라스틱 날붙이류, 깨끗이 빤 침구의 꺼끌꺼끌한 보풀, 딱딱한 플라스틱 식판, 흐물흐물한 음식, 얇은 패드에서 잘 때 느껴지는 딱딱한 바닥, 손에서 자꾸 미끄러지는 비누, 싸구려 샴푸나 비누로 머리를 감고 빗을 때 머리카락을 동그랗게 말아 틀어 올린 부분이 당기는 느낌, 샤워 후 건조해진 피부, 개인 소지품을 넣은 낡은 천 배낭의 뻣뻣한 감촉, 시설을 청소하려고 쏟는 비눗물, 손톱 밑에 낀 모래, 양치 뒤 상쾌한 기분으로 깨끗해진 이를 혀로 쓸어보는 느낌, 팔에 단단히 걸친 비닐 쓰레기봉투

이 배경에서 벌어질 만한 갈등의 원인

- 다른 쉼터 입소자와 싸움이 일어나 경찰이 출동한다.
- 부상을 입는다.
- 공간이나 물품(음식, 침구 등)이 부족하다.
- 입소자가 전염병에 걸린 것으로 의심된다.
- 정신 질환이나 약물중독 때문에 편집증 증세를 보이거나 폭력적인 행동을 한다.
- 규정을 위반했다며 쉼터에서 강제로 쫓겨난다.
- 거주 허용 기간이 끝나서 쉼터를 떠나야 하는데 달리 갈 곳이 없다.
- 쉼터에 개를 몰래 들여온다.

- 입소한 노숙자, 경찰관과 구급대원, 노숙자 쉼터 직원과 경비원, 자원봉사자

이 배경과 밀접한 다른 배경

- 골목, 시내버스, 버려진 아파트, 공중화장실, 난민 수용소, 지하철 터널, 지하도

참고 사항 및 팁

노숙자 쉼터의 입소자 구성은 다양하다. 남녀 혼용, 남성 전용, 여성 전용, 가족을 위한 쉼터 등이 있다. 선착순으로 입소자를 받는 곳도 있고, 적은 비용을 지불하거나 시설 일을 일정 기간 도우면 오랫동안 머물 수 있게 해주는 곳도 있다. 쉼터에는 사생활이 없다. 그래서 입소자가 규모에 비해 많아지면 카페테리아 같은 공동 공간을 잠자리로 쓰기도 한다. 정신 질환이나 약물중독을 앓는 사람이 많아서 갈등과 불화도 끊임없이 일어난다.

배경 묘사 예시

오늘처럼 기온이 뚝 떨어지는 날이면 사람들이 이른 시간부터 줄을 섰다. 희망쉼터 입구 안으로 사람들이 한 걸음 한 걸음 천천히 들어섰다. 추위에 얼굴이 트고, 웃옷에는 흰 눈이 수북했다. 부들부들 떨리는 손이 온기를 찾아 수프 그릇을 모아 쥐고, 앉을 자리를 찾아 두리번거렸다. 나는 배식하는 동안 몇 명이나 왔는지 머릿수를 세었다. 내 간절한 바람을 배반하고 빠르게 몰려드는 사람들. 금세 가득 차는 테이블에 어깨가 처지는 것 같았다. 곧 밤이 가까워지면 쉼터는 문을 닫아야 한다. 쉼터에 들어오지 못한 엄마와 아이들, 관절염으로 고생하는 노인들은 어쩔 수 없이 다른 곳을 찾아 헤매야 하는 것이다.

- **이 글에 쓴 기법** 다중 감각 묘사, 날씨
- **얻은 효과** 복선, 시간의 경과, 감정 고조

풍경

일반 사무실 리셉션 책상, 업무 공간(책상, 컴퓨터, 파일 캐비닛, 전화기, 노트, 펜과 각종 사무용품, 물병과 컵, 종이와 서류철 더미, 참고 서적과 바인더binder[서류나 종이 등을 함께 묶어 책 모양의 철로 만드는 도구], 신문이 있는), 컴퓨터 모니터에 덕지덕지 붙은 접착식 메모지, 책상에서 점심을 때우는 언론인들, 의자에 던져놓은 재킷, 벽에 고정된 텔레비전 모니터, 경찰 무전기, 칸막이에 둘러싸인 책상이 다닥다닥 붙은 모습과 각자 앉아 일하는 리포터들, 약속과 행사 일정이 적힌 화이트보드, 컴퓨터와 서버로 계속해서 전송 데이터를 받는 접수처, 회의실(장식이 거의 없는 방, 일렬로 늘어선 의자들, 강의대가 있는), 관제실(오디오 믹서audio mixer[오디오 신호의 믹싱을 수행하는 장치], 제어반, 마이크, 모니터 여러 대, 헤드폰, 오디오 장비가 있는), 프린터, 화분, 휴게실(테이블과 의자, 전자레인지 등이 있는)

스튜디오 긴 책상 뒤에 앉은 앵커들, 종이와 펜, 바퀴 달린 회전의자, 선명한 음향을 위해 재질에 신경 쓴 벽면, 인터랙티브 스크린 모니터, 합성 효과를 위한 초록색 스크린, 원고 등을 화면에 띄워주는 프롬프터, 스튜디오 카메라, 조명, 조명 판, 바닥에 깔린 선들, 앵커용 모니터, 디지털시계

소리

두들기는 컴퓨터 키보드, 사내 전화기와 휴대전화 벨 소리, 전화를 끊는 소리, 종이 넘기는 소리, 낮은 목소리로 대화하는 사람들, 경찰 무전기 너머로 들리는 잡음과 불분명한 목소리, 여닫는 파일 캐비닛, 바스락거리는 신문지, 프린터, 의자 바퀴, 삐걱거리는 의자, 발걸음, 카메라가 돌아가기 직전 스튜디오를 감싼 침묵, 이런저런 지시를 내리는 PD

냄새

커피, 집에서 가져온 음식을 데우는 냄새, 배달 음식

(맛)

집에서 싸 온 점심, 가게에서 찾아오거나 배달시킨 음식, 생일 케이크, 도넛, 커피, 탄산음료, 에너지 드링크, 물

(촉감과 느낌)

의자에 오래 앉아 있어 아픈 등, 의자에 앉아 빙글빙글 돌며 잠기는 생각, 온종일 컴퓨터 화면과 씨름한 탓에 침침하고 피곤한 눈, 프린터에서 막 나온 따뜻한 종이, 책상에 펜을 두드리거나 다리를 까닥이며 생각하는 느낌, 걸신들린 듯 해치우는 음식, 마감에 맞추려고 서두를 때 솟구치는 아드레날린, 귀와 어깨 사이에 전화기를 고정한 채 통화한 탓에 경련이 오는 목, 서성거리는 느낌, 입술에 닿는 뜨거운 커피 잔, 형편없는 음식 때문에 쓰리고 안 좋은 속

이 배경에서 벌어질 만한 갈등의 원인

- 적절한 사실 확인 절차를 거치지 않고 보도가 나간다.
- 종이에 베인다.
- 다른 리포터나 방송국에 뉴스를 뺏긴다.
- 뉴스를 내보내지 말라고 거물들에게 압박을 받는다.
- 보도하라고 지시받은 뉴스 때문에 내면의 갈등을 겪는다.
- 취재원이나 출처를 신뢰할 수 없다.
- 살해 협박을 받는다.
- 글이 잘 안 풀려 괴롭다.
- 마감 일정이 말도 안 되게 촉박하다.
- 자신보다 젊거나 매력적인 동료 때문에 커리어가 흔들리는 것 같아 걱정된다.
- 몸이 좋지 않아 대사가 기억나지 않거나 프롬프터를 읽기조차 힘들다.
- 보기 흉한 상처를 입어 앵커로서의 위치가 흔들린다.
- 카메라 앞에 서자 초조하고 당황스럽다.
- 생방송 중에 대답하기 난처한 질문을 받는다.

이 배경에서 볼 만한 유형의 사람들

- 촬영 기사, 편집자, 그래픽 디자이너, 메이크업 아티스트, 기상학자, 뉴스 국장 (보도 국장), 사진가, PD, 제작 어시스턴트, 접수처 안내 직원, 리포터와 기자, 음향 및 조명 기사, 뉴스 앵커

이 배경과 밀접한 다른 배경

- 자동차 사고 현장, 법정, 응급실, 연예인 대기실, 경찰서

참고 사항 및 팁

저널리스트는 정력적으로 임해야 하는 직업으로, 이야기에 많은 갈등 요소를 더하기에 적합한 배경이다. 뉴스룸은 재미있는 인간 군상이 한데 모인 곳으로, 주인공이나 주인공에게 큰 영향을 미치는 사람이 등장할 수 있다. 이야기를 만들 때 편집자, 촬영 기사, 사진가, 메이크업 아티스트 등 뉴스룸에서 흔히 볼 수 있는 인물들을 등장시키는 것을 잊지 말자.

배경 묘사 예시

엘라는 귀와 어깨 사이에 전화기를 낀 채 한 손으로는 메모를, 다른 손으로는 컴퓨터로 사실 여부를 확인했다. 디지털시계에 적힌 숫자는 '4 : 42'. 피처럼 새빨간 숫자가 소리를 질렀다. 가슴이 방망이질 쳤다. 방송 시작까지 남은 시간은 겨우 3분. 전화기 너머의 상대방에게 황급히 감사 인사를 한 뒤 전화기가 떨어지는 것도 무시하고 냅다 팽개쳤다. 수첩을 들고 발에 불이라도 붙은 듯 편집장 사무실로 허둥지둥 달려갔다.

- **이 글에 쓴 기법** 직유
- **얻은 효과** 긴장과 갈등

대기실   Waiting Room

풍경

커피 테이블에 쌓인 반들거리는 표지의 잡지와 여행 서적, 파일함에 꽂힌 흥미
로운 내용의 팸플릿, 벽에 걸린 포스터, 표구한 예술 작품, 각종 서비스나 기간
한정 행사 광고, 정수기, 접수 테이블, 대기자 명단, 방문객용 서류를 끼운 클립
보드, 빈 서류, 펜과 연필꽂이, 번호표 발행기와 순번 대기 전광판(해당 사업장
이 예약제로만 운영하지 않는 경우에), 얇은 쿠션을 덧댄 의자가 나란히 놓인 모
습, 아이를 위한 코너(블록, 책, 색칠 놀이 테이블, 장난감 트럭 등이 있는), 유니폼
을 입은 직원들(수술복을 입은 간호사, 정장을 입은 은행원), 각 직원의 명함과 명
함꽂이, 기다리는 사람들(휴대전화를 확인하고, 텔레비전을 보고, 잡지나 책을 읽
고, 아이를 어르고, 아이들이 티격태격하고, 허공을 멍하니 노려보는), 벽걸이 텔레
비전의 프로그램이 뉴스나 드라마로 바뀌는 모습, 테이블의 티슈 상자, 화장실
표시판, 귀중품 보관에 대한 유의 사항 표시판, 가장자리나 테이블 끝에 놓은 조
화, 쓰레기통, 무료 커피 머신, 각각의 방으로 향하는 복도와 문

소리

조심스레 넘기는 잡지, 휴대전화를 누르는 소리, 게임기 효과음, 속삭임, 기침,
가다듬는 목, 헐떡이는 숨, 바스락거리는 옷자락, 사무실 전화벨, 여닫히는 문,
차례가 돌아온 대기자의 이름을 부르는 접수처 직원, 스테이플러 찍는 소리, 진
동이나 무음으로 바꾸는 휴대전화, 방문 서류를 채우는 펜, 너무 오래 기다렸다
며 항의하는 소리, 삐걱거리는 의자, 바닥에 또각또각 부딪히는 구두 굽, 종이를
내뱉는 프린터나 팩스, 질문을 던지거나 지루하다고 투정 부리는 아이들, 에어
컨이나 히터, 다음 대기자를 부르려고 유리 칸막이를 옆으로 미는 접수처 직원,
텔레비전 소리나 대기실용 음악 소리, 삐걱거리며 바닥을 긁는 의자, 휴게실에
서 업무에 대해 논의하거나 웃는 직원들

냄새

향수, 먼지, 공기 탈취제, 세제, 손 소독제, 접수대를 장식한 꽃, 낡은 카펫

물, 사탕, 기침 해소용 사탕, 약, 껌, 박하사탕, 무료 커피

목이 마른 느낌, 꼬았다 풀었다 하는 다리, 다리 뒤쪽에 닿는 의자 쿠션, 몸을 움직여 편안한 자세를 잡는 느낌, 손에 쥔 펜, 잉크가 나오지 않아 흔드는 펜, 바스락거리는 서류, 복사기에서 갓 인쇄된 종이의 온기, 바스락거리는 사탕 봉지, 뭉친 근육을 풀려고 이리저리 돌리는 목, 옆자리 사람과 부딪치는 팔꿈치, 철제 의자 다리를 툭툭 치는 구두 굽, 공간이 좁아 지나가는 사람의 가방에 찔리는 느낌, 초조해서 마구 헤집는 머리카락, 놋쇠 문손잡이의 냉기, 발을 찍찍 끌며 걷는 카펫이나 타일 바닥, 기다리는 동안 초조해서 조이는 배, 시간을 확인하거나 때우기 위해 휴대전화를 보거나 인터넷 서핑을 하는 느낌, 잡지 표지의 미끈거리는 감촉, 대기실 공기가 지나치게 차가워 돋는 소름, 손에 쥔 따뜻한 커피 잔

이 배경에서 벌어질 만한 갈등의 원인

- 대기 시간이 너무 길어진다.
- 기껏 찾아왔는데 예약이 잡혀 있지 않다.
- 대기실이 지나치게 덥거나 춥다.
- 같은 대기실에 있는 사람이 짜증 날 정도로 수다스럽거나 참견을 한다.
- 접수 담당자가 무례하거나 서투르다.
- 도착한 순서대로 진료 순번을 받는다.
- 시끄럽게 떠들며 전화하는 사람이 있다.
- 예약을 했으나 진료를 못 받는다(보험이나 결제 처리가 안 되거나, 필수 서류를 분실하거나, 장비가 망가져 다른 날짜에 와야 하는 등).

이 배경에서 볼 만한 유형의 사람들

- 퀵서비스 배송 기사, 배달원, 힘을 북돋아주기 위해 함께 내원한 친구나 가족, 접수 담당 직원 및 그 밖의 직원, 방문객(고객, 환자 등)

이 배경과 밀접한 다른 배경

- **시골 편** 교장실
- **도시 편** 은행, 응급실, 미용실, 경찰서, 테라피실

다양한 사업장에서 대기실을 운영하고 있지만, 모습은 대개 비슷하다. 대기실이야말로 그 업체의 수준을 가장 잘 보여주는 장소다. 하지만 병원 대기실이 보잘것없다고 그 의사의 실력까지 그런 것은 아니다. 대기실이 아니라 환자의 건강에 돈을 투자하는 진정한 의료인일 수도 있는 것이다. 마찬가지로 변호사 사무실의 대기실이 멋지다고 그 변호사 실력도 최고라고 단정할 수는 없다. 단순히 인테리어 디자이너가 빼어난 역량을 발휘한 결과물일지도 모른다. 장면 설정에서 이렇게 숨어 있는 의미들은 대화만큼이나 유용한 도구다. 여러 의미를 혼합하고, 등장인물에 대한 정보를 더할 수 있는 방법으로 활용하라.

배경 묘사 예시

엄마가 의사에게 진료를 받는 동안 접수처 근처 벽에 붙은 선반에서 잡지를 하나 빼들어 펼쳤다. 하지만 전혀 집중할 수가 없었다. 병원 같은 곳에서 누가 진지하게 잡지를 정독하겠는가. 하릴없이 노는 손이 무색해 잡지를 몇 장 넘기며 파란 플라스틱 의자에 앉은 다른 환자들을 흘끔거렸다. 머리에 스카프를 두른 여자 한 명, 야구 모자를 푹 눌러쓴 남자 한 명. 그들이 왜 이 병원에 왔는지 굳이 묻지 않아도 알 수 있었다. 하지만 다른 환자들을 본 순간 가슴이 꽉 조여왔다. 어린 소녀가 코팅된 잡지를 꽉 움켜쥔 채 앉아 있었다. 표지도 들춰보지 않은 상태였다. 그리고 십 대 소년이 앉아 있었다. 유령처럼 초췌한 얼굴에 금방이라도 무너질 듯이 왜소한 몸 탓에 옷이 지나치게 벙벙해 보였다. 눈물이 나올 것 같아서 눈을 깜빡거렸다. 암으로 얼마나 많은 이들이 눈물을 흘리는가.

- **이 글에 쓴 기법** 상징적 표현
- **얻은 효과** 성격 묘사, 감정 고조

대도시 거리   **Big City Street**

풍경

다차선 도로, 정지 신호, 보행자(회의하러 가는 직장인, 무거운 쇼핑백을 한가득 든 쇼핑객, 장바구니 달린 카트를 끄는 할머니, 개를 산책시키는 사람, 배낭을 멘 학생, 커피를 마시러 나온 친구 무리)로 가득한 인도, 찌그러진 휴지통, 차량(경적을 울리는 승용차, 택시, 배달 트럭, 경찰차, 버스), 걸인, 가게 셔터나 창가에 달린 경보 장치, 낙서, 배수로를 메운 쓰레기와 담배꽁초, 커브 길을 따라 주차된 차들, 버스 정류장, 아파트를 드나드는 입주민이나 고급 호텔을 드나드는 투숙객, 소화전, 택시 승강장, 가로등, 상점에 달린 차양, 대형 체인점, 색색의 푸드 트럭과 노점상, 고급 상점이나 전문 상점, 좁은 골목길, 높은 벽돌 건물과 비상계단, 각종 기업과 제품 광고판을 단 버스와 건물, 배전반과 가로등 기둥에 덕지덕지 붙은 각종 행사 전단, 공사 현장(보도 한편을 차지한 비계, 안전용 철망, 널빤지와 방수포, 무거운 물건을 옮기는 크레인, 공사장을 우회해 설치한 목조 보도), 늦은 밤에 일하는 환경미화원, 도로 옆 화단의 나무들, 길게 늘어진 장식용 전구, 보행자들을 상대로 음악을 연주하거나 재주를 자랑하는 거리 공연 예술가, 메뉴를 써서 세워놓은 판과 호객하는 식당 직원들

소리

사이렌, 경적, 전화 통화, 신호등 불빛이 바뀔 때의 신호음, 후진하는 배달 트럭의 벨 소리, 끽 하는 브레이크 소리, 욕설이나 고함, 보도를 또각또각 울리는 구두 굽, 공사장 소음(착암기, 드르륵 울리는 공압 공구, 산더미처럼 쌓인 목재나 파이프가 떨어지는 소리), 공기를 가르며 빠르게 달리는 시내버스

냄새

오염 물질(배기가스, 엔진오일 등), 튀김기의 기름, 커피 내리는 냄새, 땀내와 체취, 향수, 호우에 젖은 콘크리트

맛

푸드 트럭이나 노점상에서 파는 음식, 식당, 카페, 술집

촉감과 느낌

회사에서 보낸 긴 하루와 피곤에 지친 발, 인파에 이리저리 밀리는 몸, 보도의 갈라진 틈이나 하수구 쇠살대에 걸린 구두 굽, 웅덩이를 밟고 지나간 자동차가 끼얹는 차가운 물세례, 사람으로 가득한 커피숍 통로를 비집고 지나가는 느낌, 택시 문손잡이의 부드러운 감촉, 택시 좌석 스프링의 탄력, 강도에게 뺏기지 않으려고 꼭 쥔 가방 손잡이, 한쪽 어깨와 얼굴 사이에 휴대전화를 고정하고 양손으로 무언가를 하는 느낌, 우산을 깜빡한 탓에 쇄골로 흘러내리는 차가운 빗줄기, 강풍을 따라 맹렬히 덮친 공사장 먼지에 까끌거리는 얼굴, 매연에 타들어가는 듯한 목과 발작처럼 터지는 기침, 건물들 사이로 휘몰아치는 시린 바람

이 배경에서 벌어질 만한 갈등의 원인

- 누군가 가방을 낚아챈다.
- 대도시 한복판에서 길을 잃는다.
- 택시에서 내렸는데 원하던 행선지가 아니다.
- 소매치기를 당한다.
- 길거리의 질 나쁜 음식을 먹고 식중독에 걸린다.
- 누군가와 부딪치는 바람에 휴대전화나 열쇠를 배수구 틈으로 떨어뜨린다.
- 낯선 사람과 시비가 붙는다.
- 범죄나 갑작스러운 폭행 현장을 목격한다.
- 보도에 쏟아지는 인파에 아이를 잃어버린다.
- 이중 주차를 해야 한다.
- 이중 주차한 차나 지나치게 가까이 주차한 차 때문에 차를 뺄 수가 없다.
- 주차 위반 딱지를 뗐다.

이 배경에서 볼 만한 유형의 사람들

- 상점 주인, 직원, 노숙자, 지역 주민, 경찰관, 택시 운전사, 관광객

177

이 배경과 밀접한 다른 배경

- 골목, 아트 갤러리, 은행, 서점, 캐주얼 다이닝 레스토랑, 시내버스, 커피숍, 공사장, 델리 숍, 패스트푸드 레스토랑, 퍼레이드, 실내 주차장, 경찰차, 펍, 택시

참고 사항 및 팁

거리는 위치와 시기에 따라 분위기와 풍경이 다르다. 대도시 거리는 대기업의 고층 빌딩이나 고급 아파트 건물에 둘러싸여 있다. 인도의 경우에는 건물 차양 아래에 서 있는 도어맨이 고객이나 입주민이 오가는 것을 돕는 모습을 흔히 볼 수 있다. 하지만 상업 지구나 부촌이 아닌 그 밖의 지역을 생각할 수도 있고, 낡고 오래된 건물과 범죄율이 높은 지역을 상상할 수도 있다. 대도시 특정 지역에는 특정 인종이 모여 살기도 한다. 상점과 레스토랑은 특정 고객층을 상대하기 때문에 그 고객층의 문화에 맞춘 색감, 스타일, 광고로 단장한다.

배경 묘사 예시

무려 세 시간 동안 명세서를 놓고 회의를 했더니 휴식이 간절해졌다. 북적대는 래턴 애비뉴 쇼핑 지구 초입에 있는 작은 커피 판매상으로 발걸음을 향했다. 건물 유리창이 햇살에 반짝였지만, 보도는 생각보다 빨리 덮친 폭풍 탓에 젖어 있었다. 바닥에 있는 물웅덩이를 건너기 위해 아이들처럼 폴짝폴짝 뛰어야만 했다. 어릴 적에는 비 온 다음 날을 정말 좋아했는데, 빨간 고무장화를 신고 웅덩이에 뛰어들어 물을 사방으로 튀기면서 즐거워하곤 했다. 미소가 나왔다. 옛날 일이지만 그때를 떠올리며 깨끗한 공기를 깊이 들이마셨다. 그러자 잠시나마 그 순간들이 지금 이곳에 존재하는 듯했다.

- **이 글에 쓴 기법**   대비, 다중 감각 묘사
- **얻은 효과**   과거 사연 암시, 감정 고조

도서관 Library

풍경

견고한 책장(벽을 따라 설치된 책장, 한가운데 늘어선 책장 여러 줄, 구석진 공간과 학습 구역을 따라 놓인 책장), 대출·반납 데스크와 사서 및 사서 보조(책을 스캔하고, 대출해주고, 연체료를 받고, 이용객이 원하는 책을 검색하는), 아이들을 위해 책갈피와 스티커로 꾸민 일정표, 특별 행사와 독서 모임 홍보 팸플릿, 이동식 북카트, 펜과 연필, 참고 서적(두꺼운 사전, 백과사전, 지도책, 역사 문헌) 코너, 책상에서 공부하는 학생, 푹신한 의자에 앉아 신문을 뒤적이는 노인, 도서관 컴퓨터로 자료 조사나 웹 서핑을 하는 이용객, 열람실(특별 행사가 열리고, 서로 공부를 가르쳐주고, 독서 모임을 하는), 2층으로 이어지는 계단, 줄마다 적힌 참조 번호, 매끄러운 표지의 다양한 정기간행물을 갖춘 잡지꽂이, 글을 읽고 이해하는 능력과 독서의 중요성을 강조하는 배너와 간판, 천장의 환한 조명이나 책상에 놓인 스탠드, 어린이 그림책 코너와 빈백 의자, 정숙해달라는 표지판, 파일 캐비닛, DVD 대출 코너, 복사기와 프린터, 인기 작가와 신간을 소개하는 진열대, 페이퍼백(문고판)용 회전 서가, 칸막이가 있는 학습용 책상, 책상 위의 구겨진 종이와 지우개 찌꺼기, 열람실에 있는 패브릭 소파와 푹신한 의자

소리

시곗바늘, 작동하는 프린터, 조용히 넘기는 책장, 기침이나 목을 가다듬는 소리, 휴대전화가 울리자 서둘러 끄는 소리, 작동하는 에어컨, 문자메시지 알림음, 숨죽인 목소리로 프로젝트나 과제를 논의하는 학생들, 구연동화 시간에 웃고 노래 부르는 아이들, 아이들에게 책을 읽어주는 사서, 떨어뜨린 책, 하드커버 표지를 닫는 소리, 종이 찢는 소리, 재채기, 의자나 낡은 소파의 삐걱거리는 스프링, 계단을 밟는 신발, 위층에서 들려오는 발소리, 연필로 쓰는 소리와 펜을 달칵 누르는 소리, 짜증 어린 한숨과 신음, 풍선껌을 씹으며 풍선을 불어 터뜨리는 십대, 책상이나 책 위의 연필, 이어폰에서 새어 나오는 음악, 바스락거리며 접거나 펼치는 신문, 키보드를 두드리고 마우스를 클릭하는 소리, 여닫는 책가방 지퍼

179

냄새

빳빳한 종이, 카펫의 곰팡내(특히 비가 온 뒤에), 먼지, 제습기, 다른 이용객을 방해하지 않으려고 가까이에서 말하는 사서의 숨결에서 나는 민트향, 흡연자들이 풍기는 퀴퀴한 담배 냄새, 가죽, 톡 쏘는 샤워 코롱 향기, 향수, 공기 탈취제, 청소용품, 연필을 깎고 남은 찌꺼기

맛

껌, 박하사탕, 연필을 질겅질겅 씹을 때 나는 나무 맛, 잉크(신문을 넘기던 손으로 입을 만질 때), 물

촉감과 느낌

미끈거리는 종이, 고르지 않은 가죽 표지, 책상 표면의 매끄러움과 냉기, 거칠거칠한 의자 방석이나 딱딱한 플라스틱 의자, 과제를 하다 털어내는 지우개 가루, 손가락으로 꾹 눌러보는 플라스틱으로 된 도서관 회원증의 모서리, 도서 검색을 위해 두드리는 키보드, 종이에 베었을 때의 통증, 손가락으로 쓸어보는 표지의 우툴두툴한 부분, 위층으로 올라가면서 잡는 광을 낸 계단 난간, 차가운 문손잡이, 떼어내기 힘든 서로 붙어 있는 책 페이지, 독서 중 창문으로 들어오는 따사로운 햇살, 밖으로 나가려고 미는 차가운 유리문

이 배경에서 벌어질 만한 갈등의 원인

- 실수로 책을 훼손한다(커피를 쏟거나 책장을 찢는 등).
- 같이 수업을 듣는 학생이 프로젝트를 도와달라거나 과제를 보여달라며 귀찮게 군다.
- 도서관 회원증을 분실하거나 책을 제자리가 아니라 엉뚱한 곳에 꽂는다.
- 책을 대출하러 갔지만, 누군가 이미 빌려 갔다.
- 어떠한 소음도 용납하지 않는 엄격한 사서가 일하고 있다.
- 몇몇 사람이 공용 컴퓨터를 독차지한다.
- 배관이 폭발해 책들이 훼손된다.
- 누군가 소곤거리며 흘린 비밀 이야기를 들어버려서 신경이 쓰인다.

180

이 배경에서 볼 만한 유형의 사람들

- 역사학자, 사서, 부모와 아이, 책을 읽는 사람, 자료 검색을 하는 사람, 학생, 교사

이 배경과 밀접한 다른 배경

- **시골 편** 초등학교 교실, 고등학교 복도, 대학교 대형 강의실
- **도시 편** 서점

참고 사항 및 팁

도서관이 클수록 비치된 책도 많다. 요즘에는 같은 지역에 있는 도서관들끼리 서로 연계하여 한 도서관에 없는 책을 다른 도서관에서 빌릴 수 있는 상호대차 서비스도 있다. 이런 서비스를 통해 이용객은 더욱 많은 책을 접할 수 있다. 도서관은 비영리단체들의 모임 장소로도 인기가 좋고, 지역사회를 위한 다양한 프로그램을 운영한다. 등장인물이 친구나 라이벌을 마주치기에도 적절한 곳이다.

배경 묘사 예시

책과 자료를 한창 뒤지다 멈추고 주위를 둘러보았다. 사람들로 항상 북적대던 도서관이 텅 비어 있었다. 의자에 어깨를 축 늘어뜨리고 눕다시피 앉은 사람들, 바닥에 널브러진 책가방들이 전혀 보이지 않았다. 공용 컴퓨터 코너에도 검은색 스크린만 떠 있었다. 들려야 할 소음이 들리지 않자, 그 고요함이 새삼 분명하게 느껴졌다. 위층 책장들은 항상 밝은 조명이 켜 있고 책으로 붐볐던 곳인데, 지금은 흐릿한 그림자만 어둠 속에서 어른거렸다. 책상의 램프가 웅웅거리는 것을 보고 들고 있던 연필을 공책에 내려놓았다. 목을 가다듬는 소리라도 내고 싶었다. 사람이 내는 친숙한 소리를 듣고 싶었기 때문이다. 하지만 그러지 않았다. 가슴이 거칠게 뛰었다. 일어나보니 모두가 갑자기 사라진, 재난 영화에서나 봤을 법한 상황에 빠진 느낌이었다.

- **이 글에 쓴 기법** 빛과 그림자, 다중 감각 묘사, 의인화
- **얻은 효과** 분위기 설정, 복선, 시간의 경과

동물 병원 Vet Clinic

풍경

대기실과 접수처, 타일이 깔린 바닥, 이동장 안의 고양이와 목줄을 한 개, 잡지를 뒤적이거나 긴장한 반려동물을 달래는 주인, 한쪽에 있는 반려동물 사료 진열대, 동물이 침 흘린 자국과 온갖 털이 떨어진 바닥, 판매 중인 반려동물용품(샴푸, 목줄과 목걸이, 인식표, 장난감, 피부 케어 제품, 비타민, 얼룩 제거 도구, 가정용 훈련 도구, 발톱깎이 및 이발기), 모금 행사 및 그 밖의 행사 관련 전단, 동물을 주제로 한 포스터들, 개별 진료실(저울 세트, 싱크대, 컴퓨터, 클립보드를 들고 메모하는 수련생이나 보조 인력, 파일, 진료대, 의료 도구, 쓰레기통, 의료 폐기물 용기, 수술복을 입고 라텍스 장갑을 낀 보조 인력, 의사 가운을 걸친 수의사, 동물 해부도 포스터가 있는), 병원 내부 검사실(엑스레이 기계, 초음파 기계, 방사선 차단용 납 방호복, 원심분리기, 현미경이 있는), 조제실, 수술실(수술대, 조명, 수술 도구를 보관하는 트레이, 마취 기구, 정맥주사와 카테터catheter[체강 또는 장기에서 액체를 빼내거나 약제 등을 주입하기 위해 삽입하는 얇은 고무관 또는 금속관], 혈압 측정기, 고압 살균기, 산소 기기가 있는), 반려동물을 맡기는 곳(쌓여 있는 케이지, 담요, 사료 그릇과 물 그릇, 장난감, 누워 있거나 서서 짖는 동물들이 있는), 샤워기 및 드라이어

소리

동물이 내는 다양한 소리(짖고, 야옹거리고, 으르렁거고, 새가 지저귀는 등), 꼬리로 테이블이나 바닥을 탁 치는 개, 기다리는 동안 수다 떠는 반려동물의 주인들, 전화벨, 진료 차례가 됐다며 부르는 직원, 타일 바닥을 긁는 발톱, 신발에서 나는 찍 소리, 여닫히는 문, 라텍스 장갑을 벗을 때 나는 바람 소리, 여닫히는 페달 달린 쓰레기통 뚜껑, 닫힌 진료실 문 너머로 희미하게 들리는 목소리, 이발기의 진동, 금속 싱크대에 쏟는 물, 허우적거리며 금속 진료대를 긁는 발톱, 위아래로 움직이는 매달림(용수철) 저울, 그릇의 물을 핥다가 바닥에 튀는 물, 금속 그릇에 부은 사료가 흩어지는 소리, 딱딱한 간식을 씹는 동물, 상처 부위를 과도하게 핥아 주인에게 혼나는 반려동물

냄새

소독약, 표백제, 동물 비듬, 대소변, 피, 젖은 털, 반려동물 사료나 간식, 동물이 풍기는 사향

맛

이 배경에서는 등장인물이 가지고 있는 것(껌, 박하사탕, 립스틱, 담배 등) 말고는 관련된 특정한 맛이 없다. 이럴 때는 미각 외의 네 가지 감각에 집중하는 것이 좋다.

촉감과 느낌

긴장해서 주인의 다리 사이에 달라붙거나 무릎에 올라앉는 개, 손에 쥔 거친 목줄, 가르랑거리는 고양이, 바짓가랑이에서 치대다가 발톱으로 찌르는 고양이, 무거운 반려동물 이동장, 흥분한 반려동물을 달래며 작성하는 진료 서류, 다리에 칭칭 감긴 목줄, 피부를 간질이는 반려동물의 털, 주인의 발이나 팔에 침을 뚝뚝 흘리는 개, 목줄을 잡아당기는 개, 다른 동물이 병원에 들어오는 것을 보고 으르렁거리는 작은 반려동물, 무릎에서 바들바들 떠는 개, 작은 개에게 물리는 느낌, 흥분한 반려동물의 털을 부드럽게 쓸어주며 진정시키는 느낌, 주인에게 다가와 혀로 마구 핥는 긴장한 개, 청소한 지 얼마 안 돼 미끄러운 바닥, 금속 진료대의 냉기, 답답한 라텍스 장갑, 개 간식의 거친 감촉, 반려동물이 진료받는 동안 슬며시 찾아오는 걱정

이 배경에서 벌어질 만한 갈등의 원인

- 대기실에서 동물들이 싸운다.
- 반려동물이 날뛰어도 내버려두는 보호자가 있다.
- 긴장한 반려동물이 주인의 발에 소변을 본다.
- 반려동물에 대한 나쁜 소식을 전달하거나 듣는 상황에 놓인다.
- 지나치게 많이 나온 병원비 때문에 화가 난다.
- 수의사가 동물과는 잘 지내지만 사람을 상대하는 데는 서툴다.
- 반려동물을 검진해보니 학대나 방치를 당한 듯한 의심이 든다.

- 반려동물이 알 수 없는 병에 걸렸다.
- 반려동물을 진찰하다가 물린다.
- 대기실의 손님이 반려동물 비듬에 알레르기 반응을 일으킨다.
- 발정기의 개가 다가와 다리에 몸을 비빈다.
- 중요한 회의나 약속이 있는데 옷이 동물 털로 뒤덮인다.
- 반려동물을 안락사시켜야 할지 결정해야 한다.

이 배경에서 볼 만한 유형의 사람들

- 동물 구조대원, 아이들, 반려동물 주인, 접수 담당 직원, 수의사와 보조 인력

이 배경과 밀접한 다른 배경

- 반려동물용품점

참고 사항 및 팁

동물 병원도 다른 일반 병원들처럼 규모와 청결 상태, 서비스, 인테리어가 제각
각이다. 무채색 벽과 금속 장식이 주를 이루는 깔끔한 동물 병원도 있고, 따뜻하
고 다정한 분위기의 동물 병원도 있다. 심지어 벽화와 포스터로 도배한 벽과 반
려동물 놀이터까지 설치해 동물들을 위한 궁전처럼 꾸며놓은 병원도 있다. 수
의사도 자신의 병원과 비슷한 분위기를 풍기는 경향이 있어, 병원 인테리어와
서비스 수준을 통해 수의사에 대한 많은 정보를 읽어낼 수 있다.

주의 등장인물이 기니피그나 도마뱀, 페럿, 뱀처럼 이국적인 동물을 기른다면
일반 동물 병원에서는 보통 이런 동물을 진료하지 않기 때문에 이들을 전문적
으로 진료하는 수의사를 찾아가야 한다.

배경 묘사 예시

클립보드와 가방, 이제는 너무 자란 나의 코커스패니얼 퀸시까지 한꺼번에 들
고 비틀거리며 가장 가까운 자리로 걸어갔다. 의자 옆에 퀸시를 내려놓자 바로
내 무릎으로 기어오르더니 껌처럼 달라붙어 스웨터 여기저기에 털을 묻혔다.

나는 한숨을 쉬며 퀸시 등에 클립보드를 올려놓았다. 하지만 퀸시가 계속 꼼지락댄 탓에 평소에는 단정했던 글씨가 해독 불가능한 외계어가 돼버렸다. 이가 갈렸다. 제발 애야, 네 발톱을 손질하러 왔지 널 버리고 가려고 온 게 아니란다.

- **이 글에 쓴 기법** 다중 감각 묘사
- **얻은 효과** 분위기 설정

미용실   Hair Salon

풍경

카운터(컴퓨터와 금전등록기, 신용카드 단말기, 헤어 액세서리 등을 진열한 장식장이 있는), 유행하는 스타일의 대기실(소파, 커피 테이블 위에 가득한 패션 잡지, 서빙 카트와 유리잔, 물병이 있는), 유명 헤어 제품을 진열한 유리 선반(샴푸, 컨디셔너, 손상모용 헤어 오일, 헤어 젤, 왁스, 헤어스프레이, 무스 등이 있는), 각종 가발과 붙임머리, 벽에 늘어선 샴푸대와 수건장에 차곡차곡 쌓인 수건들, 대용량 샴푸 및 컨디셔너, 쓰레기통, 리클라이너 의자, 머리 하는 공간(거울, 빗과 각종 헤어 도구, 항균 세제, 헤어드라이어와 아이론, 푹신하고 높이 조절이 가능한 회전 의자, 헤어 제품 세트, 분무기, 다양한 크기의 가위들, 이발기, 다양한 모양의 빗이 있는), 바닥에 이리저리 흩어진 머리카락, 전문가용 헤어드라이어, 벽에 세워둔 빗자루, 다양한 헤어스타일을 볼 수 있는 모델 포스터, 붙임머리 샘플, 염색 색상표나 책자, 염색용 믹싱 볼과 빗, 이동식 트레이(머리핀, 빗, 머리띠, 헤어롤, 부분 염색을 위한 알루미늄 포일 통이 담긴), 머리부터 발끝까지 검은색 복장을 하거나 유니폼 앞치마를 입은 헤어 디자이너, 뒤편의 화장실

소리

헤어드라이어, 가위질, 음악, 샴푸대에서 흐르는 물, 알루미늄 포일을 자르고 찢는 소리, 헤어 디자이너와 웃으며 수다 떠는 손님들, 전화벨, 칙칙 뿌리는 스프레이, 샴푸대로 뚝뚝 떨어지는 거품, 뒤로 젖히는 의자 등받이, 의자 높이를 조정하려고 밟는 페달, 여닫히는 수납장, 타일이나 나무 바닥을 밟는 구두 굽, 예약이 비는 시간을 이용해 수다 떠는 헤어 디자이너들

냄새

샴푸와 컨디셔너(민트 향이나 유칼립투스 향, 꽃 향, 시트러스 향, 허브 향), 과열된 헤어드라이어기 모터, 화장수와 피부 소독제, 염색약, 파마약

맛

실수로 입안에 들어온 헤어스프레이, 커피, 차나 레몬 조각을 넣은 물

- **촉감과 느낌**

머리카락을 잡아당겨 자르는 느낌, 염색약이나 탈색약을 씻을 때 전해지는 물
과 거품의 냉기와 미끈거림, 비닐 소재의 미용 가운을 입는 느낌, 헤어드라이어
바람에 두피가 따끔한 가운데 유광 코팅된 잡지를 뒤적이는 느낌, 헤어 제품의
화학 성분 때문에 가렵거나 뜨거운 두피, 얼굴과 목에 분사되는 물, 샴푸대에서
머리를 감던 중 눈에 튄 샴푸, 샴푸대의 목 받침 부분에 불편한 자세로 얹은 목,
머리를 부드럽게 어루만지는 따뜻한 물과 샴푸 거품, 헤어 디자이너가 머리카
락을 자르는 동안 어색한 각도로 머리를 고정하고 있는 느낌, 열에 달궈진 아이
론으로 머리카락을 만질 때 두피에 전해지는 압력, 커트 마무리 단계에서 얼굴
을 찰싹 때리는 젖은 머리카락, 손질이 끝나 비단결처럼 부드러워진 머리카락

이 배경에서 벌어질 만한 갈등의 원인

- 커트나 염색 결과가 마음에 들지 않는다.
- 헤어 디자이너들 사이에 경쟁과 갈등이 벌어진다.
- 머리를 한창 자르던 헤어 디자이너가 무언가에 부딪치거나 구두 굽에 걸려 넘어진다.
- 염색약을 지나치게 오래 바르고 있는 바람에 머리카락이 손상된다.
- 피부가 민감하게 반응하는 화학제품을 바른 탓에 두피가 타는 듯하다.
- 헤어 디자이너가 자신의 실력을 과신하고 고객이 요청하는 스타일대로 시도했지만 실패한다.
- 현금이 전혀 없는 것을 모른 채 신용카드로 결제를 끝내는 바람에 팁을 어떻게 지불해야 할지 난감하다.
- 말이 안 통하는 헤어 디자이너를 만나서 원하는 스타일을 요청하기가 힘들다.
- 수다스러운 헤어 디자이너나 손님을 만나 쉴 새 없이 본인 얘기를 듣는다.

이 배경에서 볼 만한 유형의 사람들

- 손님, 헤어 디자이너와 수습 직원, 스타일리스트

이 배경과 밀접한 다른 배경

• 쇼핑몰

참고 사항 및 팁

어떤 미용실에서는 태닝과 피부 관리 서비스(제모 및 레이저 시술), 눈썹 정리, 왁싱 등 여러 서비스를 제공한다. 손님의 성격도 제각각이다. 어떤 손님은 미용실에서 자신의 존재감이 없어질까 봐 지나치게 많은 이야기를 늘어놓기도 한다. 헤어 디자이너는 좋든 싫든 손님의 수다를 들어야 한다. 그 밖에도 지나치게 사적인 일이나 헤어 디자이너와는 아무 상관도 없는 일에 대해 떠드는 손님도 있다. 이처럼 아무도 자신을 모른다고 생각하고 비밀을 떠드는 바람에 들어서는 안 될 사람의 귀에 그 비밀이 흘러 들어가 훗날 갈등으로 불거지는 상황이 일어나기도 한다.

배경 묘사 예시

한 시간 내내 머리카락을 당기고 밀더니 축축이 젖은 머리카락을 알루미늄 포일로 감쌌다. 애나가 파마 기계가 늘어선 장소로 나를 안내했지만, 기계는 조금 뜸을 들인 뒤에 작동시켰다. 오십 대 중반인 애나는 갱년기에 나타나는 흔한 증상인 안면 홍조 때문에 미용실 온도를 동상에 걸릴 정도로 낮게 유지했다. 애나는 내 무릎 위에 두툼한 잡지 여러 권을 떨어뜨린 뒤 파마 기계 스위치를 켰다. 따뜻한 열이 나오자 행복해졌다. 기계가 얼음장 같은 추위를 빨아들이자 의자에 앉아 추위에 바르르 떨며 이 작업이 빨리 끝나기만을 기다리던 시간이 이제야 가치 있게 느껴졌다.

• **이 글에 쓴 기법** 대비, 과장
• **얻은 효과** 성격 묘사

버려진 아파트　　Condemned Apartment Building

풍경

벗겨진 페인트칠과 주름 잡힌 벽지, 어지러운 색깔의 낙서(인용구나 속담, 그림, 인종 혐오 발언, 무의미한 숫자나 메시지), 쓰레기(부서지고 일어난 석고 벽과 유리, 빈 맥주 캔, 술병, 누더기 천, 더럽고 해진 매트리스, 담배꽁초, 사용하고 버린 주삿바늘 등)가 여기저기 흩어진 바닥, 고르지 못한 구멍과 그 사이로 튀어나온 쥐가 갉아 먹은 충전재, 마모된 회반죽, 경첩에 간당간당 매달린 문, 쓰레기 더미를 왔다 갔다 하는 쥐, 취침이나 파티를 위해 불법으로 들어온 사람들, 쓰레기로 가득한 비상계단, 녹이 슬거나 움푹 팬 우편함, 낡은 조명에 달린 거미줄, 고장난 엘리베이터, 노출된 파이프와 천장 구멍 사이로 빠져나온 헐거운 전선, 손상돼 벗겨진 바닥재, 오래되고 씹힌 자국이 있는 카펫이나 매트, 더러운 창문(소실된 유리, 녹슨 창살, 판자로 땜질한 창문 등), 콘돔 포장지, 부서진 벽돌 및 기타 석재, 누렇게 바랜 신문과 깨진 유리, 더러운 휴지, 쓰레기로 넘치는 욕조, 이전 세입자가 발로 차 얼룩과 발자국으로 오염된 벽, 부서진 가구, 쓰다 버린 물품(고장 난 청소기, 박살 난 텔레비전, 머그잔, 가전 기기, 삐뚤게 걸려 있거나 바닥에 떨어진 촌스러운 그림, 잡지, 쿠션이 사라진 낡은 소파나 의자), 먼지로 뒤덮인 환기구, 문이 열린 찬장, 쥐똥과 죽은 파리로 가득한 선반, 옆방이 보일 정도로 벽에난 구멍, 먼지 쌓인 계단참과 계단, 노출된 철근, 전등 스위치와 문손잡이가 없는 방, 열려 있는 서랍 혹은 서랍이 사라진 서랍장, 바퀴벌레, 박살 난 책장과 조리대, 죽은 동물의 뼈, 버려진 둥지, 녹슬고 검은 곰팡이 얼룩이 자라는 벽, 창문선반이나 발코니에 자라는 잡초

소리

밀 때마다 끽끽거리는 문, 깨진 창틀 사이로 부는 바람, 윙윙거리는 파리, 소파 등의 충전재를 갉아 먹거나 벽 뒤에서 이리저리 빠르게 움직이는 쥐, 밟히는 유리와 쓰레기, 내부에 있는 사람, 낡은 건물에서 나는 삐걱대는 소음, 위층에 있는 누군가의 발걸음, 누군가 가까이에서 벽을 부수거나 가구를 끄는 소리, 태풍에 새는 물, 바깥을 지나는 자동차

189

(냄새)

부패한 카펫, 곰팡내, 곰팡이 핀 쿠션과 천, 먼지, 마약, 대소변, 체취, 시체에서 나는 냄새, 젖은 개털, 냉장고에 남은 상한 음식

(맛)

목구멍이 타는 듯한 싸구려 술, 폐에 침투하는 연기, 화학물질이나 마약을 흡입할 때 나는 매캐하고 쏩쓸한 맛, 싸구려 패스트푸드 음식, 쓰레기통을 뒤져 꺼낸 음식, 공기 중 가득한 먼지

(촉감과 느낌)

부서진 가구와 석고 조각이 흩어진 바닥을 조심스레 걷는 느낌, 발밑에서 바스락 부스러지는 유리 조각, 부엌 조리대에 두껍게 쌓인 먼지를 손가락으로 쓸자 먼지투성이가 된 손가락과 옷, 벌레나 짐승이 있는지 확인하려고 나무나 파이프로 후려치는 소파, 실오라기가 지저분하게 튀어나온 담요와 오래된 쿠션에 의지해 자는 느낌, 어깨로 밀어서 여는 문, 바닥을 걷다 부드러운 지점을 밟자 느껴지는 미약한 탄성, 비바람에 흠뻑 젖은 끈적하고 질척한 카펫, 녹슨 비상계단 난간, 사람 무게에 흔들리는 비상계단, 깨진 유리창 사이로 밀려든 차가운 바람에 오싹해지는 느낌

이 배경에서 벌어질 만한 갈등의 원인

- 건물이 무너질 듯 위태롭다(꺼진 바닥, 부서지고 허물어진 계단참과 계단).
- 건물 안에서 기분 나쁜 것(핏자국, 시체, 피를 흘리는 종류의 의식이 벌어진 흔적)을 발견한다.
- 라이벌 관계인 갱단들이 건물을 두고 영역 싸움을 벌여 건물을 찾는 모두가 위험에 빠진다.
- 건물 안에서 누군가에게 공격당한다.
- 건물 안에서 아기 우는 소리가 흘러나온다.
- 넘어져서 다쳤는데, 도움을 청할 사람이 없다.
- 건물 안에서 초자연적 현상을 경험한다.

- 경찰관이 정기적으로 찾아와 무단 점유자를 건물 밖으로 쫓아낸다.

이 배경에서 볼 만한 유형의 사람들

- 건물 조사관, 마약 중독자, 소방관, 갱단, 구급대원, 경찰관, 건물의 무단 점유자

이 배경과 밀접한 다른 배경

- 골목, 구급차, 노숙자 쉼터, 경찰차, 낡은 아파트

참고 사항 및 팁

건물이 붕괴한 정도는 버려진 지 얼마나 지났는지, 버려지기 전 제대로 된 폐쇄 조치(창문을 판자로 막고 문에 쇠사슬을 걸어 출입을 차단했는지, 수도관을 비웠는지 등)가 있었는지에 따라 다르다. 가치 있는 물건은 이미 없어지거나 훔쳐갔겠지만, 특이한 물건은 하나쯤 떨어져 있을지도 모른다. 버려진 아파트는 마약을 불법적으로 사고팔고 복용하는 마약중독자들의 아지트가 되기도 한다. 이처럼 더 이상 잃을 게 없을 만한 절망적인 사람들이 한데 모인 장소에 등장인물을 넣어 불안한 상황에 놓이게 할 수 있다.

배경 묘사 예시

얼룩덜룩한 희미한 불빛이 계단참을 비췄다. 계단은 온갖 쓰레기로 잘 보이지도 않았다. 나는 부서진 벽에서 튀어나온, 시체에서 쏟아진 내장 같은 전선 넝쿨을 요리조리 피하면서 쓰레기와 쥐똥 사이를 헤쳐 나갔다. 두세 걸음 걷고 멈추기를 되풀이하며 그때마다 주변에 귀를 기울였다. 건물이 삐걱거리는 소리와 종이가 휘날리는 소리를 들으며 제발 이것 말고 다른 소리를 듣게 되는 일이 없기를 간절히 기도했다. 이 텅 빈 낡은 건물들은 휴식을 취하기에 더할 나위 없는 장소지만, 비어 있는 날이 거의 없었다. 많은 사람이 이 건물들을 너무나 자주 찾았기 때문이다. 그들은 잠자리로 쓰기 위해서가 아니라 이 방들에서 무언가를 하기 위해, 그리고 먼저 온 누군가를 상대로 자신의 억눌린 욕구를 분출하기 위해서 이곳을 찾았다.

- **이 글에 쓴 기법**　빛과 그림자, 다중 감각 묘사, 직유
- **얻은 효과**　분위기 설정, 긴장과 갈등

풍경

반들반들 윤이 나는 나무(패널 벽, 판사석과 증인석, 의자, 탁자, 문, 교탁), 속기사와 서기가 쓰는 작은 책상, 난간(방청석과 재판정을 구분 짓는 나무 울타리나 벽), 배심원들로 가득한 한쪽의 배심원석, 판사 봉을 휘두르는 검은색 법복을 입은 판사, 법정 내 질서 유지 임무를 맡은 차렷 자세의 법정 경위, 책상의 마이크, 리포터, 카메라맨(세간을 떠들썩하게 한 사건에 대한 공판일 때), 증인석, 벽시계, 별도 표기된 증거물, 사건 현장의 구체적인 모습이 담긴 큰 사진이나 슬라이드, 범죄 현장 사진, 감시 카메라, 원고석과 피고석, 판사실로 들어가는 문, 증인이 다닐 수 있도록 방청석 한가운데 낸 넓은 복도, 안전을 위해 보안 시설을 강화한 창문(창문이 아예 없는 경우도 있음), 각종 파일과 서류, 노트북, 프로젝터와 스크린, 재생되는 녹화 영상, 증거물 전시용 받침대, 오디오 장치용 리모컨, 잘 차려입고 변론하는 변호사, 방청석의 가족들과 친구들(두 손을 꼭 쥐거나 가방을 움켜쥐고, 입을 가리고, 흐느끼고, 초조함에 장신구를 만지작거리거나 경청하는), 방청석의 일반인과 필기하는 법학과 학생

소리

회전하는 선풍기 날개, 요란하게 돌아가는 에어컨이나 히터, 배관을 타고 내려가는 물, 밖에서 들려오는 차량이나 사이렌 소리, 다른 좌석으로 이동하는 사람들, 삐걱거리는 의자, 바스락대는 종이, 증언, 검사나 변호사가 증인 신문을 하면서 반들거리는 바닥 위로 발걸음을 옮길 때마다 나는 소리, 목을 가다듬는 소리, 기침, 훌쩍거리는 낮은 흐느낌, 수갑을 찬 피고인이 움직일 때마다 쨍그랑거리며 부딪치는 사슬, 마이크 음질 테스트, 삐걱대는 난간 여닫이, 사락거리는 천, 녹음 파일로 된 증거(전화 통화, 감시 카메라, 911 신고 전화), 속삭임, 판사 봉을 두드리는 소리, 기자들이 두드리는 키보드, 증거나 증언에 경악하는 소리, 여닫는 문

냄새

다듬은 목재(래커, 연마제, 니스), 솔 향이나 레몬 향을 풍기는 세제, 환기되지 않

은 방에서 나는 퀴퀴한 냄새(땀, 향수, 헤어 제품, 샤워 코롱이 뒤엉킨), 옆에 앉은 사람이 숨 쉴 때마다 나는 커피 잔향, 과열된 전자 제품

맛

물, 눈물, 박하사탕, 텁텁한 입안, 기침 해소용 사탕

촉감과 느낌

딱딱한 나무 의자, 비좁은 자리 탓에 자꾸 스치는 옆 사람의 팔꿈치, 꽉 쥐어 구 깃해진 휴지, 긴장된 몸짓(자동차 열쇠나 지퍼, 시계, 장신구 따위를 만지작거리 는), 감정을 드러내는 행동(주먹을 꽉 쥐고, 얼굴을 문지르고, 콧날을 잡고, 눈물 을 훔치고, 입술을 꽉 깨물고, 손발을 흔들고, 꼿꼿한 자세 탓에 근육이 당기는), 증 인석으로 걸어갈 때 느껴지는 딱딱한 나무 바닥, 손목을 거추장스럽게 하는 금 속 수갑, 재판정의 모든 사람이 자신을 보고 있다고 새삼 자각하면서 붉게 달아 오르는 얼굴, 뒤적이는 서류, 증거를 손상시키지 않으려고 낀 꽉 죄는 장갑, 손 가락 사이로 굴리는 펜, 손바닥에 전해지는 유리잔의 냉기, 환기가 안 돼서 등과 옆구리로 흐르는 땀, 꼬았다가 풀기를 되풀이하는 다리, 주머니에 넣어둔 소중 한 물건을 만지작거리는 느낌, 평결을 들으며 꽉 잡은 연인의 손, 배심원단의 유 죄 평결에 어깨에 힘이 빠지며 생기는 복통, 연인의 결백이 밝혀지자 격해지는 감정

이 배경에서 벌어질 만한 갈등의 원인

- 배심원단의 의견이 불일치한다.
- 적대적 태도의 증인이 등장한다.
- 판사가 강한 편견을 드러낸다.
- 피고인이 도주 시도를 한다.
- 무죄 판결이나 가벼운 형량에 사건 피해자가 화를 내거나 공격적으로 반응한다.
- 증인이 거짓 증언을 한다.
- 폭탄 혹은 화학물질 테러가 발생한다.
- 정전이 된다.

이 배경에서 볼 만한 유형의 사람들

• 법원 속기사, 범죄자, 판사, 배심원, 법학과 학생과 청중, 변호사, 경찰관, 증인으로 출석한 심리학자나 기타 전문가, 기자, 경위, 피해자와 피해자 가족, 목격자

이 배경과 밀접한 다른 배경

• 소년원, 경찰차, 경찰서, 감방

참고 사항 및 팁

법정의 규모와 일반적으로 다루는 재판의 종류에 따라 배경도 달라진다. 사형이 언도될 정도로 세상을 경악하게 만든 중대 사건을 다루는 법정이라면, 피고인석에 방탄유리를 설치하는 것은 물론 경비도 훨씬 삼엄할 것이다. 반대로 이보다 작은 규모의 경범죄를 다루는 소도시 법정은 전혀 다른 모습일 것이다.

배경 묘사 예시

엘리스 라루소가 피고인석에 들어섰다. 축축한 공기 속에서 방청객과 라루소의 팬들 사이에 침묵이 흘렀다. 라루소는 주황색 죄수복만큼이나 밝고 환하게 웃으며 의기양양하게 걸어 들어왔다. 누군가는 고개를 저었고, 누군가는 터지는 흐느낌을 막기 위해 손으로 입을 틀어막았다. 엘리스 라루소, 켄터키 주지사의 아들. 초등학교 아이들의 식수에 독을 탄 남자. 이자는 괴물이다.

• **이 글에 쓴 기법** 대비, 은유
• **얻은 효과** 성격 묘사, 긴장과 갈등

풍경

창백한 빛깔의 벽, 전자 기기 플러그, 형광등, 환자의 구체적인 정보가 적힌 화이트보드(담당 간호사가 표시된 교대 근무표, 음식 알레르기나 금지된 음식 목록, 필요한 검사), 하나씩 빼서 쓸 수 있는 벽에 붙은 위생 장갑 박스, 블라인드가 달린 커다란 창, 화장실(작은 세면대, 안전 보조 손잡이가 달린 샤워실, 변기가 있는), 의료용 전동 침대와 비닐 커버, 침대 가드와 병원용 침대 시트, 벽에 고정시킨 텔레비전, 링거 금속 거치대와 링거 팩, LED 심박수 모니터, 손목 밴드형 혈압계, 바퀴 달린 테이블, 서랍이 달린 협탁, 작은 개인용 옷장, 항균 처리된 싱크대, 쓰레기통, 폐주사기 수거함, 안부 카드와 꽃다발, 플라스틱 컵과 빨대, 닳고 닳은 방문객용 의자, 예비 베개, 벽에 붙은 파일함에 잘 꽂힌 환자 기록 차트, 병상 전체를 둘러싼 커튼 혹은 2인실의 경우 침대와 침대 사이에 친 커튼, 화장실 문에 설치한 못걸이에 걸린 환자복, 침대에 누워 링거나 흉관 배액을 맞는 환자, 모니터링 기계와 전기 코드, 혈압을 재는 데 쓰는 작은 손가락 혈압계, 회진하는 의사와 간호사, 청소 및 배식 직원들, 면회 온 환자의 가족, 환자에게 책을 읽어 주거나 말을 거는 자원봉사자들

소리

인터폰으로 누군가를 호출하는 소리, 다른 병원 건물로 통하는 자동문이 열리는 소리, 산책을 위해 슬리퍼를 신고 링거 거치대를 끌고 나온 환자의 발소리, 삐삐거리는 심박수 모니터, 약 먹을 시간이나 링거액 보충이 필요하다고 알리는 경고음, 심박수 모니터와 손가락의 접촉 부분이 분리됐을 때 울리는 경고음, 잠든 누군가의 새근거리는 숨소리나 코 고는 소리, 텔레비전의 방청객 효과음(웃음소리), 흐물흐물한 콩과 으깬 감자가 담긴 접시를 포크로 긁는 소리, 환자가 후루룩 소리를 내며 마지막 한 모금의 물까지 마시자 바르르 떨리는 빈 잔, 라텍스 장갑을 찰싹거리며 끼는 소리, 환자의 링거나 생체 신호를 확인하면서 이것저것 묻는 간호사, 쾌활하고 밝은 대화를 나누려고 애쓰는 가족, 침대를 조절할 때의 진동, 침대 양옆에 끼운 안전 바, 침대에 누운 환자가 자세를 바꿀 때 미약하게 나는 삐걱 소리, 흐르는 물, 손을 대자 작동하는 자동 핸드 워시 디스

펜서, 커튼을 칠 때 금속 커튼 봉을 스치는 커튼, 아무 데나 올려놓는 맛없어 보이는 음식이 담긴 식판

냄새

청소 제품, 손 소독제, 비누, 라텍스 장갑, 냄새조차 거의 나지 않는 밍밍한 음식, 싱싱한 생화, 커피나 차, 표백제를 과도하게 사용한 수건, 환자복과 시트

맛

흰 알약이나 캡슐 약, 맛없는 병원식, 물, 연한 커피와 묽은 차, 주스, 비타민 강화제와 탄산음료, 젤리를 넣어 만든 디저트와 플라스틱 컵에 담은 과일

촉감과 느낌

병실 베개와 매트리스의 부드러운 탄성, 움직임의 제약 때문에 아픈 근육, 부상이나 질병으로 인한 특정 부위의 통증, 피부를 쓸어내리는 차가운 알코올 솜, 피부를 찌르는 따끔한 링거 바늘, 피부에서 테이프를 뗄 때의 통증, 입가를 찌르는 빨대, 갈라져 터진 까끌까끌한 입술, 이마와 목덜미에 달라붙는 땀에 전 머리카락, 링거 거치대를 가까이 끌어당길 때 전해지는 금속의 냉기, 두꺼운 양말을 신은 탓에 걸을 때마다 흔들리는 팔다리, 맥박을 재려고 손목이나 팔꿈치 안쪽을 부드럽게 누르는 간호사, 피부에 닿는 차가운 청진기, 벌어진 환자복 뒷부분으로 들어오는 시원한 바람, 진통제 때문에 몽롱한 정신

이 배경에서 벌어질 만한 갈등의 원인

- 약물 치료를 받은 환자가 편집증적인 혹은 폭력적인 반응을 보인다.
- 약물에 알레르기 반응이 나타난다.
- 의사가 오진을 한다.
- 포도상구균에 감염된다.
- 잘못된 약물을 투여받는다.
- 끊이지 않는 병문안에 환자가 지쳐버린다.
- 긴급 상황에 병원 전체가 대피해야 한다.
- 카테터가 미끄러져 빠진다.

- 시끄럽거나 불쾌한 행동을 하는 환자와 같은 병실을 쓰는 바람에 마음 편히 쉴 수가 없다.
- 대가족을 둔 환자와 같은 병실을 써 개인 공간이 침범당한다.

이 배경에서 볼 만한 유형의 사람들

- 청소부, 의사, 가족과 친구, 유지 보수 직원, 의대생, 간호사, 환자, 전문의, 병원을 방문한 사제나 목사

이 배경과 밀접한 다른 배경

- 구급차, 엘리베이터, 응급실

참고 사항 및 팁

병실은 종류(4인실이나 2인실, 1인실 등)와 용도(분만실, 중환자실, 일반 병실 등)에 따라 모습이 다양하다. 특정한 목적으로 사용하는 병실은 필요한 치료에 맞춰 모니터링 장비도 다르다.

배경 묘사 예시

레다는 잠에서 깼다. 천장의 눈부신 빛에 눈을 가늘게 떴다. 누군가 그녀의 손등에 차가운 무언가를 문지르고 있었다. 그 시원하고 미끈거리는 감촉은 곧 사라지고 다른 무언가가 손등을 쿡 찔렀다. 그녀는 움찔하며 고개를 돌렸다. 간호사가 링거 줄을 손등에 테이프로 고정시키고 있었다. 링거라고? 내가 병원에 있어? 관자놀이에 통증이 밀려왔다. 안개가 낀 듯 머릿속이 멍했다. 시트에서 풍기는 표백제 냄새에 구역질이 났다. 농구 경기가 끝난 뒤 카렌을 집 앞에 내려준 것이 마지막 기억이었다. 그다음은, 암전이다.

- **이 글에 쓴 기법** 다중 감각 묘사
- **얻은 효과** 과거 사연 암시, 시간의 경과, 감정 고조, 긴장과 갈등

빨래방 Laundromat

풍경

길가로 난 창문, 줄지어 선 똑같은 모양의 플라스틱 의자들과 벽걸이 텔레비전, 칠이 벗겨진 접이식 테이블, 바퀴 달린 철제 빨래 바구니, 줄지어 설치된 대형 세탁기와 건조기, 감시 카메라, 천장의 선풍기, 쓰레기통(건조기용 드라이시트, 건조기에서 나온 먼지, 빈 세제 통 등이 버려진), 건조기에서 나온 먼지가 군데군데 낀 타일 바닥, 바닥에 쏟은 세제, 건조기와 세탁기 조작 화면, 가루형·액상형·시트형 등 다양한 세제를 파는 자판기, 동전 투입구 부분(코인 세탁기), 주변을 뛰어다니는 아이들, 기다리다 지루해 문자메시지를 보내거나 음악을 듣는 손님들, 지나치게 밝은 형광등, 접이식 테이블 위에 누군가 흘리고 간 양말, 책상 앞에 앉은 빨래방 직원, 달달한 음료와 간식을 파는 자판기, 동전 교환기, 기계 안에서 회전하는 세탁물, 테이블 위에 쌓아놓은 깨끗하게 세탁된 옷 더미, 빈 기계 옆에 놓인 더러운 빨랫감이 든 천 가방이나 쓰레기, 스테인리스 싱크대와 분무기

소리

기계 작동음, 세탁기나 건조기 안에서 딸각거리는 빨랫감의 단추, 부딪치는 지퍼, 세탁기 안에서 회전하는 운동화, 건조기 안에서 흩어지며 부딪치는 동전, 자동 설정된 기계가 다음 단계로 넘어갈 때마다 내는 알림음, 기계 문을 여닫을 때 느껴지는 고무 패킹의 장력, 빨랫감이 탈수 단계에 들어서면서 금속끼리 삐걱대며 흔들리는 소리, 웃음이나 대화, 아이들에게 뛰거나 물건 위로 기어오르지 말라고 야단치는 부모, 텔레비전 소음, 투입구 안으로 떨어지는 동전, 달칵 돌리는 사탕 자판기의 손잡이, 삐걱거리며 나아가는 빨래 바구니, 접기 전에 쫙 펴서 털어내는 시트나 와이셔츠, 문이 열리자마자 황급히 들어오는 사람, 천장에서 회전하는 선풍기, 시트를 양쪽으로 편 뒤 다시 접을 때 일어나는 정전기

냄새

세제, 화학제품, 표백제, 꽃향기나 시트러스 향(라벤더, 레몬, 라일락), 뜨거운 천, 과열된 금속 모터, 땀, 체취, 젖은 빨랫감, 청소하지 않아 축축하고 퀴퀴한 냄새

199

를 풍기는 세탁기, 오랫동안 빨지 않은 더러운 빨랫감

맛

자판기에서 꺼낸 사탕이나 껌, 초콜릿 바, 시리얼 바, 과자, 빨래방에 가져온 물이나 탄산음료

촉감과 느낌

딱딱한 플라스틱 의자, 주머니에서 꺼낸 동전의 온기, 동전 투입구에 동전을 넣을 때 느껴지는 울퉁불퉁한 동전 테두리, 손가락에 묻은 세제 알갱이, 끈적거리는 액상 세제나 얼룩 제거제, 세탁기에서 꺼낸 차갑고 축축한 세탁물, 세탁물을 꺼내려고 건조기 문을 열자 얼굴을 덮치는 후끈한 공기, 건조기에서 막 꺼낸 푹신푹신한 옷들, 세탁물을 분류해 접다가 일어나는 정전기, 타일 바닥에 쏟아진 액상 세제를 밟고 미끄러지는 느낌, 손에 묻은 미끌거리며 잘 씻기지 않는 표백제, 정전기 필터에서 제거하는 먼지

이 배경에서 벌어질 만한 갈등의 원인

- 누군가 건조가 끝나기도 전에 건조기에서 타인의 세탁물을 꺼낸다.
- 접이식 테이블에 올려둔 옷을 잃어버린다.
- 아이들이 정신 사납게 돌아다니며 다른 이용객들을 방해한다.
- 여름인데 에어컨이 고장 나는 바람에 화가 폭발할 지경이다.
- 누군가 기계를 망가뜨릴 수 있는 무언가를 건조기나 세탁기에 넣으려 한다.
- 누군가 건조기에 펜을 넣는 장난을 쳐서 다음 이용객의 세탁물이 망가질지도 모른다.
- 세탁물을 한창 빠는 단계에서 정전이 일어나 세탁기가 멈춘다.
- 빨래방에 왔으나 세제가 동이 나거나 동전을 가져오지 않았다.
- 어쩔 수 없이 빨래방에 가야 하는 상황에 처해 짜증이 난다.

이 배경에서 볼 만한 유형의 사람들

- 대학생, 이용객(좁은 아파트 거주자 등), 집의 세탁기나 건조기가 망가진 집주인,

빨래방 직원, 여행객, 부피 큰 빨랫감(이불, 베개, 침낭, 작은 카펫)을 가져온 사람, 수리 기사, 부랑자

이 배경과 밀접한 다른 배경

• 대도시 거리, 야외 주차장, 소도시 거리

참고 사항 및 팁

어떤 빨래방은 다른 곳과 달리 새 장비와 무료 와이파이, 무료 커피, 텔레비전, 어린이용 놀이방을 갖추고 있다. 이런 곳에서는 수거 및 배달 서비스를 제공하기도 한다. 또한 직원이 없는 무인 빨래방도 있지만, 직원이 직접 이용료를 받는 빨래방도 있다.

배경 묘사 예시

고양이 오줌 냄새를 풍기는 할머니가 떠난 뒤, 내 동생 카마이클을 들어 철제 빨래 바구니에 앉혔다. 바퀴가 제대로 회전하는지 확인하려고 시험 삼아 흔들어보았다. 카마이클은 바닥 판을 잡더니 고개를 끄덕였다. 세탁기가 요란한 소리를 내며 빠르게 회전하자 안에 있는 세탁물들이 화려한 색상을 띤 한 음식처럼 뭉쳐서 돌아갔다. 바퀴 소리는 세탁기 소리에 묻히겠지만, 혹시나 보는 시선이 없는지 다시 확인했다. 엄마는 바깥에서 담배 연기를 뿜어내며 데니스 이모와 휴대전화로 수다를 떨고 있었다. 빨래방 직원은 우리에게서 등을 돌리고 휴대전화로 애니메이션을 보고 있었다. 카마이클에게 두 엄지손가락을 척 들고는 숫자를 거꾸로 세기 시작했다. 소중한 금요일 밤을 빨래방에서 낭비하면서 찾아낸 즐거움이 있다면, 바로 광란의 빨래방 경주다.

• **이 글에 쓴 기법** 다중 감각 묘사, 의인화, 직유
• **얻은 효과** 성격 묘사

세차장   Car Wash

풍경

운전해서 들어가는 세차 구역, 물결 모양 금속 벽 혹은 페인트가 튄 비닐 커튼
이 벽 역할을 하는 세차 구역, 젖은 콘크리트, 깜빡이는 적색과 녹색 불빛, 무인
세차권 판매기나 유인 세차권 판매 부스, 높은 천장과 형광등, 거품 웅덩이, 비
누와 물을 뿌리는 긴 노즐이 달린 세차건과 세차 브러시, 배수구 쇠살대 혹은
수챗구멍을 따라 흘러 내려가는 화학약품에 무지갯빛으로 반짝이는 물, 발 매
트 청소 스프레이 걸이, 축축한 공기, 차량에 덕지덕지 붙은 먼지와 진흙이 벗겨
지는 모습, 희뿌연 크롬 부분과 전조등이 깨끗해져 밝아지는 모습, 말끔해진 차
위로 떨어지는 조명, 쓰레기통, 바닥이나 배수구에 쌓인 종잇조각과 돌 부스러
기, 왁싱 도구, 콘크리트 바닥의 저지대나 파인 곳에 고인 물, 세차를 끝내고 나
가는 차에 브레이크 등이 켜져 번쩍이는 모습, 세차나 내부 청소를 받으려고 대
기 중인 차량

소리

물을 뿜어내는 세차건, 상하로 개폐되는 자동문, 비누 디스펜서가 바닥난 것을
알리는 소리, 아이들에게 창문이나 문을 닫으라고 외치는 부모, 차에 철퍼덕 미
끄러지는 물거품과 콘크리트 바닥으로 떨어지는 먼지, 뚝뚝 떨어지는 물, 꾸르
륵거리는 배수구, 자동차 시동을 껐다가 다시 켜는 소리, 직원에게 세차비를 내
려고 내리는 창문, 딸깍 여닫히는 창문과 트렁크, 자동차나 사람이 지나가면서
물웅덩이에서 튀는 물, 자동차가 지나가자 철컹거리는 하수구 덮개

냄새

축축한 공기, 물, 비누가 섞인 화학물질과 왁스, 흰 곰팡이, 젖은 콘크리트, 배기
가스

맛

세차장에서 떠오르는 미각적 요소는 없지만, 차를 타고 지나가며 산 음료수나
과자를 먹는 장면을 삽입할 수 있다.

피부에 닿는 분사된 물, 젖은 소매, 팔뚝에 흘러내리는 물과 비누, 비누나 왁스 디스펜서의 타이머를 감는 느낌, 묵직한 세차건, 세차를 위해 좌우로 움직이는 세차건, 브러시로 문질러 닦는 창문, 젖은 발(샌들을 신었을 때), 자꾸만 미끄러지는 핸들을 붙잡는 느낌, 차에 가까이 서 있을 때 발에 내려앉아 터지는 비누 거품, 차에서 미끄러져 손에 떨어지는 작은 물방울, 자동차 열쇠나 돈을 찾아 주머니를 뒤지는 느낌, 젖은 차 문을 당기는 느낌, 옆자리에서 세차하는 사람의 부주의로 세차건에 젖은 얼굴이나 등

이 배경에서 벌어질 만한 갈등의 원인

• 화학약품이나 기계 불량으로 차 도색이 벗겨지거나 손상을 입는다.
• 세차를 끝냈는데 시동이 걸리지 않는다.
• 차를 물로 씻어 내리자 자동차 앞부분 그릴에서 무언가가 튀어나온다(피 묻은 개 목걸이, 머리카락 뭉치 등).
• 세차장에서 사이가 안 좋은 사람을 마주친다.
• 차 안에 갇힌다.

이 배경에서 볼 만한 유형의 사람들

• 세차장 직원(세차 담당, 유지 보수 담당), 세차장 매니저, 차주 및 승객

이 배경과 밀접한 다른 배경

• 편의점, 주유소, 낡은 픽업트럭, 야외 주차장

참고 사항 및 팁

세차장은 그 모습과 종류가 다양하다. 단독 세차장도 있고, 주유소에 딸린 세차장도 있다. 또 직원이 세차를 해주는 세차장이 있는 반면, 자신이 청소용품을 이

용해 직접 세차를 하는 셀프 세차장도 있다. 세차기 레일 위에 차를 세우면 앞차가 나간 뒤 상하 개폐식 자동문으로 들어가 세차하는 방식으로 작동하는 기계식 세차장도 있다. 이야기를 지휘하는 작가는 배경을 적절히 설계해 사건을 만들거나 갈등의 불씨를 지펴야 한다. 예를 들어, 사이가 안 좋은 두 사람이 세차장에서 만나 갈등이 벌어진다고 설정했다면, 비닐 커튼으로 구분된 세차 구역이 여러 개 있는 배경이 치열한 싸움을 보여주기에 적당할 것이다. 한 명이 다른 사람의 차를 막아 화를 돋우거나, 한눈판 사이에 자동차 열쇠로 흠집을 내거나, 심지어 차에 어떤 조치를 해 누명을 씌울 수도 있다.

배경 묘사 예시

트레버는 쉐보레 카마로를 세웠다가 빈 세차 구역이 없는 것을 보고 중립 기어를 넣은 뒤 볼륨을 키웠다. 앞쪽에 있는 나이 지긋한 노인이 호스로 허머를 씻어 내리자 흰 포말이 일었다. 먼지가 떨어져나가며 밝은 빨간빛 도광이 드러났다. 진흙과 자갈 덩어리가 범퍼를 타고 뚝뚝 흘러내리는 인상적인 풍경에 트레버는 고개를 끄덕였다. 그에게 경의를 표할 수밖에 없었다. 저렇게 산처럼 쌓인 먼지와 흙은 어린이집에 손주를 데려다주고 9시에 회사에 출근해 5시에 퇴근하기 위해 날마다 비포장도로를 달리고 달린 결과물이다.

- **이 글에 쓴 기법** 대비, 과장
- **얻은 효과** 성격 묘사

204

소년원　　Juvenile Detention Center

철조망에 둘러싸인 시설, 벽에 고정된 의자와 변기가 있는 비좁은 유치장, 좁은 창문과 딱딱한 가구가 설치된 콘크리트 벽으로 이루어진 방, 녹슨 자국과 긁힌 자국이 가득한 금속 문, 줄지어 놓인 이층 침대나 야전침대, 낙서로 도배된 벽, 스테인리스 변기와 세면대, 얇은 매트리스와 베개, 재소자복(보통 위아래가 같은 색깔로 된 셔츠 바지 세트, 흰 티셔츠, 운동복, 양말, 사각팬티, 운동화나 끈 없는 슬립온, 신원 정보가 적힌 손목 밴드 등), 격리실, 인터폰과 감시 카메라, 일일 의무 일과표, 농구 코트, 잔디나 콘크리트가 깔린 건물 밖의 바닥, 간호사나 의사가 근무 중인 의무실, 도서관, 주방, 다목적 휴게실(소파, 탁자와 의자, 벽걸이 텔레비전이 있는), 탁자와 의자가 마련된 방문객용 접견실, 그룹 혹은 개인 심리 상담을 위한 시설, 정원, 기본 장비를 갖춘 교실(학생용 책상과 의자, 교사용 책상, 연필과 종이, 교과서, 화이트보드, 그래프나 사진 등 벽에 붙인 시각 자료가 있는), 널브러진 운동화, 감시 아래 사용하는 컴퓨터, 지정된 시간에만 사용 가능한 전화 부스가 늘어선 모습

메아리가 울리는 복도, 콘크리트 벽에 튕겨 증폭되는 소음, 대화와 웃음, 타일 바닥을 걸어가는 신발, 닫히는 금속 문, 전자 문이 열릴 때의 버저, 인터폰 너머의 목소리, 수업하는 교사, 실내외 코트 바닥에 튕기는 농구공, 휴게실에서 게임을 하거나 텔레비전을 보는 원생들, 원생들의 싸움(험한 말, 고함, 욕설이 오가는), 주먹세움을 벌이는 원생들과 그들을 동그랗게 둘러싸고 싸움을 부추기는 구경꾼들, 구내식당에서 밥을 먹는 무리, 바닥에 하는 걸레질, 책장 넘기는 소리, 각 방의 정기 점검을 실시하는 교도관, 복도를 지나는 발걸음, 같은 방을 쓰는 원생(말소리, 큰 소리로 읽는 책, 흥얼거림이나 휘파람, 침대에서 뒤척이는 소리)

구내식당의 음식, 바닥 세제, 땀, 화장실, 교실용 화이트보드와 보드용 마커, 도서관 책의 종이

맛

구내식당 음식, 치약

촉감과 느낌

콘크리트 벽, 작은 방에 갇힌 탓에 돌아버릴 것 같은 머리, 흘러내리는 옷, 콘크리트나 금속 바닥의 딱딱함이 고스란히 전해지는 얇은 매트리스, 차가운 스테인리스 변기, 손목 위아래로 움직이는 신원 확인용 플라스틱 혹은 금속 손목 밴드, 야외 운동 시간에 피부를 감싸는 햇볕이나 바람, 관리자나 심리 상담사의 호출에 긴장되고 초조한 마음, 사랑하는 사람에게 받은 편지, 휴게실 소파에 깊숙이 묻은 몸, 연필로 종이에 무언가를 쓰는 느낌, 금속 쟁반에 부딪히는 금속 식기, 얇은 담요

이 배경에서 벌어질 만한 갈등의 원인

- 다른 원생과 충돌한다.
- 갱이나 인종 관련 갈등이 발생한다.
- 불면증에 시달린다.
- 미래가 걱정스럽다.
- 폐소공포증을 앓는다.
- 운동량이 부족해 얌전히 있지 못한다.
- 학습 부진을 겪는다.
- 지루하다.
- 면회 온 가족과 다툰다.
- 가족이 방문하기를 거부한다.
- 심리 상담사가 과거의 상처와 마주하라고 요구한다.
- 원생들에게 괴롭힘을 당한다.
- 교도관에게 괴롭힘 혹은 방치를 당한다.
- 예산이 삭감돼 시설에 필요한 물적·인적 자원이 부족해진다.
- 소년원에 대한 사회적 낙인이 괴롭다.

이 배경에서 볼 만한 유형의 사람들

• 교도관, 무장 경비원, 의사, 잡역부, 구내식당 직원, 변호사, 간호사, 심리 상담사, 재소자, 자원봉사자, 교사, 면회객

이 배경과 밀접한 다른 배경

• **시골 편** 집단 위탁 가정
• **도시 편** 법정, 노숙자 쉼터, 경찰차, 경찰서, 감방, 정신병동

참고 사항 및 팁

소년원은 교도소와 다르다. 외부와 분리된 시설인 것은 맞지만 재판 중인 청소년들이 임시로 머무는 곳이다. 때로 판사가 보기에 더 오래 머무는 편이 이로운 경우 장기간 수용되기도 한다. 원생들은 시설에서 제공하는 교정 교육이나 재활 훈련 등에 참여해야 한다.

배경 묘사 예시

미아는 얇은 매트리스에 누워 담요라고 부르기도 민망한 얇은 천으로 두 눈을 덮었다. 천을 쭉 펴봤지만, 발까지 닿지 않아 저기 온종일 켜 있는 불빛이나 막는 용도로 만족하기로 했다. 복도를 삐걱삐걱 걷는 발소리가 미아의 방문 앞에서 잠시 멈추더니 멀어졌다. 방문 앞을 지나는 발걸음 수가 몇이나 되는지, 이 비좁은 방에 갇힌 뒤 얼마나 많은 시간이, 나날이, 주가 지났는지 이제는 헤아릴 수가 없다. 미아는 독 안에 든 쥐다. 하지만 상관없다. 이 독은 거대한 미로다. 이 미로는 미아 같은 사람들이 바깥세상으로 향하는 문을 절대로 찾지 못하도록 설계됐고, 이 안에서 바랄 수 있는 희망이란 고작해야 형편없는 치즈 한 조각 정도다. 그조차도 반드시 대가를 치러야 한다.

• **이 글에 쓴 기법** 은유, 상징
• **얻은 효과** 분위기 설정, 시간의 경과, 감정 고조

소도시 거리 Small Town Street

풍경

주차장의 차들, 줄무늬 차양, 가게 앞 유리창에 붙은 환영한다는 메시지를 담은 색색의 장식, 골목에 있는 작은 상점들(식당, 커피숍, 꽃집, 제과점, 아이스크림 가게 등), 일 층은 상점으로 쓰고 위층들은 거주지로 쓰는 건물, 지역 시설(우체국, 경찰서, 작은 소방서, 도서관), 가로수가 줄지어 선 인도, 가게 밖에 진열한 다채로운 꽃과 식물 화분, 산책하다 만난 지인과 잠시 대화하는 모습, 가로등이나 사거리 멈춤 표지판, 흐릿해진 일차선 도로 표식, 횡단보도, 꽃바구니 걸이가 달린 가로등, 인도를 따라 심은 묘목들, 지역 예술가의 솜씨로 새롭게 단장한 쓰레기통, 개와 산책하거나 유아차를 끌고 나온 사람들, 자전거나 킥보드를 타는 아이들, 금 간 인도, 깨끗하게 청소한 홈통, 목마른 개를 위한 가게 입구의 물그릇, 윈도쇼핑을 하는 사람들, 벤치에 앉아 점심 식사를 하며 사람들을 한가로이 구경하는 모습

소리

지나가는 자동차, 브레이크 밟는 소리나 배기구 소음, 엔진 소리를 내며 가는 낡은 트럭, 가끔 들려오는 자동차 경적, 지나가는 사람을 부르며 손을 흔드는 운전자, 문을 열자 울리는 차임벨, 수다 떨며 지나가는 사람들, 개가 짖거나 뜨거운 날씨에 헐떡이는 소리, 인도를 굴러다니는 나뭇잎, 바람에 펄럭이는 차양, 가게 밖 테이블에서 수다 떠는 손님들, 가게 앞 식물에 물을 주다가 인도에 튀긴 물방울

냄새

빵집에서 풍기는 빵 굽는 냄새, 갓 꺾은 꽃, 햇빛, 초록 잎, 향신료, 햄버거, 끓어오르는 튀김 기름, 자동차 매연

맛

아이스크림, 커피, 물, 편의점에서 파는 슬러시 음료

촉감과 느낌

금이 가고 고르지 못한 땅을 걷는 느낌, 가게 앞 벽돌 벽에 기댈 때의 울퉁불퉁
하고 딱딱한 감촉, 닳아서 매끄러워진 가게 문손잡이를 잡아당기는 느낌, 주차
장에 세워둔 동안 뜨거운 햇볕에 달궈진 차의 가죽 시트, 가게 유리창에 손을
대고 내부를 살피는 느낌, 개의 목줄을 잡고 아침 산책을 할 때 팽팽한 가죽 끈
의 저항감, 햇볕에 따뜻해진 금속 벤치, 시원한 바람에 흔들리는 머리카락, 킥보
드나 자전거를 타고 울퉁불퉁한 인도를 가로지르는 아이들, 가득 찬 장바구니
때문에 아픈 팔

이 배경에서 벌어질 만한 갈등의 원인

- 술집에서 취객들 간에 싸움이 벌어진다.
- 라이벌이나 사이가 무척 안 좋은 사람과 마주친다.
- 마을 사람들 입을 오르내리는 입방아거리가 있다.
- 누군가 주차를 형편없이 해 주차 공간을 지나치게 많이 차지한다.
- 차가 누군가를 막아선다.
- 보행자나 자전거를 타던 사람이 차에 치인다.
- 개가 목줄을 풀고 차들 사이로 뛰어든다.
- 누군가 개나 아기를 차 안에 두고 쇼핑하러 간 것을 발견한다.
- 사람들 앞에서 모욕적인 일(낙선, 체포, 해고)을 겪어 모두가 알게 된다.
- 대기업 프랜차이즈 식당이나 체인점이 마을에 진출해 골목 상권을 위협한다.
- 누군가의 삶을 휘두를 만한 영향력을 가진 사람(시장, 고위 경찰, 건물 준공 검사
  관)과 마찰을 빚는다.

이 배경에서 볼 만한 유형의 사람들

- 환경미화원, 지역 주민, 경찰관, 상점 주인, 관광객

이 배경과 밀접한 다른 배경

• 골동품점, 은행, 서점, 식료품점, 미용실, 철물점, 빨래방, 도서관, 퍼레이드, 공원, 야외 주차장, 경찰서

참고 사항 및 팁

소도시에는 대형 프랜차이즈보다 골목 상점이 흔하고, 주민들끼리 매우 잘 아는 사이이다. 이런 곳에서도(특히 휴가철 여행객이 몰리는 관광지라면) 범죄가 벌어지지만, 대도시보다는 심각성이 덜한 편이다. 현지 주민이 연루된 범죄라면 대개 경찰이 알고 있다. 소도시는 워낙 인구가 적어 경찰로서는 요주의 인물들을 관리하기 쉬운 면이 있다.

배경 묘사 예시

'빅그라인드 카페'에서 삼백 미터 떨어진 곳에 교대 근무를 나온 세라가 보였다. 가게 밖에 세워둔 샌드위치 메뉴판에는 환영한다는 글귀와 함께 꽃 그림이 분필로 그려져 있었다. 거기에 세라가 가장 좋아하는 재즈 곡의 부드러운 선율과 갓 내린 커피 향기가 받침대로 열어놓은 문을 비집고 나와 거리로 스며들었다.

• **이 글에 쓴 기법**   다중 감각 묘사
• **얻은 효과**   성격 묘사, 분위기 설정

소방서 Fire Station

풍경

다양한 차량(소방차, 구조차, 해난구조선, 사다리차, 구급차)이 주차된 대형 차고, 집결지나 특별 장비용 장소를 가리키는 시멘트 바닥 표식, 소방관의 장비들(부츠, 방화복, 헬멧, 산소 탱크, 장갑, 안면 보호 두건과 마스크, 도끼와 여러 도구를 매단 벨트), 차고에서 대기 중인 차량에서 흐르는 배기가스를 빨아들이는 호스, 화재 조사차, 형광등, 대형 방화 셔터, 사다리, 인터콤, 소화전, 소방관 숙소(침대와 작은 탁자, 인근에 준비해둔 방화복 착용에 필요한 소형 장비 등이 있는), 소방서 하강 봉, 넓은 화장실, 로커 룸과 샤워실을 갖춘 탈의실, 체육관(맨손 운동과 근력 운동을 하고 유산소운동 장비가 있는), 설비를 제대로 갖춘 주방(여러 대의 냉장고, 가스레인지와 전자레인지, 식료품 저장실, 조리대, 커피 머신, 냄비와 프라이팬, 긴 테이블이 놓인 식당), 상황·행정실(오퍼레이터, 컴퓨터, 프린터, 지도, 비상용 라디오, 전화 교환기가 있는), 훈련실(앉기 편한 의자, 텔레비전, 화이트보드, 매뉴얼이 있는)

소리

신고 전화를 소방대에 공지하는 오퍼레이터, 사이렌, 무거운 부츠를 신고 뛰어가는 바닥, 엔진 시동음, 높은 차고 담장에 부딪히는 메아리, 여닫히는 셔터, 산소 탱크가 콘크리트 바닥이나 캐비닛에 부딪혀 쨍그랑거리는 소리, 점검을 위해 꺼낸 호스가 바닥에 끌리는 소리, 여닫히는 수납장의 금속 문, 장비와 장비를 연결한 뒤 호스에 붙일 때 나는 달칵 소리, 닫히는 공구 상자 뚜껑

냄새

배기가스, 요리하는 냄새, 청소용품, 소방복과 장비에 묻은 그을음, 마스크의 고무 냄새, 산소 속에 섞인 코를 찌르는 금속 냄새, 크레오소트creosote[너도밤나무를 증류한 유액으로, 목재 방부제로 자주 쓰인다], 땀

맛

사람들에게 나눠주려고 집에서 만들어 덜어 온 음식(포트로스트pot roast[고기와

211

각종 채소를 냄비에 넣고 오래 졸인 음식]와 감자, 스파게티나 라자냐, 햄버거와 감자 샐러드)

(촉감과 느낌)

앞부분이 금속 처리된 부츠에 쑤셔넣는 발, 방화복 하의를 입다가 멜빵이 어깨를 때리는 느낌, 엉덩이까지 흘러내리는 도구로 가득 찬 묵직한 벨트, 등을 짓누르는 산소통, 마침내 근무를 끝내고 침대에 몸을 던질 때 매트리스가 출렁거리는 느낌, 동료가 소방차에 오르자 흔들리는 좌석, 어깨에 둘러맨 채 트럭으로 옮기는 무거운 호스, 공구 상자 금속 손잡이의 냉기, 물집 잡힌 손을 감싸는 두꺼운 장갑, 덜컹거리는 소방차 앞좌석, 한밤중에 출동했다가 귀환한 뒤 침대에 쓰러지듯 눕는 느낌, 화재 진압 중 흘린 땀과 묻은 재를 물로 씻어낸 뒤의 상쾌함

이 배경에서 벌어질 만한 갈등의 원인

- 장비가 오작동하거나 차가 고장 난다.
- 화재나 구조 요청이 동시에 여러 건 발생해 인력과 장비가 부족하다.
- 병(감기나 식중독 등)이 소방서 전체를 덮친다.
- 소방관들이 모두 임무 수행 중이다.
- 부상자나 사망자가 발생해 동료 소방관이 규정 위반으로 조사를 받게 된다.
- 외상 후 스트레스 장애(PTSD)를 앓는다.
- 소방서에 화재가 발생한다.
- 사적인 이유로 소방관들 사이에서 깊어진 골이 사고 현장에서 문제의 시발점이 된다.

이 배경에서 볼 만한 유형의 사람들

- 화재 예방 책임자와 훈련 책임자, 안전 책임자, 행정 담당자와 오퍼레이터, 위급한 상황이 생겨 도움을 청하는 일반 시민, 소방관, 구급대원, 경찰관, 견학 온 학생들, 소방국장

이 배경과 밀접한 다른 배경

- **시골 편** 불난 집
- **도시 편** 구급차, 경찰서

많은 소방서에서 24시간 근무 조를 별도로 운영하고 있다. 이보다 작은 규모의 소방서는 응급 차량이 아주 많지 않을 수 있으나, 대부분은 소방차 두 대와 한 대의 구급차를 기본적으로 갖추고 있다. 또 봉사하러 온 소방 인력이 있는 경우도 있다. 소방관들은 화재 진압 업무가 없을 때는 장비를 점검하고, 소방서에서 먹고 청소하거나 교대로 잠을 잔다. 체력 단련을 하거나 새 장비나 최신 화재 진압 기술을 익히기도 한다.

배경 묘사 예시

요란한 사이렌 소리에 소방서 숙소 바닥이 울렸다. 소방관들이 어둠 속에 곤히 잠드는, 쉴 수 있는 시간은 존재하지 않았다. 잠에서 깬 소방관들이 침대에서 부리나케 튀어나와 전등 스위치를 누르고 안경을 밀어넣듯 낀 뒤 문으로 달려갔다. 소방관 일곱 명이 해변을 때리는 파도처럼 좁은 복도를 달렸다. 복도 끝에 있는 하강 봉을 타고 최대한 빨리 아래층으로 내려가 각자 장비를 챙기려는 것이다.

- **이 글에 쓴 기법** 빛과 그림자, 다중 감각 묘사, 직유
- **얻은 효과** 복선, 긴장과 갈등

스파 Spa

풍경

접수실, 푹신한 의자와 소파, 편안하고 따뜻한 분위기의 인테리어(어두운 빛깔의 목재, 두꺼운 카펫, 화려하고 고급스러운 의자, 조명), 상점에서 판매하는 화장품과 기타 미용용품, 스파 제품과 서비스 안내 책자, 포푸리가 가득한 그릇, 향로, 양초의 불꽃, 유리잔과 레몬이나 오이 조각을 띄운 물병, 무료로 제공하는 커피나 차, 테이블에 펼쳐진 잡지들, 전화기와 그 옆의 펜과 종이, 식물 화분, **탈의실**(수납장과 환복실, 거울, 헤어 제품과 세면도구, 쿠션을 덧댄 의자, 수건, 가운, 샤워실이 있는), 개인 **마사지실**(마사지 침대, 수건 바구니, 회전 스툴, 쟁반에 담은 로션과 오일, 음향 장비, 뜨거운 마사지용 돌, 휴지, 수건 데우는 기계, 온도 조절 장치와 조광기가 있는), **트리트먼트실**(일회용 속옷 세트, 테라피용 진흙과 각질 제거를 위한 스크럽, 세면대, 낮은 플라스틱 욕조, 분무기, 뜨거운 수건, 아로마향 로션이 있는), 가운과 샌들 복장으로 돌아다니는 손님들, 네일과 **패디큐어실**(족욕기, 수건, 벽의 매니큐어가 진열된 선반, 네일 리무버, 로션, 화장솜, 손톱깎이, 발 각질 및 굳은살 제거를 위한 부석, 큐티클 정리용 밀대, 손톱 정리용 파일과 버퍼가 있는), **미용실**(샴푸대, 리클라이너 의자, 헤어드라이어, 헤어 제품, 소독제에 담근 다양한 종류의 빗, 높이 조절이 가능한 의자, 미용실 가운, 가위, 아이론, 염색 제품이 있는)

소리

자연의 소리나 명상 음악(차임벨, 플루트, 물 흐르는 소리), 두꺼운 카펫을 걷는 발걸음, 조심스레 닫는 문, 환기구를 통해 드나드는 바람, 대기실에 울리는 전화벨, 질문에 응대하는 접수실 직원, 물병이나 정수기에서 나오는 물, 마사지를 받으며 신음하는 손님, 펌프를 눌러 덜어내는 로션, 세면대로 튀기는 물, 넘기는 잡지책, 타이머, 머리카락과 손톱을 다듬는 가위와 손톱깎이, 헤어드라이어, 이발기, 빗자루로 쓸어내는 바닥에 떨어진 잘린 머리카락들, 웃고 떠드는 손님

냄새

사향, 오일과 로션, 허브 아로마 향(라벤더, 로즈마리, 자몽, 유칼립투스, 레몬그라스), 싱싱한 꽃, 아로마 성분 비누, 네일 리무버, 매니큐어, 샴푸와 컨디셔너, 염

색약, 헤어드라이어의 뜨거운 바람, 마사지나 트리트먼트를 받는 동안 풍기는 오일과 민트 향기

(맛)

차, 커피, 물, 박하사탕

(촉감과 느낌)

푹신한 가운에 감싸인 몸, 피부를 쓸어내리는 두꺼운 수건, 화려한 카펫을 걷는 발걸음, 쿠션을 덧댄 의자, 단단한 마사지 침대, 근육을 주무르고 당기는 전문가의 손길, 스트레칭을 하자 아프고 불편한 근육, 휴식에서 오는 극도의 희열, 등에 올린 따뜻한 돌, 오일로 문지르는 피부, 팔다리에 부드럽게 발리는 따뜻한 로션, 얼굴에 바른 머드 팩이 굳으면서 조이는 피부, 산 성분이 들어간 박피 시술에 따끔거리는 피부, 눈에 올린 차가운 오이, 페디큐어를 받을 때 손이 발을 스치자 간질거리는 느낌, 발뒤꿈치를 문지르는 스크럽과 파일, 손톱을 파일로 다듬자 피부에 묻는 가루, 손톱에 바르는 차갑고 미끈한 매니큐어, 차가운 로션, 뜨겁게 데운 수건으로 감싼 몸, 머리를 감을 때 마사지 받는 두피, 피부를 찌르는 머리카락 끝을 자르는 느낌, 아이론이나 헤어드라이어의 열기, 얼굴로 날아오는 머리카락, 오랜 시간 가만히 앉아 있던 탓에 긴장된 허리와 어깨, 다른 사람이 들어오기 전에 탈의실로 가 급히 갈아입는 옷, 이용 시간이 끝났지만 더 머무르고 싶은 마음

이 배경에서 벌어질 만한 갈등의 원인

- 옷을 전부 벗어야 해서 창피하다.
- 피부가 빨갛게 일어나고 근육통이 온다.
- 화장품이나 헤어트리트먼트의 화학 성분에 알레르기 반응이 일어난다.
- 트리트먼트 제품을 바르고 너무 오래 내버려둔 탓에 피부가 화상을 입거나 손상된다.
- 스파에서 만져준 헤어스타일이 마음에 들지 않는다.
- 까다로운 손님을 상대한다.
- 자신의 마음은 혼란스럽고 요동치는데 평온하고 차분한 자세로 손님에게 서비

스를 제공해야 한다.
- 손님이 귀가 잘 안 들리는데 조용히 말을 걸어야 한다.
- 손님이 팁을 주지 않는다.
- 중요한 손님이 특별한 서비스를 기대한다.

이 배경에서 볼 만한 유형의 사람들

- 손님, 헤어 디자이너, 메이크업 아티스트, 네일 아티스트, 마사지사, 접수 직원

이 배경과 밀접한 다른 배경

- 미용실, 호텔 객실, 대기실

참고 사항 및 팁

스파 시설은 위치에 따라 서비스가 달라진다. 호텔과 리조트의 스파라면 시설도 호화롭고 굉장히 다양한 서비스를 제공할 것이다. 동네 스파라면 그보다 작은 공간에서 마사지와 스킨케어처럼 한두 가지 서비스만 집중적으로 제공할 것이다. 서비스의 가짓수, 위치와는 상관없이 스파를 떠올리면 평온하고 조용한 분위기와 대접받는 느낌이 연상된다.

배경 묘사 예시

소파에 몸을 묻었다. 입고 있던 따뜻한 가운이 벌어지지 않게 다리에 단단히 둘렀다. 아로마 향(유칼립투스 향기인가? 아니면 백단향?)이 가득한 들뜬 공기에 숨소리가 가라앉으며 머릿속도 차분해졌다. 직원이 옆 테이블에 민트 차를 내려놓고 살금살금 걸어 접수 데스크로 돌아갔다. 천장에서 은은한 음악이 들려오자 눈이 서서히 감겼다. 대기실도 이 정도인데 핫 스톤 마사지는 얼마나 황홀할까.

- **이 글에 쓴 기법** 다중 감각 묘사, 상징적 표현
- **얻은 효과** 분위기 설정

실내 주차장   Parking Garage

풍경

회색 콘크리트 기둥, 낮은 지붕, 출구 표시, 파인 자국이 난 바닥과 페인트로 표시한 주차 선, 기름 얼룩, 담배꽁초, 바닥 여기저기에 있는 조그만 자갈이나 진흙 덩어리, 벽에 긁히고 파인 자국이 난 주차 경사로(램프), 비상계단으로 나가는 유리문이나 금속 문, 주차 요금 정산 기계, 기둥과 벽의 신발 자국, 콘크리트 지붕에 난 갈색 물 자국, 다양한 표지판(좌·우회전 지시 화살표, 출구 및 정지 표시, 숫자나 문자로 설명된 층별 안내판), 주차 선 안에 얌전히 주차된 차량들, 켜진 브레이크 등, 차에서 내리거나 타는 사람들(상점 쇼핑백이나 상자, 서류 가방을 든), 주차 공간을 찾아 도는 차들, 천장 전구 수명이 다하면서 빛이 깜빡거리자 기묘한 그림자가 아른거리는 모습, 수리를 위해서 바리케이드나 차단 테이프로 출입을 막은 지역, 철망 울타리 앞 주차 공간에 내려놓은 관리 보수용품들(페인트나 회반죽용 양동이, 사다리, 기타 수리용품)

소리

끽 밟는 브레이크, 벽에 부딪혀 증폭되는 경적, 목소리, 거칠게 닫는 문소리에 묻힌 다툼 소리, 엔진 회전음, 식어가는 모터, 요란하게 돌아가며 매연을 빨아들이는 대형 팬, 기어의 역화 및 연삭 소음, 자기 차로 가면서 휴대전화로 대화하는 소리, 떨리는 전구, 바닥의 끈적거리는 물질을 밟은 탓에 걸을 때마다 나는 찍찍 소리, 땡 소리를 내며 여닫히는 엘리베이터 문, 주머니나 가방에서 열쇠를 꺼낼 때 찰랑거리는 소리, 삑삑 소리를 내며 차 문을 잠그고 여는 리모컨, 시멘트 바닥을 걸을 때마다 울리는 메아리, 출입구 셔터가 위로 올라갈 때 체인이 철커덕거리는 소리

냄새

엔진오일, 매연, 연기, 먼지와 돌, 쏟아진 부동액, 도로 제설용 소금

맛

등장인물이 가지고 있을지 모르는 것(영화관에서 산 팝콘처럼) 외에는 해당 장

217

면과 연관되는 특정한 맛이 없다.

(촉감과 느낌)

신발 바닥에 들러붙은 끈적거리는 물질, 비상계단이나 엘리베이터로 가려고 문
손잡이를 밀거나 돌릴 때의 매끈한 감촉, 다른 주차장 층으로 가려고 누른 엘리
베이터의 플라스틱 버튼, 자동차 열쇠 톱날 부분의 차가운 금속 느낌, 차에 타면
서 더러운 기둥에 몸을 스치는 바람에 털어내는 소매

이 배경에서 벌어질 만한 갈등의 원인

- 온기를 찾아 주차장에 들어온 노숙자를 보고 두려움이 생긴다.
- 차로 가는데 누군가 따라오는 느낌이 든다.
- 특정 구역의 전등이 모두 꺼진다.
- 차를 찾았는데 열쇠가 보이지 않는다.
- 차를 도난당하거나 누군가에게 납치를 당한다.
- 누군가 도움을 청한다.
- 차체가 손상된 것을(벗겨진 도장, 움푹 파인 범퍼, 창문을 깨고 차 안의 물건을 훔
  쳐 가는 등) 발견한다.
- 주차한 자리가 기억나지 않는다.

이 배경에서 볼 만한 유형의 사람들

지하 주차장이든 여러 층으로 된 건물 주차장이든, 주차장의 위치에 따라서 이
용하는 사람도 달라진다. 인구가 밀집된 지역에서 일하는 직장인들은 회사가
몰려 있는 구역의 건물 주차장을 이용하고, 쇼핑객과 쇼핑몰 직원들은 쇼핑몰
주차장에 주차한다. 아파트에 딸린 지하 주차장은 아파트 주민들이 이용한다.
주차장은 유지 보수 인력들이 작업해야 하는 공간이 굉장히 넓어 이들이 오가
는 모습이 눈에 띌 수 있다.

이 배경과 밀접한 다른 배경

- 대도시 거리, 엘리베이터, 야외 주차장, 쇼핑몰

참고 사항 및 팁

회사 건물, 아파트, 쇼핑몰은 대부분 실내 주차장을 갖추고 있다. 대도시에 있는 병원과 공항, 역사, 그 밖의 사람들이 많이 다니는 장소에서는 건물과 별도로 독립된 구조물을 세워 주차장으로 쓴다. 실내 주차장의 규모와 조명은 다양하며, 낮인지 밤인지에 따라 주차장이 붐비는 정도가 달라진다. 어떤 주차장에는 순찰을 하는 직원이나 경비 부스가 있지만, 자동화가 이루어지면서 이런 풍경은 점점 찾아보기 힘들다.

범죄나 사고 피해자, 불안증을 앓는 사람 등 실내 주차장 이용을 불편해하는 사람들이 있다. 이곳은 낮은 천장과 빽빽이 주차된 차량, 좁은 주차 선 때문에 주인공에게 폐소공포증 증세를 일으키게 해 이야기에 긴장감을 더할 수 있는 좋은 장소다. 이 배경을 통해 주인공이 불편함을 느끼게 만들 수 있고, 주차장을 드나들 때 자신은 어떤 느낌이었는지 독자에게 상기시킬 수 있다.

배경 묘사 예시

자신의 지프가 있는 쪽으로 반쯤 갔을 때 천장의 전등이 깜박거리기 시작했다. 메리는 모래 범벅인 더러운 콘크리트 바닥에 구두 굽이 미끄러지는 바람에 잠시 걸음을 멈췄다. 줄지어 주차된 차들과 그 옆의 진흙이 덕지덕지 묻은 시멘트 기둥, 흐릿해진 노란 주차선이 점멸하는 등과 더불어 같이 깜박거렸다. 영화였다면 이쯤에서 감옥에서 탈출한 미치광이가 차들 사이에서 뛰쳐나와 도끼를 휘둘렀겠지. 그런 생각이 들자 몸이 얼어붙었다. 매리는 지프까지 오륙 미터 정도를 달음박질하며 리모컨을 재빨리 눌러 차 문을 열려고 애썼다.

- **이 글에 쓴 기법** 빛과 그림자, 다중 감각 묘사
- **얻은 효과** 분위기 설정, 감정 고조, 긴장과 갈등

219

싸구려 모텔 Cheap Motel

풍경

외부 '빈방 있음'이라고 쓰인 간판의 전구 일부가 나간 모습, '시간당 대실'이 가능하다고 광고하는 대형 플래카드, 단층 혹은 2층 건물, 건물 외벽의 벗겨진 페인트칠, 모서리에 뿌옇게 먼지가 낀 창문, 제대로 켜지지 않는 전등, 옥외 계단, 지나치게 자란 산울타리[진짜 나무를 빼곡히 심어 만든 울타리]와 시든 화초, 울퉁불퉁한 보도와 보도 블록 사이로 삐죽삐죽 자란 잡초, 보도 턱 아래로 몰린 쓰레기나 주차장에 가득한 쓰레기들, 지저분한 행색의 사람이 밤낮으로 오가는 모습, 모텔 밖 플라스틱 의자에 앉은 사람들

내부 낮은 천장, 올이 다 풀리고 얼룩진 카펫, 삐걱거리는 뻑뻑한 문, 어울리지 않는 가구 배치, 물 자국과 담배꽁초에 그을린 자국이 남은 테이블, 얇은 침대보와 울퉁불퉁한 베개, 쭈글쭈글 일어나거나 벗겨진 벽지, 흐릿한 전등, 재떨이, 먹통인 에어컨, 벽걸이 텔레비전, 촌스러운 조명과 장식, 물이 똑똑 떨어지는 수도꼭지, 오래전에 생긴 누수로 빛바랜 천장 벽지, 녹슨 세면대, 비틀어지거나 흐릿하게 보이는 거울, 마감재 없이 드러난 욕실 배관, 깨진 타일 사이의 더러운 실리콘, 몇 장 없는 수건, 지저분한 샤워 커튼, 편의 도구(샴푸, 로션, 헤어드라이어, 다리미, 리모컨)가 없는 객실, 줄지어 벽을 기어 올라가는 개미, 쥐똥

소리

끽 열리는 문, 얇은 벽 너머로 들려오는 소음(옆 객실의 텔레비전 소리, 목소리, 자동차 소리), 전화벨, 성행위, 옆 객실에서 벌어지는 싸움, 우는 아기, 짖어대는 개, 인근 고속도로나 도로를 달리는 차, 문 두드리는 소리, 삐걱거리는 침대, 수도꼭지에서 끝없이 떨어지는 물방울, 쾅쾅 울리는 배관 소음, 요란하게 내려가는 변기 물, 밖에서 들리는 발소리, 덜컹거리는 라디에이터나 에어컨, 늘어진 전선에서 들려오는 소음, 꺼졌다 켜졌다 하는 고장 난 네온 간판, 앵앵거리는 모기

냄새

흰 곰팡이를 비롯한 각종 곰팡이, 먼지, 퀴퀴한 담배 연기, 낡은 카펫, 포장해 왔거나 배달시킨 음식(피자, 햄버거, 치킨 등), 동물 털

맛

기름진 포장 음식이나 배달 음식, 공기에서 나는 묵은 곰팡이의 역한 맛, 자판기에서 파는 정크 푸드와 과자

촉감과 느낌

샤워기의 미지근하거나 차가운 물, 탄력 없이 축 처진 매트리스, 긁히고 손상된 리넨 침구, 잠이 오지 않거나 침대가 불편해 이리저리 뒤척이는 느낌, 빈대에 물려 간지러운 피부, 에어컨이 작동하지 않아 땀에 젖은 머리카락, 고장 난 라디에이터 때문에 온기를 찾아 옹기종기 모여 있거나 몸을 웅크리고 있는 느낌, 거친 수건, 모기에 물리는 느낌, 부실한 단열 처리로 창문이나 문틈으로 들어오는 외풍, 때에 절어 미끈거리는 카펫이 맨발에 닿는 느낌, 길게 내려온 조명에 부딪친 머리

이 배경에서 벌어질 만한 갈등의 원인

- 누군가가 때리거나 염탐한다.
- 결벽증이 있다.
- 체크인을 한 뒤에 자신이 빈털터리라는 사실을 깨닫는다.
- 매춘부가 다가와 호객 행위를 한다.
- 문이 잠기지 않는다.
- 반려동물 출입 금지 모텔에 몰래 반려동물을 데리고 들어가야 한다.
- 옆 객실의 소음이 지나치게 시끄럽다.
- 참기 어려울 정도로 덥거나 추운 객실을 배정받는다.
- 차가운 물만 나오는데 샤워를 해야 한다.
- 온갖 소음 때문에 잠을 잘 수가 없다.
- 범죄에 연루된 모텔에서 일한다.
- 모텔을 자주 드나드는 더러운 행색의 인물에게서 아이들을 보호해야 한다.

이 배경에서 볼 만한 유형의 사람들

- 청소부, 모텔 직원, 마약상, 볼일 없이 어슬렁거리는 사람, 투숙객, 피자 배달원, 매춘부

이 배경과 밀접한 다른 배경

- 편의점, 패스트푸드 레스토랑, 낡은 픽업트럭, 트럭 휴게소

참고 사항 및 팁

모텔은 오토바이족을 상대로 한 숙박업에서 시작했다는 점에서 호텔과 다른 면이 있다. 그래서 고속도로와 관광지 인근에서 찾기 쉽다. 호텔은 모텔보다 규모가 크고 각종 편의 도구와 룸서비스, 수영장 이용 등 다양한 서비스를 제공한다.

배경 묘사 예시

존은 땀에 흠뻑 젖은 채로 일어났다. 방은 곰팡이 냄새로 퀴퀴했고, 밖의 습한 봄 날씨보다도 훨씬 더웠다. 침대에서 기어 나오다가 스프링이 요란하게 비명을 지르는 바람에 움찔했다. 어둠침침한 방 한쪽에 있는, 옛날이야기 속 드래곤과 동갑일 듯한 에어컨이 바람 한 점 내보내지 않고 침묵을 지키고 있었다. 존은 에어컨으로 걸어가 버튼을 세게 때리듯 눌렀다. 그리고 손잡이를 돌렸다. 그러다가 결국 에어컨 측면을 발로 찼는데도 에어컨은 전혀 작동하지 않았고, 대신 굵은 먼지 줄기를 뱉어냈다. 재채기가 나왔다. 재채기 소리가 어찌나 컸는지 놀란 바퀴벌레가 벽을 후다닥 기어올라 라디에이터 통풍구 너머로 도망칠 정도였다. 그래, 이게 타지마할 모텔이지.

- **이 글에 쓴 기법** 대비, 의인화, 다중 감각 묘사
- **얻은 효과** 분위기 설정

야외 주차장   Parking Lot

풍경

구멍이 팬 검은색이나 회색 보도, 노란색의 주차 멈춤 턱, 흰 선으로 구획한 주차 공간, 파란 선으로 지정된 장애인 주차 구역, 주차된 차량들, 사람들이 나갈 수 있도록 연석에 걸쳐 주차한 차량, 전등, 빛, 나무와 식물에 둘러싸인 주차장, 안내판(장애인 주차 구역, 정지 표시, '주차 이용 시간 최대 30분' 표시, 집하장 표시), 진행 방향을 나타내는 화살표를 페인트로 그린 아스팔트 바닥, 낙엽으로 가득한 인도, 연석 아래까지 쓸려 온 나뭇잎과 나뭇가지 들, 쓰레기(종이 뭉치, 찌그러진 탄산음료 캔, 테이크아웃 컵, 담배꽁초), 풀밭의 소화전, 지하에 매설한 스프링클러, 근처 상점 창문에 달린 네온사인, 가로등에 사슬로 묶어놓은 인도의 쓰레기통, 과속방지턱, 쇼핑 카트, 주차장을 순찰하는 차나 골프 카트, 인근 상점에 들어가거나 나오는 사람들, 인도나 차 근처에 무리 지어 있는 사람들, 아이의 손을 잡고 걷는 부모들, 트렁크에 쇼핑백을 싣는 사람들, 주차 구역을 점찍었다는 뜻으로 비상등을 켠 차, 연석을 놀이터 평행대처럼 걸으며 노는 아이들, 와이퍼 사이에 전단지를 끼우는 사람, 특정 수확기에 트럭 짐칸에서 신선한 계절 농산물이나 지역 특산품(옥수수, 사과, 체리, 꿀 등)을 파는 사람, 그 자리에서 차양을 치고 앞 유리를 수리하는 모습

소리

지저귀는 새, 지나가는 차, 대화, 차 문을 잠그거나 여는 리모컨 키, 닫히는 차 문, 시동을 켜놓은 차, 차가 모퉁이를 돌 때 바닥을 끽 미끄러지는 타이어, 자동차 경적, 아스팔트에 부딪히는 구두 굽, 뛰어가는 아이와 멈추라는 부모의 고함, 브레이크, 후진하는 버스의 경고음, 덜컹거리며 아스팔트를 지나는 쇼핑 카트, 상점 밖에 설치한 스피커에서 흘러나오는 음악

냄새

보도와 젖은 아스팔트, 근처 식당에서 파는 음식, 풀, 매연, 비, 담배 연기

이 배경에서는 등장인물이 가지고 있는 것(껌, 박하사탕, 립스틱, 담배 등) 말고
는 관련된 특정한 맛이 없다. 이럴 때는 미각 외의 네 가지 감각에 집중하는 것
이 좋다.

촉감과 느낌

바람에 나부끼는 옷과 머리카락, 맹렬히 쏟아지는 비에 젖은 몸, 발에 닿는 단단
한 콘크리트, 아스팔트에서 올라오는 숨쉬기 힘들 정도로 뜨거운 열기, 시원한
차에서 내려 찌는 듯한 주차장으로 나왔을 때(혹은 그 반대), 손에 느껴지는 묵직
한 열쇠고리, 한꺼번에 많은 짐(가방, 쇼핑백, 열쇠)을 들고 주차장을 걷는 느낌,
쇼핑 카트가 울퉁불퉁한 지면을 지날 때 손잡이에서 느껴지는 진동, 지나치게 가
까이 주차된 차들 사이를 간신히 빠져나오는 느낌, 신발 바닥에 들러붙은 껌

이 배경에서 벌어질 만한 갈등의 원인

- 자동차 사고에 휘말리거나 다른 차가 차 문을 들이받는다.
- 주차할 자리를 찾기 힘들다.
- 간신히 주차할 자리를 찾았는데 누군가 냉큼 끼어든다.
- 주차한 자리가 기억나지 않는다.
- 후진하던 중 다른 차가 와서 들이받는다.
- 일방통행로에서 반대 방향으로 운전한다.
- 주위를 제대로 살피지 않고 뛰어다니는 아이들이 있다.
- 한밤에 강도나 공격을 당한다.
- 장애인 주차 구역에 가니 비장애인의 차가 주차되어 있다.
- 운전하면서 문자메시지를 보내거나 통화를 하는 등 집중하지 않는다.
- 껌이나 정체를 알 수 없는 액체가 고인 웅덩이를 밟는다.
- 쇼핑한 물건들을 바닥에 쏟는다.
- 쇼핑 카트를 지정된 자리에 반납하지 않고 엉뚱한 곳에 놓는다.
- 쇼핑 카트에 가방이나 휴대전화를 놓고 온다.

이 배경에서 볼 만한 유형의 사람들

• 고객, 직원, 부모와 자녀, 주차장 관리 담당 인력, 경찰관, 거주자(주거용 건물에 딸린 야외 주차장인 경우), 노점상, 경비원, 십 대

이 배경과 밀접한 다른 배경

• 공항, 식료품점, 실내 주차장, 쇼핑몰

참고 사항 및 팁

야외 주차장은 평범한 장소라 배경으로 고르는 경우가 많지 않지만, 흔한 장소 인 만큼 배경으로 쓰기 편리하다. 야외 주차장에서 하는 일이란 차로 가거나 가게로 가거나 둘 중 하나이기 때문에 이곳을 주의 깊게 살피는 사람은 많지 않다. 이 때문에 피해자가 빈번히 발생하고, 비밀스러운 만남, 십 대들의 성행위, 납치, 기물 파손 등 개인적 일들이 벌어지는데도 크게 부각되지 않아 다양한 갈등을 묘사하기에 안성맞춤인 곳이다.

배경 묘사 예시

자동문이 열리자 주차장의 끈적하고 묵직한 열기가 내 뺨을 때렸다. 순식간에 곱슬곱슬해지는 머리카락을 간신히 포니테일 모양으로 묶으면서 코를 찌르는 타르 냄새를 콧바람으로 쫓았다. 폭염 때문에 새로 포장한 주차장 바닥에서 수 증기가 피어올랐다. 근무 시간이 끝날 무렵인 오후에 보니 더 크게 피어오르는 듯했다. 어디를 봐도 쇼핑객들로 가득했다. 쇼핑 카트를 밴으로 밀고 가 짐을 실은 뒤 아이들을 몰아넣는다. 쇼핑 카트를 제자리에 돌려놓을 때 들리는 금속끼리 맞부딪치며 생기는 굉음이 내 귀를 할퀴었다. 나는 발걸음을 재촉하며 차에서 나를 기다리는 시원한 에어컨 바람과 스피커에서 흘러나오는 잔잔한 음악을 떠올렸다. 덕분에 주변에 신경을 쓰지 않을 수 있었다.

• **이 글에 쓴 기법** 다중 감각 묘사, 날씨
• **얻은 효과** 성격 묘사, 감정 고조

225

엘리베이터

Elevator

풍경

금속 문, 유리면 뒤의 광고나 행사 소식, 최대 적재하중 표시, 최대 정원 표시, 최근 점검 기록, 플라스틱 덮개 안에서 밝게 빛나는 천장 등, 벽면에 묻은 얼룩과 지문, 바닥의 부스러기와 조각 들(구겨진 껌 종이, 먼지, 자갈), 입구 바로 옆에 놓인 손 소독제, 누르면 불이 들어오는 엘리베이터 조작판, 빨간색 비상 버튼, 열쇠 구멍, 난간, 천장이나 벽에 달린 스피커, 비상 인터폰, 창살이나 네모난 금속판들을 연결한 지붕, 천장 비상 탈출문, 서로에게 무관심한 척하는 사람들(시계나 휴대전화를 보고, 조작판을 뚫어지게 보고, 내릴 층에 가까워지자 앞으로 이동하는), 공간을 많이 차지하는 유아차나 여행 트렁크

소리

금속 마찰음, 길고 짧은 다양한 비명, 문을 닫기 위해 움직이는 유압계, 치직거리는 인터콤, 스피커에서 흘러나오는 음악, 브레이크가 끽끽거리며 엘리베이터 견인 로프를 조이는 소리, 속도를 늦추면서 흔들리는 엘리베이터, 웅 울리는 기계 장치, 기침, 사각대는 옷자락이나 재킷, 버튼을 대신 눌러달라는 요청, 가벼운 잡담, 버튼을 누른 층에 다가가자 띵 울리는 알림음, 승객 사이를 비집고 지나가며 사과하는 소리, 비상 버튼을 누르자 울리는 알람, 누군가 엘리베이터에 타려 하자 뒤로 물러서는 발소리

냄새

젖거나 지저분한 발 매트, 다양하게 뒤엉킨 위생 제품(향수, 보디 스프레이, 헤어 스프레이, 애프터셰이브 로션), 흡연자 옷에 밴 퀴퀴한 담배 냄새, 유아차에 탄 아기가 기저귀에 볼일을 본 냄새, 기침 해소용 사탕이나 박하사탕, 구취나 숨결에 섞인 맥주 냄새, 탑승객이 손 소독제를 바르고 손을 비빌 때 나는 화장품 냄새, 땀내나 체취, 세제, 포장 음식 용기에서 나는 맛있는 혹은 기름진 냄새, 테이크아웃한 커피

(맛)

껌, 사탕, 기침 해소용 사탕, 탄산수, 커피, 얼음이 든 음료, 엘리베이터에 가지고 탄 주스나 물, 아작아작 씹어 먹는 과자

(촉감과 느낌)

부드럽게 누르는 버튼, 다른 승객을 위해 벽에 기대는 몸, 비좁은 엘리베이터에서 자리를 최대한 덜 차지하기 위해 숨을 참거나 옆구리에 양팔을 딱 붙이는 느낌, 금속 난간, 더러운 벽을 피해 물러나는 느낌, 몇 층을 지나는지 보려고 젖힌 고개, 갑작스러운 흔들림에 균형을 잃는 느낌, 자신과 타인 사이의 공간을 지나치게 의식하는 느낌, 다른 승객의 숨결에 흔들리는 머리카락이나 간질거리는 목, 엘리베이터에 너무 오래 있어 짐을 든 팔에 생기는 통증, 유아차를 앞뒤로 굴리며 달래는 짜증 내는 아이, 닫히는 엘리베이터 문을 막으려고 손으로 밀지만 문이 점점 닫히는 탓에 문에 달린 고무 패킹이 손가락에 닿는 느낌

이 배경에서 벌어질 만한 갈등의 원인

- 정전 때문에 엘리베이터가 가려던 층에 도달하지 못하고 멈춘다.
- 엘리베이터가 고장 난다.
- 건물에 화재가 일어난다.
- 같이 탄 사람이 불편한 행동(고함치고, 거칠게 굴고, 뚫어지게 노려보고, 지나치게 가까이 붙어서 무례한 질문을 던지는 등)을 한다.
- 엘리베이터 안에서 사랑을 나눈다.
- 아이들이 소리 지르고 소란을 피운다.
- 다른 승객이 개인 영역을 침범한다.

이 배경에서 볼 만한 유형의 사람들

- 경비원, 회사원, 청소부, 손님, 배달원, 건물에 살거나 머무는 사람

이 배경과 밀접한 다른 배경

- 회의실, 병실, 칸막이가 있는 사무실, 낡은 아파트

어떤 엘리베이터에는 감시 카메라가 달려 있다. 특히 유명한 건물이나 철저한 보안이 필요한 건물은 더더욱 그렇다. 그러나 이 중에는 실제로 작동하는 카메라도 있지만, 보여주기식으로 단 가짜 카메라도 있다. 또한 벽을 유리로 만든 엘리베이터도 있고, 어떤 용도로 쓰이는지에 따라 엘리베이터 크기도 다르다. 어떤 엘리베이터는 크고 적재하중도 많지만, 어떤 엘리베이터는 작고 적은 정원만 탈 수 있다. 엘리베이터 안에서 폐소공포증을 느끼는 사람이 많기 때문에 개인 영역에 얼마나 예민한가를 고려해 엘리베이터 크기를 조절해야 한다. 엘리베이터 설정을 조정해 긴장감을 고조시킬 수도 있다.

배경 묘사 예시

에마는 엘리베이터가 요동치며 멈출 때까지 끈적거리는 금속 난간을 꽉 붙들고 있었다. 문이 열리자 미소 띤 여인이 유아차를 끌며 들어왔다. 엘리베이터는 계속 덜커덩거리며 로비까지 내려갔다. 에마는 고개를 흔들었다. 이렇게 더럽고 숨 막히는 관 속 같은 곳에서 어떻게 웃는 얼굴로 아이를 어르지? 고주망태가 된 수리 기사가 점검했을 법한 이런 곳에서? 여기에서 생을 마감하게 생겼는데, 저 여자한테는 그게 안 보이나?

- **이 글에 쓴 기법** 대비, 직유
- **얻은 효과** 감정 고조, 긴장과 갈등

영안실 Morgue

풍경

영안실 안팎으로 옮겨지는 이동식 카트와 그 위에 누운 천으로 덮은 시체, 밝은 불빛, 키패드를 누르거나 카드가 필요한 출입 시스템, 금속 가구와 도구가 있는 무균실, 시체에서 흘러나오는 액체를 한곳으로 모으기 위해 기울기를 조정한 부검대, 계단형 받침대, 여러 수위의 보호복(수술복, 일회용 신발 덮개, 장갑, 마스크, 안면 보호대, 의료용 고글, 헤어네트)을 입은 부검 보조 인력, 시신용 냉동고(대형 워크인 냉동고나 작은 서랍형 냉동고), 보디백이나 천으로 가린 시체, 부검대에 놓은 발가벗은 시체와 시체의 발가락에 달린 꼬리표, 싱크대와 호스, 도구 살균기, 적출한 장기와 채집한 증거용 금속 보존함, 매달림 저울, 엑스레이 장비, 선반이나 책상 위의 보고서와 서류, 시신 정보 파일, 의료용 폐기물 봉투, 보관용 서랍장과 서랍, 파일과 참고 서적으로 빼곡한 선반, 라텍스 장갑이 든 상자, 벽에 붙인 주의 사항(손 세척, 적정 절차 등), 여러 정보가 적힌 화이트보드, 컴퓨터와 프린터, 전화기, 시체 사진용 카메라, 정보가 적힌 클립보드나 클립보드에 고정해놓은 각종 서류, 고인의 의복과 유품을 보관한 가방, 병리학자에게 보낼 표본을 올려둔 선반, 타일 바닥 곳곳에 떨어진 핏방울

소리

삐걱거리는 바퀴 달린 카트, 벨 소리를 내며 열리거나 좌우로 활짝 열리는 문, 고무 밑창을 댄 신발로 걷는 타일 바닥, 일회용 신발 덮개 때문에 작아진 발소리, 전화벨, 부검하는 동안 사인이나 시체 소견 등을 녹음하는 부검 보조 인력, 클립보드에 붙인 서류들, 음악, 가위로 사각사각 자르는 천, 비닐봉지에 넣는 물품, 싱크대로 흘러내리는 물, 손을 씻는 소리, 금속 트레이에서 쨍그랑거리는 수술 도구, 마스크 때문에 작게 들리는 목소리, 무게를 재기 위해 매달림 저울에 무언가를 달 때 용수철이 늘어나고 떨리는 소리, 증거 보관용 트레이에 올려놓는 물건, 수술용 메스로 자르는 피부, 윙윙거리는 의료용 절골기나 전기톱, 닫히는 보디백 지퍼, 여닫히는 캐비닛 문, 보호복을 펴서 입을 때 나는 부스럭 소리, 펜으로 종이에 쓰는 글씨, 끼거나 벗는 라텍스 장갑

냄새

소독제, 표백제, 피, 시체가 부패할 때 나는 달콤하고 지독한 냄새, 포르말린(표본 보관용), 마스크 때문에 느껴지는 자신의 구취, 코 밑에 바른 멘톨 연고

맛

이 배경에서는 등장인물이 가지고 있는 것(껌, 박하사탕, 립스틱, 담배 등) 말고는 관련된 특정한 맛이 없다. 이럴 때는 미각 외의 네 가지 감각에 집중하는 것이 좋다.

촉감과 느낌

아주 낮은 온도로 설정한 방, 건조한 라텍스 장갑, 피부를 스치는 종이 마스크, 위생 모자나 헤어네트 때문에 간지러운 두피, 꾹꾹 누르는 키패드 버튼, 귀나 두피를 긁는 헤드셋, 시체의 무게감, 장갑 때문에 살짝 둔해진 감각, 수술용 메스로 피부를 절개할 때 느껴지는 저항감, 손이나 발 위로 떨어지는 미끈거리는 피, 으깨진 장기, 코 밑에 멘톨 연고를 바르자 싸해지며 타는 듯한 피부, 꽉 쥐고 움직이는 수술용 메스, 피부에 닿는 차가운 물, 몸에 밴 냄새를 없애려고 박박 닦는 피부, 시체 냉동고에 들어서자 훅 덮치는 차가운 공기

이 배경에서 벌어질 만한 갈등의 원인

- 시체를 분실한다.
- 고인의 유품을 제자리가 아니라 엉뚱한 곳에 보관한다.
- 사인을 특정하기 어렵거나, 밝혀낸 사인이 사회적으로 논란이 되거나 경시될 만한 것이다.
- 발전소와 비상용 자가 발전기에 모두 문제가 생긴다.
- 영안실에 갇힌다.
- 불량 보호복을 착용하는 바람에 건강에 타격을 입는다.
- 세포 조직 표본이 뒤섞인다.
- 꼬리표를 다른 시체에 붙였다.
- 영안실에서 지시받은 임무를 수행하기 거북하다.

- 일과 감정을 분리하기가 어렵다.

이 배경에서 볼 만한 유형의 사람들

- 검시관[미국은 선거로 검시관coroner을 선출하며 부검을 전문으로 배운 의료인보다는 보통 법률가 출신이 역임해왔다. 이 검시 제도 아래에서 부검은 계약을 맺은 법의관에게 의뢰해서 진행된다], 신원 확인을 위해 방문한 유족, 범죄 수사관, 애도 상담 전문가, 법의관, 영안실을 둘러보러 온 의대생이나 경찰 인사, 간호사, 병리학자

이 배경과 밀접한 다른 배경

- **시골 편** 무덤, 영묘
- **도시 편** 구급차, 응급실, 장례식장, 병실, 경찰서

참고 사항 및 팁

영안실이라고 하면 흔히 부검이나 검사에 필요한 표본 채취 및 이송, 가족이나 친구의 시신 확인 등을 떠올린다. 그러나 모든 영안실이 이런 일을 하지는 않는다. 규모와 재원에 따라 일부 병원에서는 시체를 외부로 내보내 본격적인 부검을 할 때까지 잠시 안치해두는 장소로 영안실을 사용한다. 그래서 영안실 장면을 쓸 때는 가능한 장소를 두루 살펴야 한다. 병원에 딸린 영안실인지, 정부에서 관리하는 영안실인지, 아니면 장례식장에 있는 영안실인지 결정해야 한다.

배경 묘사 예시

줄리아는 문을 열었다. 드디어 문 경첩에 기름칠을 한 모양이다. 만족스러웠다. 줄리아는 흐느끼는 남편을 영안실로 안내했다. 문을 열면 가장 먼저 냄새가 치고 올라온다. 구역질 날 정도로 달큼한 악취가 희미하게 올라왔지만, 소독제 여러 통을 들이부은 덕에 어느 정도 가려진 것 같았다. 아주 미미한 수준이라 아무도 눈치 못 챈 듯했다. 저 둔감하기 짝이 없는 검시관들이 알아차릴 리 없다. 충격과 비탄의 수렁에서 허우적대는 저 유족들은 말할 것도 없고. 남편은 천으로 덮은 아내의 시체가 금속 부검대에 누운 모습을 뚫어지게 쳐다보며 새어 나

오는 흐느낌을 꾹 눌렀다. 줄리아는 남편의 한쪽 어깨에 손을 올려놓고 기다렸다. 그가 이 기막힌 상황을 받아들이기를.

- **이 글에 쓴 기법**　다중 감각 묘사
- **얻은 효과**　감정 고조, 긴장과 갈등

요양원   Nursing Home

(풍경)

공동 공간   접수 데스크와 손 소독제, 방문 가족과 거주자를 위한 아늑한 분위기의 공동 공간과 그 안의 소파와 의자, 휠체어가 충분히 다닐 정도로 넓은 복도, 행사 안내 게시판, 휴일(부활절, 크리스마스, 중국 춘절)을 맞아 만든 색색의 종이 장식, 벽에 설치한 긴 안전 손잡이, 장식품 선반에 놓인 자기나 골동품 접시, 조화 장식, 수조, 피아노, 작은 예배소, 카페테리아와 널찍한 테이블, 물리 치료 장비, 음료와 간식(물, 주스, 커피, 소화가 잘되는 쿠키)이 담긴 카트를 밀며 지나가는 직원, 과거 세대에 유행하던 다양한 음악과 음악 재생 장치, 거주자들이 휠체어를 타고 접근할 수 있는 커다란 테이블, 공동 텔레비전 시청 공간 속 널찍한 휠체어 공간과 드문드문 배치한 의자, 테이블을 들여놓은 오락실(카드, 퍼즐), 거주자들(휠체어를 타고, 잠을 자고, 텔레비전을 보고, 노인용 보행기로 이동하고, 앉아서 링거를 맞거나 산소 호흡기를 쓰고, 인형이나 그 밖의 기념품을 쥐고, 허공을 노려보고, 직원에게 소리를 지르거나 대화하고, 혼자 계속 떠드는), 보조 인력(거주자의 식사, 화장실 사용, 샤워, 환복을 돕는), 침대 정리와 화장실 청소 담당 인력, 거주자들의 약을 챙기고 대화를 나누는 간호사

개인실   좁은 방 안에 놓인 각도 조절 가능한 병원용 침대와 옆의 난간, 작은 옷장(몇 벌 없는 의복, 잠옷, 성인용 기저귀 상자, 양말과 자질구레한 물건들이 든), 협탁(조명, 전화기, 물 잔, 핸드 크림, 시계가 놓인), 각 거주자 이름이 적힌 세탁물 바구니, 침대 밑 슬리퍼, 거동이 제한적인 사람들을 위한 천장의 도르래, 도움 요청 버튼, 묵직한 커튼을 친 창문, 다인실에 설치한 칸막이 커튼, 집에 놓았던 자잘한 장식품들, 액자에 넣은 가족사진, 안부 인사장을 꽂아놓은 코르크판과 일정이 적힌 달력

(소리)

음악, 콧노래, 불만을 제기하거나 혼자 중얼거리는 거주자, 거주자에게 질문을 던지는 직원, 삐걱거리는 휠체어 바퀴, 문이나 탁자에 쾅 부딪치는 소리, 화장실에서 흐르는 물, 회전하는 서큘레이터, 히터와 에어컨, 텔레비전의 방청객 효과음(웃음소리), 도움을 요청하거나 우는 소리, 복도의 발소리, 수조에서 보글거리

233

는 물방울, 휠체어 브레이크를 당기는 소리, 내려가는 변기 물, 전화벨

냄새

표백제, 세제, 깨끗한 세탁물, 요리, 대소변

맛

씹기 편한 음식, 물, 주스, 흰 알약, 따뜻한 차나 커피, 각종 간식(부드러운 쿠키나 빵 등), 칼로리가 높은 영양 보충 음료

촉감과 느낌

손을 씻을 때의 차갑고 축축한 거품, 몇 군데가 울퉁불퉁하게 뭉친 매트리스, 손이나 얼굴에서 털어내는 부스러기, 빗으로 쓸어내리는 머리카락, 밍밍한 음식을 우물거리며 씹는 느낌, 얼굴에 바르는 유분이 많은 크림, 앉았을 때 살짝 탄성이 느껴지는 휠체어, 쏟아져서 튀기는 차가운 음료, 베개의 불편한 부피감, 부드러운 시트, 표면이 반들거리는 낡은 사진, 따끔한 링거 주사, 어딘가에 부딪치는 느낌, 넘어지고 긁혀서 찾아오는 통증, 사랑하는 사람을 껴안을 때의 온기

이 배경에서 벌어질 만한 갈등의 원인

- 개인 소지품이 사라진다.
- 약과 관련한 실수가 벌어진다.
- 치매를 앓는 거주자가 무례하거나 위험한 행동을 한다.
- 거주자가 텔레비전 리모컨을 훔친다.
- 넘어져서 다친다.
- 직원이 거주자의 간청이나 요구 사항을 무시한다.
- 화장실 사고가 벌어진다.
- 달갑지 않은 가족이 방문한다.

이 배경에서 볼 만한 유형의 사람들

- 가족, 간호사와 직원, 요양원 거주자, 의사와 성직자, 특별 행사를 위해 방문한

자원봉사자와 엔터테이너

이 배경과 밀접한 다른 배경

• 구급차, 병실, 대기실

참고 사항 및 팁

요양원은 노인의 생활 전반을 책임진다. 어떤 요양원은 수준 높은 시설과 건강식, 전문 훈련을 받은 간호 인력, 각종 프로그램 및 행사, 정기 건강검진까지 다양한 서비스를 제공한다. 하지만 어떤 요양원은 비좁고 불결하며, 직원들도 게으르고 심지어 노인을 학대하기도 한다. 이런 곳에서는 거주자가 활기나 행복감을 느끼기 힘들며, 정신적이나 육체적 자극이 거의 없다시피 하다. 또한 요양원은 민간 시설인지 공공시설인지에 따라 차이가 난다. 위치와 규모, 설립 연도도 차이를 만드는 요소들이다.

배경 묘사 예시

윈딩 힐스 센터로 조 삼촌을 보러 가는 길은 쉽지 않았다. 하지만 나는 일요일 격주마다 삼촌을 찾아갔다. 삼촌의 현재 삶은 앞으로 펼쳐질 내 불행한 미래의 맛보기다. 머지않아 우리 모두 이런 요양 시설에서 생의 마지막 나날을 보낼 것이다. 그러나 카펫이 얼룩덜룩해지고, 가구가 닳고 또 닳고, 문이 제대로 닫히지도 않기 전, 이 요양원도 좋은 시설이었던 적이 있었다. 나는 책상 뒤의 간호사에게 손을 흔들고, 노인들로 가득한 복도를 지났다. 휠체어에 묶인 것이나 다름없는 노인들은 수조 속을 헤엄치는 주황색 물고기를 보거나 고개를 가슴까지 푹 떨구고 잠들어 있었다. 이 중에서도 가장 최악이자 가장 애처로운 노인들은 텅 빈 테이블에 기대앉아 허공을 멍하니 노려보는 사람들이다. 이들은 유령이다. 정신은 어딘가로 멀리 떠나는 기차에 타고 있지만, 몸은 주인 잃은 수화물처럼 역사에 묶여 있다.

• **이 글에 쓴 기법** 직유, 은유, 상징적 표현
• **얻은 효과** 분위기 설정, 감정 고조

은행 Bank

풍경

유리 출입문, 화려하고 반들거리는 바닥과 깔개, 일정한 간격으로 배치된 경비 요원들, 감시 카메라, 쭉 늘어선 출납 창구와 사람들의 줄을 정리하는 벨트 차단봉, 각종 서류 수납함과 볼펜이 달린 테이블, 은행원(지폐 계수기와 컴퓨터, 현금 및 수표 금고, 서류 캐비닛, 프린터, 팩스, 도장 및 인주, 문서 세단기, 굳게 잠긴 서랍, 신용카드 단말기를 다루는), 출입구 옆이나 밖의 ATM(현금자동입출금기) 기계들, 부동산담보 대출금리 현황 전광판, 환율 고시 전광판, 안전 투자 포스터, 대기실(커피 머신, 잡지, 플라스틱 의자 등이 있는), 은행원들 뒤쪽에 앉은 지점장, 대출 및 투자 상담실, 대여 금고로 가는 복도, 타일 바닥, 큼지막한 유리창, 쓰레기통, 차례를 기다리는 사람들(지갑을 꺼내거나 현금 봉투를 든)

소리

손으로 세어보는 지폐, 금액을 읊는 은행원, 서류에 찍는 도장, 다음 고객을 호명하는 은행원, 뒤에서 들려오는 잔잔한 음악, 기침, 소리 죽여 이야기하는 사람들, 물 끓는 소리를 내거나 콸콸거리며 커피를 추출하는 커피 머신, 사람들의 발소리, 여닫히는 문이나 서랍, 키보드 치는 소리, 펜으로 종이에 필기하는 소리, 현금을 넣는 지퍼백이나 가방 여는 소리, 카운터에 툭 내려놓는 체크카드, 기계에서 출력되는 영수증, 윙 돌아가는 팩스, 바닥을 또각또각 울리는 구두 굽, 에어컨이나 히터의 작동음

냄새

세제(솔 향, 레몬 향, 암모니아 냄새), 종이, 과열된 전자 기기(먼지 냄새, 오존 냄새), 공기 중에 떠다니는 향수와 샤워 코롱 향기, 커피, 구취, 직원 휴게실에서 데우는 음식, 헤어 제품

맛

바구니에 가득한 싸구려 사탕, 껌, 물, 커피, 차, 밖에서 사 온 점심용 샌드위치나 집에서 만든 도시락

무겁거나 굳게 닫힌 문을 힘겹게 미는 느낌, 차례를 기다리는 동안 몸을 기대거나 수그리는 느낌, 조용히 넘기는 수표나 예금증서, 팔뚝이나 가슴을 압박하는 창구의 딱딱한 모서리, 책상에 부착된 펜의 줄이 너무 짧아 힘들게 쓰는 글씨, 깨끗하고 빳빳한 새 지폐, 서로 달라붙어 세기 힘든 지폐들, 부드러운 영수증, ATM 기계에 기대 햇빛을 피하거나 사람들이 보지 못하게 스크린을 내리는 느낌, 종이에 베인 상처

이 배경에서 벌어질 만한 갈등의 원인

- 은행 측 실수로 돈의 행방을 알 수 없다.
- 카드가 ATM 기계에 걸려서 나오지 않는다.
- 성미 급한 손님이 새치기를 한다.
- 은행 강도가 들이닥친다.
- 응급 상황(고객이 기절하거나 발작을 일으키는 등)이 생긴다.
- 경비원이 무례하게 굴거나 이래라저래라 명령한다.
- 마감 뒤 정산하는데 현금 액수가 부족하다.
- 은행원이 신용카드나 대출 등 금융 상품 개설을 강요한다.
- PIN 코드나 계좌 번호가 기억나지 않는다.
- 한시가 급한데 정전 때문에 돈을 인출할 수가 없다.
- 대여 금고를 열었는데 고객이 맡긴 물건이 사라졌다.

이 배경에서 볼 만한 유형의 사람들

- 은행 강도, 은행원, 고객, 배달원, 경비원, ATM 기계에 현금을 채우거나 은행 예금 작업을 하는 보안 담당자

참고 사항 및 팁

은행은 규모와 주요 고객층에 따라 모습이 다르다. 대형 은행은 보유고가 막대

하기 때문에 보안 시스템이 다른 은행에 비해 훨씬 삼엄하다. 외국 은행에는 차를 탄 채 예금을 하거나 현금을 인출할 수 있는 드라이브스루 서비스도 있다.

배경 묘사 예시

모자를 푹 눌러쓰면서 책상의 흰 봉투를 집고 펜을 찾는 양 재킷을 더듬었다. 카메라는 총 일곱 대…… 아니, 여덟 대가 있다. 은행원은 네 명. 창구가 모두 여섯 개니 두 명은 휴식 중일 것이다. 유리 칸막이 너머에는 지점장이, 사무실 바로 옆에는 대출 담당 직원이 프린터가 숨이 끊어질 듯 캑캑거리며 뱉어낸 서류를 정리하고 있었다. 카메라로 시선을 비스듬히 흘리며 무언가를 쓰는 척하며 봉투 위로 몸을 굽혔다. 은행이 털리고 나면 경찰이 감시 카메라를 살펴보겠지만 이렇게 고객인 척 섞여 있는 이상 그냥 지나칠 것이다. 종이에 아무 말이나 휘갈기는데 입구에 선 경비원이 가슴이 아픈지 문지르고 있었다. 오호라. 경비원은 왼쪽 복도를 흘끔흘끔 쳐다봤는데, 도면에 따르면 저 복도는 화장실로 이어진다. 점심 뒤 오는 흔해빠진 소화불량이군. 미소가 절로 나왔다. 경비원은 곧 마실 것을 찾아 복도로 갈 것이다. 그 순간이 나 같은 강도에게 절호의 기회라는 것은 꿈에도 모를 것이다. 하지만 지금 은행을 털 생각은 없다. 난 아마추어가 아니다. 인내하는 자가 자유를 얻는 법. 오늘은 딱 두 가지 일만 할 것이다. 첫째, 은행의 내부 구조가 손에 넣은 도면과 일치하는지 확인하는 것. 둘째, 정확한 머릿수를 파악하는 것.

- **이 글에 쓴 기법** 다중 감각 묘사, 의인화
- **얻은 효과** 복선, 과거 사연 암시

풍경

자동문과 낡은 의자로 가득 찬 대기실, 부상이나 질병의 정도가 다양한 환자들
(골절과 코피, 베인 상처, 찰과상, 멍, 구역질 때문에 붙잡은 쓰레기통, 다친 부위에
하는 얼음찜질, 수술용 마스크를 쓴 환자, 울거나 옆 사람에게 의지해 간신히 몸을
가누는 환자), 환자 상태에 대한 설명을 들으려고 기다리는 연인이나 가족, 친구
(잡지나 책을 읽고, 전자 기기로 인터넷 서핑을 하고, 핸드백이나 팔에 걸친 재킷을
꼭 쥐고, 의자에서 잠을 청하고, 초조하게 서성거리는), 쓰레기통, 테이블에 올려
놓은 반쯤 마신 커피 컵, 뒤죽박죽 널브러진 신문과 잡지, 각각 다른 색상의 유
니폼을 입고 일하는 직원들(간호사, 잡역부, 경비원), 전염병 의심 환자와 일반
환자를 구분하는 차단용 커튼이나 차단 유리, 유리창으로 둘러싸인 입원 수속
및 접수처, 환자 정보를 듣는 직원, 화장실, 거치된 손 소독제, 자판기, 병원 내부
의 안내판(각 진료 과목과 병동의 위치가 표시된), 들것에 누운 환자를 돌보며 빠
르게 이동하는 구급대원들, 수술복이나 흰 가운을 입은 의사들, 휠체어를 탄 환
자, 언제까지 기다려야 하냐며 시끄럽게 주사를 부리는 사람들, 옹기종기 부대
껴 앉아 있는 걱정에 가득 찬 부모와 친구들, 어린아이를 안은 부모, 손님을 기
다리는 택시 운전사, 붕대를 담은 카트, 목에 두른 청진기, 속삭이는 사람들, 병
원 내부를 순찰하는 경비원, 환자의 중증도를 분류하는 응급실 구역, 골절 환자
가 깁스를 하는 처치실, 엑스레이와 CT촬영실, 미닫이문을 열면 보이는 대기
환자들이 있는 방(침대에 누운 환자, 링거를 맞는 환자, 혈압 측정기를 착용한 환자
와 이를 기록하는 간호사, 심박수 모니터 장비를 착용한 환자)

소리

웅얼거리는 소리, 울음, 가쁜 숨소리, 캑캑거리다 구토하는 소리, 신음과 훌쩍
임, 환자 가족과 지인들의 숨죽인 기도, 바스락거리는 신문지, 싸움, 잡지 넘기
는 소리, 매끄럽게 열렸다 닫히는 유리문, 입원 접수처에서 환자를 부르는 소
리, 인터폰으로 누군가를 호출하는 소리, 경찰관이나 경비원의 무전기, 간호사
의 침착하고 부드러운 목소리, 바스락거리는 서류, 서류의 빈칸을 사각사각 채
우는 펜, 욕설, 자판기 안으로 떨어지는 동전, 자판기 출구로 떨어지는 스낵이나

음료 캔, 병원 밖에서 들리는 구급차 사이렌, 응급 카트나 들것의 삐걱대는 바퀴, 심장 충격기의 작동음, 심박수 모니터의 삑삑대는 경고음, 거침없이 뜯는 의료용품 포장지(소독용품, 바늘, 튜브), 홱 젖히는 커튼, 간호사에게 환자 상태를 정확하고 구체적으로 전달하는 구급대원, 지시를 내리는 의사, 매끄럽게 열었다가 거칠게 닫는 약품 카트의 서랍, 비명

냄새

소독제, 세제, 손 소독제, 토사물, 체취, 술 냄새가 섞인 숨결, 에어컨이나 공기청정기에서 나오는 바람, 피

맛

이 배경에서는 등장인물이 가지고 있는 것(껌, 박하사탕, 립스틱, 담배 등) 말고는 관련된 특정한 맛이 없다. 이럴 때는 미각 외의 네 가지 감각에 집중하는 것이 좋다.

촉감과 느낌

앉으면 불편한 플라스틱 의자나 얇은 쿠션을 덧댄 의자, 팔뚝을 파고드는 금속 안전 바, 흘러내리는 환자용 손목 밴드, 따끔하게 찌르는 링거 바늘, 불안과 초조, 침대 각도나 높이를 조절하는 느낌, 환자의 몸을 움직여 상처를 살피는 간호사나 구급대원, 아픈 부위를 만지며 진찰하는 의사, 다른 침대로 옮겨지는 과정에서 심해지는 통증, 진통제를 먹자 고통이 사라지면서 찾아오는 안도감, 체온이 특정 수준에 도달하자 느껴지는 극도의 한기나 열기, 몸이 걷잡을 수 없이 떨리면서 찾아오는 쇼크, 부상에 수반되는 통증, 다양한 병세

이 배경에서 벌어질 만한 갈등의 원인

- 마약에 취해 피해망상에 사로잡히거나 폭력적인 행동을 하는 사람이 있다.
- 대형 사고(시내버스 사고, 아파트 화재, 테러 등)가 터져 온 직원이 매달린다.
- 치료를 당장 받아야 하는데 필요한 서류가 잘못됐거나 보험이 없다.
- 공기를 매개로 쉽게 전염되는 질병에 걸려 다른 사람들도 빠르게 감염된다.
- 잠을 제대로 자지 못한 의사에게 치료받는다.

- 약물에 알레르기 반응을 일으킨다.
- 환자가 자신의 병력에 대해 거짓말을 한다.
- 가벼운 병인 줄 알고 내원한 환자에게 심각한 병이 있다는 것을 발견한다.
- 환자(특히 아이)가 사망한다.

이 배경에서 볼 만한 유형의 사람들

- 관리 직원, 의사, 환자의 가족과 지인, 간호사, 잡역부, 구급대원, 경찰관, 아프거나 다친 사람들

이 배경과 밀접한 다른 배경

- 구급차, 자동차 사고 현장, 병실, 대기실

참고 사항 및 팁

병원 응급실은 재정 상태나 지역사회의 규모, 중점적으로 다루는 질환 등에 따라 모습이 조금씩 다르다. 범죄율이 높은 지역의 응급실이라면 보안 규정이 엄격하고 상대적으로 많은 경비 인력을 보유한다. 또한 이런 병원에서는 자상이나 총상 환자를 능숙하게 치료한다. 반면 작은 마을의 응급실은 경비가 그리 삼엄하지 않다. 이런 곳에는 아동 환자나 골절, 심장 마비, 교통사고, 뇌졸중 환자가 주를 이룬다.

배경 묘사 예시

베키는 콜록거리는 기침부터 마른기침과 쌔근거림까지 온갖 소리의 향연으로 가득한 응급실을 뒤로하고 가장 가까운 곳에 있는 손 소독제 디스펜서를 찾아냈다. 그리고 슬롯머신을 내리치는 도박 중독자처럼 디스펜서를 마구 눌렀다.

- **이 글에 쓴 기법**   직유
- **얻은 효과**   분위기 설정

241

자동차 사고 현장   Car Accident

풍경

사고 시점   차선이나 중앙분리대로 점점 가까이 달려오는 차, 달려오는 차를 보고 공포에 젖은 얼굴, 찌그러진 보닛, 깨진 유리, 앉아 있던 좌석에서 앞으로 나동그라진 사람들, 구름처럼 팽창한 에어백, 연속적인 흐름이 아니라 파편처럼 끊어져 보이는 눈앞의 광경

사고 이후   깨진 유리, 이상한 각도로 멈춘 차들, 찌그러지고 박살 난 차, 경찰차의 비상등, 뭉게뭉게 피어오르는 연기와 김, 비틀어진 금속이나 플라스틱 덩어리, 부서진 앞 유리, 응급 차량(경찰차, 소방차, 구급차, 견인차), 차 안에 갇힌 사람과 그 옆에서 무릎을 꿇고 환자를 이송하기 전 안정시키는 구급대원과 소방관, 밝은색 방탄 조끼를 입은 경찰(노란색 출입 금지선과 바리케이드를 설치하고, 교통 통제 및 우회 도로를 안내하고, 목격자 진술과 증언을 획득하는), 목을 길게 빼고 구경하거나 휴대전화로 사진을 찍는 사람들, 붕대에 번지는 피, 액체(냉각수, 가스, 오일)가 고인 웅덩이, 구급 가방 및 바퀴 달린 환자용 들것, 고속도로를 따라 주차된 차들, 작동된 에어백, 인도에 떨어진 차 문, 헬리콥터로 도착한 구급대원, 소화기의 강한 분사액에 꺼지는 불, 깜빡거리는 손전등 빛, 현장을 비추는 전조등, 후미등에서 올라오는 어둠 속 흰 연기, 파손된 가드레일이나 부러진 나무, 바닥에 흩어진 나뭇가지, 찌부러진 표지판이나 기둥, 엉망이 된 차 안, 공기가 반쯤 나간 에어백과 그사이 파묻힌 운전대, 팔과 손의 피와 상처, 무릎에 흩어진 유리, 움직일 수 없는 손발, 피에 젖은 옷

소리

사고 시점   타이어가 끌리는 소리, 경적, 끽 밟는 브레이크, 헐떡이는 숨소리와 비명, 당겨서 꽉 매는 안전벨트, 찌그러지는 금속, 산산이 부서지는 유리, 뒤집어지며 부딪치는 사람과 사물, 충격에 부러지는 나무나 표지판, 바리케이드를 따라 미끄러지는 금속의 마찰음

사고 이후   뜨거운 엔진에서 흘러나와 쉭쉭대며 증발하는 액체, 사고가 난 차를 피해 돌아가거나 멈추고 도와주려는 차, 식어가는 엔진, 부상자가 비틀대며 움직이자 땅에 후드득 떨어지는 부서진 유리 조각, 사고 차량의 유리를 두드리며

탑승자가 괜찮은지 확인하는 사람들, 부상자 귀에 들리는 이명, 공황 상태에서 헐떡이는 숨, 울음, 신음, 비명, 타닥거리며 번지는 불꽃, 도색한 곳에 생기는 기포와 뜨겁게 달궈지는 금속, 차 안으로 밀려 들어온 유해성 연기 때문에 나오는 기침, 차에서 탈출하려고 애쓰며 미친 듯이 지르는 소리, 뒤집어진 차의 깨진 창문을 통해 기어 나올 때 아스팔트 도로 위로 쏟아지는 유리와 금속 조각 들

냄새

쏟아진 가솔린, 탄 고무, 기름 및 그 밖의 엔진오일, 연기, 피

맛

피, 눈물

촉감과 느낌

사고 시점　운전대를 잡은 팔이 굳고 등을 등받이에서 뗄 수 없는 느낌, 가슴이나 엉덩이를 홱 때리는 안전벨트, 좌우로 흔들리는 몸, 차 문에 부딪치는 머리와 몸, 앞뒤로 크게 젖혀지는 머리, 차 안에 있던 물건(지갑, 가방, 반려동물, 기타 고정되지 않은 물건)에 찍히거나 부딪치는 통증, 다가올 충격에 빳빳하게 긴장하는 근육, 에어백이 작동하면서 얼굴에 분사되는 화학약품, 팽창한 에어백에 뒤로 내동댕이쳐지는 몸

사고 이후　의식이 천천히 돌아오면서 어디인지는 알겠으나 충격으로 감각이 무뎌진 느낌, 시간이 느리게 흐르는 듯하고 흐릿한 머릿속, 방향감각을 상실한 느낌, 무수한 자상과 멍의 통증 혹은 치명상에 따른 고통(뇌진탕, 옴짝달싹할 수 없는 몸, 몸에 박힌 자동차 파편 등)이 서서히 의식되는 느낌, 동승자의 안전에 대한 걱정으로 밀려오는 공포, 몸을 움직여보지만 손가락 하나 까딱할 수 없는 느낌, 거세지는 혼란과 공포, 살갗을 타고 흐르는 피 혹은 손상된 동맥에서 분수처럼 쏟아지는 피, 전신이 떨리면서 밀려드는 쇼크

이 배경에서 벌어질 만한 갈등의 원인

- 차량에 화재가 발생한다.
- 차 안이 유독성 연기로 가득하다.

- 골절상 때문에 움직일 수 없다.
- 뒷좌석에 앉아 있던 사랑하는 사람(특히 아이)이 다쳤는데, 다가가거나 제대로 볼 수가 없다.
- 눈을 뜨니 사망한 동승자들이 보인다.

이 배경에서 볼 만한 유형의 사람들

- 구경꾼, 소방관, 구급대원, 기자, 경찰관, 피해자

이 배경과 밀접한 다른 배경

- **시골 편** 시골길
- **도시 편** 구급차, 대도시 거리, 응급실, 병실, 경찰차, 경찰서, 소도시 거리

참고 사항 및 팁

경미한 차 사고에는 경찰관이나 구급대원이 출동하지 않는다. 이들은 보통 부상자나 일정 수준의 피해가 발생해야 오기 때문이다. 감각을 묘사할 때는 화자나 등장인물의 시점에서 그려야 한다. 또한 같은 사고 현장에 있는 인물들이라도 인지하는 내용이 각각 다르다. 예를 들어, 구경꾼이 포착한 디테일을 사고 피해자는 알아차리지 못할 수 있고, 그 반대도 마찬가지다. 하지만 경찰관은 원래 관찰자의 역할을 하기 때문에 사람들이 놓치는 것을 쉽게 간파하기도 한다.

배경 묘사 예시

메리는 어둠 속에서 깨어났다. 귓가가 윙윙대고, 의식은 안개가 낀 듯 흐릿했다. 여기가 어디지……? 깨진 앞 유리에 난 구멍으로 연기가 들어오자 숨 막힐 듯 강렬한 오일 냄새가 덮쳤다. 몸을 비틀어 어떻게든 벗어나려고 애썼지만, 꼼짝도 할 수가 없었다. 그때 어깨와 엉덩이에 타는 듯한 통증이 일며 사고 직전의 기억이 떠올랐다. 대형 트럭이 미끄러졌고, 트럭에 연결된 컨테이너가 좌우로 흔들리더니 메리가 달리던 차선을 덮쳤다. 트럭이 끝없이 미끄러지며 메리 쪽으로 다가오자 운전사의 공포에 질린 얼굴이 더 뚜렷하게 보였다. 메리는 온 힘

을 다해 브레이크를 밟았고, 귀가 찢어지는 듯한 요란한 비명을 들었다. 사고가 났구나. 메리는 도움을 청하기 위해 입을 열었지만 가느다란 흐느낌만 흘러나왔다.

- **이 글에 쓴 기법**   빛과 그림자, 다중 감각 묘사, 긴장과 갈등
- **얻은 효과**   분위기 설정, 과거 사연 암시, 감정 고조

자동차 정비소   Mechanic's Shop

풍경

망가진 차들이 서 있는 주차장, 차량 리프트와 플라스틱 경사로를 갖춘 수리 공간, 정비사(기름때로 얼룩덜룩한 작업복과 부츠를 장착하고, 손톱 끝이 윤활유와 오일로 검게 물든), 차량 리프트와 유압기, 여러 개의 타이어와 타이어 림tire rim[바퀴 부위 중 고무로 된 타이어가 부착되는 쇠로 된 둥근 타이어 부분]이 쌓인 모습, 천장에 매달린 호스, 벽을 따라 배치한 작업대, 벽에 달린 수도꼭지와 물 호스, 도구들(렌치, 스크루드라이버, 소켓 세트, 드릴 등), 엔진 크레인, 열쇠와 작업 설명서가 든 서류철, 공회전 중인 차량, 차곡차곡 쌓인 칼라콘[공사 현장을 표시하거나 출입을 금지할 때 쓰는 원뿔 모양 표지판], 커다란 드럼통, 벽에 설치한 회전 선풍기, 오일과 가스 연료통, 안전 표지판, 쓰레기통, 구겨진 휴지, 근처 작업대에 던져놓은 기름때로 얼룩덜룩한 옷, 예비용 자동차 부품들, 서랍들이 달리거나 바퀴가 달린 공구함, 보닛을 열어놓은 차량, 작업 침대에 누워 차를 손보는 정비사들, 기름으로 얼룩진 콘크리트 바닥, 의자가 놓인 대기실, 텔레비전과 커피 머신

소리

전동 드릴, 라디오에서 흘러나오는 음악, 휘파람 부는 직원, 끽끽거리며 힘겹게 열리거나 빠르게 닫히는 보닛, 공회전하는 엔진, 소음보다 크게 소리 지르는 정비사들, 인터폰으로 고객을 호출하는 소리, 매끄럽게 돌아가지 않는 엔진(철커덩거리거나, 회전이 잘 안 되거나, 캑캑거리는), 꺼지지 않고 계속 작동하는 엔진, 벨트 불량으로 발생한 요란한 소음, 유동액, 돌아가는 선풍기 날개, 탄산음료 캔을 따는 소리, 쓰레기통에 버리는 무거운 물체, 상하로 움직이는 유압 램프, 고무 바닥을 걷는 발소리, 자동차에 사용하는 액체류(물, 오일, 브레이크액, 트랜스미션 오일transmission oil[변속기에 사용하는 윤활유])가 떨어지고 튀기는 소리, 돌아가는 선풍기 날개, 차체 아래에 놓은 작업 침대의 바퀴가 구르는 소리, 호스에서 떨어지는 물, 찰랑거리는 열쇠

냄새

엔진오일, 윤활유, 가솔린, 땀, 금속, 페인트, 녹

맛

가스나 오일 냄새로 혼탁한 공기, 대기실 자판기에서 파는 음료수와 과자(초콜 릿 바, 과자, 껌, 물, 탄산음료, 커피)

촉감과 느낌

금세라도 멈출 듯한 낡은 차가 주차장에 들어서면서 내는 덜컹거리는 소음, 차 가 작동하기를 기다리는 동안 맺히는 땀, 회전 선풍기의 시원한 바람, 윤활유나 오일 웅덩이에 미끄러지는 발, 주차장 지면의 움푹 팬 곳에 걸려 넘어지는 느낌, 손에 쥐는 차가운 금속 도구, 윤활유나 오일이 묻어 수건으로 닦아내는 물집 잡 힌 손, 차 밑에서 작업하다 머리나 무릎을 깜박하고 들어 올리는 바람에 부딪치 는 느낌, 꼼짝도 안 하는 볼트를 힘주어 빼려다가 다친 손가락

이 배경에서 벌어질 만한 갈등의 원인

- 자동차 사고로 차가 우그러진다.
- 한창 작동 중인 엔진에 접촉했다가 화상과 심각한 부상을 입는다.
- 무거운 짐을 들다가 허리를 다친다.
- 누군가 도구나 위험한 장비를 휘두르며 달려든다.
- 손님 차에서 물건을 몰래 훔치다 들킨다.
- 정비사가 우연히 차를 긁거나 손상을 입혔는데, 은근슬쩍 덮으려고 애쓴다.
- 속이거나 사기를 치려는 정비사를 상대한다.
- 질투나 화가 난 정비사가 기물을 파손한다.
- 솜씨가 서투른 정비사에게 차 수리를 맡긴다.

이 배경에서 볼 만한 유형의 사람들

- 손님, 매니저, 정비사, 사무 담당자, 부품 판매인

247

이 배경과 밀접한 다른 배경

- **시골 편** 차고, 폐차장
- **도시 편** 자동차 사고 현장, 세차장, 주유소, 중고차 판매점

참고 사항 및 팁

자동차 정비소는 어떤 정비를 전문으로 하느냐에 따라 모습과 내부 사정이 다르다. 이 장에서 다룬 정비소는 전체적인 정비를 하는 곳이지만 차체 수리 전문, 타이어 전문, 오일 교환 및 일반 수리 전문 업체도 있다. 새 차나 값비싼 차는 일반 정비소 대신 전문 취급소에 가기도 하는데 보증 기간이 남아 있을 때는 그럴 가능성이 더 크다.

작가는 등장인물에게 시련을 주어야 한다. 등장인물이 스트레스를 받는 상황을 만든 뒤에도 더 많은 스트레스거리를 찾아내야 한다. 이를테면 무더운 날에 차가 고장이 나는 상황부터 시작할 수 있다. 뒷좌석에는 어린아이들이 타고 있고, 차가 외딴 지역에서 고장을 일으켰다. 견인 트럭에 매달려 마을을 가로질러 정비소에 왔는데, 어디선가 고약한 냄새가 나고 대기실에는 에어컨도 없다. 설상가상으로 수리할 부분이 예상보다 많고, 수리비도 많이 나온다. 가뜩이나 감정 기복이 심한 당신의 주인공은 그동안 쌓인 짜증과 화가 꼭짓점에 달해 결국 폭발하고, 잘못된 선택을 내리게 된다.

배경 묘사 예시

아버지는 욕설을 낮게 웅얼거렸다. 아버지의 온몸에서 땀이 비 오듯 뚝뚝 떨어졌다. 하지만 조이는 아랑곳하지 않고 웃으며 플라스틱 의자 뒷부분에 매달렸다. 조이가 내뱉은 숨에 창문에 김이 서렸다. 대형 타이어는 한눈에도 무거워 보였지만, 파란색 작업복을 입은 남자는 아무렇지도 않게 타이어를 들더니 휙 던져버렸다. 또 다른 남자는 요란하지만 신나는 소리를 내며 드릴로 작업하고 있었다. 동시에 한쪽에서는 남자의 동료가 낡고 녹슨 트럭의 보닛을 장비로 두드리고 있었다. 조이는 무릎을 굽혔다 폈다 하면서 언젠가 여기서 일할 수 있을까 기대했다.

- **이 글에 쓴 기법** 다중 감각 묘사, 직유
- **얻은 효과** 성격 묘사, 감정 고조

장례식장 Funeral Home

풍경

깔끔히 손질한 잔디, 덤불과 나무, 꽃으로 조경한 정원, 조문객용 주차장, 건물 뒤 주차장(영구차, 리무진, 미니밴), **창고**(관을 넣어 운송하는 데 쓰는 상자, 냉장 장치, 세척제 및 엠버밍embalming[시체 화장과 방부 처리, 사고로 훼손된 시신을 복원하는 기술을 통칭하는 말] 제품, 시체나 유골을 태우고 난 재를 단지에 넣는 작업실이 있는), **엠버밍실**(테이블과 싱크대, 방부 처리 기계, 방부 처리액을 담은 병, 수술용 메스, 동맥 분리용 후크, 시신의 눈에 올려놓는 두 개의 동그란 덮개, 환기 시스템과 자외선기가 있는), **경야·고별식용 객실**[미국에서는 장례를 치르기 하루 이틀 전에 유족과 지인이 시체가 누운 관 곁을 지키는 경야 의식을 연다](잔잔한 등과 나무로 만든 가벽, 관 주변의 개방된 공간, 실크 소재 조화로 아름답게 꾸민 화환, 발소리를 흡수하기 위해 깐 패턴을 수놓은 러그나 카펫, 의자나 벤치가 있는), **장례용품 전시실**(다양한 크기와 스타일의 관이 진열된 모습, 유골함, 상담 고객을 위한 소파와 테이블, 티슈, 실크 소재 조화로 만든 화환이나 조화로 장식된 관, 장례식 안내서가 있는), **예배실**(의자나 긴 벤치, 강단과 무대, 영상 및 음향 장비, 피아노나 오르간, 마이크, 조문객 무리, 유족을 앞줄로 이끄는 직원이 있는), **접수실**(식음료가 가득한 테이블, 고인이 생전에 쓰던 물건을 전시한 모습)

소리

은은한 음악이나 찬송가, 소리 죽여 이야기하는 사람들, 바스락거리는 천, 낮은 흐느낌, 코 푸는 소리, 마이크를 타고 울려 퍼지는 추모 연설, 장례식 동안 연주되는 라이브 음악과 노랫소리, 삐걱거리는 벤치, 누군가 재빨리 휴대전화를 끄는 소리, 목을 다듬는 소리, 고인과 관련된 재미있는 일화를 들은 조문객들의 웃음

냄새

역할 정도로 과도하게 뿌린 향수, 꽃향기, 타오르는 촛불, 카펫, 가구 광택제

맛

눈물, 목구멍에 무언가 걸린 듯 역류할 때, 장례 절차 동안 기침이 나와 먹은 사

탕이나 기침약, 접수실에 놓인 음식(쿠키, 치즈와 크래커, 조각 케이크, 커피, 차),
장례식이 끝난 뒤 주차장에서 길게 내뿜는 담배 연기

(촉감과 느낌)

사랑하는 사람을 끌어안자 뺨에 닿는 머리카락, 상대방의 손을 잡자 전해지는
부드러운 종잇장 같은 혹은 살짝 축축한 느낌, 손안의 티슈 뭉치, 딱딱한 벤치에
정자세로 앉아 있어 점점 뻐근해지는 허리, 눈물을 닦아내려고 눈 밑을 세게 비
비는 느낌, 뻐근한 목이나 흉골을 마사지하는 느낌, 작은 옷이나 신발 때문에 갑
갑한 몸이나 발, 울음을 터뜨린 아이의 머리를 쓰다듬을 때 느껴지는 부드러운
머리카락, 핏줄이 두드러진 친척 노인의 손을 위로하며 쓸어내리는 느낌, 가시
돋은 장미 줄기를 쥔 손, 관 뚜껑의 부드러운 감촉, 두꺼운 카펫에 푹푹 빠지는
신발, 동그랗게 말았다가 풀었다 하는 장례식 안내서, 손으로 쥐고 있다 젖어버
린 연설할 말이 적힌 종이

이 배경에서 벌어질 만한 갈등의 원인

- 온 가족이 모이자 싸움이 벌어지기 시작한다.
- 잘못된 진단으로 죽은 줄 알았던 사람이 운구 중에 살아난다.
- 장례 비용을 어떻게 지불할지 걱정스럽다.
- 친구나 외부인이 고인의 재산이나 유언 내용에 대해 눈치 없이 떠든다.
- 흥분한 상태에서 운전하다가 주차장에서 사고가 일어난다.
- 가족의 은밀한 비밀이 폭로된다.
- 유족 모두가 싫어하는 사람이 장례식장에 나타난다.
- 유명인의 장례식에 취재진이 몰린다.
- 조문객 수가 예상보다 많아서 공간이 부족하다.

이 배경에서 볼 만한 유형의 사람들

- 장의사, 사제나 목사, 장례식장 직원, 조문객(가족, 친구, 이웃, 직장 동료 등), 발
  렛 파킹 직원

251

이 배경과 밀접한 다른 배경

- **시골 편** 교회/성당, 묘지, 영묘, 경야
- **도시 편** 영안실

화장터를 갖춘 장례식장도 있고, 그렇지 않은 장례식장도 있다. 서양에서는 고인을 잃은 슬픔을 존중하는 차원에서 한낮이나 장례식을 진행하는 동안에는 유해를 화장하지 않는다는 점에 주의하자.

배경 묘사 예시

잔잔한 플루트 선율을 배경음악으로 고른 장의사의 배려에 감사하며, 고별실로 향하는 어두운 빛깔의 나무 문을 열고 안으로 들어갔다. 짐의 가장 어린 여동생이자 유일한 혈육이 짐을 보내려고 자리를 떠나면 객실은 참기 힘들 정도로 고요해질 것이다. 관을 장식한 실크 장미 조화가 조명에 환하게 빛났다. 그 조화를 보자, 가슴속에서 뜨거운 무언가가 울컥했다. 아아, 꼭 생화를 장식해주고 싶었는데. 하지만 짐에게 입힌 풀을 먹여 뻣뻣한 셔츠와 넥타이, 그 뼈만 남은 얼굴을 보고 있자니 고통이 잦아들었다. 짐이 씩 웃으며 아직도 꽃 같은 것으로 안달복달한다고 놀리는 것 같았다. 그래, 짐은 꽃 알레르기가 있었지. 그러자 웃음이 나왔다. 눈에 눈물이 차올랐다. 그 어느 때보다 짐이 보고 싶었다.

- **이 글에 쓴 기법** 대비, 다중 감각 묘사
- **얻은 효과** 성격 묘사, 분위기 설정, 감정 고조

정신병동   Psychiatric Ward

풍경

일반 병동 종합병원식 복도와 하얀 벽과 바닥, 병동과 병동 사이에 설치한 이중 문과 입구의 보안 키패드, 명판이 부착된 방들(세탁실, 조제실, 상담실, 카페테리아 등), 주로 낮에 많이 찾는 공동실(잡지와 책, 테이블과 의자, 게임 도구가 있는), 휠체어, 환자 체크와 모니터링 담당 인력, 회진을 다니며 약을 처방하는 의사와 간호사, 병동을 순찰하거나 경비실을 지키는 경비원들, 사각지대를 없애기 위해 복도 교차로에 설치한 반사경, 종이컵에 덜어놓은 약과 종이컵을 담은 쟁반, 잠근 문, 보안 조치를 한 서랍과 찬장, 벽에 매립하거나 아주 단단히 고정한 그림이나 기타 예술 작품, 응급 상황 전담팀, 색색별 손목 밴드를 찬 환자와 밴드에 적힌 병력(폭행 이력, 식이 장애, 도주 가능성) 및 바코드(스캔하면 필요한 약 정보가 뜨는), 플라스틱 식기에 담은 음식, 치료용으로 반입한 동물, 기본 시설을 갖춘 체력 단련실과 야외 휴식 시설, 개인 상담 시간, 환자들(정처 없이 돌아다니고, 혼자 중얼거리고, 창문을 뚫어지게 노려보고, 일기를 쓰거나 그림을 그리고, 다른 환자 등에게 소리를 지르고, 거친 행동을 해서 관리자들의 저지를 받는)

병실 작은 창문이 난 문, 덮개에 감싼 조명(야간 시간대 감시를 위해 조도를 낮춘), 병상(비닐 매트리스 커버, 흰 시트, 담요, 필요한 병실에 한해 안에 쿠션을 덧댄 구속구), 서랍과 책상, 스프링 철이 없는 일기장, 부러뜨리거나 자해용으로 쓰기 어려운 아주 두꺼운 연필, 보안 조치를 한 창문에 드리워진 무거운 커튼, 화장실(샤워기, 바닥 타일, 세면대와 거울, 변기, 위험한 환자가 있는 방에는 화장실에도 반사경을 설치할 때가 있음), 반입 금지품이나 위험한 물건을 찾아 서랍을 뒤지는 관리자들, 막 입원한 환자가 밤에 자다가 야간 인원 확인 등을 위해 돌아다니는 관리자나 손전등 혹은 간호사가 채혈하기 위해 찌른 주삿바늘에 깨는 모습

소리

여닫는 문, 주먹으로 쾅쾅 치는 문, 울려 퍼지는 발걸음, 홀을 삐걱거리며 지나가는 세탁물 운반 카트, 모니터링 장비의 경고음, 손목 혈압 측정기의 작동음, 뒤척이면 사각거리는 비닐 매트리스 커버, 깜빡이는 형광등, 환자들(혼자 중얼거리고, 흥얼거리고, 노래하고, 울고, 고함 지르는), 환자 사이에 벌어진 다툼, 심리

적 안정을 위해 튼 음악(미술 치료 프로그램 등에서), 흔들리는 옷자락(신발 착용이 금지된 병동인 경우), 달칵거리며 작동하는 에어컨이나 히터, 타일 바닥에 쏟아지는 샤워기 물, 수도꼭지에서 쏟아지는 물, 내려가는 변기 물, 기침, 스피커에서 나오는 응급 코드 번호(병원에서는 보통 위기 상황을 코드화 한다) 안내 방송, 간호사의 침착한 목소리, 환자 관리 직원이나 테라피스트, 앓고 있는 병 때문에 똑같은 소리를 반복하는 환자(목 가다듬는 소리, 입안에서 혀를 튕기는 소리, 욕설), 간호사가 카드를 대자 열리는 보안 조치된 문

냄새

식사 시간에 풍기는 음식 냄새(그레이비소스, 오일, 빵, 향신료, 고기), 소독제, 땀, 데오도란트, 갓 빤 시트와 수건에서 나는 세제 냄새, 수렴제 성분이 든 거품형 손 소독제, 소변, 토사물, 알코올 솜, 퀴퀴한 에어컨 바람

맛

밍밍한 병원식(권장 영양소는 갖췄으나 맛이 없는), 주스, 물, 자판기의 탄산음료나 초콜릿(환자가 차도를 보이자 상으로 준), 알약이나 캡슐 약

촉감과 느낌

부드러운 수건, 화장실에 있는 거칠고 까끌까끌한 종이 타월, 손목에 찬 환자용 밴드, 유리창의 냉기, 식사 시간에 받은 플라스틱 포크를 쥐는 느낌, 자해해서 생긴 쓰라린 통증, 두꺼운 면양말, 감독 아래 진행되는 운동 시간과 끈 없는 신발을 신고 운동하다 미끄러지는 느낌, 지루해 무언가를 긁는 느낌(컴퓨터, 연필 몸통 부분의 칠을 벗겨내는 등), 목에 걸리는 약, 차가운 알코올 솜과 따끔한 주삿바늘, 자해 여부를 확인한다며 장갑 낀 손으로 몸 여기저기를 만지는 느낌, 샤워 뒤에 헤어드라이어를 쓰지 않은 젖은 머리카락의 축축함, 자해 행위에서 오는 해방감, 옷 끝자락을 반복해서 만지작거릴 때의 안도감, 미술 치료 프로그램에서 받은 말랑한 점토나 차가운 그림물감

이 배경에서 벌어질 만한 갈등의 원인

- 처방한 약에 실수가 있다.

254

- 특정 환자에 대한 편애 때문에(실제 혹은 상상) 다툼이 벌어진다.
- 약물 부작용(정신이 흐릿해지거나, 미각이 둔해지거나, 수면 장애나 환각·환청)을 겪는다.
- 환자가 약 복용을 거절하거나 구속 혹은 격리가 필요하다.
- 볼일이 급한데 안전을 위해 문을 잠가놨다(섭식 장애로 인한 강제 구토나 배변 방지 등).

이 배경에서 볼 만한 유형의 사람들

- 사제나 목사, 의사, 잡역부, 정신병자, 간호사, 환자 관리 담당 직원, 심리학자, 테라피스트, 방문객(보호자, 가족, 가까운 친구들)

이 배경과 밀접한 다른 배경

- 구급차, 응급실, 병실, 경찰차

참고 사항 및 팁

일반 병원(병동)에 일부 정신과 진료 시설이 포함된 경우와 정신병원만 독립적으로 운영하는 경우가 있다. 환자가 스스로 입원할 때도 있지만, 의사나 법적 보호자가 환자가 자신이나 타인을 해칠 수 있다고 판단하면 강제로 입원되기도 한다. 어떤 정신병원에서는 심하지 않은 환자를 대상으로 외래 진료 서비스를 제공한다. 관련 규정과 절차는 시설 상태만큼이나 병원마다 다르다.

배경 묘사 예시

지독한 냄새가 복도에 가득했다. 그중에서도 34호에서 풍기는 악취가 유독 심했는데, 캠은 딱히 놀라지 않았다. 오랫동안 정신분열증을 앓은 윌리엄 랜드는 약을 먹는 족족 토하고 버리는 것으로 유명했다. 문 유리창에 배설물을 덕지덕지 발라놓는 것으로도 악명이 높았다. 그럼 그렇지. 윌리엄이 오늘도 창문을 장식해놓았다. 이번에는 웃는 얼굴로 그림까지 그렸다. 자기도 모르게 구역질이 치밀어 관리실 세면대까지 황급히 달려갔다. 진절머리가 났다. 새 일자리를 찾을 때가 왔다.

- **이 글에 쓴 기법**　다중 감각 묘사
- **얻은 효과**　분위기 설정, 복선

주유소   **Gas Station**

풍경

외부 때로 찌든 주유기, 넘치는 쓰레기통 주변을 날아다니는 말벌, 어깨가 구부정한 주유소 직원이 죽은 벌레로 도배된 창문을 청소 도구로 쓸어내는 모습, 주유비가 많이 나왔다며 항의하는 손님들, 종이 타월 디스펜서, 문 옆 화물 운반대 위에 쌓인 유리 세정제들, 셀프 주유 표지판, 엔진오일 진열장, 문이 열리지 않는 제빙기, 장작 더미, 시세가 적힌 판, 건물 안쪽이나 지붕에 설치한 감시 카메라, 주유기 옆 노란색 표시선, 더럽고 낙서로 도배된 고객용 화장실, 편의용품을 판매한다는 광고가 붙은 창문, 에어 호스와 주유기에 다가가는 대형 레저용 자동차, 진흙을 뒤집어쓴 트럭과 오토바이, 자동차와 트럭, 기름으로 얼룩진 갈라진 바닥, 유조차의 탱크에서 지하 탱크 저장소로 힘들게 기름을 빼내 옮기는 모습

내부 수동문이나 자동문, 식품으로 가득한 판매대(과자, 초콜릿 바, 견과류와 트레일 믹스, 쿠키, 빵), 비좁은 실내, 업소용 냉장고(탄산음료, 주스, 우유, 물, 아이스커피, 에너지 드링크, 맥주가 든), 미리 포장된 간편식 판매대(조각 피자, 핫도그, 츄러스, 샌드위치, 프라이드치킨, 감자튀김이 있는), 잡지 및 신문 가판대, 판매용 과일 바구니, 계산대(전화를 거는 점원, 담배 진열대, 성인 잡지, 복권이 있는)

소리

외부 주유구 여는 소리, 주유기 펌프를 작동시키거나 중지시킬 때 나는 금속음, 호스를 타고 들어가는 연료, 정차된 차량에서 흘러나오는 음악, 도로를 빠르게 지나가는 차들, 트럭 안에서 짖는 개, 긴 여행으로 차 안이 갑갑한 아이들이 서로에게 지르는 소리, 시동 거는 오토바이, 식어가는 엔진

내부 영수증을 뱉는 카드 단말기, 커피 머신, 웅 돌아가는 슬러시 기계, 라디오에서 나오는 노래, 카드 단말기로 카드 긁는 소리, 바스락거리며 여는 과자 포장지나 빨대 포장지를 벗기는 소리, 금전등록기에 떨어뜨리는 동전

냄새

가솔린, 더러운 엔진오일, 태양의 뜨거운 열기 속에 부패하는 쓰레기, 트럭 백미러에 달린 방향제, 배기가스, 햇볕에 달궈진 노면

> 맛

도로변 식당이나 휴게소에서 파는 음식과 음료(에너지 드링크, 커피, 탄산수, 달콤한 슬러시, 짭짤한 과자, 슈가 파우더를 잔뜩 뿌린 미니 도넛, 육포, 초콜릿 바, 에너지 보충용 단백질 바), 담배

> 촉감과 느낌

때 묻은 주유기 고무 노즐, 주유를 위해 꾹 누르는 주유기 레버, 차 안의 쓰레기를 버리려다 오래된 테이크아웃 컵이나 아이스크림 컵을 만져 끈적거리는 손, 디스펜서에서 꺼낸 거친 종이 타월, 유리창을 닦는 청소 도구에서 흘러 다리나 발에 뚝뚝 떨어지는 물, 오염된 차 문이나 계기판에 쌓인 먼지, 셀프 주유기 카드 투입구에 밀어넣는 신용카드, 제거한 노즐에서 발로 떨어진 휘발유, 기계에서 뽑는 영수증, 자동차 시트를 다시 세울 때 부드럽게 튕기는 느낌, 주유기를 만진 손을 소독제로 씻는 느낌

이 배경에서 벌어질 만한 갈등의 원인

- 어떤 차가 주유비를 내지 않고 떠난다.
- 주유소에 강도가 침입한다.
- 음주 운전이나 부주의로 주유기나 주유소 가까이에서 운전대를 꺾는 바람에 무언가를 친다.
- 손님끼리 싸움이 난다.
- 휘발유가 동이 난 탓에 대기 차량이 많아지고 사람들이 화를 낸다.
- 무례한 운전자가 양 주유기 사이에 주차하는 바람에 어느 쪽도 사용할 수 없다.
- 주유기에 동전과 구겨진 소액 지폐를 하나하나 넣는 사람이 있다.
- 볼일이 급해 주유소 화장실을 찾았다가 너무 더러워서 불쾌해진다.
- 차에 맞지 않는 잘못된 유종을 주유한다.
- 주유기가 제대로 작동하지 않아 가게 안으로 들어가 영수증에 결제 서명까지 해야 한다.
- 차가 멈출 때마다 아기가 소리를 지른다.

258

이 배경에서 볼 만한 유형의 사람들

- 손님, 물류 운송 기사, 주유소 직원, 유조차 운전사, 오토바이를 모는 아이들

이 배경과 밀접한 다른 배경

- 세차장, 편의점, 야외 주차장, 트럭 휴게소

참고 사항 및 팁

살인자부터 연쇄살인범, 정신병원 외래 환자, 포르노 배우, 여유로운 중산층 엄마, 수녀, 마약중독자, 경찰관까지 휘발유가 필요하지 않은 사람은 없다. 주유소는 다소 심심한 배경이라고 생각할 수도 있지만, 현실의 주유소는 역동적인 곳이다. 상반된 부류의 인물을 등장시키고, 감시 카메라도 한두 대 배치해 매력적인 갈등을 그릴 수 있다.

배경 묘사 예시

그러면 그렇지. 출근 시간에 늦어도 한참 늦은 그날, 주유소의 주유기 네 대는 모두 사용 중이었다. 나는 더러운 노란색 밴 뒤에 차를 세웠다. 손가락으로 운전대를 초조하게 두드리며 저 배불뚝이 남자가 주유를 끝내가는 상태이기를 바랐다. 남자가 마침내 주유기 노즐을 툭툭 흔들더니 거치대에 다시 걸었다. 나는 자세를 바로 한 뒤 기어를 넣었다. 하지만 남자가 밴에 올라타자 이번에는 옆문에서 아이들 대여섯 명이 개미집을 탈출하는 개미 떼처럼 줄지어 나왔다. 아이들은 제빙기와 엔진오일 진열대를 앞다투어 지나더니 편의점의 자동문 속으로 쏙 들어갔다. 나는 의자 머리 받침에 머리를 쿵 박았다. 아주 기다리다 뼈를 묻겠네.

- **이 글에 쓴 기법**   과장, 직유
- **얻은 효과**   시간의 경과, 감정 고조

지하도

풍경

길이나 철도 아래의 콘크리트 혹은 타일 벽 터널, 지하도 위편의 도로를 지나는 차량이나 지하도를 통과하는 차량, 가장자리에 바싹 붙어 지나가는 보행자나 자전거를 탄 사람, 콘크리트 바닥이나 인도, 긴 지하도를 밝히는 조명들, 짧은 지하도와 출구 끝에서 아른거리는 한낮의 태양, 그라피티나 벽화, 벽에 붙은 포스터나 광고, 물(벽을 타고 내려와 흐르는 개울물, 천장에서 뚝뚝 떨어지는 물, 바닥의 물웅덩이), 등 뒤의 빛에 실루엣만 보이는 사람들, 널찍한 지하도를 지탱하는 기둥이나 아치형 구조물, 지하도 양 끝의 보행자 전용 계단, 군데군데 어둠이 들어서게 하는 고장 난 조명, 거미와 거미줄, 조명 주변을 날아다니는 나방과 그 밖의 벌레들, 바닥을 도배한 새똥, 기둥 꼭대기에 튼 새 둥지에서 떨어진 마른 풀과 나뭇가지, 비닐을 덮고 잠을 청하는 노숙자들, 바람에 날아온 잎과 흙이 한 편에 산처럼 쌓인 모습, 물에 훼손된 천장, 배수로에 쌓인 쓰레기(신문 뭉치, 전단지, 담배꽁초, 비닐봉지), 보행자 전용로와 차도를 구분하기 위해 설치한 울타리나 페인트칠한 선, 금이 가고 부서진 연석, 교외 지역 지하도에 출몰하는 들짐승, 비가 거세지면 물에 잠기는 저지대 지역, 콘크리트 바닥의 갈라진 틈에 자란 풀

소리

메아리, 폭풍우가 휘몰아치는 가운데 울부짖는 바람, 발걸음, 천장 너머로 차들이 만들어내는 굉음, 지나가는 차들의 소리가 증폭된 소리, 천장에서 흘러 내려와 바닥에 떨어지는 물, 쌩 지나가는 자전거, 갈라진 콘트리트 바닥에 바퀴가 걸려 넘어지는 자전거, 부르르 떨리는 조명, 전구 불빛으로 날아드는 곤충과 나방, 아스라이 들려오는 사이렌, 대화, 지하도 가장자리의 쓰레기 더미를 뒤지는 작은 동물, 걸으면서 전화 통화하는 사람들, 웅덩이를 밟는 바람에 튀기는 물, 새 울음소리, 쉭쉭거리는 고양이나 들짐승

냄새

빗물, 흰 곰팡이, 젖은 콘크리트, 뜨거운 노면, 매연, 소변, 오래된 물

$$\boxed{\text{맛}}$$

이 배경에서는 등장인물이 가지고 있는 것(껌, 박하사탕, 립스틱, 담배 등) 말고는 관련된 특정한 맛이 없다. 이럴 때는 미각 외의 네 가지 감각에 집중하는 것이 좋다.

$$\boxed{\text{촉감과 느낌}}$$

지하도를 지나는 강한 바람에 휘청이는 몸, 그늘로 들어서자 거짓말처럼 시원해지는 공기, 발바닥에 전해지는 딱딱한 콘크리트 바닥, 지나가면서 돌풍을 일으키는 차, 긴 지하도 한가운데의 퀴퀴하고 답답한 공기, 위험할지도 모르는 고립된 지역으로 들어가자 긴장해서 꽉 조이는 배, 머리나 소매에 뚝뚝 떨어지는 물, 웅덩이를 밟은 탓에 사방으로 튀는 물, 울퉁불퉁한 인도에 걸려 넘어지는 느낌, 피부에 달라붙는 거미줄, 수상한 사람이나 지나치게 어두운 지역을 피해 다른 길로 가는 발걸음, 짙은 어둠 탓에 쓰레기 더미에 걸려 넘어지거나 병이나 탄산음료 캔을 우연히 발로 차는 느낌, 둥지에서 날아오르는 새에 깜짝 놀라는 느낌, 쓰레기 더미에서 들리는 바스락거리는 소리 때문에 놀라는 느낌, 콘크리트를 발톱으로 갉는 큰 쥐

이 배경에서 벌어질 만한 갈등의 원인

- 어둠 속에서 갑자기 공격당한다.
- 보행자가 자전거나 차에 치인다.
- 위험 폐기물(깨진 유리, 버려진 주삿바늘 등)이 있다.
- 지하도가 무너진다.
- 지진이 일어나 지하도에 갇힌다.
- 울퉁불퉁한 콘크리트 바닥에 걸려 넘어진다.
- 밤늦은 시각에 지하도에서 누군가를 만나야 한다.
- 지하도를 지나다 들짐승과 마주친다(교외 지역인 경우).

ㅈ

261

이 배경에서 볼 만한 유형의 사람들

• 자전거를 타거나 조깅하는 사람, 오토바이 타는 사람, 보행자, 부랑자

이 배경과 밀접한 다른 배경

• 대도시 거리, 공원, 소도시 거리, 지하철 터널

지하도는 보행자 다리처럼 걸을 만한 길이부터 끝이 보이지 않는 길이까지 규모가 광범위하다. 칙칙하고 축축한 지하도(특히 수역 지대 아래의 지하도)가 있는 반면, 빛이 잘 들고 밝은색으로 페인트칠한 지하도도 있다. 또한 차량 전용 지하도, 보행자 및 자전거 전용 지하도, 차량과 사람 모두 이용 가능한 지하도도 있다. 도시 지하도의 상당수는 한때 노숙자와 비행 청소년의 아지트였지만 최근에는 스케이트장, 벼룩시장, 극장, 노숙자 쉼터 등 생산적인 공간으로 탈바꿈했다. 이제 지하도는 다양한 시나리오에 활용할 수 있는 쓰임새 높은 장소다.

배경 묘사 예시

자전거를 탄 사람들이 자전거 도로로 마저리를 획 지나쳤다. 시멘트 벽에 반사된 자전거 굴러가는 소리가 지하도 안을 크게 울렸다. 이번에는 보행자들이 마저리를 스쳐 지나갔다. 반 마일 길이의 지하도를 건너 회사에 제시간에 도착하려면 그럴 수밖에 없다. 하지만 마저리는 느긋하게 발걸음을 옮겼다. 희미한 불빛 속에서 벽화가 그려진 아치들이 환히 빛났다. 생기발랄한 색감이다. 꽤 우툴두툴하네. 마저리는 손가락으로 붓 자국을 쓸어내렸다. 이런 걸 누가 언제 그렸을지 호기심이 일었다.

• 이 글에 쓴 기법　다중 감각 묘사
• 얻은 효과　성격 묘사, 분위기 설정

칸막이가 있는 사무실　　　Office Cubicle

풍경

부드러운 쿠션을 덧댄 칸막이, 책상이나 벽에 고정한 명판, 컴퓨터와 헤드셋, 책상 모서리에서 대롱거리는 전기 코드, 쓰레기통, 회전의자, 방석, 사무용품(스테이플러, 가위, 펜, 형광펜, 공책), 액자에 넣은 개인 사진들, 전화기, 머그잔이나 물병, 간식, 파일 캐비닛에 붙인 자석과 중요 사항을 적은 메모, 종이나 파일 더미로 가득한 미결 서류함, 소소한 장식품과 개인 소지품, 벽에 붙인 아이들의 크레용 그림, 출신 대학을 상징하는 깃발, 칸막이에 고정한 엽서와 포스터, 책상이나 컴퓨터 모니터에 붙인 접착식 메모지, 티슈 상자, 돌아가는 컴퓨터 팬, 소형 히터, 의자에 걸어놓은 스웨터나 재킷이 늘어진 모습, 바인더와 매뉴얼 책자로 빼곡한 선반, 화분에 심은 식물, 계절별로 바뀌는 장식, 게시판을 장식한 사진과 각종 기념품, 달력, 화이트보드

소리

칸막이 너머로 들리는 목소리, 모여서 수다 떨며 웃는 동료들, 전화벨이나 신호음, 두드리는 키보드, 인쇄물이 나오는 프린터, 굴러가거나 삐걱거리는 의자 바퀴, 스테이플러 찍는 소리, 누군가의 헤드셋에서 흘러나오는 희미한 음악, 부스럭거리며 찢는 과자 봉지, 탄산음료 캔을 따는 소리, 여닫히는 파일 캐비닛, 넘기거나 구기거나 찢는 공책, 컴퓨터에서 재생한 희미한 음악, 펜으로 톡톡 두드리거나 펜을 딸깍 누르는 소리, 계산기 버튼, 윙 돌아가는 팬, 넘기는 책장, 복도를 지나는 카트 바퀴, 발걸음, 땡 열리는 엘리베이터, 청소기로 먼지를 빨아들이는 청소부, 화분에 심은 식물에 물을 줄 때의 소리

냄새

마커와 형광펜, 낡은 파일, 포푸리와 공기 탈취제, 향초, 카펫, 청소 제품, 손 소독제, 향수, 헤어 제품, 종이, 판지 상자, 전자레인지에 데운 점심, 커피, 생일 케이크

맛

우표나 봉투를 혀로 핥아 붙일 때의 끈적거림, 질경질경 씹는 플라스틱 펜, 커

263

피, 차, 탄산음료, 물, 자판기에서 산 과자, 집에서 만든 간식, 집에서 만들어 온 점심(샌드위치, 과일, 요거트, 치즈와 크래커, 샐러드), 도넛, 생일 파티를 위한 컵케이크, 주문한 피자, 포장해 온 음식

촉감과 느낌

칸막이에 댄 꺼끌거리는 천, 의자에 앉은 채 몸을 뒤로 젖힐 때의 반발력, 쿠션을 덧댄 의자, 타이핑을 너무 많이 해서 생긴 손목과 손가락 관절의 통증, 귀와 어깨 사이에 전화기를 대고 통화하는 바람에 경련이 오는 목, 허리 통증, 졸다가 넘어질 뻔해서 바꾸는 자세, 시린 손끝과 발끝, 책상 밑 히터가 뿜는 열기, 회전하는 선풍기에서 가끔 느껴지는 바람, 안절부절 못하는 느낌(펜으로 책상을 두드리고, 손가락을 두드리고, 발을 까닥이는 등), 일어서서 하는 스트레칭, 아끼는 펜으로 글씨를 쓸 때의 만족감, 차가운 물병이나 탄산음료 캔에 맺힌 미끌거리는 물방울, 온기를 찾아 스웨터에 넣는 손, 종이에 베이는 느낌, 갓 만든 차나 커피로 따뜻하게 덥히는 손

이 배경에서 벌어질 만한 갈등의 원인

- 동료가 개인 공간을 침범한다.
- 상사에게 아첨하고, 자신을 부각시키려고 다른 사람을 깎아내리는 직원이 있다.
- 직원들 사이에서 권력 다툼이 벌어진다.
- 상사가 지나치게 고압적이거나 무능하다.
- 칸막이 너머로 불쾌한 냄새(마늘, 과도한 향수, 심한 체취)가 나거나 신경에 거슬리는 소음(펜을 딸깍딸깍 반복해 누르는 소리)이 들린다.
- 동료가 다른 직원의 아이디어나 고객을 훔친다.
- 무능하거나 무책임한 직원과 파트너가 된다.
- 짜증이 나거나 마음이 상할 정도로 심한 장난을 치는 직원이 있다.
- 성폭력 사건이 벌어진다.
- 품질이 나쁘거나 고장 난 장비로 일해야 한다.
- 일과 가정의 균형을 지키기가 어렵다.
- 자신에 대한 험담을 우연히 듣는다.

이 배경에서 볼 만한 유형의 사람들

- 고객, 배달원, 임직원, 변호사와 대외 홍보팀, 유지 보수 직원, 청소부, 회의에 참석하기 위해 방문한 다른 회사 사람들

이 배경과 밀접한 다른 배경

- 회의실, 엘리베이터

참고 사항 및 팁

칸막이 안에서 보내는 시간이 긴 만큼 그곳을 보면 인물의 성격을 알 수 있다. 어떤 기념품을 모았는지, 물건을 깔끔하게 정리하는지 너저분하게 늘어놓는지, 공간에 장식 하나 없는지 지나치게 꾸몄는지, 자기 물건을 다른 사람이 손도 못 대게 하는지 등의 질문을 통해 등장인물에게 어울리는 칸막이 풍경을 고를 수 있고, 인물만큼이나 개별적인 사무 공간을 만들 수 있다.

배경 묘사 예시

형광등이 깜박거리더니 꺼졌다. 컴퓨터 화면과 책상 스탠드에서 희미하게 뿜어져 나오는 빛만이 어두운 사무실을 비추었다. 청소용품 카트의 기름칠한 바퀴가 매끄럽게 굴러가는 소리가 났다. 표백제와 창문용 세제 냄새에 마이크의 코가 절로 씰룩였지만 일을 멈추지는 않았다. 홍수가 오기 전에 정신없이 개미집을 쌓는 흰개미처럼, 마이크는 미친 듯이 키보드를 두드렸다.

- **이 글에 쓴 기법** 빛과 그림자, 다중 감각 묘사, 직유
- **얻은 효과** 성격 묘사

커뮤니티 센터 Community Center

풍경

차로 가득한 주차장, 대형 운동장(축구, 연날리기, 술래잡기 등을 할 수 있는), 양
문형 입구, 센터 프로그램(스카우트 모임, 로봇 수업, 육아 수업, 청년 행사)에 참
가하는 아이들을 차로 데려다주는 부모들, 천장과 벽에 창문이 난 커다란 방, 주
방 및 취사실, 다양한 행사(결혼식, 지역 주민 모임, 청소년 댄스 프로그램, 크리스
마스 파티, 가족 모임, 중고 장터 등)에 활용 가능한 용품(접이식 탁자와 적층 의자,
오디오 시스템, 타일 바닥 등)을 갖춘 대형 회의실, 행사 조직 관계자가 근무하는
사무실(일상 업무, 홀 대여, 회의 주관), 물품 보관실, 지역 뉴스 게시판, 모금 행
사 등 각종 이벤트 광고물(저렴한 가격에 중고품을 사고파는 장터, 공병 판매금 모
금 행사, 공원에서 열리는 영화의 밤), 화장실, 청소년용 라운지(오래된 소파와 안
락의자, 당구대와 테이블 축구, 텔레비전, 선반에 다양한 보드게임 상자가 쌓여 있
는), 어린아이를 데리고 놀이 프로그램에 참여하는 엄마들, 매트를 깔고 준비
운동에 들어가는 요가 수업, 창고(접이식 탁자와 의자, 각종 청소용품, 조화, 음향
장비가 있는)

소리

회의실에서 벌어지는 열띤 토론, 나무판자에 망치질하며 경주용 차를 만드는
스카우트 단원들, 방과 후 프로그램에 참여한 웃고 떠드는 아이들, 댄스 행사 작
업자들에게 이것저것 큰 소리로 안내해주는 사람들, 결혼식에서 주례를 서는
주례자, 물품 보관실 행거에 걸린 옷걸이들을 옮길 때 나는 드르륵 소리, 사무
실의 전화벨, 내려가는 변기물, 물이 흐르는 음수대, 신발로 밟자 삐걱거리는 바
닥, 열린 문으로 불어닥친 돌풍 때문에 파닥거리는 게시판의 종이들, 밖에서 들
려오는 희미한 소음(주차장에 드나드는 차량, 아이에게 소리치는 부모, 야외 농구
코트에서 농구공을 튀기는 소리)

냄새

커피, 음식(케이터링 음식 혹은 행사를 주최한 그룹이 직접 주방을 빌려 음식을 준
비하는 경우도 있음), 낡은 건물에서 나는 퀴퀴한 냄새

맛

음수대에서 나오는 물, 홀을 대관한 단체에서 제공하는 가벼운 다과, 커피, 차, 직원들과 봉사자가 휴게실에 늘어놓은 집에서 가져온 따뜻한 음식

촉감과 느낌

수화기를 귀에 댄 채 확인하는 대관 스케줄이 적힌 달력, 열린 문으로 불어온 외풍에 펄럭이는 옷자락, 금혼식 기념 식사가 끝난 자리를 일정한 박자로 쓰는 빗자루, 수거함에 넣으려고 둘둘 마는 식탁보, 창고에 보관하려고 접는 묵직한 테이블 다리, 비 오는 날 젖은 타일 바닥에 미끄러지는 신발, 청소년 라운지의 낡은 소파에 늘어져 앉아 있는 느낌, 행사 준비를 위해 창고 수납장에서 꺼낸 무거운 장식품, 오래된 장식에 쌓인 먼지 때문에 나오는 재채기

이 배경에서 벌어질 만한 갈등의 원인

• 예약자가 대관 예약을 해놓고 나타나지 않거나 대관비 지불을 거절한다.
• 깨진 유리창, 낙서로 얼룩진 벽, 파손된 조경 등 수리하는 데 상당한 비용이 드는 기물 파손 행위가 벌어진다.
• 적자로 센터 운영이 힘들어진다.
• 프로그램 수요는 많으나, 자원봉사자가 부족하다.
• 센터를 긴급 피난처로 써야 하는데, 수용 공간이 충분하지 않다.
• 홀이 실수로 이중 계약된다.

이 배경에서 볼 만한 유형의 사람들

• 센터 직원과 회원, 아이, 유지 보수 직원과 경비원, 각종 행사나 회의를 주관하는 업체 직원이나 회원, 십 대

이 배경과 밀접한 다른 배경

• **시골 편** 교회/성당, 체육관, 결혼식 피로연

- **도시 편** 야외 수영장, 야외 스케이트장, 야외 주차장, 레크리에이션 센터

커뮤니티 센터의 규모와 상태는 지역 주민의 소득에 따라 크게 달라진다. 빈곤 지역에 있는 센터는 수백만 달러짜리 주택이 밀집된 지역의 센터보다 규모도 작고 편의 시설도 부족하다. 하지만 규모와 상태에 상관없이, 이곳은 지역 활동의 구심점이기 때문에 지역 주민들이 쉽게 마주칠 수 있는 곳이다. 원치 않는 사람을 우연히 맞닥뜨릴 수도 있다는 뜻이다. 새 여자 친구와 함께 온 전 남편, 또래 아이들을 못살게 구는 불량 청소년, 옆 블록에 사는 이상한 이웃 등을 지역 모임과 행사에서 얼마든지 맞닥뜨릴 수 있기에 이 배경은 매력적인 긴장과 재미, 충돌을 선사할 수 있다. 커뮤니티 센터를 배경으로 선택했다면 이곳을 단합의 집결지로 삼을지, 혹은 갈등의 진원지로 삼을지 고민해야 한다.

배경 묘사 예시

리로이가 공구 통을 들고 자리를 뜨자마자 카를라는 책상에서 일어나 에반우드 홀로 발걸음을 옮겼다. 에반우드 홀은 대관이 가능한 세 곳 중 가장 작았다. 불이 꺼진 그곳은 조용했고, 바닥은 깔끔하게 청소되어 있었다. 오키드 요가 스튜디오는 에반우드 홀을 가장 선호해 이곳에서 일주일에 한 번씩 수업을 진행했다. 오키드 요가 스튜디오는 에반우드 홀을 오랫동안 대관해온 고객이지만, 최근 들어 갑자기 방 안이 가마솥처럼 뜨겁게 데워질 때까지 난방을 틀고 여성들에게 인기 좋다는 핫 요가 수업을 진행하기 시작했다. 카를라 입장에서는 난방비도, 며칠이 지나도 빠지지 않는 냄새도 모두 최악이었다. 카를라는 리로이의 솜씨를 보며 미소 지었다. 투명 플라스틱 박스로 난방 온도 조절기를 둘러놓은 것이다. 이로써 작은 문제 하나가 해결됐다. 커뮤니티 센터의 적자 문제도 이렇게 간단히 해결되면 얼마나 좋을까.

- **이 글에 쓴 기법** 대비, 다중 감각 묘사
- **얻은 효과** 분위기 설정

타투 샵 Tattoo Parlor

가게 유리창의 네온사인, 기다리는 손님을 위한 의자, 코트 걸이, 다양한 타투 디자인을 정리한 포트폴리오, 벽에 그린 타투 그림들, 다양한 예술 작품(그림, 도자기, 장신구, 조각과 그 밖의 자질구레한 장식품), 판촉 상품(티셔츠, 머그잔, 열쇠고리, 범퍼 스티커), 벽에 걸린 거울, 텔레비전, 밑그림 도구를 갖춘 도안 제작 공간(테이블, 스케치북, 펜과 연필, 마커가 있는), 접수대, 검은 커튼 너머로 보이는 타투이스트의 개성이 돋보이는 방(인테리어, 기념품, 사진, 예술 작품, 가게에 흐르는 음악), 벽에 걸린 자격증, 의자나 침대에 기댄 손님들, 압정으로 벽에 고정한 타투 스케치들, 일회용 장갑 상자, 타투 기계, 잉크와 잉크 뚜껑, 바늘, 차곡차곡 쌓인 수건들, 잉크를 닦아내는 데 쓰는 물 빠진 수건, 타투 스텐실을 위한 감열지, 연고와 반창고, 작업 중인 타투를 확대해서 볼 때 쓰는 헤드형 확대경, 조절 가능한 조명, 위험 물질 및 의료 물품 폐기 용기, 도구 소독용 고압 멸균기, 세면대, 판매 중인 타투 애프터케어 제품, 휴게실

음향 장비에서 흐르는 음악, 텔레비전 속 목소리, 작동하는 타투 장비, 잡담, 손님을 맞이하는 접수대 직원, 뒤편 방으로 안내받는 손님의 발걸음, 의자에 앉거나 침대에 눕는 손님, 손님이 뒤로 몸을 젖히는 동안 가까이 옮기는 바퀴 달린 의자, 타투 도구를 감싼 비닐 포장을 여는 소리, 직원이 손을 씻자 세면대에 튀는 물, 타투 포트폴리오를 넘기는 손님, 손님이 직접 디자인한 타투 도안의 포장지를 벗길 때 나는 바스락 소리, 옷 벗는 소리, 영수증을 인쇄하는 단말기, 커버를 씌운 의자에 앉는 동안 들리는 종이 소리, 타투 시술이 시작되자 고통스러운 신음을 삼키는 손님, 완성된 타투를 보고 탄성을 지르는 손님

소독약, 퀴퀴한 담배 연기, 페인트, 휴게실에서 풍기는 전자레인지에 데운 음식이나 배달 음식 냄새

E

269

맛

이 배경에서는 등장인물이 가지고 있는 것(껌, 박하사탕, 립스틱, 담배 등) 말고
는 관련된 특정한 맛이 없다. 이럴 때는 미각 외의 네 가지 감각에 집중하는 것
이 좋다.

촉감과 느낌

원하는 디자인을 찾아 넘기고 더듬는 타투 포트폴리오, 푹신한 의자나 침대에
파묻힌 몸, 다가올 통증에 근육이 팽팽해지며 밀려오는 두려움, 의자 기울기를
조절할 때 올라가거나 내려가는 다리나 머리, 장갑 낀 손으로 만지는 피부, 피부
를 누르는 면도날, 차가운 면도 거품, 타투 시술에 방해가 안 되게 잡고 있는 옷
자락, 어색한 자세로 눕거나 앉아 있는 느낌, 통증, 길게 들이쉬고 내쉬는 숨, 수
건으로 닦아내는 타투 작업대, 끈적거리는 연고, 완성한 타투를 보려고 비트는
몸, 반창고를 뗄 때의 느낌

이 배경에서 벌어질 만한 갈등의 원인

- 손님이 두려움이나 긴장으로 기절한다.
- 미성년자가 타투를 받고 싶다고 방문한다.
- 타투 샵의 비위생적 시술로 거센 비판이 일어난다.
- 타투이스트들이 서로의 디자인을 베낀다.
- 타투가 끝났는데 원했던 디자인과 다르다.
- 타투이스트가 퉁명스럽거나 지나치게 말이 없다.
- 통각이 예민한 고객에게 타투를 새겨야 한다.
- 우유부단한 손님이 온다.
- 시술 중간에 재료가 바닥난다.
- 고통을 느끼기 싫어서 술이나 마약에 취한 상태로 온 손님이 있다.
- 손님이 합병증(임신, 혈액 응고 억제제, 최근 복용한 약)을 일으킬 만한 자신의 건
  강 정보에 대해 거짓말을 한다.
- 손님이 사회적으로 금기시되는 타투 시술(나치의 상징이나 인종 차별 발언 등)을
  원한다.

이 배경에서 볼 만한 유형의 사람들

- 타투이스트 견습생, 손님, 손님이 데려온 타투 희망자, 위생·보건 검사관, 위탁 판매를 부탁하러 온 지역 예술가, 타투 샵 주인, 타투이스트

이 배경과 밀접한 다른 배경

- 대도시 거리, 쇼핑몰, 대기실

참고 사항 및 팁

타투 분야에 종사하는 사람들은 이제 타투를 예술의 하나로 취급한다. 타투 샵을 보면 타투이스트의 철학과 취향을 알 수 있다. 어떤 곳은 예술가로서의 자아를 노골적으로 드러내고, 어떤 곳은 어둡고 수상한 분위기를 풍긴다. 분위기가 어떻든 법의 테두리 안에서 운영하는 이상 보건 규정을 반드시 준수하고, 관련 절차를 적절히 따르는지 정기 점검을 받아야 한다. 안타깝게도 아직도 많은 불법 타투이스트들이 비용을 낮춰 활동을 이어가고 있다. 이들은 미성년자를 대상으로 자신의 집이나 파티 장소에서 타투를 시술하기도 한다. 하지만 적절한 위생 절차를 지키지 않으면 손님이 위험해질 수도 있다.

배경 묘사 예시

메이시는 소파 가장자리에 걸터앉아 있는 동안 손에 쥔 도안이 구겨지지 않게 조심했다. 메이시의 남자 친구 지크가 직접 디자인해 그린 벌새다. 작고 섬세해 첫 타투로 안성맞춤이다. 갑자기 배에 경련이 오는 바람에 주먹으로 배를 꾹 눌렀다. 지크는 그렇게 아프지 않다고 장담했지만, 저 바늘만 떠올리면…… 메이시는 두 눈을 꼭 감았다. 코로 숨을 깊게 들이쉬자 공기 중의 소독약 냄새가 코를 찔렀다. 청결해. 안전하다니까. 사람들이 타투를 하기 시작한 게 어제오늘 일도 아니잖아. 해낼 수 있어.

- **이 글에 쓴 기법** 다중 감각 묘사, 상징적 표현
- **얻은 효과** 성격 묘사, 감정 고조

E

테라피실   Therapist's Office

풍경

소파와 푹신한 의자, 작은 장식용 쿠션, 편안한 분위기의 인테리어(은은한 조명, 작은 러그, 따뜻한 색감), 다양한 사탕이 가득 담긴 그릇, 티슈 상자, 작은 쓰레기 통, 책과 개인 기념품으로 빼곡한 책장, 사무실 책상과 일반적인 사무용품(서류 정리함, 전화기, 파일들, 공책과 펜, 컴퓨터, 프린터, 펼쳐놓은 참고 서적, 머그잔, 자질구레한 장식품), 촛불, 벽에 건 예술 작품, 영감을 주는 글귀가 적힌 판, 블라인드나 커튼을 친 창문, 식물 화분이나 꽃병에 꽂은 꽃

소리

복도나 닫힌 문 너머로 들리는 작은 말소리, 테라피스트의 나긋한 목소리, 실내 장식용 분수에서 떨어지는 물, 마음을 진정시키는 음악, 싸우는 목소리, 훌쩍거리며 우는 고객, 코 푸는 소리, 상자에서 뽑는 티슈, 소파에서 다른 자리로 엉거주춤 이동하는 고객, 카펫 위를 걷는 발걸음, 펜으로 사각사각 메모하는 테라피스트, 긴장한 고객이 반복적으로 내는 소음(펜을 달칵거리고, 손가락 끝으로 사물을 두들기고, 물병 뚜껑을 잠갔다 열었다 하는), 부스럭거리는 사탕 포장지, 어색하거나 계속되는 침묵, 상담 치료 동안 서로 높아지는 목소리

냄새

가죽 소파나 패브릭 소파, 커피, 차, 향초, 공기 탈취제

맛

찝찔한 눈물, 물, 사탕, 커피, 차

촉감과 느낌

푹신한 의자나 껴안기 좋은 큰 쿠션, 소파 반대편에 앉은 사람을 피해 움직이는 느낌, 꼿꼿하게 펴거나 절망에 젖어 웅크린 등, 눈물을 흘리지 않으려 애쓸 때 목에 뭔가 걸린 듯한 느낌, 훌쩍대며 삼키는 눈물이나 콧물, 북받치는 감정을 가라앉히려고 할 때 목구멍에 단단한 덩어리가 걸린 느낌, 눈물이 나오려고 하자

E

272

따끔거리는 눈, 메마른 입안, 울지 않으려고 숨을 깊게 들이쉬며 깜빡거리는 눈, 긴장으로 조이는 배, 부드러운 티슈, 축축이 젖은 뺨, 흐릿한 시야, 투쟁-도피 반응[위험 앞에서 자동적으로 나타나는 생리적 각성 상태], 꽉 쥔 주먹과 악문 이, 자신의 주장을 강조하면서 앞으로 숙이는 몸, 얼굴이나 턱 근육이 놀라는 느낌, 가다듬는 목, 시계나 장신구를 만지작거리는 손, 이렇게 하면 기분 나쁜 감정이 사라지기라도 한다는 듯 손바닥의 오목한 부분으로 쓸어내리는 바지, 팔짱을 끼고 파트너 테라피스트에게서 몸을 돌리는 느낌, 원치 않은 질문을 받고 물을 들이켜며 잠시 시간을 버는 느낌

이 배경에서 벌어질 만한 갈등의 원인

- 고객이 자신이 처한 상황을 부정한다.
- 고객이 과거의 기억과 감정을 억누른다.
- 경험 없는 테라피스트라 도움이 되지 않는다.
- 테라피스트가 자신의 환자에게 육체적이나 정신적으로 완전히 사로잡힌다.
- 고객이 거짓말을 한다.
- 고객의 가족이 참견하고 개입한다.
- 테라피스트가 갑자기 상담을 하지 못하게 되는 상황(부상, 급한 가족 일, 개인사, 안식 휴가)에 놓인다.
- 약물 부작용이 발생한다.
- 고객이 말하기나 상담에 참여하기를 완강히 거부한다.
- 테라피스트가 무성의하다.
- 테라피스트가 과거 경험과 마음의 상처 때문에 편견을 가지고 고객을 대한다.

이 배경에서 볼 만한 유형의 사람들

- 청소부, 고객, 테라피실 직원, 테라피스트

이 배경과 밀접한 다른 배경

- 법정, 병실, 경찰서, 정신병동

E

273

등장인물의 상처는 아주 깊고 치명적이고 스스로에게 목표 달성의 걸림돌로 작용해야 한다. 그는 테라피를 통해 문제의 근본을 파고들어 스스로 깨달음을 구할 수 있다. 이 배경과 관련해 가장 흔히 나타나는 문제는 장면들이 단조롭기 쉽고 전개가 느려질 수 있다는 점이다. 이에 대한 해결책으로는 장면들의 길이를 조절하는 방법이 있다. 절대 질질 끌지 말 것. 각 장면이 전체 이야기에 반드시 필요한지 생각하라. 또한 장면마다 새로운 정보를 주거나 궁금증을 자아내 독자가 지루하지 않게 해야 한다. 특히 등장인물이 자신의 깊은 속마음을 털어놓거나 반대로 봉인한 상태라면 등장인물의 몸짓과 행동을 적극적으로 활용해 많은 것을 이야기할 수 있다.

배경 묘사 예시

제이크는 테라피스트로부터 최대한 멀리 떨어진 소파 가장자리에 웅크려 앉았다. 아직 한마디도 안 했건만 테라피스트는 벌써 무언가를 적고 있었다. 종이를 서걱서걱 지나는 펜촉 소리가 지나치게 거슬렸다. 펜을 뺏어서 무엇이든 찌르고 싶은 충동이 들었다. 저 티슈 상자도 불쾌하다. 커피 테이블에 얌전히 앉아 언제든 자신을 써달라며 발랄한 에너지를 뿜어내고 있다. 그 언제가 언제냐고? 당연히 제이크가 한바탕 눈물을 흘리고 싶을 때다. 웃기지도 않는 상황이다. 이 모든 일은 코치에게 소리를 지르고, 성가시게 달라붙는 리포터의 카메라를 빼앗아 던져버렸기 때문이다. 그 리포터는 살짝 까진 게 다였다. 그런데도 이런 곳에서 꼼짝없이 상담을 받는 처지에 놓였다. '상황이 악화되는 것을 방지'하기 위해 상담이 필요하다나. 헛소리하고 있네.

- **이 글에 쓴 기법** 다중 감각 묘사
- **얻은 효과** 성격 묘사, 감정 고조, 긴장과 갈등

E

펜트하우스 객실   Penthouse Suite

풍경

개인 엘리베이터나 별도 입구, 모션 센서가 달린 보안 시스템, 입구에서 대형 거실(취향이 드러나는 맞춤 제작 가구와 고급 음향 기기, 텔레비전, 호화로운 벽난로, 바깥의 마천루가 훤히 보이는 통유리창 등이 있는)로 이어지는 널찍한 복도(높은 천장, 대리석 바닥, 거울, 장식품이 있는), 주 거실에서부터 나뭇가지가 뻗어 나가는 듯한 구조로 배치된 방들(손님용 침실, 세탁실, 사우나실, 고가의 장비를 갖춘 체력 단련실, 사무실이나 서재, 우아한 식당, 화장실), 예술 작품(좋아하는 예술가의 그림, 조각상이나 유리 공예품, 취향과 맞아떨어지는 수집품들), 역사적 의미가 있는 골동품이나 작품들(백악관에서 쓰던 침대, 손으로 일일이 조각한 이집트 전통 창살 등), 온도와 조명 최적화 기능이 있는 정교한 센서, 전동 커튼과 테라스의 차양, 최신식 주방용품 및 화강암 조리대, 희귀한 수입 바닥재, 맞춤형 몰딩, 수납장과 붙박이 가구, 와인 냉장고나 온도 조절 기능이 추가된 와인 저장고, 대형 마스터 침실(자기만족을 위한 호화 카펫과 침구가 있기도 한), 작은 카펫과 베개, 싱싱한 꽃, 직원(가정부, 유모), 타일이 깔린 파티오(발을 뻗을 수 있는 긴 의자, 우산, 작은 개인 수영장이나 스파, 바와 야외 테이블, 바비큐, 울타리, 무드 조명)로 통하는 프렌치 도어french door[좌우로 열리고 폭이 넓은 격자 프레임의 유리문]

소리

음향 기기에서 흘러나오는 은은한 음악, 펜트하우스 안에 설치된 엘리베이터가 땡 울리는 소리, 대리석이나 목재 바닥을 걷는 신발, 스르륵 여닫는 문, 전동 커튼을 조정할 때의 진동음, 부드럽게 착화되는 가스 벽난로, 부엌(음식을 준비하고, 유리 식기와 커트러리 들이 부딪치고, 테이블에 접시를 놓고, 코르크 마개를 따고, 에어레이터aerator[와인 입구에 끼우는 도구로, 와인이 공기와 만나게 되어 와인 맛이 더 좋아진다]를 통해 와인을 붓고, 신나게 웃고 떠들고, 수도꼭지에서 물이 쏟아지는 등), 개인 수영장이나 스파에서 물을 튀기며 노는 소리, 움직임에 삐걱거리고 긁히는 파티오 가구, 가끔 지나가는 헬리콥터나 비행기 소음, 바람에 살랑거리는 화분의 잎들, 아래쪽에서 희미하게 들려오는 거리의 소음(차량, 사이렌, 음악)

275

(냄새)

향기로운 목재와 오일, 싱싱한 꽃, 청소용품, 조리하는 음식, 몸에 바른 애프터 셰이브 로션이나 향수, 공기 탈취제, 깨끗한 리넨

(맛)

고급 와인과 술, 물(탄산수, 생수), 행사 등을 위해 집에서 준비한 음식이나 케이터링 음식

(촉감과 느낌)

질 좋은 침구의 깃털 같은 부드러움과 무게감, 털이 고르고 촘촘한 카펫 혹은 작은 카펫을 밟자 푹 파묻히는 발, 테라스로 나가자 피부를 감싸는 밤공기, 긴 하루를 보낸 뒤 마시는 부드러운 와인, 푹신하거나 긴 의자에 발을 올리고 하는 독서나 텔레비전 시청, 피부에 미끄러지는 수영장 물, 뜨거운 햇볕에 달궈진 파티오 타일 바닥, 언제나 깨끗하게 닦은 바닥

이 배경에서 벌어질 만한 갈등의 원인

- 누군가 주거지에 침입한다.
- 재정 문제로 임대료를 체납한다.
- 펜트하우스 객실을 예약했으나(고급 호텔인 경우) 이중 예약이 돼 체크인을 할 수 없다.
- 건물에 화재가 발생해 모든 엘리베이터 운행이 정지된다.
- 과음한 손님이 고가의 골동품이나 다시 구할 수 없는 가구를 망가뜨린다.
- 파티 중에 도난 사건(손님의 물건)이 일어나 당혹스럽다.

이 배경에서 볼 만한 유형의 사람들

- 요리사, 도어맨, 가정부, 유모, 케이터링 직원, 청소 인력, 인테리어 디자이너와 관련 인력, 관리 담당자, 배달원, 펜트하우스 주인이나 임차인

276

이 배경과 밀접한 다른 배경

- 정장을 입어야 하는 행사, 엘리베이터, 리무진

참고 사항 및 팁

펜트하우스 객실은 건물 꼭대기에 있어 도시가 선사하는 근사한 마천루들을 볼수 있다. 이런 객실은 호화로움의 극치를 상징하는 곳으로, 비싸고 화려하며 거의 모든 편의 시설을 갖추고 있다. 펜트하우스 객실 임대는 장기와 단기는 물론 현금 구매도 가능하다. 인테리어는 집주인(여기에서 말하는 집주인이란 보통 임대 물건이면 건물주가 집주인이고, 개인 물건이면 실거주자를 뜻한다)의 취향에 따라 꾸밀 수 있다. 호텔 펜트하우스 객실은 그보다 깔끔한 인테리어를 지향하지만, 최신 편의 시설은 모두 갖추고 있기에 편안함과 즐거움을 만끽할 수 있다. 펜트하우스를 배경으로 한다면 그 안의 비품이나 가구가 등장인물과 어울리는지 대비되는지를 고려해 이를 통해 등장인물의 성격을 드러낼 수 있는지 생각해보라.

배경 묘사 예시

네다가 미소를 띤 채 반쯤 손을 흔들었다. 그녀는 배가 불룩한 두 남자들과 벽난로 위에 걸린 그림, 네다의 부모님이 선물로 주신 저 그림에 대해 대화하고 있었다. 저 손짓은 대화가 금방 끝난다는 뜻이다. 그러니까 네다 아버지의 친구라는 저 배불뚝이 신사들이 네다가 '크레용풍' 예술 작품을 가리키는 틈에 드레스를 위아래로 훑어보고 나면 대화가 끝난다는 말이다. 필립 거스턴이라는 자가 그렸다고 하는데, 그게 누군지 알 게 뭐란 말인가. 솔직히 말해 내 어린 조카도 저것보다는 잘 그릴 것이다. 하지만 포장지가 벗겨지며 거스턴의 작품이 등장했을 때 네다의 얼굴은 아주 환해졌다. 장담하는데 저 선물은 네다가 아니라 나를 위한 것이다. 정확히 말하면 네다의 아버지가 내게 보내는 메시지다. 그 매서운 눈으로 주제도 모르고 자기 딸을 탐낸다고 말하는 것이다. 와인을 한 모금 들이키자 신맛이 느껴졌다. 와인보다는 맥주가 좋은데. 그래, 네다 아버지가 옳았다. 새하얀 맞춤 제작 소파와 최신 유행이라는 해초 무늬의 장식용 쿠션, 대리석 물병을 든 여인 조각상으로 이뤄진 이 세계는 나와 맞지 않는다. 내 벌이로

277

는 이 펜트하우스에 있는 물건들을 감당할 수 없다.

- **이 글에 쓴 기법**   대비
- **얻은 효과**   성격 묘사, 감정 고조

피트니스 센터 Fitness Center

풍경

유리 벽, 로커 룸, 제품 진열장(탄력 밴드, 헬스 장갑, 피트니스 장비, 운동선수와 유명 보디빌더가 추천하는 건강 기능 식품, 피트니스 강의 DVD가 있는), 벽걸이 텔레비전과 그 앞의 유산소운동 기구(트레드밀, 고정 자전거, 스텝퍼stepper[계단 오르기 운동 기구], 일립티컬elliptical[양발은 발구름판에 놓고, 양손은 손잡이를 잡아 교차로 움직이는 운동 기구]), 로잉 머신, 스쿼트 머신, 탄력 밴드, 바닥에 깔린 안전용 검은 매트, 회원들에게 기구 사용법을 알려주는 트레이너, 랫 풀 다운 머신lat pull down machine[바를 팔로 잡고 수직으로 끌어내리는 운동 기구], 어브덕션 머신abduction machine[기구에 앉아 양발은 발판에, 무릎은 보조판에 대고 양 무릎을 최대한 벌리는 운동 기구], 짐 볼, 케틀벨 거치대와 덤벨 거치대, 레그 컬 머신leg curl machine[기구에 엎드려 다리를 들어 올리는 운동 기구]과 레그 프레스 머신leg press machine[기구에 등을 밀착시키고 양발을 발판에 댄 뒤 발바닥으로 중량을 밀어서 하체를 강화하는 운동 기구], 역도 기구를 이용한 근력 운동, 바벨과 원판, 줄넘기, 턱걸이용 철봉, 그룹 에어로빅실, 요가와 댄스 수업, 각종 건강 기능 식품과 장비를 파는 프로샵(손목·발목 보호대, 장갑, 미끄럼 방지용 탄마 가루, 리프팅 베트나 허리 보호대, 몸에 달라붙는 트레이닝복, 물병), 수건과 기구 소독을 위한 항균 스프레이나 물티슈, 거울, 패널 벽, 각도가 조절되는 덤벨용 벤치, 평평한 벤치, 등과 허리 운동을 할 수 있는 하이퍼익스텐션 벤치, 체중계, 화장실, 특별 이벤트 공지와 좋은 글귀로 채워진 게시판, 목에 수건을 걸치고 땀을 흘리는 센터 회원

소리

음악, 헐떡대는 숨소리, 신음, 갑자기 내뱉는 숨, 욕설, 기합 소리나 회원을 채근하는 트레이너, 금속이 부딪치는 소리(데드 리프트 후 손에서 내려놓은 바벨이 바닥에 튕기는 소리, 조임쇠에 원판을 꽂을 때 나는 소리, 바벨 등 근력 운동 기구를 거치대에 도로 꽂을 때 나는 소리), 근력 운동 기구, 규칙적으로 밟는 트레드밀, 트레드밀 경사를 조절할 때 나는 삐 소리, 에어컨 바람, 텔레비전 소음, 운동하며 수다를 떠는 회원들, 멀리서 들리는 강사의 구령 소리, 스피닝이나 댄스 수업에서 튼 음악

279

땀, 데오도란트, 항균 제품

맛

물, 단백질 스무디, 수분 보충용 음료, 에너지 드링크, 물과 함께 먹는 카페인 알약, 에너지 바나 에너지 껌

촉감과 느낌

미끄럼 방지용 탄마 가루, 금속 원판이나 바벨의 냉기, 꽉 조이는 허리 보호대, 헬스용 매트의 부드러운 탄력, 목과 얼굴과 옆구리 등을 적시는 땀, 부드러운 수건이나 티셔츠로 닦아내는 땀, 차가운 물을 벌컥벌컥 마시고 그 시원함에 흡족한 느낌, 실수로 벤치에 찍힌 무릎, 트레드밀 위를 쉴 새 없이 뛰는 발, 무리했는지 운동 중에 덜덜 떨리는 근육, 근육이나 힘줄을 다치는 바람에 밀어닥친 찢어지는 듯한 통증, 등에 느껴지는 벤치 패드의 두께, 하나의 운동을 반복하는 사이에 하는 스트레칭, 운동 후 근육이 타는 듯한 기분 좋은 느낌, 한계에 다다라 경련하는 근육

이 배경에서 벌어질 만한 갈등의 원인

- 기구를 사용할 차례를 놓고 회원들 간에 다툼이 벌어진다.
- 다 쓴 운동 기구를 제자리에 정리하지 않는 사람들에게 화가 난다.
- 바벨에 걸려 넘어진다.
- 로커에 넣어둔 물건을 도둑맞는다.
- 같은 센터를 다니는 회원이 추파를 던진다.
- 조용히 운동하고 싶은 사람을 붙잡고 실컷 수다를 떠는 회원이 있다.
- 장비를 잘못 사용하거나 무리하게 운동을 하다 다친다.
- 스테로이드 오용이나 부작용으로 화를 내거나 폭력적인 행동을 한다.
- 트레이너가 무례하거나 거칠다.
- 트레이너나 센터 회원에게 성폭력을 당한다.
- 피트니스 센터에 가고 싶지만, 신체와 관련한 여러 이유로 가지 못한다.

이 배경에서 볼 만한 유형의 사람들

- 보디빌더, 운동 기구 수리 기사, 피트니스 센터 직원, 체중 감량이 간절한 사람, 피트니스에 관심이 많은 사람, 센터 사장과 매니저와 트레이너

이 배경과 밀접한 다른 배경

- 야외 수영장, 야외 스케이트장, 레크리에이션 센터

참고 사항 및 팁

대형 피트니스 센터는 수영장, 사우나, 스파, 스쿼시 연습장과 농구 코트, 핫 요가나 스피닝 교실 등 다양한 시설을 갖추고 있다. 하지만 소형 피트니스 센터는 운동 기구들이 낡고 종류도 적어 이용객이 많을 때에는 제대로 운동하기 어렵다. 기구가 망가졌거나 누군가 기구를 독차지하고 있다면 회원들 사이에 갈등과 긴장이 생길 수 있다.

배경 묘사 예시

어맨다는 아무도 없는 트레드밀에 올라섰다. 바로 옆에는 회색 티셔츠 목둘레가 땀으로 흠뻑 젖은, 배가 불룩한 남자가 있었다. 남자는 기진맥진해 있었는데 센터가 이제 막 문을 열었다는 걸 생각하면 운동을 시작한 지 얼마 안 된 사람인 것 같았다. 흔한 풍경이다. 매해 1월이 되면 몸매를 가꾸기 위해 신규 회원들이 줄지어 등록하지만, 대부분은 1월이 끝나기도 전에 그만둔다. 어맨다는 인사의 표시로 남자에게 고개를 끄덕여 보였다. 위에서 아래로 쭉 훑어보는, 저 소름 끼치기 짝이 없는 시선을 눈치 못 챈 것처럼 행동했다. 그러고는 가볍게 뛸 생각으로 트레드밀을 설정했다. 이 남자가 허세 가득한 인간이라는 데 10달러를 건다. 그럼 그렇지. 평퍼짐한 운동복이나 입는 남자답게, 남자는 어맨다를 보더니 자신의 트레드밀 속도도 똑같이 높였다. 어맨다는 웃음을 꾹 참고는 저 쌕쌕거리는 숨소리를 차단해줄 이어폰을 귀에 밀어넣었다. 그러고 나서 트레드밀 경사도를 올렸다. 아주 볼 만한 일이 벌어지겠어.

- **이 글에 쓴 기법**　은유, 다중 감각 묘사
- **얻은 효과**　성격 묘사

하수도 Sewers

풍경

구불구불한 시멘트 벽, 녹슨 하수구 쇠살대, 배관, 하수 처리장의 정화 필터, 고인 물, 운하와 터널, 대형 저수지, 가교형 통로, 유수를 위해 만든 중앙 수로 파이프, 맨홀 진입 지점, 밖의 거리로 통하는 사다리, 물에 흠뻑 젖은 쓰레기로 가득한 미끌거리는 물, 찌꺼기가 섞인 물거품과 기타 점액질 오물, 중앙을 기점으로 가지가 뻗어 나가는 모양새로 나오는 방과 운하, 곰팡이와 해초, 떨어지는 물, 쥐, 거미, 바퀴벌레, 딱정벌레, 지네, 마약용품, 지상의 하수구 쇠살대 사이로 스며드는 미약한 빛, 송수관, 끈적거리는 오물로 가득한 벽, 물에 떠다니는 쥐나 그 밖의 설치류 사체, 공기가 통하도록 낸 구멍, 벽 윗부분에 표시한 물 넘침 선, 빛바랜 벽돌 벽, 하수구 쇠살대 사이에 낀 쓰레기들(물에 젖은 비닐봉지와 천, 잎, 가지, 판지 상자 조각), 금이 간 시멘트, 배관 진입 지점으로 이어진 길에 잔뜩 낀 녹, 지정 구역 안내 표지판의 페인트가 울퉁불퉁 일어난 모습, 손전등 빛을 위아래로 비추는 작업자나 관계자

소리

똑똑 떨어지는 물, 첨벙거리는 물소리와 기괴한 메아리, 울고 움직이는 쥐 떼들, 물을 튀기며 철벅철벅 걷는 발걸음, 지상에서 들려오는 도시의 소음(자동차, 거리의 소리, 사람 목소리), 굉음을 내며 지나가는 지하철에 진동하는 배관들, 배수를 위해 만든 인공 폭포, 배관을 타고 흐르는 세찬 물, 높게 차오른 물의 굉음(폭풍우가 치고 있거나 그 이후의 시기에), 흐르는 물, 배수관 가장자리를 따라 흐르다 쇠살대 사이에 낀 쓰레기와 오물, 가까운 곳에서 들리는 요란한 지하철 브레이크 소리

냄새

오수 웅덩이, 어마어마한 악취(일부를 오수용 하수도로 쓰는 경우), 부패한 냄새, 오염 물질(엔진오일, 그리스, 거리에 있는 물에 씻겨 내려온 기타 윤활유)이 풍기는 악취, 젖은 돌, 곰팡이, 녹 냄새

283

맛

이 배경에서는 등장인물이 가지고 있는 것(껌, 박하사탕, 립스틱, 담배 등) 말고는 관련된 특정한 맛이 없다. 이럴 때는 미각 외의 네 가지 감각에 집중하는 것이 좋다.

촉감과 느낌

부츠에 스며드는 물, 옷을 적시는 차가운 물, 통로를 걷다가 마주치거나 부츠 위를 타고 지나가는 쥐, 끈적끈적한 벽에 미끄러지는 손, 사다리의 차가운 철제 발판, 무릎까지 차오른 뿌연 물속을 걷다가 무언가에 부딪치는 느낌, 무언가가 고무 부츠를 스치는 느낌, 목구멍에서부터 치밀어 오르는 구역질, 폐소공포증, 넘어지지 않으려고 두 팔을 허우적거리며 가장자리의 축축하지 않은 곳을 찾아 걷는 느낌, 이리저리 비추는 손전등, 몸을 구부리고 좁은 통로를 걸은 탓에 생긴 등이나 목의 통증, 물에 떠다니는 역겨운 무언가를 피하기 위해 얼른 자리를 옮기는 느낌, 손등으로 닦는 얼굴의 땀, 정수리에 떨어지거나 등 속으로 흘러드는 물방울, 물속을 걷다가 밟은 물컹거리는 쓰레기, 보호복 때문에 흐르는 땀, 얼굴을 죄는 마스크 끈

이 배경에서 벌어질 만한 갈등의 원인

- 도망칠 곳이 하수도뿐이다.
- 폭풍우나 급류 때문에 하수도에 갇힌다.
- 쥐나 뱀이 나타난다.
- 물에 빠진다.
- 폐소공포증을 겪는다.
- 물에 빠질까 두렵다.
- 오수를 마신다.
- 오염된 물 때문에 상처에 세균이 들어간다.
- 손전등이나 그 밖의 불빛이 꺼진다.
- 도움을 청할 길 없는 지하 깊숙한 곳에서 낯선 이들을 만난다.
- 어둠 속에서 길을 잃어 출구를 도저히 찾을 수 없다.

ㅎ

284

- 저체온증이 덮친다.

이 배경에서 볼 만한 유형의 사람들

- 토목 기사, 검사 감독관, 유지 보수 인력, 도시 탐험가, 부랑자

이 배경과 밀접한 다른 배경

- 지하철 터널

참고 사항 및 팁

비디오게임이나 영화를 보면 하수도 밀실에 머무르거나, 하수도가 은밀한 만남의 장소로 쓰이는 장면이 종종 등장한다. 하지만 현실 속의 하수도는 들어가기도 힘들고 사람이 살 만한 곳이 아니며, 위치에 따라 하수도의 모습도 천차만별이다. 어떤 하수도는 동떨어진 곳에 있어 소설 속 인물들과 달리 시 공무원도 제대로 찾기 힘들어하지만, 어떤 하수도는 도시가 한창 성장하던 시절에 물자 보급로 역할을 하던 운하로 쓰인 덕에 아직까지 잘 관리되어 있고 확장성도 크다. 소설의 배경을 현대의 특정 지역으로 한정해놓지 않았다면, 하수도는 창의력을 발휘하기 좋은 배경이다. 디테일한 묘사(특히 냄새)를 통해 이 배경에 현실감을 불어넣기만 하면 된다. 하지만 실재하는 특정 지역의 하수도가 등장한다면, 조사를 통해 정확한 정보를 확보하라.

배경 묘사 예시

어지러운 손전등 빛에 오물로 범벅이 된 벽이 드러났다. 물 넘침 선을 보니 물이 족히 1미터는 빠져나갔다. 발톱으로 금속 긁는 소리에 펄쩍 뛰어올랐다. 손전등 빛이 녹슨 파이프를 타고 서둘러 사라지는 무언가의 꽁무니를 포착했다. 진저리가 났다. 나는 여기가 싫다. 정말로. 방수 장비 밖으로 차가운 물의 저항이 느껴졌다. 발걸음을 뗄 때마다 발아래의 보이지도 않는 쓰레기를 밀어냈다. 터널이 갈라지는 지점에 다가가자 끔찍하고 불길한 냄새가 코를 훅 찔러 소매로 코를 가렸다. 하수관을 막았던 골칫거리가 아주 가까이에 있다. 일주일치 비

가 마을 절반에 한꺼번에 쏟아졌으니, 반려동물이든 들짐승이든 사체 몇 구가 하수구 쇠살대를 틀어막고 있을 것이다. 제발, 그게 다이기를. 내 예상이 전부이 기를 간절히 바랐다.

- **이 글에 쓴 기법**　빛과 그림자, 다중 감각 묘사, 날씨
- **얻은 효과**　분위기 설정, 감정 고조, 긴장과 갈등

호텔 객실

풍경

객실 번호가 적힌 판과 카드 키 도어록이 설치된 문, 비상 대피 안내도, 고정된 행거가 달린 옷장, 가지런히 접힌 여분의 침구가 놓인 선반, 금고, 희미한 얼룩이 남은 패턴이 수놓인 카펫, 화장실과 붙박이 가구(샤워기, 변기, 세면대, 거울), 타일 바닥과 가장자리 쪽 더러운 줄눈, 푹신푹신한 흰 수건들이 정리된 선반, 여분의 화장실 휴지, 움푹 패거나 긁혀서 손상된 벽, 샤워기와 세면대의 거리가 가까워 비좁은 공간, 무료 세면도구가 놓인 쟁반, 티슈 상자와 종이 띠로 감싼 유리잔, 제대로 작동하는지 알 수 없는 벽에 고정된 헤어드라이어, 환하게 빛나는 천장 조명, 못걸이에 걸린 가운, 침대(싱글 혹은 더블베드, 이부자리와 베개 세트), 협탁과 알람 시계, 협탁 등, 콘솔에 놓은 텔레비전, 전화기와 전화번호부, 서비스 안내문(룸서비스, 세탁 요금, 편의 도구 안내), 인근 포장 음식 판매 식당 팸플릿, 온도계, 개성 없는 예술 작품, 책상과 펜 등 각종 사무용품, 노트북이나 충전기를 위한 벽의 배선, 작은 의자나 이인용 소파, 커피 머신과 커피용품(커피, 차, 설탕, 크림, 머그잔 등), 물 잔과 얼음 통, 가격표가 달린 미니바나 냉장고, 쓰레기통, 텔레비전 리모컨, 창가의 두꺼운 커튼, 서랍장, 협탁 서랍에 들어 있는 성경, 문손잡이에 걸린 '방해 금지' 표시

소리

웅 돌아가는 에어컨이나 히터, 벽 안쪽 배관에서 흘러 내려가는 물, 여닫히는 문, 문 너머 복도에서 얼핏 들려오는 대화, 샤워, 내려가는 변기 물, 세면대에 떨어지는 물, 전기 포트가 끓는 소리, 땡 열리는 근처 엘리베이터 문, 잔뜩 취해 시끄럽게 떠들며 방으로 비틀거리며 걸어가는 사람들, 위층 방에서 뛰어다니는 아이들, 열린 창문으로 들어오는 도로나 공사장 소음, 모닝콜, 텔레비전의 방청객 효과음(가벼운 웃음부터 폭소까지), 냉장고 문을 열 때 느껴지는 고무 패킹의 장력, 냉장고 문에 든 병들이 부딪치는 소리, 두들기는 문, 옆방 커플의 싸움, 긴 하루에 지친 아이들의 울음, 벽을 통해 들리는 숨죽인 목소리, 구겨지는 쇼핑백, 여닫는 여행 가방의 지퍼, 가장 센 바람으로 설정한 헤어드라이어

냄새

표백제, 세제, 탈취제, 낡은 카펫, 천, 표백제를 넣고 세탁한 수건, 샴푸, 컨디셔너, 비누, 커피, 술, 옷에 밴 담배 냄새, 향수, 애프터셰이브 로션, 헤어스프레이, 땀, 코를 찌르는 진한 정크 푸드 냄새, 룸서비스 음식

맛

커피, 차, 물, 구강청결제, 치약, 사 온 음식이나 룸서비스 음식(햄버거, 감자튀김, 샌드위치, 파스타, 샐러드, 수프 등), 각종 간식을 파는 자판기

촉감과 느낌

넣었다가 잡아 빼는 플라스틱 카드, 얼음 통에서 얼음을 꺼낼 때 손가락이 얼어붙는 느낌, 뜨거운 커피를 입으로 불 때 얼굴에 닿는 김, 매트리스의 탄력, 신발을 벗은 뒤 젖은 발에 닿는 차가운 공기, 맨발로 밟는 차디찬 화장실 타일, 새 수건으로 닦는 피부, 샤워기 물줄기에 등의 비누 거품이 미끄러져 내려가는 느낌, 얼굴의 물기를 누르듯 닦아내는 부드러운 수건, 여행 가방 안을 보지 않은 채 손만 넣어 감각으로 물건을 찾는 느낌, 비닐로 코팅한 룸서비스 메뉴판을 뒤적이는 느낌, 문 옆에 나란히 정리하는 신발, 침대에 던지는 쇼핑백, 어둠 속에서 벽을 더듬으며 찾는 전등 스위치, 두꺼운 커튼을 여닫을 때의 감촉, 헤어드라이어의 뜨거운 바람, 벗겨내는 두툼한 이불솜

이 배경에서 벌어질 만한 갈등의 원인

- 옆 객실이 너무 시끄럽다(싸움, 소리 지르는 아이들, 우는 아기, 지나치게 큰 텔레비전 소리).
- 자신의 객실을 찾아 헤매는 취객들이 있다(문손잡이를 흔들고, 다른 객실 문을 두드리고, 눈살 찌푸리는 행동을 하는).
- 빈대나 바퀴벌레를 발견한다.
- 룸서비스가 형편없다.
- 불륜을 저지르거나 연인과 결별한다.
- 공사장 소음에 잠에서 일찍 깬다.

호

288

이 배경에서 볼 만한 유형의 사람들

- 청소부, 투숙객, 수리 기사

이 배경과 밀접한 다른 배경

- **시골 편** 열대 섬, 결혼식 피로연
- **도시 편** 댄스홀, 정장을 입어야 하는 행사, 엘리베이터, 리무진, 택시

참고 사항 및 팁

격조 높은 호텔, 다소 낡은 호텔, 더럽고 지저분한 호텔 등 호텔의 종류는 다양하다. 주인공의 주머니 사정에 맞는 호텔은 어떤 종류인지, 그가 처한 상황에 호텔의 외관이 중요한지 생각해보라. 그다음에는 호텔에 어울리는 종류의 갈등을 만들어 재미를 더하라.

배경 묘사 예시

천장을 뚫어져라 노려봤다. 가족 모임으로나 찾는 호텔에 다시는 오나 봐라. 10분마다 엘리베이터 문이 땡땡 울리며 취객들을 뱉어냈다. 엘리베이터에서 내린 사람들은 기대를 배반하지 않겠다는 듯 자신의 방까지 가는 동안 온갖 난동을 부렸다. 복도를 힘겹게 걸으며 모든 객실 문을 한 번씩 열려는 수고를 감행했다. 그들은 카드 키로 문이 열리지 않으면 욕설을 지껄였다. 그래도 취객 정도면 양반이다. 한번은 할머니 세 명이 내리더니 "이렇게 온 가족이 모이다니 정말 좋지 않냐"며 린디 약혼자가 조금 취한 것 같고, 리가 실직해 안타깝다는 이야기를 호텔이 떠나가라 떠들었다. 할머니들 목소리를 한 번만 더 들으면 뇌가 폭발할 지경이었다.

- **이 글에 쓴 기법** 과장
- **얻은 효과** 성격 묘사, 시간의 경과, 긴장과 갈등

ㅎ

289

회의실 Boardroom

풍경

단조로운 벽지(회사 임원 사진과 로고, 상, 명판, 기업 명성과 평판을 보여주는 다양한 지표가 걸린), 발표와 화상회의용 텔레비전 혹은 스크린, 노트북, 전자 기기 배선, 인터콤 및 화상회의용 전화, 직사각형 테이블과 푹신한 의자, 손잡이 달린 물병에 담긴 얼음물과 유리잔, 회사 로고나 비전이 새겨진 펜과 메모지, 폴더에 담긴 여러 정보를 수집해 정리한 포트폴리오나 회의용 자료, 브레인스토밍과 계획 정리용 화이트보드나 기능성 유리 칠판, 천장의 눈부신 조명, 바깥 풍경이 훤히 보이는 창문, 마이크로폰(방 크기가 크다면), 이사회 임원과 옆자리에서 대기하는 비서, 개인 취향이 반영된 회사 브랜드와 관련된 물건들(번영을 상징하는 대나무 화분, 특정 장소를 묘사한 풍경화나 현대 미술 작품 등)

소리

스피커폰으로 들리는 상대방의 우렁찬 목소리, 노트북이나 영상 장비의 내부 팬이 돌아가는 소리, 웅웅 울리는 에어컨, 삐걱거리는 의자, 머리를 맞대고 낮은 목소리로 의논하는 사람들, 모두가 참여하는 공개 토론, 바스락거리는 종이, 화이트보드에 마커로 끼익거리며 쓰는 글씨, 무음 모드로 재빨리 전환한 휴대전화, 유리잔을 콸콸 채우는 물, 열띤 토론 중 언성을 높이며 내려치는 책상, 초조한 발걸음, 일어나 스트레칭 하는 직원, 점심 식사나 주문한 물건의 도착을 알리는 노크, 의자 높이 조절용 레버를 돌리자 나오는 픽 소리

냄새

향수, 공기 탈취제 및 세제, 조금 전에 배달 온 뜨거운 음식(점심시간에 하는 회의), 커피

맛

물, 구취 제거용 민트, 껌, 커피, 차, 회의가 길어져 주문한 음식(샌드위치, 피자, 파스타, 샐러드, 치즈, 과일)

ㅎ

촉감과 느낌

부드러운 종이를 미끄러지듯 쓸어내리는 손가락, 안락의자에 파묻힌 몸, 피부에 닿는 에어컨이나 히터 바람, 유리잔이나 물병에 맺힌 차가운 물방울, 서명을 적는 매끄러운 펜 놀림, 휴대전화나 태블릿 컴퓨터 화면을 넘기며 알람 설정이나 달력을 확인하는 느낌, 흡음 카펫의 감촉, 오래 앉아 있어서 경련이 일어나는 목이나 어깨, 앞뒤로 움직이는 의자, 창문으로 쏟아지는 오후의 눈부신 햇살, 햇볕을 정면으로 받는 자리 때문에 흐르는 땀

이 배경에서 벌어질 만한 갈등의 원인

- 금전 문제가 발생한다.
- 내부 거래 사실이 드러난다.
- 이사회 임원을 해고한다.
- 회사의 미래 방향을 두고 견해차가 벌어진다.
- 취업을 두고 개인끼리 경쟁을 벌인다.
- 사내 연애를 하던 연인 사이가 틀어진다.
- 직원들이 승진 경쟁을 벌인다.
- 양심의 가책을 느끼는 일에 협조하라는 압박을 받는다.
- 일과 삶의 균형을 지키기 위해 노력한다.
- 중요한 프레젠테이션이 코앞인데 준비가 미흡하다.
- 경쟁자가 자신을 폄하한다.

이 배경에서 볼 만한 유형의 사람들

- 회계사, 기업 오너 및 주주, 회사 매니저, 인턴 및 지원 팀, 보고서 담당자나 컨설팅 담당자(부서장, 변호사, 회사가 고용한 경영 컨설턴트)

이 배경과 밀접한 다른 배경

- 엘리베이터, 칸막이가 있는 사무실

ㅎ

회의실은 회사 분위기에 따라 모습이 다양하다. 창의성을 중시하는 회사는 아기자기하게 장식하거나 편안한 분위기의 인테리어를 지향하지만, 법률 사무소처럼 딱딱한 회사는 전통적인 스타일을 고수할 것이다. 의뢰인이나 고객이 회의실에 들어올 수 있는지, 아니면 직원 전용 회의실인지도 고려해야 한다. 전자라면 그 회의실은 고객의 신뢰를 얻기 위해 회사의 전문성과 성장 수준을 보여줄 만한 물건들로 채워져 있을 것이다.

배경 묘사 예시

파란색 폴더와 펜, 유리잔이 자리마다 반듯하게 일정 간격을 두고 놓여 있다. 누가 봐도 평소 강박 신경증이 의심되는 글렌의 솜씨다. 게다가 공기 중에 무겁게 떠다니는 향수 냄새가 글렌이 다녀갔음을 강력하게 주장하고 있었다. 누군가 글렌을 붙잡고 과유불급의 미덕에 대해 일러줄 필요가 있다. 안드레아 자신은 안 된다. 그녀는 말도 안 되는 것들을 보면 도무지 참지 못하니까. 안드레아의 매니저라든가, 매니저가 주최한 멍청한 안전 대책 회의라든가 하는 것들 말이다. 부동산 회사의 회의에서 왜 크리스마스 전등 사고 방지 대책이나 과속 운전 사고 현황에 대한 이야기를 들어야 하는가? 세상에, 구글은 뒀다 뭐 하나. 안드레아는 회의 때마다 저 창문 밖으로 몸을 던지고 싶은 충동이 들었다.

- **이 글에 쓴 기법** 과장, 다중 감각 묘사
- **얻은 효과** 성격 묘사, 감정 고조

소매점

ㄱ ㄴ ㄷ ㄹ ㅁ ㅂ ㅅ ㅇ ㅈ ㅊ ㅋ ㅌ ㅍ ㅎ

골동품점   Antiques Shop

풍경

세월이 느껴지는 'Welcome' 간판, 물건이 쌓인 탁자가 양옆으로 몇 줄이나 늘어선 좁은 통로, 햇빛을 희미하게 반사하는 은과 크리스털, 정교하게 조각된 액자에 넣어 벽에 건 유화, 세월의 경과로 상처가 생기고 은도금이 일부 벗겨진 금테두리 거울, 섬세한 장식품, 수집 가치가 있는 접시, 도자기 컵, 골무 컬렉션 등을 넣은 오래된 목제 수납장, 가구 위에 놓인 자질구레한 물건들과 낡은 모조 보석류, 집게로 매달아놓은 수공예 방석, 머리 위에 달린 빛나는 크리스털 상들리에와 등, 시대를 대표하는 기업의 녹슬고 낡은 간판(코카콜라, 펩시, 거버), 세계 각국과 문화권의 형상과 가면 및 조각, 매끄러운 돌이 박힌 이국적인 목제 보석함과 담뱃갑, 서랍이 조금 일그러진 수제 화장대, 액자에 담긴 흑백사진 컬렉션, 움푹 파인 금속제 석유등, 조각을 하거나 도료를 칠한 의자, 색유리 조각, 인형, 단추 컬렉션, 오래된 동전과 전쟁에 관련된 물건(메달, 프로파간다 포스터, 권총, 군복, 베레모), 은이나 동으로 만든 촛대, 끊어진 가죽 끈이 뚜껑에 달린 낡고 커다란 상자, 골동품 빗, 면도날, 주머니칼, 시계, 옷, 레이스, 오래된 농기구와 빨래판, 목제 가구의 다리, 재봉틀, 대량의 레코드, 비단 주름이 들어간 수제 쿠션, 꽃병, 악기, 괘종시계, 헌책과 산더미처럼 쌓인 만화책, 손목시계, 오래된 카메라, 소금병 컬렉션, 진귀한 물건을 유리 진열장에 담아놓은 너저분한 카운터

소리

가게 문이 열릴 때마다 울리는 종, 물건에 대해 이야기하는 손님들, 째깍째깍 울리는 괘종시계, 배경음악처럼 흐르는 오래된 레코드 소리, 시험 삼아 손톱으로 낡은 기타 줄을 퉁기는 손님, 조율이 안 된 피아노, 끽끽거리는 마루, 물건을 집거나 움직일 때 나는 쨍그랑 소리나 쿵 소리, 수납장이나 트렁크를 열 때 끽끽거리는 경첩, 어긋난 책상 서랍을 열 때 나는 나무끼리 마찰되는 소리, 놀라거나 감탄해서 삼키는 숨소리, 손님이 산 상품을 정중히 포장할 때 나는 종이가 바스락거리는 소리

냄새

유화물감, 목재, 도료, 곰팡내 나는 천, 포푸리, 가죽, 종이, 먼지

맛

카운터 유리병에 마련된 공짜 박하사탕, (대부분의 매장은 음식 섭취가 금지되어 있지만) 손님이 가져온 껌이나 그 밖의 가벼운 스낵

촉감과 느낌

도장이 이지러져서 울퉁불퉁한 앤틱풍 수납장이나 거울 테두리의 질감, 도료를 칠한 목재, 가구에 구비해놓은 쿠션의 매끈한 면직이나 천, 풀을 바싹 먹인 레이스, 움푹 팬 주물이 풍기는 황량함, 만지면 차가운 기운이 전해지는 유약 바른 장식품, 탁자나 큰 상자에 부딪치는 허리, 딱딱한 바닥에서 보들보들한 방석 위로 이동하는 느낌, 놀랄 만큼 얇은 영수증, 질감을 느끼기 위해 만지는 레이스나 천, 손가락으로 훑는 쟁반이나 담뱃갑의 상감 장식, 놋쇠 촛대의 서늘한 무게감, 조각된 가면의 칼자국을 만지는 느낌, 손가락으로 훑는 수제 체스 판이나 담뱃갑의 나뭇결

이 배경에서 벌어질 만한 갈등의 원인

- 절도 사건이 벌어진다.
- 저주 걸린 물건을 발견한다
- 지진이나 주변의 건설 공사로 귀중품이 흔들리다 망가진다.
- 자신의 집안과 관련된 물건을 발견했지만 주인이 팔지 않는다.
- 수집 가치가 있는 골동품을 발견했지만, 다른 사람에게 선수를 빼앗긴다.
- 실수로 매우 비싼 골동품을 쓰러뜨린다.
- 배선 문제로 가게에 화재가 일어난다.
- 위조 예술품을 발견한다.
- 나치 군복이나 조각된 코뿔소의 뿔 등 금기시되는 물건을 원하는 손님이 있다.

이 배경에서 볼 만한 유형의 사람들

• 골동품 상인, 손님, 배달원, 직원, 가보를 팔아 빨리 현찰을 쥐고 싶은 사람, 골동
  품점 주인이나 매니저, 윈도쇼핑을 하는 사람

이 배경과 밀접한 다른 배경

• 아트 갤러리, 전당포, 중고품 할인점

참고 사항 및 팁

온갖 골동품들이 뒤섞여 있는 가게가 있는가 하면, 특정 연대나 특정 종류의 물
건만 전문적으로 취급하는 가게도 있다. 또 가구나 전시품을 방마다 정리한 곳
도 있고(부엌 관련 골동품은 둥근 난로나 부엌 탁자 위에 배치하는 등), 주제에 따
라(제2차세계대전 관련 물품 등) 물건을 진열한 곳도 있다. 이야기 속에서 골동
품을 활용하고 싶다면 등장인물이 직면한 과제나 개인적인 문제에 의미를 부여
하고 상징적인 상황을 만드는 물건을 선택하는 게 좋다.

배경 묘사 예시

그 인형은 이곳에 어울리지 않는 물건이었다. 1800년대 독일에서 만들어진 것
은 분명하나 전쟁 전에 만들어진 장난감들이 닳고 오랫동안 사랑받은 흔적이
엿보이는 데 비해, 그 인형은 전혀 그렇지 않았다. 창백한 얼굴과 파란 유리로
만들어진 눈동자에는 사람을 얼씬도 못하게 만드는 냉정함이 있었다. 앨리스는
그 인형을 분명히 집짓기 놀이와 손으로 조각한 꼭두각시 사이에 두었는데, 인
형은 지금 장난감과 떨어진 가장자리 쪽에 앉아 있었다. 지금까지 손님들은 찬
장 가까이에서 나는 묘한 냄새에 대해 물었다. 천이 불에 탈 때 나는 듯한 냄새
에 대해. 인형이 자신을 쳐다보는 것 같다며 성호를 긋는 손님도 있었다. 그래서
그녀는 인형을 유리 상자로 옮겼던 것이다. 물론 어이가 없긴 하다. 하지만 그곳
에 서면 앨리스는 희미한 연기 냄새를 느꼈다. 두 팔을 문지르다가 자신이 무슨
짓을 하고 있는지 깨달았다. 뭐야, 결국 그분의 유언에 귀를 기울이게 된 걸까?
얼굴에 웃음이 떠올랐다. 그래도 임자가 나타날지 모르니 시험 삼아 인형의 가

격을 내려보는 것도 괜찮겠지.

- **이 글에 쓴 기법**　대비, 다중 감각 묘사
- **얻은 효과**　분위기 설정, 복선, 과거 사연 암시, 긴장과 갈등

귀금속 상점   Jewelry Store

풍경

밝은 조명, 자물쇠를 채운 진열장, 유명 보석 브랜드의 대표 상품을 진열한 카운터, 빛나는 유리 진열장, 약혼·결혼반지, 팔찌, 보석(루비, 다이아몬드, 에메랄드, 오팔, 사파이어, 블랙 다이아몬드)으로 만든 귀고리, 시계와 커프스 버튼, 펜던트, 수정으로 만든 장식품, 금전등록기, 보석을 놓을 때 쓰는 작은 벨벳 쿠션, 보석 닦는 천, 깔끔한 차림의 직원, 금과 은 귀고리가 잔뜩 걸린 회전 전시대, 보석 세공 공구, 진열된 시곗줄, 상담용 책상, 고가의 벽시계, 여러 소재로 제작된 브랜드의 보석, 보석을 돋보이게 장식한 모습(실크 스카프 위에 놓은 팔찌, 벨벳 위에 뿌린 스팽글이나 준보석), 출입구 근처의 의자에 앉거나 서서 근무하는 경비원

소리

실내에 흐르는 차분한 음악, 바닥을 또각또각 딛는 직원의 구두, 열리는 서랍, 직원이 진열장을 열 때 나는 열쇠 소리, 카드 단말기에서 나오는 영수증, 다듬은 손톱으로 두드리는 유리 진열장, 각 상품의 품질이나 중요 사항을 설명하는 직원, 매장 밖을 힘차게 지나가는 차량, 울리는 휴대전화, 쇼핑몰 내부를 오가는 사람들(상점이 쇼핑몰에 위치한 경우), 서로 부딪치는 팔찌

냄새

공기 탈취제, 유리 세정제의 암모니아 냄새, 직원이 뿌린 향수

맛

이 배경에서는 등장인물이 가지고 있는 것(껌, 박하사탕, 립스틱, 담배 등) 말고는 관련된 특정한 맛이 없다. 이럴 때는 미각 외의 네 가지 감각에 집중하는 것이 좋다.

촉감과 느낌

손가락에 낀 서늘하고 매끄러운 금반지, 상품을 바라보며 차가운 유리 진열장에 다가서는 느낌, 고급 목걸이를 하자 조금 간지러운 듯한 목, 로켓 펜던트의

무게감, 손목에 감은 팔찌나 시곗줄을 비트는 느낌, 달랑거리는 귀고리를 귀에 대고 보는 거울, 핸드백이나 지갑 속에서 부스럭거리며 찾는 신용카드

이 배경에서 벌어질 만한 갈등의 원인

- 손님이 구입한 물건의 품질에 실망해 화를 낸다.
- 들치기나 강도를 당한다.
- 해고 통보를 받은 직원이 화가 나서 사람들 앞에서 사장에게 창피를 준다.
- 배송품에 문제가 있다는 것을 발견한다.
- 직원이 중개 수수료를 가로채려고 동료의 손님을 빼앗는다.
- 가게에서 구입한 보석이 위조품이라는 것을 발견한다.
- 점주가 자신의 보석이 전쟁 비용을 충당하려고 판매된 블러드 다이아몬드라든 가 그 외에 비윤리적인 방법으로 제조되었다는 사실을 알게 된다.
- 약혼한 커플이 반지를 두고 옥신각신하다가 매장에서 파혼하기로 결심한다.
- 손님이 세척을 맡긴 보석에 상처를 입힌다.
- 청혼 후 약혼반지를 받았는데 다이아몬드가 위조품임을 알게 된다.

이 배경에서 볼 만한 유형의 사람들

- 출입구에 있는 경비원, 손님, 배달원, 보석 감정사, 직원, 매니저

이 배경과 밀접한 다른 배경

- 골동품점, 전당포

참고 사항 및 팁

귀금속 상점은 매장의 분위기나 배치, 손님을 대하는 서비스가 다양하다. 저소 득층이 주로 찾는 상점은 가격이 구매에 결정적인 영향을 미치기 때문에 보석 에 대해 해박하지 않은 직원도 있다. 이런 곳에 있는 상품은 대부분 품질이 낮 으며 일반적인 브랜드 제품이다. 저렴한 가격으로 손님을 유치하는 상점은 종

종 세일 안내판을 눈에 잘 띄게 걸어놓지만, 보석에 대해 잘 아는 고소득층을 상대하는 상점은 한눈에 알아볼 수 있는 명품 브랜드의 상품을 취급한다. 이런 곳에서는 전문 교육을 받은 직원이 보석의 품질이나 제조 방법에 대해 손님에게 상세한 정보를 알려준다. 또한 표준 가격을 고수하고, 매장에 전시된 보석이 많지 않아서 진열 상품 외에 다른 상품을 보고 싶어 하는 손님에게는 카탈로그를 보여준다.

배경 묘사 예시

파파라치가 유명인의 사진을 찍을 때처럼 눈부신 조명 아래, 다이아몬드가 케이스 안에서 반짝반짝 빛났다. 달랑거리는 루비 귀고리가 눈에 잘 띄도록 머리를 묶은 귀여운 직원은 한 쌍의 반지를 향해 미소 지으며 고개를 끄덕였다. 토니가 내 손을 쥔 순간 마침내 실감했다. 우리 결혼하는구나.

- **이 글에 쓴 기법** 직유
- **얻은 효과** 감정 고조

꽃집 Flower Shop

풍경

선명한 색 배치로 눈을 즐겁게 해주는 실내 모습, 아이비ivy[줄기에 덩굴손이 있어 담이나 나무에 달라붙어 올라가며 자라는 식물], 바구니나 꽃병에 장식된 조화, 선반에 놓인 실내용 화분, 사랑스럽거나 달콤한 메시지가 쓰인 인테리어용 접시, 카드 진열대, 자질구레한 물건들, 상자에 담긴 초콜릿, 유리로 된 커다란 냉각 케이스 안에 든 생화로 만든 꽃다발, 대량의 꽃 등을 보관하는 워크인 냉장고, 꽃다발 제작 코너(두루마리 리본, 레이스, 철사, 줄기를 감는 녹색 테이프, 포장지, 크리스털 꽃병, 꽃의 선도 유지제, 나비 모양 리본, 반짝이 스프레이, 막대기에 달린 빈 카드, 계절색이 드러나는 기념일이나 이벤트 장식), 다양한 모양의 풍선과 헬륨 탱크, 양동이에 담긴 추위에 강한 꽃, 꽃다발을 훑어보거나 결혼식용 카탈로그를 휙휙 넘기는 손님

소리

바스락거리는 포장용 비닐이나 얇은 종이, 땅 소리를 내며 열리는 금전등록기, 진열장의 문을 열 때 흡착력이 약해지는 소리, 냉각 모터의 진동음, 헬륨 탱크, 손님과 사장의 대화, 포장지 다발을 잘라서 뜯는 소리, 가위로 자르는 꽃줄기, 양동이에서 꽃다발을 꺼낼 때 떨어지는 물방울, 물을 채우는 꽃병, 꽃줄기 주위의 잎들, 주문 전화, 빗자루로 쓰는 줄기와 잎사귀 조각 들

냄새

싱싱한 꽃, 녹색 식물, 창문으로 들어온 햇볕을 받은 따뜻한 흙, 풀, 도료, 비닐, 반짝이 스프레이나 풀에서 나는 화학약품 냄새

맛

직원이 들고 온 음료(커피, 스무디, 물, 탄산음료), 점심으로 사 온 패스트푸드나 집에서 가져온 음식

여리고 매끄러운 꽃잎, 실수로 손가락을 가시에 긁혔을 때의 통증, 미끄러워서 잡기 어려운 포장지, 꽃다발의 완성도를 여러 방향에서 확인한 뒤 내리는 결단, 냉장고를 열 때 팔이나 얼굴에 닿는 냉기, 꽃들이 흩어지지 않도록 줄기를 고무줄로 한데 모은 뒤 양동이에 넣는 느낌, 실내에서 자라는 열대식물 화분의 축축한 흙, 계산대에 흩어진 고사리잎 조각이나 자른 꽃을 닦아내는 느낌, 가게 문을 닫은 뒤 청소하며 가볍게 흔드는 몸

이 배경에서 벌어질 만한 갈등의 원인

- 냉장고가 고장 난다.
- 꽃의 출하가 늦어진다.
- 피치 못할 공급 문제로 손님이 원하는 특정한 꽃을 주문할 수 없다.
- 배달 장소가 바뀐다.
- 주문을 깜박한다.
- 결혼식이나 파티 등 큰 행사 직전에 직원이 그만둔다.
- 기물 파손을 당한다.
- 냉장 장치가 오랫동안 작동되지 않았다.
- 주문해서 받은 꽃이 시들시들하거나 벌레가 먹어 있다.
- 세월이 흐르면서 사장에게 꽃 알레르기가 생긴다.
- 자신의 가게에서 판 꽃다발이 테러 공격에 이용된다.

이 배경에서 볼 만한 유형의 사람들

- 재료 배달원, 꽃다발 배달원, 직원, 사장, 웨딩 플래너와 이벤트 업자

이 배경과 밀접한 다른 배경

- **시골 편** 농산물 직판장
- **도시 편** 대도시 거리, 식료품점, 소도시 거리

꽃집은 개인이 하는 독립된 가게도 있고, 큰 가게의 일부(대형 마트 체인점 내부
에 있는 꽃집처럼)인 곳도 있다. 여러 가지 관엽식물, 비료나 꽃병을 판매하는 것
외에 선물 가게를 겸하고 있는 매장도 있다.

배경 묘사 예시

그렉은 마지막으로 작은 크기의 난을 개봉해서 금전등록기 옆에 놓았다. 완벽
하다. 그는 한 발 물러서서 다양한 색의 조화 다발과 싱싱한 화분, 선반과 카운
터를 수놓은 다양한 선물용품을 가만히 바라봤다. 내일의 개점을 위한 모든 것
이 준비됐다. 그는 심호흡을 하며 10년 전 처음으로 가게를 연 이래 그를 노예
로 삼은 화초, 흙, 꽃잎이 뒤섞인 감미로운 향기를 들이마셨다. 드디어 여기까지
왔다는 생각이 들자 가슴속에서 뜨거운 것이 치밀어 올랐다. 수줍음이 많아 교
실에서 손도 들지 못했던 난독증이 있던 소년이, 모두가 어른이 되어도 사람 구
실을 못할 거라 여겼던 그가, 이제 세 번째 가게의 개점을 앞두고 있었다.

- **이 글에 쓴 기법**   다중 감각 묘사
- **얻은 효과**   분위기 설정, 과거 사연 암시, 감정 고조

반려동물용품점　　　　　　　　　　　　　　Pet Store

풍경

진열된 반려동물 사료와 간식, 장난감, 고양이 모래, 옷, 이빨과 털 손질용품, 목줄과 그 밖의 훈련 도구, 다양한 크기와 색깔의 강아지 침대, 케이지나 이동장, 고양이 스크래처, 외벽을 따라서 보이는 강아지(자고, 싸우고, 유리 안에서 뛰어오르고, 꼬리를 흔드는)와 고양이(울고, 플라스틱 공과 싸우고, 서로 덤비며 장난하는)가 있는 유리 진열장, 토끼(먹이를 먹고, 톱밥 속으로 파고들고, 다리 밑이나 집에 숨어 있는)와 페럿이 있는 뚜껑 없는 작은 집, 물고기용품 코너(수조나 어항, 전구, 인공 폭포, 인공 식물, 색깔 있는 돌이나 유리로 만든 장식용 돌, 수질 조정제, 소금, 망, 필터와 호스가 있는), 작은 동물을 위한 유리장(밥그릇과 물그릇, 운동용 쳇바퀴, 톱밥이나 장난감이 든), 손님이 강아지나 새끼 고양이를 대면할 수 있는 문이 달린 울타리, 재잘대는 왕관앵무나 화려한 날개를 가진 앵무새용 대형 새장, 녹색이나 파란색의 작은 앵무새 등 소형 새를 위한 작은 새장, 파충류용(뱀, 도마뱀, 거미 등) 수조, 조명을 어둡게 설정한 물고기 수조 코너, 관상용 열대어를 위한 작은 수조가 진열된 선반, 해마나 거북이 있는 수조, 개를 목욕시키거나 털을 다듬는 미용 코너, 특별 전시품과 계절상품, 화려한 세일 표시판, 반려견용 이름표를 새기는 기계, 계산대, 목줄을 맨 개(혹은 다른 동물)를 데려온 단골손님

소리

짖거나 우는 개, 바닥에 닿는 발톱, 카트에 담는 사료 캔이나 사료 봉지, 금속 울타리에 부딪치는 동물, 동물에게 상냥하게 말을 거는 손님, 흥분해서 뛰어오르거나 가게 안을 내달리는 어린이, 수조 안에서 폭포처럼 떨어지는 거품, 톱밥 속으로 파고드는 동물, 물고기 수조가 설치된 모퉁이에서 돌아가는 모터, 시끄럽게 울거나 새장의 금속 울타리를 씹는 새, 쳇바퀴를 돌리는 쥐나 햄스터, 도어벨, 바닥을 울리는 신발 소리, 쇼핑 카트의 바퀴, 계산대의 스캐너 소리나 벨 소리, 금전등록기에서 나오는 영수증

냄새

소나무 톱밥, 개털, 샴푸(미용 코너가 근처에 있는 경우), 건식 사료와 간식, 수초,

동물의 배설물

맛

이 배경에서 특별히 느껴지는 맛은 없다. 하지만 어린이의 생일 파티를 열 수 있는 반려동물용품점도 있다. 이럴 경우에는 생일을 맞은 아이의 부모가 케이크나 다른 음식을 준비하기도 한다.

촉감과 느낌

새끼 고양이나 토끼의 부드러운 털, 핥거나 입을 맞추는 강아지, 동물을 품에 안았을 때 손바닥에 느껴지는 맥박, 잔걸음으로 뒤뚱거리는 강아지, 살살 깨무는 강아지나 새끼 고양이, 재채기를 한 개의 털에 묻은 안개 같은 비말, 동물의 발이나 털에서 떨어지는 톱밥, 미끄러워 잡기 어려운 사료나 간식 봉투, 금속 사료 캔의 냉기, 소가죽으로 만든 울퉁불퉁한 간식, 매듭이 많은 밧줄 장난감, 탄성 있는 공이나 미끄러운 나일론 목줄과 목걸이, 고무 장난감, 차가운 금속 재질의 물그릇, 물을 채운 비닐 주머니에 담은 물고기의 무게감

이 배경에서 벌어질 만한 갈등의 원인

- 동물(뱀, 거미, 새 등)이 우리에서 도망친다.
- 동물들에게 병이 퍼진다.
- 정전으로 가뜩이나 허약한 물고기가 위기에 처한다.
- 일부러 동물을 해코지하려는 손님이 발각된다.
- 생일 파티에 초대된 손님에게 동물 공포증이 있다.
- 적절한 예방접종을 받지 않은 동물이 손님을 문다.
- 동물 보호 단체에서 항의 운동을 벌인다.
- 한배에서 난 강아지들이 개 공장에서 왔음을 알고 점주가 갈등에 빠진다.

이 배경에서 볼 만한 유형의 사람들

- 손님, 배달원, 애견 미용사, 직원

• 동물 병원

참고 사항 및 팁

반려동물용품점은 대부분의 사람들에게 기쁨을 주는 장소다. 딱히 반려동물을 살 생각이 없더라도 가끔 들러서 즐거움을 맛보는 사람도 있다. 규모가 큰 가게에서는 다양한 동물을 취급하지만, 그렇지 않은 곳은 주로 개와 고양이를 팔며 그 밖의 특수한 동물은 최소한의 종류만 취급한다. 최근에는 강아지와 새끼 고양이의 '대량 생산'에 관한 악평과 사회적 압력에 따라 많은 가게들이 판매를 중지하고 있다. 이런 가게는 대중의 반발을 살 위험이 있는 어린 동물을 취급하지 않는다. 그러나 동물 보호 단체와 함께 입양 제도를 운영하며 버려진 동물들이 새 가족을 찾도록 돕는 가게도 있다.

배경 묘사 예시

할아버지와 왔을 때 발견한 것을 보여주고 싶어서 안달 난 레비는 내 손을 잡고 목줄과 강아지 옷, 장난감 코너를 지나쳤다. 나는 발걸음을 재촉하지 않았다. 네 살짜리 아이에게 '엄마 아빠가 괜찮다면' 반려동물을 사주겠다고 약속한 아버지에게 화가 나 있었기 때문이다. 아버지는 언제나 다른 사람에게 책임을 떠넘긴다. 레비는 고맙게도 벽 쪽 유리장에 있는 고양이와 개에게는 가지 않았다. 나는 알레르기 때문에 저런 동물은 기르지 못한다. 토끼와 쥐 코너를 지나칠 때는 코를 자극하는 톱밥과 소변의 암모니아 냄새에 긴장했는데, 레비는 그곳에서도 걸음을 멈추지 않았다. 예상했던 것만큼 끔찍한 사태는 벌어지지 않을지도 모른다. 화려한 열대어나 그와 비슷한 동물에서 마무리되는 건 아닐까 하는 희망을 품기 시작했을 때, 나는 왼쪽에 있는 파충류 구역으로 끌려 들어갔다.

• **이 글에 쓴 기법** 다중 감각 묘사
• **얻은 효과** 성격 묘사, 복선, 과거 사연 암시, 분위기 설정, 감정 고조

서점 Bookstore

풍경

바닥과 벽에 설치된 책장, 책이 나열된 둥근 탁자, 모퉁이나 끝 쪽에 진열된 인기 도서, 베스트셀러의 표지나 작가의 사인회를 알리는 포스터, 서점의 포인트 카드를 선전하는 광고, 탁자에서 책에 사인을 하는 작가, 탁자와 의자가 마련된 서점 안 커피숍, 독서용 의자와 소파, 외부의 빛이 들어오는 창, 각종 책의 책등, 새롭고 참신한 상품(카드, 미니 북, 책갈피, CD, DVD, 초콜릿, 펜, 사탕, 계절에 따른 상품들), 할인 스티커가 붙은 베스트셀러들이 진열된 커다란 벽, 계산대에서 손님이 구입한 물건을 계산하는 직원, 컴퓨터와 금전등록기, 독특한 책들이 즐비한 어린이 코너, 보드게임 · 퍼즐 · 봉제 인형 코너, 직원이 엄선한 책이 진열된 모퉁이, 회전식 전시대에 걸린 기프트 카드, 달력, 서점 앞의 진열대, 잡지 진열대, 손님(선반에 나열된 책을 쓱 살펴보고, 계산하려고 줄을 서고, 뒤표지를 읽거나 내용을 훑어보기 위해 책장에서 책을 꺼내고, 한자리에서 멈춰서 고개를 숙이고 첫 장을 읽고, 푹신한 독서 의자에서 편안하게 쉬고, 여러 책장을 둘러보고, 할인 코너에 슬쩍 다가가고, 탁자에 자리 잡고 커피와 스콘을 맛보는), 둘이서 한 권의 잡지를 같이 보며 내용에 대해 이야기하는 십 대들, 바닥에 앉아 책장에 등을 기대고 책을 탐독하는 손님

소리

손님(말소리, 중얼거림, 직원에게 질문하는 소리), 손으로 책장을 넘기거나 바람에 책장이 넘어갈 때 나는 소리, 반들반들한 잡지 페이지를 넘기는 소리, 커피숍(원두를 섞고 갈고 거품을 내는 소리, 부글거리는 소리, 가볍게 누르는 소리, 김이 나는 소리), 후후 불어 식히거나 소리를 내며 마시는 커피, 손님의 이어폰에서 새어 나오는 음악, 바닥을 걷는 신발, 뭔가를 쓰거나 공부하는 사람이 키보드를 두드리는 소리, 계산대의 바코드 스캐너, 영수증을 출력하는 금전등록기, 신용카드를 긁는 소리, 손에 든 책 위에 쌓는 다른 책, 책을 선반에 다시 돌려놓을 때 내쉬는 후회의 한숨, 찾던 책을 발견하고 흥분해서 삼키는 숨, 실내 스피커에서 나오는 편안한 음악, 긴 시간 앉거나 쭈그려 있다가 일어날 때 무릎이 내는 소리, 상자 속에서 책을 꺼내 보충하는 직원, 어린이 서적 코너에서 들리는 아이

목소리

냄새

책과 판지에서 나는 마른 종이 냄새, 서점 안 커피숍에서 풍기는 커피와 향신료 (계피, 육두구, 코코아) 냄새, 헤어 제품, 향수, 잡지의 잉크, 오존 같은 에어컨의 톡 쏘는 냄새, 열린 문으로 들어오는 외부의 냄새(풀, 담배 연기, 배기가스), 소나무로 만든 선반, 청소용품(레몬 향, 암모니아 냄새, 소나무 향)

맛

테이크아웃 컵으로 마시는 뜨거운 커피나 홍차, 빨대로 마시는 과일이나 커피 스무디, 책을 읽으며 조금씩 베어 먹는 간식(커다란 쿠키, 머핀, 스콘, 롤 케이크), 물, 껌, 박하사탕, 커피 음료에 올린 계피 맛이 나는 거품

촉감과 느낌

가죽이나 종이로 된 책등, 선반에서 꺼내려고 잡아당기는 책의 윗부분, 낮은 선반에 있는 책의 제목을 읽으려고 쪼그리는 느낌, 부드러운 독서용 의자에 파묻는 몸, 팔랑팔랑 넘기는 책이나 잡지, 손으로 훑어보는 책 표지의 우둘투둘한 부분, 표지의 홀로그램이나 무지갯빛 이미지를 보려고 책을 기울이는 느낌, 균형을 잡으며 운반하는 높이 쌓아 올린 책들, 팔을 파고드는 책을 담은 무거운 바구니, 다른 손님과 부딪치거나 아슬아슬하게 스치는 느낌, 봉투를 열고 입에 넣는 한 입 크기의 먹거리, 커피 컵 때문에 따뜻해진 손, 종이 냅킨으로 닦는 입술, 빈 봉투에 털어넣는 탁자 위의 음식 부스러기, 계산하려고 꺼내는 지갑

이 배경에서 벌어질 만한 갈등의 원인

- 참을성이 없거나 요구가 많은 손님이 있다.
- 인기 있는 책이 품절된다.
- 실수로 서점 안에서 음식물을 쏟는다.
- 사인회에 온 작가가 요구가 많거나 거만하다.
- 휴가 기간이라 일손이 부족하다.
- 폐점 시간이라고 에둘러 재촉해도 손님이 전혀 눈치채지 못한다.

- 들치기를 잡는다.

이 배경에서 볼 만한 유형의 사람들

- 사인회를 여는 작가, 출판사 영업 사원, 손님, 배달원, 청소부(대형 서점의 경우), 서점 주인과 직원

이 배경과 밀접한 다른 배경

- 도서관

참고 사항 및 팁

대형 체인 서점은 어디든 모습과 분위기가 매우 비슷하다. 이에 비해 독립 서점은 규모는 작지만 고양이를 마스코트로 삼기도 하고, 앤티크풍으로 꾸미기도 하고, 힐링 효과가 있는 크리스털 제품이나 켈트족의 상징, 향초 등을 구비해 개성을 살린다. 이런 서점들을 통해 매장을 특색 있게 꾸미는 법을 배울 수 있다. 어떤 서점을 배경으로 삼을지 검토하고, 상징적인 실내장식으로 구체적인 분위기나 감정을 끌어낼 수 있는 방법을 생각해보자.

배경 묘사 예시

크리스마스트리 아래에서 또 다른 선물을 발견하고 들뜬 여섯 살 아이처럼, 나는 독서 코너의 비어 있는 팔걸이의자로 질주한 뒤 부드러운 좌석 안으로 가라앉았다. 건너편에 앉은 나이 지긋한 여성이 입이 벌어질 정도로 에로틱한 로맨스 소설의 표지 위로 얼굴을 내밀고 터질 듯한 내 쇼핑백에 눈을 멈췄다. 그녀는 의자 밑에 놓인 자신의 가방을 가볍게 찔렀고, 우리는 비밀스러운 미소를 교환했다. 나는 편하게 자세를 잡은 뒤 홍차를 한 입 마시고 방금 산 고딕 미스터리를 꺼냈다. 포장을 벗기고 먼지 냄새를 맡으면서 책의 세계로 빠져들었다.

- **이 글에 쓴 기법**   대비, 다중 감각 묘사
- **얻은 효과**   성격 묘사, 분위기 설정, 감정 고조

쇼핑몰 Shopping Mall

풍경

브랜드 이름이 박힌 쇼핑백을 들고 테이크아웃 커피를 마시는 사람들, 선명한 점포 간판, 유리문과 창문, 깔끔한 공중화장실, 가운데에 식사 공간이 마련된 푸드 코트, 벤치에서 쉬거나 휴대전화를 들여다보는 사람, 명품 매장, 커다란 세일 표시판을 내건 쇼윈도, 타일을 깐 바닥, 화분, 에스컬레이터와 계단, 양옆이 유리로 된 엘리베이터, ATM 기계, 직원, 유아차를 밀고 다니는 부모, 각종 상품 전문점(옷, 가정용품, 여송연, 커피, 가구, 서적, 핸드백과 트렁크, 예술 작품, 가전과 음악, 게임과 완구, 보석, 건강식품, 임산부용품, 어린이용품, 소품, 화장품), 은행, 여행 대리점, 계산대 앞에서 차례를 기다리는 줄, 입어보고 방치한 옷이 잔뜩 쌓인 탈의실, 화려한 옷이 즐비한 선반, 상품으로 가득한 선반, 쓰레기통, 조각 작품과 예술 작품, 분수, 출구 표시, 자판기, 안내 데스크, 라운지(편안한 의자, 텔레비전, 전자 기기 충전 시설을 갖춘), 밝은 조명, 천창, 유리나 놋쇠 난간, 바닥에 떨어진 영수증, 제품 사용법을 보여주는 직원, 쓰레기봉투를 교체하는 청소부, 개방된 공간에서 열리는 특별 이벤트(행운권 추첨, 패션쇼), 앉아서 문자메시지를 보내는 십 대, 걸으며 휴대전화로 통화하는 사람, 부모를 가게 안으로 잡아끌며 진열대로 향하는 어린이, 어린이용 뽑기 기계(껌, 둥근 플라스틱 케이스에 담긴 작은 싸구려 장난감, 모조 보석, 일회용 타투 등), 대형 주차장이나 주차 빌딩

소리

타일 바닥 위를 걷는 부츠나 구두, 말소리와 웃음소리, 메아리, 서로 뒤섞여 와자지껄한 소리, 사람들로 붐비는 곳에서 친구를 부르는 목소리, 울리는 휴대전화, 금전등록기에서 인쇄되는 영수증, 경비원의 무전기, 바스락거리는 비닐봉지, 핸드백이나 윗도리의 지퍼를 당기는 소리, 빨대로 음료수를 마시는 소리, 질문을 하거나 물건을 사달라고 조르는 아이, 매장에 흐르는 음악, 작동 중인 에어컨이나 전열 교환기, 매장 안의 방범 버저, 안내 방송(이벤트 장소 안내나 미아 찾기 등), 실내 스피커로 책임자를 부르는 계산원, 바코드를 읽는 스캐너, 서로 스치는 옷걸이, 땡 울리는 엘리베이터 문, 뛰어다니는 아이들, 쓰레기통으로 툭 떨어지는 반쯤 남은 커피 컵, 아이를 부르는 부모, 분수에서 튀는 물방울, 쇼핑

311

몰 스피커에서 흐르는 차분한 음악

냄새

푸드 코트 음식(조리 중인 고기, 갓 구운 빵, 계피, 소금, 매운 음식, 바비큐, 핫도그, 햄버거), 구취, 체취, 향수, 헤어 제품, 화장품 상점 카운터에서 풍기는 독한 향수와 보디 스프레이 냄새, 팝콘, 청소용품, 커피, 비가 퍼붓는 날의 젖은 구두나 부츠, 공기 탈취제, 바닥용 왁스

맛

물, 커피, 탄산음료, 박하사탕, 껌, 푸드 코트에서 파는 다양한 요리, 가게나 자판기에서 산 간식(쿠키, 사탕, 초콜릿, 감자 칩, 아이스크림), 기침 해소용 사탕, 담배

촉감과 느낌

에스컬레이터 계단에서 조심스럽게 잡는 균형, 다른 손님과 가볍게 스치는 몸, 붐비는 푸드 코트에서 밀고 밀리는 느낌, 손에 든 차가운 음료, 빨대를 빠는 느낌, 손바닥을 파고드는 무거운 쇼핑백, 발에 닿는 쇼핑백, 구겨서 뭉치는 영수증, 푸드 코트의 딱딱한 의자, 한숨 돌리려고 앉는 벤치, 부드러운 천, 차가운 금속 난간, 따뜻한 커피와 먹거리, 많이 걸어서 아픈 다리, 무겁고 뻣뻣한 팔, 손끝으로 톡톡 두드리는 유리 진열장, 땀이 밴 아이의 손을 꽉 쥐는 느낌, 아이의 손을 잡고 다른 손으로 휴대전화로 통화하며 쇼핑백까지 손에 들려고 애쓰는 느낌

이 배경에서 벌어질 만한 갈등의 원인

- 상품이 가격표에 적힌 가격보다 비싸다.
- 직원이 반품을 해주지 않는다.
- 맞는 사이즈가 없다.
- 계산을 기다리는 줄이 너무 길다.
- 매장의 인기 상품이 품절된다.
- 물건을 산 뒤 몹시 후회하거나 돈을 지나치게 낭비한다.
- 쇼핑몰을 떠나고 싶은데 쇼핑을 좋아하는 사람과 같이 다니게 된다.
- 흥분한 아이들이나 부루퉁한 십 대들을 데리고 재빨리 쇼핑을 해야 한다.

이 배경에서 볼 만한 유형의 사람들

- 배달원, 관리인, 아이들을 데려온 부모, 직원, 경비원, 손님, 십 대, 운동 삼아 쇼핑몰을 걷는 사람

이 배경과 밀접한 다른 배경

- 서점, 커피숍, 델리 숍, 엘리베이터, 패스트푸드 레스토랑, 미용실, 아이스크림 가게, 귀금속 상점, 영화관, 실내 주차장, 야외 주차장, 반려동물용품점

참고 사항 및 팁

쇼핑몰은 지역사회에 따라 모습이 다르다. 고소득자들이 이용하는 쇼핑몰은 고급 매장이나 값비싼 음식점이 즐비하다. 반면 젊은이들이 주로 찾는 쇼핑몰은 영화관과 어린이 놀이터, 어린이 고객을 위한 매장을 갖추고 있으며, 합리적인 가격으로 명품을 파는 아울렛 매장이 있기도 하다. 쇼핑몰은 폐점할 때 갑자기 문을 닫지 않는다. 쇼핑몰 자체는 영업을 하지만 입점 매장들이 서서히 문을 닫기 때문에, 이런 곳을 배경으로 삼는다면 색다른 쇼핑 경험을 묘사할 수 있다.

배경 묘사 예시

마시는 에스컬레이터에 뛰어올라 2층으로 향했다. 위로 올라갈수록 아래쪽 사람들이 벌레 크기로 줄어들었다. 십 대 여자아이들은 통로를 껑충거리다 팝콘처럼 서로 부딪치며 웃음을 터뜨렸다. 나이가 있는 커플 한 쌍은 크리스마스 다음 날의 세일을 놓칠 수 없다는 확고한 모습으로 서둘러 걷고 있었다. 이른 아침인데도 유아차를 미는 젊은 가족도 적지 않았다. 사람들은 대부분 필요한 카페인을 섭취하고자 커피 컵을 손에 들고 있었다. 마시는 청바지 주머니를 가볍게 두들겨 50달러짜리 기프트 카드가 확실히 들어 있는 것을 확인했다. 자, CD 가게로 돌격.

- **이 글에 쓴 기법** 대비, 직유
- **얻은 효과** 성격 묘사, 분위기 설정

시장   **Bazaar**

풍경

부서질 듯한 목재 노점 위에 걸린 햇빛으로 색이 바랜 줄무늬 천과 파란 비닐
시트, 안에서 급하게 나와 웃으며 손님을 맞는 전대를 찬 직원, 손님을 위해 켠
선풍기, 몇 개의 노점이 줄지어 늘어선 사이로 통하는 울퉁불퉁한 길, 구걸을 하
거나 북적이는 사람들 사이에서 차가운 음료수나 싸구려 소품을 파는 어린이,
물건을 구경하고 가격을 흥정하는 수많은 사람들, 호객을 위해 손님들을 불러
세우는 상인, 주위를 돌아다니며 먹이를 조르는 들개, 봉투에 담긴 간식거리나
달콤한 과자나 꼬치구이를 먹는 사람, 테이블에 앉아 음료(홍차, 맥주, 물, 그 지
방의 마실거리)를 마시는 사람, 조리 중인 냄비와 주전자에서 올라오는 수증기,
시장 안을 순찰하는 경찰이나 자치 순찰대, 손 글씨로 적은 외국어 표시, 색색의
독특한 상품(옷, 깃발, 모자, 방석 등 깔개, 깊거나 얕은 냄비, 신발, 식탁보, 레이스,
천, 벽 스티커, 도자기, 악기, 장난감, 큰 조개껍데기, 향로, 종교와 관련된 유물, 수집
가치가 있는 책, 등, 초, 종이로 만든 등)으로 넘치는 테이블과 선반, 특정 문화를
상징하는 자질구레한 상품과 수제 제품(도료를 바른 상자, 보석과 구슬을 엮어 만
든 공예품, 베갯잇, 손으로 만든 가방과 가죽 제품, 조각), 음식(그 지방에서 수확한
향신료, 특산품 잼, 버터, 벌꿀, 홍차, 커피, 달콤한 과자, 훈제 생선, 견과류, 싱싱한
과일과 채소)

소리

싼 가격을 장담하며 상품을 설명하는 직원, 짖어대는 개, 조리 중인 고기, 손님
이 산 물건을 봉투나 신문지에 싸서 건넬 때 나는 바스락거리는 소리, 휴대 라
디오에서 흘러나오는 그 고장의 음악, 손님이 노점에 들어섰을 때 선풍기의 풍
력이 강해지는 소리, 상품을 살지 말지 혹은 얼마에 살지 작은 소리로 이야기
나누는 손님들, 산들바람에 흔들리는 풍경, 바람에 흔들려 날카로운 소리를 내
는 비닐 시트, 흙길을 사뿐히 나아가는 발소리, 악기를 살짝 연주해보는 손님

냄새

그 지방의 향신료, 조리된 고기, 효모 향이 나는 빵, 땀, 체취, 먼지, 곰팡내가 나

는 천, 향, 커피 원두, 연기, 고여 있는 공기, 마늘, 향이 나는 비누와 포푸리

맛

더운 날 단번에 목을 적시는 차가운 음료수, 노점에서 먹는 희귀한 풍미의 요리, 베어 무는 잘 익은 과일, 간식으로 먹는 달콤한 사탕, 튀긴 빵과 케이크, 손가락 끝에 묻은 아이싱icing[케이크나 쿠키 표면에 바르는 마무리 재료], 관심 없는 낯선 요리를 먹었을 때의 불쾌한 맛, 노점에서 홀짝이는 갓 우린 홍차의 쌉싸름한 맛

촉감과 느낌

유약을 바른 항아리나 장식품의 무게감, 다양한 직물의 질감, 목 뒤의 땀을 식히는 산들바람, 햇볕에 그을린 곳에 느껴지는 따끔거리는 통증, 힘차게 뿜어져 나오는 선풍기의 냉기, 매끄러운 은제품, 햇볕에 달궈진 금속 냄비, 식사를 마치고 손과 셔츠에 묻은 부스러기를 털어내는 느낌, 차가운 음료수가 담긴 페트병 표면의 물방울, 몸을 식히려고 이마와 목에 대는 차가운 음료수, 옷이나 천에 달린 울퉁불퉁한 구슬이나 자수, 손가락에서 미끄러지는 비단처럼 부드러운 술 장식, 잡다하게 쌓인 팔찌와 그 밖의 보석을 헤집는 느낌, 더워서 입고 있는 옷을 잡아당기거나 펄럭펄럭 흔드는 느낌, 테이블이나 좁은 장소에서 실수로 부딪치는 느낌, 매달려 있는 조개껍데기 모빌에 부딪친 머리, 울퉁불퉁한 길을 돌아다녀서 아픈 발, 새 신발 때문에 생긴 물집, 봉투의 무게로 처진 양팔과 몰려드는 피로, 햇빛에 오래 노출되어 생긴 탈수증

이 배경에서 벌어질 만한 갈등의 원인

- 소매치기를 당한다.
- 문화 차이로 오해를 산다(자신도 모르게 저속한 몸짓을 해서 상대를 화나게 하는 등).
- 길을 잃는다.
- 언어의 벽에 부딪친다.
- 환율을 잘못 계산해서 가격보다 많은 값을 치른다.
- 마음이 맞지 않는 일행과 쇼핑을 한다(자신은 쇼핑을 싫어하는데 쇼핑에 목숨을 건 사람과 함께 다녀야 하는 등).

- 꼭 가지고 싶은 물건이 있는데 찾을 수 없다.

이 배경에서 볼 만한 유형의 사람들

- 걸인, 범죄자, 경찰관, 지역 주민, 상인, 고아, 관광객, 여행 안내소에서 근무하는 직원

이 배경과 밀접한 다른 배경

- **시골 편** 농산물 직판장

참고 사항 및 팁

현재의 시장을 묘사하고 싶다면 그 지역에서 일반적으로 생산되고 판매되는 물건을 조사하자. 가공의 시장이라면 그 지역의 유명 상품, 재배되고 수확되는 음식, 문화와 명절, 예술적 표현의 상징으로 사용되는 색깔 등을 생각해보자.

배경 묘사 예시

우리는 알록달록한 총천연색을 배경으로 많은 사람들이 한꺼번에 움직이는 혼돈의 광경에 놀라며 시장의 최전선을 구경했다. 노점들은 피륙과 손으로 만든 베개, 구슬을 단 가방, 술이 달린 숄, 작은 은세공품 등으로 넘쳐났다. 베갯잇의 자수에 눈이 끌려 한 테이블 앞에서 걸음을 멈췄지만, 낯선 언어로 떠들며 계속 물건을 떠안기는 주인 때문에 재빨리 자리를 떴다. 인파 속으로 들어가 어느 모퉁이를 도니 좋은 향기가 풍겼다. 한층 조용한 이곳의 노점 테이블에는 막 갈아서 분말로 만든 향신료를 높이 쌓은 나무 그릇이 몇 개나 놓여 있었다. 노점을 편 여자들은 말없이 따스한 미소를 띠고 있었다. 덕분에 장 볼 마음이 생겨 여기서는 바닐라 빈 한 봉지, 저기서는 가느다란 실 모양의 사프란을 샀다.

- **이 글에 쓴 기법** 대비, 다중 감각 묘사
- **얻은 효과** 분위기 설정, 긴장과 갈등

식료품점   Grocery Store

풍경

크림색으로 도장된 금속 선반들, 밝은 형광등, 인기 상품이나 세일 상품(수프 통조림, 감자 칩, 바비큐 소스, 시리얼)을 쌓아 올린 진열대, 세일 표시판, 점포의 좌우명이 쓰인 현수막, 각 열에 진열한 상품을 기입한 안내판, 가정용품 선반(휴지, 세정제, 식기용 액체 세제, 세탁 세제), 통조림(수프, 참치, 콩, 토마토, 옥수수) 상자나 비닐에 담긴 상품(마카로니 앤 치즈, 쌀, 감자 칩, 설탕, 밀가루, 시리얼), 신상품 시식 코너, 보충품 상자가 담긴 수레가 통로를 막은 모습, 선반을 둘러보는 손님, 엄마가 미는 카트에 매달리거나 유아용 카트에 탄 아이, 꽃다발과 선물이 진열된 꽃집, **빵 코너**(포장된 빵, 케이크, 도넛, 쿠키), 훈제 고기와 즉석에서 조리된 샐러드가 있는 델리 코너, **정육 코너**(스테이크, 햄버거용 고기, 돼지고기, 개별 포장된 닭고기), **해산물 코너**(게, 새우, 연어나 황새치 스테이크, 넙치, 송어, 손질하지 않은 생선, 껍질이 달린 굴, 싱싱한 랍스터가 담긴 수조, 그 밖의 해산물이 진열된), **냉동식품 코너**(아이스크림, 냉동 채소, 피자, 간단한 식사가 냉동고에 진열된), 갖가지 신선한 과일과 채소가 바구니나 용기에 잔뜩 담겨 있는 **청과물 코너**, 대형 사각 용기에 담긴 식재료(건과일, 견과류, 곡물, 베이킹 재료, 사탕)를 저울에 달아 파는 코너, 계산대(검은 컨베이어 벨트, 손님의 물건을 바코드 스캐너로 찍는 직원, 건전지나 박하사탕 등 계산 전 충동구매를 부르는 선반, 과자 코너, 잡지 진열대, 에코백 코너), 클립보드를 들고 매장을 돌아다니는 매니저, 스팀 클리너를 빌려주는 곳

소리

매장 안의 스피커에서 나오는 경음악, 바스락거리는 봉투, 가격을 확인하려고 구내전화로 다른 직원을 호출하는 계산원, 계산대에서 바코드를 읽을 때 울리는 소리, 굴러가는 카트 바퀴, 에어컨의 바람 소리나 여닫히는 자동문, 롤에 말린 비닐봉지를 잡아당기는 소리, 전화벨, 금속 카트 안에서 달그락거리는 캔, 덜컥거리는 파스타 상자, 컨베이어 벨트 위에 올리는 탄산음료 묶음이나 그 밖의 무거운 상품, 전단지에서 뜯어내는 쿠폰, 장 보는 시간이 지루해 떼를 쓰거나 우는 아이, 쇼핑을 하면서 휴대전화로 통화하는 소리

빵 코너에서 풍기는 따뜻한 효모 냄새, 막 오븐에서 꺼낸 뜨거운 시나몬 브레드, 맛있는 냄새를 풍기는 닭 꼬치, 해산물 코너의 소금물, 톡 쏘는 토마토 덩굴, 싱싱한 꽃, 에어컨, 시식 코너에서 굽고 있는 소시지, 가정용품 선반에서 풍기는 섬유 유연제의 청결한 냄새, 상자를 잘라 열 때 나는 판지 냄새, 금속 선반, 냉동식품 코너의 서리나 드라이아이스에서 풍기는 오존의 자극적인 냄새, 아직 폐기하지 않은 부패한 고기나 채소

시식대의 음식(소시지, 시나몬 브레드나 그 밖의 달콤한 음식, 페이스트리, 음료, 요구르트), 쇼핑하며 집어 먹는 감자 칩이나 크래커, 껌, 박하사탕, 과자, 커피

금속 쇼핑 카트의 냉기, 쿡 찔러보는 빵, 흙투성이 감자, 숙성도를 알아보려고 가볍게 누르는 과일, 냉동고에서 꺼낸 차가운 콩 봉투, 섬유 유연제 코너에서 밀려오는 각종 향기로 근질거리는 코, 부피 큰 개 사료 봉투, 무거운 카트를 미는 느낌, 넘치도록 물건을 쌓은 카트를 밀고 지나가는 통로, 자글자글한 허브(고수, 파슬리), 방금 물을 분무한 농산물을 만져서 젖은 손, 버섯의 탄력, 만지면 주름지는 셀로판 봉투, 손이나 팔에 전달되는 쇼핑백의 무게감

이 배경에서 벌어질 만한 갈등의 원인

- 강도가 든다.
- 아기가 흥분해 날카로운 소리를 지른다.
- 기다리는 손님은 많은데 계산원 수가 적다.
- 상품을 봉투에 담고 나서야 지갑을 집에 두고 왔음을 깨닫는다.
- 계산대에서 물건을 담아주는 직원이 서툴러서 장 본 물건이나 빵이 찌그러진다.
- 주차장에서 물건을 담은 봉투가 찢어진다.
- 방치된 채 제멋대로 움직이던 카트에 부딪혀 차 문이 찌그러진다.
- 필요한 물건이 보이지 않는다.

이 배경에서 볼 만한 유형의 사람들

• 손님, 배달원, 재고 정리 전문가, 가격 조사차 방문한 다른 식료품점 직원, 손님을 가장한 조사원, 식료품점 직원과 매니저

이 배경과 밀접한 다른 배경

• **시골 편** 농산물 직판장
• **도시 편** 시장, 편의점, 야외 주차장

참고 사항 및 팁

식료품점은 대규모 체인점의 하나인 경우가 많아서 매장의 모습이 거의 비슷하다. 구비된 상품의 종류는 점포마다 조금씩 다르지만, 규모가 작고 개인이 운영하는 식료품점이라도 기본적인 상품은 갖추고 있다. 사람은 보통 집 근처에서 장을 보기 마련이다. 등장인물에게 긴장감이나 갈등을 유발하고 싶다면 남의 일에 관심 많은 이웃이나 옛 연인 등을 이 배경에 등장시킬 수 있다.

배경 묘사 예시

지옥에도 식료품점이 있다면 파는 물건은 딱 한 가지일 것이다. 사탕. 그걸 어떻게 아느냐고? 아무 때나 식료품점에 들러도 물건으로 가득 찬 카트를 밀면서 색색의 사탕과 젤리빈이 나열된 코너에 다다르면 똑같은 풍경이 눈에 들어오기 때문이다. 엄마 다리에 매달려 젤리나 초콜릿을 사달라고 소리를 빽빽 지르는 신경질적인 꼬마. 그 모습을 보면 당을 보충하고픈 마음이 싹 사라진다. 애를 낳으려는 생각도 확실히 사라진다.

• **이 글에 쓴 기법** 다중 감각 묘사
• **얻은 효과** 성격 묘사

전당포 Pawn Shop

풍경

검은 필름을 붙인 창, 밝은 실내 조명, 뒤쪽 벽에 달린 긴 거울, 좁은 통로, 갖가지 상품(라디오, 텔레비전, 전자레인지, 토스터, 가습기, 재봉틀, 청소기, 핸드백, 가죽 재킷이나 모피 코트, 하드디스크 드라이브, 노트북, DVD 플레이어, 오래된 레코드 더미)이 놓인 선반, 벽의 못걸이에 걸린 상품(선글라스, 쌍안경, 헤드폰), 값나가는 물건(손목시계, 반지, 체인 목걸이, 휴대전화, 사진기, 태블릿 컴퓨터, 전자책 리더기, 게임기)이 보관된 카운터의 유리 진열장, 악기와 음악 기기(기타, 드럼, 앰프, 키보드, 이퀄라이저, 금관악기, 하모니카), 유명인의 사인이 담긴 액자, 각종 스포츠용품(낚싯대, 서핑 보드, 활, 인라인스케이트, 자전거와 헬멧), 컬렉션용 상자에 담긴 인형, 칼과 군용 나이프, 무선조종 자동차, 대형 상품(자동차 휠 캡, 타이어와 림, 전기톱, 잔디 깎는 기계, 송풍기, 카스테레오), 공구(톱, 드릴, 연마기, 공기 압축기), 컴퓨터, 카운터 뒤에 있는 자물쇠를 채운 금고, 물건을 자세히 살피기 위한 확대경, 보석 세정제와 수건, 여러 제품을 콘센트에 연결하기 위해 벽 곳곳에 설치한 케이블, 감시 카메라

소리

점포 내부에 흐르는 음악, 카운터 뒤에서 직원이 보는 텔레비전, 말소리, 손님과 직원의 대화, 전화벨, 출입구가 열릴 때마다 울리는 종소리, 발소리, 두드리는 키보드, 타일이 깔린 바닥을 걷는 구두, 안쪽 방에서 상품을 손질하는 직원, 새 물건을 놓을 자리를 마련하려고 다른 상품들을 미는 소리, 진열장을 열 때 짤그랑거리는 열쇠, 손님에게 보여주기 위해 선반에서 무거운 물건을 꺼내 바닥에 놓는 소리, 손님을 위한 음질 테스트(텔레비전을 켜고, 키보드를 연주하고, 기타 줄을 손끝으로 튕기고, 전자레인지의 스위치를 누르는 등)

냄새

먼지, 광택제나 기름(공구나 기계 근처에서 풍기는), 곰팡내가 밴 공기

(맛)

이 배경에서는 등장인물이 가지고 있는 것(껌, 박하사탕, 립스틱, 담배 등) 말고
는 관련된 특정한 맛이 없다. 이럴 때는 미각 외의 네 가지 감각에 집중하는 것
이 좋다.

(촉감과 느낌)

먼지투성이 상자, 더러워진 잔디 공구, 전기 장치에서 튀어나온 스위치, 빈틈없
이 확인하기 위해 안쪽 사무실로 가져온 무거운 물건, 카운터 유리에 난 흠집,
꾸깃꾸깃한 지폐, 팽팽한 기타 줄을 힘껏 당기는 느낌, 모피 코트의 부드러운
털, 손에 쥔 낚싯대의 무게감, 크기를 가늠하기 위해 자전거에 타서 균형을 잡아
보는 느낌, 부드러운 가죽 재킷이나 장갑, 길이를 확인하기 위해 어깨에 걸쳐보
는 핸드백, 산처럼 쌓인 레코드를 획획 넘기는 느낌. 크기를 확인하기 위해 신어
보는 스케이트

이 배경에서 벌어질 만한 갈등의 원인

- 구입한 장물을 되팔아 비난을 받는다.
- 가격 흥정에 서툴다.
- 사기꾼과 거래한다.
- 돈이 절실하게 필요한데 판 물건에 비해 만족스러운 금액을 받지 못한다.
- 가게에 거북한 느낌을 주는 괴상한 사람들이 있다.
- 판매한 물건에서 고장이 발견된다.
- 작동이 안 되는 등 결함이 몇 군데 있는 물건을 판 뒤, 구매자가 알아차리지 못
  하기를 바란다.
- 아무도 모르게 전당포에서 거래하려는 순간 지인을 만난다.
- 실수로 상품을 떨어뜨리거나 선반을 넘어뜨린다.
- 강도가 들어온다.
- 전당포에서 범죄 사건이 벌어진다.
- 손님에게 구입한 물건이 장물이거나 범죄에 사용되었다는 것을 사장이 알게 된다.

ㅈ

이 배경에서 볼 만한 유형의 사람들

• 손님, 직원과 사장

이 배경과 밀접한 다른 배경

• 골동품점, 중고품 할인점

참고 사항 및 팁

전당포는 급전이 필요한 사람들이 문제를 바로 해결할 수 있는 서비스를 제공하는 곳이다. 손님은 상태 좋은 물건을 합의한 가격으로 전당포에 팔고, 전당포는 그 상품을 가게에서 파는 것이 일반적이지만 물건을 담보로 잡고 돈을 빌려줄 수도 있다. 물건을 되찾으려면 손님은 정해진 기간 내에 빌린 금액에 이자까지 쳐서 갚아야 한다. 그렇지 않으면 물건을 잃게 된다.

배경 묘사 예시

제이크는 보석이 진열된 흠집투성이 카운터와 DVD들이 놓여 있는 선반을 지나며 주머니에서 종이 한 장을 꺼냈다. 이곳이 세 번째 전당포였는데, 전당포들은 모두 같은 냄새를 풍겼다. 낡은 카펫과 모터오일, 배달 음식이 뒤엉킨 냄새. 맨 마지막 냄새는 카운터 뒤에서 힘없는 스툴을 압사시키며 감시 카메라의 영상을 보는 거한에게서 풍겨왔다. 제이크는 안쪽으로 들어갔다. 그리고 잔디 깎는 기계 한 대와 전자 기타 두 대 옆을 지나 바라던 물건을 발견했다. 오디오 기기다. 상품을 하나씩 재빨리 훑어보고 옆으로 이동하기를 반복하다가 모퉁이의 움푹 들어간 구석에서 보스BOSS의 검은 소형 웨이브 스피커를 보자 시선이 멈췄다. 제이크는 그 물건을 뒤집어서 손에 쥔 종이에 적힌 제품 번호와 비교했다. 빙고. 그는 입술을 꾹 다물었다. 폴, 이 자식. 넌 이제 죽었어.

• **이 글에 쓴 기법** 은유, 다중 감각 묘사
• **얻은 효과** 성격 묘사, 과거 사연 암시

점집   Psychic's Shop

풍경

내부　천장 주위에 줄지어 걸린 등, 탁자 위에 놓은 갓을 씌운 전등, 불을 붙인 초, 가게 구석을 장식한 화분, 벽에 붙은 천체도, 소파와 플러시 천을 두른 안락의자가 자리한 모퉁이, 식물이 담긴 유리 용기, 가게 안을 어슬렁거리는 개나 고양이, 접객용 홍차나 과일 조각을 띄운 물이 놓인 카트, 밑바닥에 동전이 가라앉은 소원을 비는 작은 샘, 금전등록기, 개최 예정인 세미나와 강좌 전단, 방명록, 심령술을 진행하는 개인실, 판매 상품(보석, 수정, 드림 캐처, 용·유니콘·천사·성인의 장식품이나 조각상)이 놓인 유리 진열장, 차 세트나 허브 차가 놓인 선반과 탁자, 허브(컴프리 뿌리, 화란 국화, 히숍, 금잔화)를 담은 작은 봉투, 거울, 부적, 에센셜 오일, 초, 진정 효과가 있는 음악 CD, 마음에 자극을 주는 단어가 들어 있는 액자, 소원(돈, 조화, 우정, 건강 등)을 기원하는 각종 초, 책, 타로 카드, 마법 지팡이, 룬 비석, 향, 진자, 종교 물품이나 소중한 개인 물건을 보관하는 상자, 재나 허브를 담아 들고 다니는 작은 병, 절구와 공이, 막대로 두드리거나 문질러서 소리를 내는 명상 주발

개인실　사생활을 보호하기 위한 아코디언 도어, 술 장식이 달린 식탁보를 깐 둥근 탁자, 푹신한 의자, 뚜껑이 달린 큰 수납용 상자, 램프, 탁자 위에 펼쳐진 타로 카드, 그릇에 담긴 수정 구슬, 찻잔, 향로, 휴지, 조각상, 화분, 천장이나 벽에 늘어진 커튼, 벽에 걸린 그림, 명함, 펜과 종이, 초

소리

실내에 흐르는 영묘한 음악, 소곤거리는 손님들, 샘에서 부글거리며 이는 거품, 앞문이 열릴 때 나는 종소리, 전화벨, 개의 발톱이 따각거리는 소리(가게에 반려견이 있을 경우), 컵에 따르는 홍차, 비닐봉지에 바스락거리며 넣는 허브, 샘에 풍덩 떨어지는 동전, 상품이 전시된 유리 진열장을 밀어서 여는 소리, 여닫히는 금전등록기, 인쇄되는 영수증, 초에 불을 붙이려고 긋는 성냥, 탁자에 놓는 타로 카드나 엔젤 카드, 개인실에서 들려오는 작은 목소리, 서로 부딪치는 수정 구슬들, 코를 훌쩍이는 소리와 울음, 상자에서 쓱 뽑는 티슈

(냄새)

향, 허브, 향초, 에센셜 오일

(맛)

허브 차, 물

(촉감과 느낌)

향냄새에 근질거리는 코, 두 손이 따뜻해지는 찻잔, 가슴을 두근거리며 심령술 결과를 기다리는 사이에 손바닥에 맺힌 땀, 당장이라도 흘러내릴 듯한 눈물, 푹신한 의자에서 긴장을 푸는 느낌, 매끈한 수정 구슬, 발밑에 밀착되는 카펫, 깃털이 잔뜩 달린 드림 캐처, 금속이나 유리 장식품, 찻잎이 조금 남은 작은 봉투, 홍차를 홀짝일 때 찻잔에서 올라오는 김

이 배경에서 벌어질 만한 갈등의 원인

- 점쟁이가 나쁜 소식을 알려준다.
- 사기꾼을 만난다.
- 감시를 당하거나, 사람들에게 반감을 사는 점집에 간다.
- 점쟁이에게 모순되는 말을 듣고 점점 혼란스럽다.
- 가게의 물건을 망가뜨리고, 그것 때문에 좋지 않은 일이 생길까봐 겁이 난다.
- 의심이 많은 손님이 본인의 마음을 읽어보라고 한다.
- 미신을 지나치게 믿어 속이 좁고 앞뒤가 안 맞는 손님을 상대한다.
- 결단도 지시도 점쟁이에게 맡기고 싶은 손님이 찾아온다.
- 가족들이 점쟁이라는 자신의 직업을 탐탁해하지 않는다.
- 영적 능력을 일시적이거나 영원히 잃어버린다.
- 호감이 있는 손님에게 나쁜 소식을 전하고 싶지 않다.
- 자신의 일을 방해하는 사람들 때문에 에너지를 소모한다.
- 손님을 위해 혹독한 심령술을 치르고 진이 빠진다.

이 배경에서 볼 만한 유형의 사람들

- 계산원, 대체 의학을 실천하는 사람, 고민에 대한 해답을 원하는 손님, 배달원, 큰 결단을 앞둔 사람, 사랑하는 사람을 잃고 깊은 슬픔에 빠져 위안받고 싶은 사람, 점쟁이, 영적 세계에 심취한 사람

이 배경과 밀접한 다른 배경

- 야외 주차장, 쇼핑몰, 소도시 거리

참고 사항 및 팁

점쟁이는 찻잎, 식물, 손님의 기운을 이용해 점을 치거나 타로 카드나 엔젤 카드, 점성술, 룬 점, 수비술(숫자를 이용한), 수정 구슬, 사이코메트리(개인 물건을 이용한) 등 다양한 방법으로 점을 친다. 이런 방법들 중 하나를 전문적으로 하거나 몇 개의 방법을 활용하는 사람도 있다. 또한 상품을 함께 팔기도 하는 점집도 있다.

배경 묘사 예시

딸랑딸랑 울리는 점집 문의 종 때문에 살그머니 들어서려는 시도는 실패로 끝났다. 가게 안에서 피어오르는 향냄새에 기침이 나왔다. 스피커에서는 은은한 풍경과 물피리 음색이 흘렀다. 누군가 점을 보고 있는 듯 칸막이 너머에서 두런거리는 말소리가 들려왔다. 나는 차례를 기다리며 가게 안을 둘러보았다. 수정 구슬, 소원을 비는 초, 드림 캐처, 타로 카드……. 독실한 천주교 신자인 조부모님이 내 목적을 아신다면 대번에 구마 의식을 예약하실 것이다. 내가 제정신은 아니라고 생각하며 두 손을 주머니에 찔러 넣었다. 하지만 아버지가 모습을 감춘 지 벌써 22일이 지나고 있었고, 이번에는 예전보다 일주일이나 길었다. 그러니 아버지가 어떻게 된 건지 꼭 알아봐야 했다.

- **이 글에 쓴 기법** 대비, 다중 감각 묘사
- **얻은 효과** 과거 사연 암시, 긴장과 갈등

주류 상점   Liquor Store

풍경

진열된 둥근 나무통, 발 매트가 깔린 나무 바닥, 특별 판매 제품을 써놓은 화이트보드, 주류 브랜드를 선전하는 포스터, 쇼핑용 바구니, 가격표, 유행에 맞추어 제작한("한 잔의 와인을 음미할 시간은 늘 존재한다" 등의 문구를 새긴) 장식용 접시, 술병들이 나란히 선 진열장, 술병들(위스키, 버번, 보드카, 와인, 맥주, 테킬라, 칵테일용 리큐어, 럼, 진, 포트와인, 코냑 등)이 늘어선 바닥부터 천장까지 닿는 선반, 높은 선반에 있는 상품을 꺼낼 때 필요한 슬라이딩 사다리, 여섯 개들이 맥주가 보관된 냉장 진열대, 뚜껑을 열어놓은 나무 상자에 들어 있는 술병들, 높이 쌓아 올린 와인 상자, 특정한 기준(상표, 양조장 위치, 와인 종류)에 따라 세워놓은 와인병, 벽에 붙은 세계 포도 농장 지도, 와인 시음 테이블(와인병, 아이스 버킷, 코르크 따개, 와인 잔, 시음용 와인을 따르는 직원, 잔을 돌려 향을 맡는 손님), 상점 안쪽의 납품 장소, 소품(코르크 따개, 샴페인 보관 마개, 와인 잔에 거는 태그, 작은 유리잔, 직사각형 선물 봉지, 냉동 가능한 LED 아이스 큐브, 젤이 든 얼음 잔 등)을 판매하는 계산대, 술과 관련된 서적

소리

가게 문이 열릴 때 울리는 종소리, 질문하는 손님, 사무실의 전화벨, 바닥을 뚜벅뚜벅 걷는 신발, 손님이 상표를 돌려보거나 선반에서 상품을 꺼낼 때 서로 부딪치는 병들, 바닥에 긁히는 나무 상자, 인체 감지 센서가 설치된 문이 냉장실 앞에서 스르륵 열리는 소리, 매장 스피커에서 흐르는 음악, 레일을 따라 움직이는 사다리, 잔에 따르는 와인, 시음 중인 와인에 대해 설명하는 직원, 비닐봉지, 금전등록기, 가게 밖에서 들려오는 소음(지나가는 스케이트보드, 도로를 걷는 발소리, 담배를 피우며 휴식을 취하는 직원들의 대화, 아이의 요란한 소리)

냄새

병에 주입하는 와인, 병을 딸 때 풍기는 맥주의 시큼한 냄새, 청소용품, 흙이 잔뜩 묻은 비 오는 날의 발 매트

이 배경에서는 등장인물이 가지고 있는 것(껌, 박하사탕, 립스틱, 담배 등) 말고
는 관련된 특정한 맛이 없다. 이럴 때는 미각 외의 네 가지 감각에 집중하는 것
이 좋다.

촉감과 느낌

목재나 타일을 깐 바닥에 닿는 구두, 팔에 전달되는 쇼핑 바구니의 무게감, 매끈
한 술병, 와인 잔을 돌리며 시음하는 느낌, 구근 모양의 코냑병, 무거운 와인 상
자, 긴 목 부분을 잡아 옮기는 와인병, 팔을 구부려 균형을 잡으면서 술병 몇 개
를 감싸 안는 느낌, 넘쳐흐른 액체 주위를 신중하게 지나가는 느낌, 차가운 맥주
를 한 팩 꺼내려고 잡아당기는 냉장 진열대 손잡이, 와인병을 떨어뜨리는 바람
에 사방으로 튀는 액체와 유리 파편

이 배경에서 벌어질 만한 갈등의 원인

- 고급 와인이나 포트와인병을 떨어뜨린다.
- 진열 상품을 쓰러뜨린다.
- 알코올의존증과 싸우고 있다.
- 이벤트에서 와인을 맡았는데 종류를 잘못 사버린다.
- 무장 강도가 침입한다.
- 직원이 상품을 제멋대로 시음한다.
- 지진 때문에 많은 물품이 파손된다.
- 직원이 물건을 훔치고 병이 깨졌다고 속인다.
- 어른에게 대리 구매를 부탁한 미성년자가 붙잡힌다.

이 배경에서 볼 만한 유형의 사람들

- 매니저, 손님, 배달원, 영업 사원, 직원, 가게 소유자

이 배경과 밀접한 다른 배경

- **시골 편** 와인 양조장

주류 상점은 규모와 형태가 다양하다. 세련된 실내장식에 비싼 상품을 취급하는 고급 상점이 있는 반면, 규모도 작고 흔한 술만 파는 초라한 상점도 있다. 또 와인과 특산 증류주 등 특정 상품을 취급하는 상점이나 값싼 물건을 대량으로 구매하는 상점에도 초점을 맞출 수 있다. 주류 상점은 번화가나 수상쩍은 거리에 있는 경우가 많은데 그중에는 와인 시음회, 칵테일 만들기 등 특별한 이벤트를 여는 곳도 있다. 어떤 모습의 주류 상점을 선택할지는 등장인물에게 달려 있다. 등장인물에게 필요한 것과 그가 자주 드나들 만한 가게를 생각해보자.

출입구에서 나는 종소리에 얼굴을 들었더니 곱슬거리는 갈색 머리카락만 겨우 확인할 수 있는 낯선 손님이 엄청난 속도로 가게 뒤편으로 가고 있었다. 스팽글이 눈앞을 스치고 화가 난 혈굴기처럼 타일 위를 성큼성큼 걷는 하이힐 소리가 들렸을 뿐이다. 냉장 진열대의 문이 열리나 싶더니 큰 소리를 내며 닫히고, 메를로 와인이 진열된 옆 선반이 덜컹거리며 흔들렸다. 발소리와 중얼거리는 소리가 점점 커지더니 그녀가 다시 모습을 드러냈다. 그녀는 맥주 한 상자와 테킬라 한 병을 카운터 위로 밀었다. 볼은 홍조를 띠고 있었고, 눈물로 얼룩진 마스카라가 흘러내렸다. 괜찮은지 물어보려고 입을 열었지만 날 노려보는 눈길에 황급히 입을 다물었다.

- **이 글에 쓴 기법** 다중 감각 묘사, 직유
- **얻은 효과** 과거 사연 암시, 감정 고조

중고차 판매점 Used Car Dealership

풍경

다양한 색깔과 모델의 차들(자동차, 트럭, 미니밴), 대시 보드에 끼워져 있거나 창문에 붙어 있는 가격표, 햇빛을 받아 희미하게 빛나는 반들반들한 도장과 크롬 도금, 바람에 펄럭이는 색색의 비닐 만국기, 안테나나 기둥에 끈으로 연결한 풍선 다발, 이목을 끌기 위해 높은 곳에 배치한 희귀한 차와 수집 가치가 있는 클래식 차, 공기의 힘으로 펄럭이며 춤을 추는 풍선 인형, 지나가는 차의 주목을 끌기 위해 매장 위로 우뚝 솟아 있는 마스코트 풍선 인형, 벽면이 유리로 된 건물, 유리창에 야광 도료로 쓴 선전 문구("이 동네에서 최고 싼 집!", "놀랄 만큼 싼 값에 구입해 그대로 타고 가세요!" 등), 주차장에서 손님을 안내하거나 시승 준비를 하는 직원, 사는 게 돈 버는 거라고 알리는 커다란 세일 표시판, 포장된 출입구, 세차 구역, 정비 구역, 손님용 주차장, 화분이나 일반적인 조경 장식, 도로에 묻은 기름 얼룩

소리

다양한 엔진 작동음(느리고 둔탁한 소리, 그릉거리거나 삐걱거리다 나오는 안정된 작동 소리, 공회전 중에 작게 울리는 히트 실드), 바람에 흔들리거나 휘날리는 깃발이나 바람개비, 근처 도로를 빠르게 지나가는 차, 차량에 대해 이야기하는 손님과 직원, 문의 경첩이 삐걱거리는 소리, 닫히는 차 문이나 트렁크, 포장도로나 자갈길 위를 구르는 타이어, 배기가스, 매장의 스피커에서 흘러나오는 음악, 누군가를 프런트로 호출하는 소리, 금속이 울리는 소리, 공압 공구의 높고 날카로운 소리, 유압 장치의 승강 소리 등 정비 구역에서 나는 소리

냄새

차의 배기가스, 포장도로의 타르, 햇볕에 탄 기름 자국, 직원이나 손님에게서 나는 땀내와 향수 냄새, 담배 연기

맛

이 배경에서는 등장인물이 가지고 있는 것(껌, 박하사탕, 립스틱, 담배 등) 말고

는 관련된 특정한 맛이 없다. 이럴 때는 미각 외의 네 가지 감각에 집중하는 것이 좋다.

(촉감과 느낌)

머리 위로 내리쬐는 햇볕, 도로에서 올라오는 열, 차 문을 열자 한꺼번에 방출되는 열, 손가락으로 훑는 후드와 스포일러spoiler[자동차 뒤쪽에 달린 날개처럼 생긴 부품]의 모서리, 벗겨지는지 확인하려고 손톱으로 긁는 녹 얼룩, 단순한 먼지 자국인지 보려고 문지르는 홈집, 손바닥을 탁탁 치며 털어내는 먼지, 매우 오래된 차 앞좌석의 탄력성, 그립감을 느껴보기 위해 잡는 핸들, 버튼을 누르거나 손잡이를 만지작거리는 느낌, 히터나 에어컨에서 왈칵 나오는 바람, 충격 완충재의 교환이 필요한 차의 지독한 흔들림

이 배경에서 벌어질 만한 갈등의 원인

- 손님이 차의 상태를 속여서 팔았다고 주장한다.
- 차량을 구입한 뒤 제조 번호 위조나 그 밖의 위법 행위의 흔적을 발견한다.
- 구입한 중고차가 은행에 저당 잡힌 것을 발견한다.
- 정비를 기다리던 중 예전에 사고를 당한 차라는 것을 알게 된다.
- 시승을 하다가 차를 망가뜨린다.
- 주차장에서 차가 파손된다(누군가 차에 낙서를 하거나 앞 유리가 으깨지는 등).
- 우박을 동반한 태풍이나 회오리바람 등 날씨 때문에 차가 파손된다.
- 저돌적인 직원과 거래한다.
- 직원에게 설득되어 예상보다 많은 돈을 지불한다.
- 매장에 있는 차의 천으로 된 좌석에 음료수를 엎지른다.
- 인수한 차 내부에서 불쾌한 것(트렁크에 묻은 핏자국 등)을 발견한다.

이 배경에서 볼 만한 유형의 사람들

- 관리 직원, 자동차 판매원, 손님, 정비사, 보조 직원

이 배경과 밀접한 다른 배경

- **시골 편** 폐차장
- **도시 편** 자동차 정비소, 야외 주차장

참고 사항 및 팁

중고차 판매점은 종종 수상하거나 사기를 치는 판매원들이 진을 치고 있는 장소로 묘사된다. 하지만 모든 매장이 그렇다면 이 업계는 벌써 붕괴되었을 테니, 진부한 설정에 빠지지 않도록 주의하자. 그렇다고 중고차 판매점이 돈세탁의 무대가 되거나 사기와 연관되어 있다는 설정을 전혀 쓰지 못하는 것은 아니다. 현실감 있는 디테일을 살리고, 민머리에 구깃구깃한 양복 차림으로 담배를 피우는 판매원을 등장시키는 등 틀에 박힌 수법을 지양하면 된다.

배경 묘사 예시

트레이시가 중고차 매장에서 새로 산 차를 몰고 정비소로 들어섰을 때, 나는 공구함에서 얼굴을 들 필요도 없었다. 괴로운 듯 덜컹거리며 거북한 숨을 토해내는 엔진 소리를 들으니 죽은 사람을 소생시키는 데 주말을 바치게 될 것이 분명했기 때문이다.

- **이 글에 쓴 기법** 의인화
- **얻은 효과** 때로는 낭비를 없앤 표현도 필요하다. 여기에서는 특정한 단어나 선명한 수사 기법을 이용해 간결하게 묘사하고 있다.

331

중고품 할인점

Thrift Store

풍경

분류된 옷들(크기, 종류, 색깔 등에 따라)이 산더미처럼 놓인 선반, 모자와 핸드 백이 걸린 벽, 다양한 상태의 구두와 샌들이 나열된 선반, 높게 쌓아 올린 DVD 와 비디오테이프, 책이 가득 꽂힌 책장, 탈의실 문에 달린 전신 거울, 담요와 시 트 더미, 가구들(책상, 수납장, 책장, 의자, 소파와 카우치, 식탁과 의자 세트, 램프, 헤드폰, 커피 테이블, 사이드 테이블, 접이식 테이블), 짝이 안 맞는 장식용 쿠션, 벽에 걸거나 겹쳐서 세워놓은 예술 작품, 새장, 샹들리에, 자질구레한 소품들, 낡은 텔레비전과 그 밖의 전자 기기, 트렁크, 쌓아놓은 바구니, 스포츠용품(테니 스 라켓, 다트 판, 자전거 헬멧, 스케이트, 골프 클럽), 목발들, 액자들이 담긴 상자, 레코드 더미, 낡은 조화 다발, 장난감(인형, 목마, 보드게임, 봉제 인형), 아기용품 (아기 의자, 가드가 달린 유아용 놀이터, 유아용 침대, 장난감), 가정용품(접시, 꽃 병, 냄비, 프라이팬, 작은 깡통, 요리책, 커트러리)이 진열된 선반, 소형 가전 제품 (전자레인지, 소형 냉장고, 와플 메이커, 커피 메이커, 믹서기, 퐁듀 냄비), 촌스러운 기념일용 장식, 쇼핑 카트나 바구니를 든 사람들로 가득한 좁은 통로, 젖은 곳에 놓인 미끄럼 주의 팻말, 계산대, 선반에 물건을 보충하거나 옷을 넣는 직원, 주 변에 널브러진 옷걸이, 전단지(취업 알선, 노인 돌봄, 기능 훈련 프로그램 등), 등 보호대를 착용한 직원, 기부함이 설치된 구역, 무거운 상자나 가구를 운반하려 고 카트를 끄는 직원, 가구를 내리는 차와 트럭

소리

덜컹거리는 쇼핑 카트의 바퀴, 타일 바닥을 지나는 신발, 사람들이 옷을 훑어볼 때 금속 행거 위를 스치는 옷걸이, 여닫히는 문이나 책상 서랍, 말소리, 직원들 의 웃음소리, 책을 팔랑팔랑 넘기거나 냄비의 뚜껑을 열어보는 손님들, 쇼핑 카 트 안에서 움직이는 물건, 탈의실에 들어간 손님들이 서로 부르는 소리, 행거에 걸린 빈 옷걸이가 흔들리는 소리, 고른 물건을 사방으로 흔들고 다니는 손님, 바 스락거리는 비닐봉지, 쇼핑하는 친구를 기다리며 회전의자에 앉아 앞뒤로 굴리 는 바퀴, 울리는 휴대전화, 신어보려고 바닥에 놓는 구두

332

(냄새)

옷과 장신구에서 나는 곰팡내, 바닥 세정제, 먼지, 오래된 종이

(맛)

이 배경에서는 등장인물이 가지고 있는 것(껌, 박하사탕, 립스틱, 담배 등) 말고는 관련된 특정한 맛이 없다. 이럴 때는 미각 외의 네 가지 감각에 집중하는 것이 좋다.

(촉감과 느낌)

좁은 통로에서 실례가 되지 않게 사람을 밀어내는 느낌, 똑바로 가지 못하고 덜컹거리는 쇼핑 카트, 부드러운 옷, 오래 신은 신발, 카우치에 앉아 편안한지 살펴보는 느낌, 매끈한 목재의 마감 상태, 울퉁불퉁한 작은 쿠션, 추레한 봉제 인형, 물건이 가득 담긴 상자의 무게감, 두 명이 함께 나르는 무거운 가구, 금속 행거를 따라 이동시키는 옷걸이, 끝이 말린 페이퍼백, 먼지투성이 레코드 재킷

이 배경에서 벌어질 만한 갈등의 원인

- 시간은 모자라고 원하는 물건은 보이지 않는다.
- 가게가 어수선하다.
- 자신에게 맞는 옷을 좀처럼 찾을 수가 없다.
- 이런 곳에서 물건을 사야 해서 부끄럽다.
- 보관해야 하는 물건을 실수로 중고품 할인점에 기부한다.
- 물건을 두고 손님들 사이에서 싸움이 벌어진다.
- 피하고 싶은 사람을 맞닥뜨린다.
- 손대면 쓰러질 것처럼 상품들이 불안정하게 놓여 있다.
- 이런 곳에서 물건을 산다며 놀림을 받는다.
- 하나뿐인 탈의실을 혼자서 독차지한 손님이 있다.

ㅈ

이 배경에서 볼 만한 유형의 사람들

- 직원, 기부할 물건을 가져온 사람, 손님(혼자서나 가족끼리 온)

이 배경과 밀접한 다른 배경

- 골동품점, 노숙자 쉼터, 전당포

참고 사항 및 팁

중고품 할인점은 자선단체가 경영하는 경우가 많다. 대부분의 상품이 기부받은 것들이라 이곳에서 쇼핑을 하며 부끄러움을 느끼는 사람도 있다. 똑같이 중고품을 판매하는 매장이라도 명품을 취급하는 곳에서는 이런 감정이 덜하다. 빈티지 상점도 중고품 할인점과 비슷하지만, 옷을 전문으로 판매하며 옛날 물건이라 더욱 가치가 있다는 점에서 차이가 있다.

배경 묘사 예시

재키는 물건이 가득한 카트를 앞세운 여자 옆을 간신히 지난 뒤 샌들을 타닥거리며 드레스 코너로 향했다. 곰팡내가 나는 드레스들도 있었지만, 냄새는 잘 빨면 없어질 것이다. 후보에서 밀려난 드레스들이 행거 한쪽으로 옮겨지고 이제 남은 옷이 얼마 되지 않았을 때야, 그녀는 까다롭게 굴 때가 아니라는 것을 실감했다. 고교 시절의 마지막 댄스파티 비용으로 모아둔 돈을 이웃의 낡아빠진 포드 자동차에 쏟아부었기 때문이다. 다른 사람에게 빼앗기기 전에 자신이 사겠다고 결정했다. 수리하는 데 1년은 걸리겠지만 그 과정이 끝나면 이 궁핍한 생활을 보상받을 만한 결과가 나올 것이다. 재키는 바닥에 떨어진 어깨끈이 없는 파란 실크 드레스를 집어 들고 차분히 살펴보았다. 아무리 봐도 밑단을 줄여야 한다. 하지만 높고 높은 목표를 고려하면 이 드레스야말로 자신에게 어울리는 옷일지도 모른다.

- **이 글에 쓴 기법** 다중 감각 묘사
- **얻은 효과** 성격 묘사

철물점   Hardware Store

(풍경)

정원용품(씨앗 봉투, 파종 세트, 흙, 정원용 장갑, 모종삽, 물뿌리개)이나 도장 관련 용품(페인트 견본, 페인트용 트레이와 롤러)과 실내장식품(벽 스티커나 크라운 몰딩의 견본, 색을 칠한 어린이용 의자나 탁자) 등 계절과 주제에 따라 상품을 진열한 쇼윈도, 가정용품을 진열한 높은 선반, 스프레이 캔, 누출 방지제나 그 밖의 방수제, 테이프, 살충제나 트랩, 작은 플라스틱 상자들(똬리쇠, 너트, 볼트, 나사, 죄는 금속구가 담긴), 부엌용품과 재료, 캠핑용품(플라스틱 접시, 핫도그용 나무 꼬치, 포일 용기, 그릴, 벌레 퇴치제나 선크림, 프로판가스, 손전등, 방수 시트), 입구 근처에 쌓인 정원 손질용 재료(잔디씨, 비료, 화분용 흙, 동결 방지제), 둥글게 말린 가정용 호스, 감아놓은 로프와 노끈, 각종 분무기와 스프링클러, 다양한 크기의 못이 담긴 용기, 일반적인 가정용 공구함 코너(드릴 촉, 드라이버와 소켓 세트, 사포, 망치, 면의 기울기를 조사하는 데 필요한 수준기), 자동차용품(청소용품, 광택제, 오일, 각종 용액, 방향제), 뒷문이나 통로(휴게실, 화장실, 창고, 사무실로 통하는), 여러 종류의 열쇠가 나열된 판이나 열쇠 절단기 등의 물품으로 가득한 카운터, 계산대 주변에 놓인 자질구레한 도구들(작은 줄자, 접착제, 손전등이 달린 열쇠고리, 라이터), 건전지 코너, 밖에 설치된 프로판가스 선반, 장작 다발

(소리)

손님이 드나들 때 울리는 입구의 종소리, 직원의 다정한 인사, 날카롭게 갈리는 소리와 함께 열쇠 형태로 다듬어지는 금속, 사포질한 열쇠에 붙은 금속 가루를 불어서 날리는 직원, 열리는 금전등록기, 바코드를 스캔하는 소리, 봉투에 담긴 씨앗들, 못을 한 줌 쥐어 봉투에 담을 때 금속이 스치는 소리, 칼로 갈라서 여는 판지 상자, 비닐봉지에 담는 상품

(냄새)

흙이나 비료, 금속, 벌레 퇴치제에서 풍기는 화학약품 냄새, 시트로넬라 초와 모기향, 껌, 자른 목재, 소나무 냄새가 나는 청소용품

맛

이 배경에서는 등장인물이 가지고 있는 것(껌, 박하사탕, 립스틱, 담배 등) 말고는 관련된 특정한 맛이 없다. 이럴 때는 미각 외의 네 가지 감각에 집중하는 것이 좋다.

촉감과 느낌

팔을 파고드는 플라스틱 바구니의 손잡이, 바로 제작한 열쇠의 요철, 흙이나 소금이 담긴 묵직한 봉투, 새 정원용 장갑의 부드러움, 내용물이 넘친 윤활유나 오일 용기, 발밑에 흩어진 목재의 톱밥

이 배경에서 벌어질 만한 갈등의 원인

- 흙이나 비료가 담긴 봉투를 들다가 봉투가 찢어진다.
- 들치기를 당한다.
- 거리를 잘못 가늠한 손님이 트럭을 후진시키다 매장에 부딪친다.
- 손님이 쓰던 물건을 반품하러 온다.
- 혹시 무슨 일을 저지르려는 건지 의심스러운 상품들을 구입하는 손님이 있다.
- 무거운 공구를 자기 발 위에 떨어뜨린다.
- 높은 곳에 있는 물건을 집으려다 선반 전체를 무너뜨린다.

이 배경에서 볼 만한 유형의 사람들

- 손님, 배달원, 직원, 철물점 주인

이 배경과 밀접한 다른 배경

- **시골편** 연장 창고, 작업실
- **도시편** 야외 주차장, 소도시 거리

336

체인형 철물점은 소규모 독립 매장보다 규모도 크고 상품도 다양하다. 작은 점포는 손님이 대부분 동네 사람이고 점주와도 아는 사이라 물건을 사러 왔을 때 가게에 머무는 시간도 길다. 등장인물이 범죄에 쓸 물건(폭발물 제조에 필요한 화학약품 등)을 구입한다면 여러 가게에서 물건을 나눠 사거나 다른 사람의 눈길을 끌지 않는 대형 점포에 갈 것이다. 하지만 반대로 순수한 목적으로 구입한 물건이 의심을 받아서 온갖 변명을 대고 그 자리를 빠져나오는 코믹한 시나리오를 만들어도 좋다.

계산대를 지키고 있는 점잖은 빨간 머리 여성에게 장소를 물었더니 페인트 카운터 안쪽에 있는 통로를 가리켰다. 콘크리트 바닥 위를 구르는 내 카트는 한쪽 바퀴가 느슨히 풀려서 방향을 잡지 못하고 비틀거렸다. 그녀가 알려준 장소는 지금까지 본 매장 중에서 종류가 가장 다양했고, 마치 나를 위해 만들어진 곳 같았다. 나는 로프를 하나씩 만져보며 질감을 맛보고 품질을 평가하면서 스릴을 느꼈다. 매듭을 만들기에 길이만 충분하면 된다. 나는 파란 나일론을 힘차게 당기며 그 옹골찬 완성도에 감탄했다. 최고다. 색깔은 아무래도 좋았다. 보통 여자라면 색깔에도 신경을 쓰겠지만 이번은 다르다. 로프를 보면 그녀들은 해야 할 일은 딱 하나라는 것을 이해할 테고, 또 일을 마친 다음에는 대부분 로프의 모양 따위에는 신경 쓰지 않으니까.

- **이 글에 쓴 기법** 다중 감각 묘사
- **얻은 효과** 성격 묘사, 복선

풍경

벽을 등지고 있는 대형 냉장고(우유, 버터, 그 밖의 유제품, 다양한 크기의 탄산음료, 비타민 워터, 주스, 물, 에너지 드링크가 진열된), 타일이 깔린 바닥, 나열된 선반들이 있는 통로, 의약품 코너(진통제, 소화제, 감기약), 위생용품(탐폰, 생리대, 콘돔, 데오도란트, 샴푸, 핸드크림, 항균 물티슈, 작게 포장된 기저귀), 통조림(콩, 라비올리, 수프), 야외 활동용 의약품(벌레 퇴치제, 선크림), 윤활유나 방향제 등 자동차용품, 각종 과자(사탕, 껌, 초콜릿 바, 감자 칩, 그래놀라 바, 도넛), 셀프 드링크 코너(탄산음료 머신, 커피 디스펜서, 커피에 넣는 설탕이나 크림 등의 조미료, 컵, 뚜껑, 빨대, 냅킨), 자르지 않은 빵, 수동식 복권, 음료 코너(커피·핫초콜릿·슬러시 기계가 설치된), 싱싱한 과일과 개별 포장된 샌드위치가 진열된 오픈형 냉장 진열대, 실내 곳곳에 설치된 방범 거울과 감시 카메라, 신문과 잡지 판매대, 카운터(금전등록기, 라이터, 스크래치 복권, 성인 잡지, 페퍼로니나 육포를 담은 용기, 유리병에 담긴 자양강장제, 달력, 충동구매를 부르는 작은 상품들이 진열된), 한쪽 벽을 차지한 담배, 복권 판매기, 벽에 붙이거나 천장에 매단 광고, 손으로 써서 붙인 세일 상품이나 특판 상품 안내판, 보관 창고 겸 업무용으로 쓰는 직원실로 통하는 후미진 복도, 사무실, 화장실

소리

출입구에서 울리는 종소리와 열리는 자동문, 밀폐된 냉장 진열대의 문이 열리는 소리, 서로 부딪치는 음료수 페트병들, 맨 앞의 음료수를 집으면 뒤에 있던 페트병이나 캔이 미끄러져 앞으로 이동하는 소리, 사탕을 사달라고 조르는 아이, 컵으로 딸각거리며 떨어지는 얼음, 디스펜서에서 나오는 탄산음료, 포장지를 벗기려고 카운터에 가볍게 두드리는 빨대, 작동 중인 슬러시 기계, 추출되는 커피, 바스락거리는 감자 칩 봉지, 손님과 직원이 나누는 대화, 카운터에 놓는 동전, 열리는 금전등록기, 여닫히는 서랍, 가벼운 마찰음을 내는 비닐봉지, 카드 단말기에서 출력되는 영수증

냄새

에어컨, 추출 중인 커피, 소나무 향이나 레몬 향 세제, 휘발유, 회전식 핫도그 머신의 기름, 청소용품

맛

달콤한 슬러시, 계산대 앞에 줄 선 채 꿀꺽꿀꺽 마시는 음료, 커피에 크림이나 설탕이 충분히 들어 있는지 알아보려고 마시는 한 모금

촉감과 느낌

선도를 확인하려고 빵을 꾹 눌렀을 때 느껴지는 근소한 탄력성, 얼얼할 정도로 차가운 슬러시, 냉장고 속 음료 캔에 맺힌 물방울, 광택이 나는 잡지 표지, 뜯기 전에 가볍게 두드리며 흔드는 일회용 설탕 봉지, 계산을 기다리는 동안 신용카드 표면의 올록볼록한 번호를 손으로 훑는 느낌, 품에 가득 안은 물건들의 균형을 맞추는 느낌, 발로 밟은 끈끈한 바닥, 컵 위로 흘러내리는 탄산음료 거품

이 배경에서 벌어질 만한 갈등의 원인

- 십 대나 괴상한 차림을 한 인물이 출입구 근처에서 어슬렁거린다.
- 혼자 근무하는데 손님이 수상한 행동을 한다.
- 강도를 당한다.
- 볼일이 급한 어린아이 때문에 어쩔 수 없이 더러운 화장실에 들른다.
- 손님이 너무 많아서 모든 사람을 살펴볼 수가 없다.
- 교대 근무를 하는 직원이 그만둔다.
- 단것을 잔뜩 먹은 아이가 바닥 한쪽에 토한다.
- 미성년자가 맥주나 담배를 사려고 한다.
- 아기나 개를 차에 두고 차 열쇠마저 놓고 내린 손님이 있다.
- 주차장에서 자동차 탈취 사건이 벌어진다.

339

이 배경에서 볼 만한 유형의 사람들

- 손님, 배달원, 직원, 십 대와 어린이들

이 배경과 밀접한 다른 배경

- 주유소, 식료품점, 트럭 휴게소

참고 사항 및 팁

편의점을 배경으로 쓰고 싶다면 그 지역 사람들에게 필요한 물건을 갖춰놓는 방법을 생각해보자. 호수 근처에 있는 편의점이라면 낚시 도구를 진열한 작은 판매대나 살아 있는 미끼를 넣을 수 있는 아이스박스를 팔 수 있다. 캠핑이나 등산을 가는 사람들이 들르는 편의점이라면 미처 챙기지 못한 캠핑용품이나 등산 중에 간단히 먹을 만한 음식을 팔 것이다. 또 워터 파크 같은 관광지를 끼고 있는 편의점은 선크림이나 튜브에 공기를 주입하는 기구, 선글라스, 모자, 워터 파크의 이름이 새겨진 기념품까지 진열할 수 있다. 편의점 같은 익숙한 배경에 이런 요소를 조금 더하기만 해도 평범한 장소가 인상적인 곳으로 바뀐다.

배경 묘사 예시

문을 열자 땀투성이 셔츠가 서늘해졌다. 랜들은 고개를 뒤로 젖히고 눈을 감았다. 에어컨은 기분을 좋게 해주는 최고의 물건이다. 수중에 몇 달러밖에 없었지만 그는 찬찬히 가게 안을 둘러보았고, 이윽고 냉장고에서 음료수를 골라 계산대로 갔다. 버스 정류장에서 여기까지도 간신히 왔다. 이글거리는 뙤약볕을 걸어 집으로 돌아가기 전까지 될 수 있는 한 몸을 식히고 싶었다.

- **이 글에 쓴 기법**　대비, 은유, 날씨
- **얻은 효과**　분위기 설정

스포츠, 엔터테인먼트, 전시 및 공연장

- 경마장
- 공연 예술 극장
- 골프장
- 나이트클럽
- 녹음 스튜디오
- 놀이공원
- 당구장
- 댄스홀
- 동물원
- 라스베이거스 쇼
- 레크리에이션 센터
- 록 콘서트
- 박물관
- 볼링장
- 서커스장
- 스케이트보드 파크
- 스키 리조트

- 스포츠 경기 관람석
- 실내 사격장
- 아트 갤러리
- 아트 스튜디오
- 야외 수영장
- 야외 스케이트장
- 연예인 대기실
- 영화관
- 워터 파크
- 유령의 집
- 정장을 입어야 하는 행사
- 카지노
- 퍼레이드

ㄱ ㄴ ㄷ ㄹ ㅁ ㅂ ㅅ ㅇ ㅈ ㅊ ㅋ ㅌ ㅍ ㅎ

4

경마장 Race Track(Horses)

풍경

외부 울타리를 두르고 흙을 깐 타원형 트랙, 산들바람에 나부끼는 깃발, 코스 울타리에 달린 광고, 코스 주변에 일정한 간격을 두고 설치된 줄무늬 기둥, 야간 경주를 위한 조명, 잔디를 깐 코스 안쪽, 번호를 붙여놓은 게이트, 대형 영상 장치, 관람 구역에 나란히 놓인 벤치, 간이 식탁, 경주를 야외에서 관전하는 사람을 위한 계단식 좌석, 번호를 새긴 안장 덮개나 안장을 얹은 경주마, 형형색색의 기수복과 모자를 착용한 기수, 배율 정보를 표시하는 전광판, 코스 가까이에 있는 여러 구역들(마구간, 기숙사, 작은 방목지, 마구간 직원들을 위한 주방과 휴식 공간), 뚜렷하게 표시한 결승선, 경기 전에 코스를 준비하는 살수차와 땅을 고르는 그레이더, 달리는 말발굽에 채여 날아오르는 흙, 프로그램으로 부채질을 하는 관객

내부 코스가 보이는 유리 벽, 내기 부스나 테이블, 간격을 두고 설치된 테이블과 의자, 특별 요금이 붙는 클럽 하우스와 박스석, 경주를 볼 수 있는 모니터, 쌍안경을 쓰고 관전하는 관객, 경주 전에 가볍게 요기할 수 있는 식당 형식의 매점, 엘리베이터와 에스컬레이터, 화장실, 자판기, ATM 기계

소리

수다를 떨거나 내기를 하는 목소리, 피식 열리는 맥주병, 바스락거리는 음식 포장지, 홀짝홀짝 마시는 탄산음료, 여닫히는 문, 프로그램을 넘기는 관람객, 스피커에서 나오는 방송, 나팔과 그 밖의 관악기가 부는 팡파르, 경주 개시를 알리는 종, 쨍 열리는 스타팅 게이트, 쿵쾅거리는 말발굽, 조련사의 외침, 코스 끝으로 질주하며 점점 작아지다가 한 바퀴 달리고 돌아올 때 다시 커지는 말발굽 소리, 스피커에서 들리는 실황 중계, 관객들의 고함과 욕설, 박수, 경주가 전개되며 점점 커지는 관객의 목소리, 급하게 환불하러 가는 관객들의 조급한 발소리, 경주에서 진 마권을 구기는 소리, 경주가 끝난 뒤 터지는 환성이나 분노

냄새

조리 중인 음식, 땀, 선크림, 햇볕에 달궈진 흙, 담배 연기, 말, 말똥, 막 깎은 잔

다, 우승한 기수가 목에 건 화환

맛

매점에서 파는 음식(핫도그, 프레첼, 팝콘, 햄버거, 나초), 레스토랑에서 제공하는 고급 요리, 탄산음료, 맥주, 와인, 물, 스낵

촉감과 느낌

내기를 했을 때 솟구치는 기대감, 꽉 쥔 마권, 다리 뒤에 닿는 금속 벤치나 나무 벤치, 좌석 끝에 걸터앉은 느낌, 경기 중에 갑자기 일으키는 몸, 피부에 내리쬐는 햇볕, 흘러서 떨어지는 땀, 산들바람에 살랑거리는 머리카락, 머리 위를 날아다니는 파리, 손바닥을 식히는 캔이나 병, 실내에 있을 때 피부를 스치는 에어컨 바람, 눈부신 햇빛에 가늘게 뜬 눈, 코 밑으로 흘러내리는 선글라스, 햇빛을 가리기 위해 눈언저리에 댄 프로그램, 눈가에 꽉 누른 딱딱한 쌍안경

이 배경에서 벌어질 만한 갈등의 원인

- 과음한다.
- 내기로 많은 돈을 날린다.
- 패배를 좀처럼 인정하지 못하고 소동을 부린다.
- 승부가 조작되었음을 알아챈다.
- 경마장의 예전 모습을 사랑하는 배타적인 팬들이 새로 유입된 신참들을 얕본다.
- 경기 중에 말이 다친다.
- 방해 공작이 벌어진다.
- 기수들 사이에서 극적인 사건이 벌어진다.
- 아슬아슬했던 승부의 판정 결과에 동의할 수 없다.
- 매점 음식을 너무 많이 먹는다.
- 관객 사이에 소매치기가 돌아다닌다.
- 도박 중독과 싸우는 중이다.

이 배경에서 볼 만한 유형의 사람들

- 계산원, 말 사육사, 도박 중독자, 말의 주인, 조련사, 잡역부, 기수, 관리 직원, 뉴스 캐스터, 관객, 수의사

이 배경과 밀접한 다른 배경

- 카지노, 야외 주차장

참고 사항 및 팁

규모가 작고 초라한 곳부터 미국에 있는 새러토가 경마장이나 처칠 다운스 경마장처럼 유서 깊고 장대한 곳까지 경마장의 종류는 다양하다. 규모가 어떻든 경마장에는 다양한 인간 군상이 모여든다. 프로 도박사부터 도박 중독자, 데이트하는 커플, 오래된 경마 팬, 가벼운 마음으로 들른 관객까지, 이 모든 사람들은 자신만의 고민거리를 안고 있다. 경마장과 관련된 극적인 사건에는 반드시 도박사나 도박 중독자가 관련되었을 거라고 생각하지 말고 다른 사람들에게도 주목해보자. 그들이 어떤 인물이고, 무슨 행동으로 주인공을 번거롭게 만들지 고민해보면 좋을 것이다. 뜻밖의 사람과 물건을 이용해서 만드는 반전은 이야기의 재미를 유지하는 뛰어난 방법이다.

배경 묘사 예시

나는 따뜻한 흙을 벅벅 밟아 부수며 코스를 가로질러 메리를 쫓아갔다. 바람이 불고 험악한 잿빛으로 물든 구름들도 몰려왔지만, 폭풍은 오지 않을 거라고 직감했다. 다른 게이트에서는 동료들이 각자 자신의 말에게 속삭이고 있었지만, 메리에게는 문제가 없었고 놀라게 하고 싶지도 않았다. 2번 게이트에 들어간 메리는 갓 태어난 망아지처럼 얌전했다. 나는 삐걱 소리조차 내지 않고 문을 닫았다.

- **이 글에 쓴 기법** 다중 감각 묘사, 직유
- **얻은 효과** 성격 묘사, 분위기 설정

공연 예술 극장　　　　　　　　Performing Art Theater

풍경

외부　공연 제목이나 유명 출연자의 이름이 쓰인 밝게 빛나는 극장 간판, 공연 포스터, 입장권 판매소, 보도의 암표상, 줄 서는 장소를 표시하는 로프, 입장을 기다리며 줄 선 사람들, 들어가기 전에 담배를 피우는 사람들

내부　사람들이 오가는 로비, 프로그램과 관련 상품을 판매하는 직원, 외투 보관실, 가벼운 음식이나 음료(사탕, 물, 탄산음료, 알코올음료)를 파는 바나 매점, 화장실, 발코니석과 박스석으로 통하는 계단, 극장 안으로 들어가는 몇 개의 문, 줄을 이룬 푹신한 좌석들, 프로그램을 읽거나 근처 사람들과 이야기 나누는 관객, 보조 의자에 앉은 아이, 어두운 조명이 켜진 카펫 통로, 머리 위의 발코니석과 박스석, 손전등을 비추며 손님을 자리로 안내하는 직원, 오케스트라 연주자들이 자리 잡고 연주하는 낮은 구역, 두꺼운 커튼으로 일부를 가린 무대, 조명과 음향을 관리하는 조정실, 위층의 통로, 천장에 달린 조명, 검은 옷을 입은 무대 스태프, 시작을 알리기 위해 깜빡이는 조명, 공연 시작과 함께 어두워지는 조명, 여닫히는 커튼, 무대 위의 배경 막이나 배경, 소도구, 무대 위의 스타들(노래하고, 춤추고, 연기하는), 작품에 맞는 의상, 무대 곳곳을 비추는 스포트라이트, 어둠 속을 걸을 때마다 아래위로 흔들리는 안내 직원이 든 손전등 빛, 관객의 휴대전화에서 나오는 빛

소리

작은 목소리로 나누는 대화, 카펫이 깔린 계단 위를 걷는 둔탁한 발소리, 지정된 자리로 가기 위해 앉아 있는 사람들 앞을 지나며 작게 건네는 사과, 바스락거리며 여는 과자 봉지, 끽끽거리는 좌석, 스피커에서 나오는 안내 방송, 공연이 시작되기 전 일제히 조용해지는 실내, 열리는 커튼, 오케스트라가 연주하는 음악, 웃거나 숨을 삼키는 관객, 박수, 좌석에 앉은 채 자세를 바꾸는 소리, 무대에서 말하고 움직이는 배우, 음향효과, 화장실에 가려고 일어서는 관객, 소리가 울려서 급하게 끄는 휴대전화

> **냄새**

향수, 누군가의 숨결에서 풍기는 술 냄새, 구강청결제나 박하사탕

> **맛**

매점에서 파는 사탕, 물, 탄산음료, 와인과 맥주(술이 허용되는 경우), 껌

> **촉감과 느낌**

차가운 에어컨 바람 때문에 걸치는 윗옷이나 숄, 손에 든 매끄러운 전단지나 프로그램, 좌석의 부드러운 쿠션과 조용한 움직임, 팔걸이에서 옆 사람 팔꿈치에 살짝 닿는 느낌, 카펫이 깔린 계단, 어두운 조명 속에서 조심스레 오르내리는 계단, 감동적인 장면에서 맺히는 눈물, 잔향을 가슴 깊이 남기는 드럼, 갑작스러운 음악이나 효과음에 깜짝 놀라는 느낌, 공연이 시작될 때의 기대감

이 배경에서 벌어질 만한 갈등의 원인

- 계단을 헛딛는다.
- 박스석이나 발코니석에서 떨어진다.
- 극장이 재정적 어려움에 빠진다.
- 문제를 일으키는 인물(술에 취했거나, 끊임없이 이야기하고, 적대적이거나 말싸움을 벌이려는) 옆에 앉는다.
- 근시라서 무대가 잘 안 보인다.
- 오감이 민감해서 여러 가지 광경이나 소리에 압도된다.
- 무대가 잘 안 보인다(키 큰 관객 뒤에 앉거나 기둥 때문에).
- 관람 중에 자주 방해를 받는다(아이가 울거나, 무대에 기술적인 문제가 발생하거나, 몇 번이나 화장실에 가게 되는 등).
- 터무니없이 비싼 돈을 냈는데 공연이 실망스럽다.

이 배경에서 볼 만한 유형의 사람들

- 배우, 매표소 직원, 외투 보관실 직원, 무용수, 무대감독, 매점 직원, 뮤지션, 관

객, 암표상, 가수, 무대 스태프, 스카우터, 오케스트라 지휘자, 안내 직원

이 배경과 밀접한 다른 배경

- 아트 갤러리, 정장을 입어야 하는 행사, 연예인 대기실, 영화관, 라스베이거스 쇼

참고 사항 및 팁

공연 예술 극장은 뮤지컬과 오페라, 발레, 콘서트, 연극, 스탠드 업 코미디 등 모든 예술 공연에 사용되는 장소다. 고급스럽고 장대한 극장도 있고, 형식을 차리지 않은 편안한 극장도 있다. 또한 브로드웨이처럼 인기 있는 곳에 있을 수도 있고, 외진 곳에 숨어 있을 수도 있다. 공연 중에는 보통 음식 섭취가 금지되어 있기 때문에, 관객이 로비의 바나 매점에서 가벼운 음식을 먹을 수 있도록 휴식 시간이 있는 경우가 많다.

배경 묘사 예시

바람에 머리카락을 날리며 내 하이힐이 맹렬한 기세로 보도를 두드렸다. 밤하늘에 빛을 내뿜는 극장 간판까지 세 블록은 된다. 나는 스카프를 동여매고 달리기 시작했다. 이 티켓을 획득하기란 멸종 위기에 처한 동물을 잡는 일만큼 어려웠다. 절대로 공연을 놓칠 수 없다.

- **이 글에 쓴 기법** 빛과 그림자, 다중 감각 묘사, 직유
- **얻은 효과** 긴장과 갈등

골프장 　　　　　　　　　　　　　　　　　　　　Golf Course

풍경

차와 골퍼들로 가득 찬 주차장(골프화로 바꿔 신고, 차의 트렁크에 골프백을 싣거나 부리고, 카트를 마련하고, 골프 티나 골프공을 준비하고, 선크림을 듬뿍 바르고, 가방에 물병을 넣고, 골프 장갑을 끼고 쭉 잡아당기는), 경로를 왕래하거나 전문점 앞에 줄을 서는 회백색 카트, 잘 손질된 녹색의 경관, 연습장(고무로 만든 골프 티와 공이 담긴 바구니가 한쪽에 놓여 있는 모습, 연습 공의 자국이 곳곳에 남은 필드, 멀리 설치된 표식과 타깃, 골프공 줍는 차를 운전하는 직원), 퍼팅 그린(잔디밭 곳곳에 있는 홀을 이용해서 연습하는 사람들), 전문점(골프복, 골프용품과 비품, 골프 서적, 골프장 이름이나 로고가 박힌 제품들을 파는), 탈의실(로커와 벤치가 있는), 코스를 돈 뒤에 모이는 라운지(복고풍 골프용품, 트로피, 과거 토너먼트 기념사진, 코스의 깃발과 엠블럼이 장식되어 있다), 파라솔과 의자가 있는 파티오, 골프 카트에 타고 장내의 진행 정도를 관리하는 직원(마샬), 어깨에 백을 멘 골퍼들이 향하는 1번 홀(모래로 메운 디보트divot[골프채로 골프공을 칠 때 움푹 팬 흔적] 자국이 곳곳에 보이는 골프를 시작하는 티오프 구역, 잔디에 놓인 부러진 티, 홀의 거리나 해저드 위치를 알리는 표식, 홀의 위치를 표시하기 위해 먼 곳에 설치한 깃발), 잔디밭을 오가는 카트, 따로 지은 화장실 시설, 갈대로 둘러싸인 워터 해저드, 오리와 그 밖의 물새들, 깊이와 크기가 가지각색인 벙커bunker[골프에서 자연적으로 혹은 인공적으로 움푹 들어가 있는 곳을 부르는 말], 잡초나 수풀 속에서 초조하게 공을 찾아다니는 사람, 코스를 가로질러 숲으로 가는 사슴, 코스에 와서 간식과 차가운 음료수를 파는 드링크 카트

소리

골프 카트의 전동음, 페어웨이fairway[잔디가 잘 가꾸어져 있는 구역]를 걸으며 이야기하는 사람들, 나무에 쿵 맞는 공, 욕설이나 중얼거림, 공을 지나치게 멀리 때린 뒤 앞에 가는 그룹에게 "포어fore[앞쪽이 위험하다고 경고하는 소리]!"라고 소리치는 골퍼, 그룹의 누군가가 이글을 달성했을 때의 환성, 카트에 실은 골프백이 서로 부딪치고 클럽이 맞닿아 쨍그랑거리는 소리, 탄산음료나 맥주를 따는 소리, 갈퀴로 세게 긁는 벙커, 스파이크를 장착한 골프화를 신고 트리 라인 주변을

349

걸을 때 나는 발소리, 관리 기구(잔디 깎는 기계, 나뭇잎이나 잔디를 불어내는 기계), 일정한 박자로 물을 세차게 내뿜는 자동 스프링클러

냄새

막 깎은 잔디, 향수, 땀, 체취나 데오도란트, 맥주 냄새가 밴 퀴퀴한 숨결, 비가 내린 뒤의 신선한 공기, 주차장 부근이나 관리 창고 구역에서 떠도는 배기가스, 라운지 주방에서 조리 중인 음식(스테이크, 피자, 햄버거)

맛

차가운 맥주, 거품이 인 탄산음료, 물, 드링크 카트에서 산 핫도그와 감자 칩, 라운지에 주문한 음식(피자, 감자튀김, 오징어 튀김, 닭 날개, 스테이크, 그 밖의 클럽하우스의 요리)

촉감과 느낌

손에 딱 맞는 골프 장갑, 부드러운 잔디에 빠지는 신발, 니트로 된 헤드 커버를 클럽에서 잡아당겨 벗기는 느낌, 티오프를 기다리는 동안 만지작거리는 공, 클럽의 그립 주위를 한 손으로 꼭 잡는 느낌, 샷을 날리기 위해 다리를 벌리고 잡는 자세, 스윙 연습 삼아 앞뒤로 움직이는 몸, 잔디 속으로 누르는 골프공과 티, 모기를 잡는 느낌, 페어웨이를 덜커덩거리며 질주하는 카트, 트리 라인을 따라 샷을 날릴 때 몸을 할퀴는 주변의 나뭇가지, 홀까지 거리를 확인하기 위해 쓰는 GPS 기능, 모두가 퍼팅할 수 있도록 뽑는 깃발, 신발과 바짓단에 들어온 벙커의 모래

이 배경에서 벌어질 만한 갈등의 원인

- 함께 코스를 도는 파트너의 매너가 나쁘다(차례를 무시하고, 다른 사람이 칠 때 말을 하고, 속임수를 쓰는 등).
- 술 먹고 카트를 몰다가 다치거나 기물을 파손한다.
- 벼락을 맞는다.
- 골프공을 회수하러 숲에 들어갔다가 엄마 곰과 새끼 곰을 맞닥뜨린다.
- 골프장에서 이웃이나 동료와 충돌한다.

350

- 탈의실에서 여자를 유혹했다는 자랑을 엿듣다가 그 여자가 자신의 아내임을 깨닫는다.

이 배경에서 볼 만한 유형의 사람들

- 마샬, 프로 골퍼, 골퍼, 그린키퍼(유지 보수 직원), 관리 직원, 전문점의 판매원 및 경영자

이 배경과 밀접한 다른 배경

- **시골 편** 숲, 호수, 연못
- **도시 편** 야외 주차장, 스포츠 경기 관람석

참고 사항 및 팁

일반적인 골프장은 거리와 난이도가 다양한 18홀을 완비하고 있는데, 가족 단위나 아마추어에게 적합한 파3의 숏 코스, 또는 27홀을 갖춘 곳도 있다. 골프장은 대부분 대중에게 개방되어 있지만 회원제로 운영하는 곳도 있는데, 회원제 골프장은 회비로 새로운 설비를 마련하기 때문에 일반 골프장보다 상태가 좋다. 클럽 하우스는 코스를 돌기 전후에 만남의 장소로 이용하는 소박한 건물도 있고, 회원들의 경제적 여유를 상징하듯 호화로운 레크리에이션 센터 역할을 하는 곳도 있다.

배경 묘사 예시

동료이자 베스트 볼 파트너인 아르고는 노랑과 분홍의 강렬한 타탄체크 니트 베스트에 빨간 바지로 싱그러운 잔디의 기를 죽이며 1번 홀에 씩씩하게 나타났다. 우리는 친근하게 인사를 나누었지만 실은 울고 싶었다. 이 토너먼트에서 우리 둘을 짝 지은 누군가는 지금쯤 사무실에서 박장대소를 하고 있을 것이 분명했다. 우리 차례가 되자 앞으로 마주할 상황을 미리 준비하고자 아르고에게 먼저 치라는 제스처를 보냈다. 제발, 옷만 못 입을 뿐 골프는 달인이기를. 하지만 그가 드라이버 대신에 샌드 웨지를 꺼내드는 모습을 보고 이제부터 길고 긴

18홀이 남았음을 확신했다.

- **이 글에 쓴 기법** 대비
- **얻은 효과** 성격 묘사, 복선

풍경

밖에서 입장을 기다리는 사람들의 줄, 밖에 모여 있거나 담배를 피우는 사람들, 손님을 모퉁이에 내려주는 택시, 신분증을 확인하거나 입장을 거부하는 근육질의 경비원, 입장료를 받고 손님의 손등에 클럽의 로고 스탬프를 찍는 젊은 여직원, 홀에서 새어 나오는 섬광 조명, 다채로운 불빛, 스피커, 무대, 스툴이 놓인 바, 스툴이 빙 둘러싼 작은 탁자, 음료수와 칵테일을 담은 빛나는 쟁반을 나르는 노출 심한 의상을 입은 웨이트리스, 바에 나열된 작은 유리잔, 주문받은 술을 만드는 바텐더, 바 뒤쪽 거울 벽에 나란히 진열한 술병, 레몬이나 라임 조각, 다양한 색깔의 빨대, 빈 맥주 캔과 술병, 맥주가 나오는 드래프트 타워, 층을 이루는 칵테일, 마티니 잔, 머그잔, 바닥에 엎질러진 음료수, 화장실 앞에 줄을 선 사람들, 춤추는 사람들(무대, 스피커 위, 특별히 마련해놓은 단에서), 검은색이나 어두운 색의 벽, 테마(컨트리, 로큰롤, 할리우드, 헤비메탈 등)에 맞춘 약간의 장식품, 네온 조명, 무대 위의 댄스 폴, DJ 부스, 함께 놀러 온 친구들, 총각 파티나 처녀 파티를 하는 모습, 사람들(이성과 거리낌 없이 어울리고, 휴대전화로 사진을 찍고, 연락처를 교환하고, 과음으로 휘청거리는), 현금을 주고 약물을 사는 사람

소리

시끄러운 음악, 서로의 귀에 고함을 지르며 대화하는 사람들, 호객 소리, 웃음, 야유, 고함, 욕설, 깨지는 유리잔, 스피커에서 들려오는 DJ의 목소리, 테이블에 쨍그랑 부딪치는 유리잔, 바에서 유리잔에 탄산음료를 따르는 소리, 음료수 서버에서 탄산음료나 물을 유리잔에 따르는 소리, 휴대전화가 울리는 소리나 알림 음

냄새

땀, 맥주 냄새가 밴 숨결, 향수, 헤어스프레이, 보디 스프레이, 정체된 공기, 토사물, 옷에서 풍기는 담배나 마리화나 냄새, 과일 음료나 칵테일, 체취, 과열된 전기 기구(스피커, 음향 시스템, 조명)

맛

맥주, 칵테일, 마티니, 럼콕, 진토닉, 코스모폴리탄, 모히토, 커피, 물, 작은 유리 잔에 담긴 칵테일(더티 후커, 섹스 온 더 비치, 닥터 페퍼, 차이나 화이트, 스네이크 바이트, B52, 아이리쉬 카 붐, 샘부카 등), 에너지 드링크, 탄산음료, 후르츠 칵테일, 레몬이나 라임 조각, 소금, 휘핑크림, 껌, 박하사탕

촉감과 느낌

뜨겁고 답답한 공기, 바싹 마른 목을 축여주는 맥주와 그 밖의 차가운 음료, 깨물어 부수는 얼음, 입술에 바르는 립스틱이나 립글로스, 손부채질, 목이나 등을 타고 흐르는 땀, 몸에 들러붙는 땀에 젖은 옷, 하이힐을 신고 춤춘 탓에 종아리와 발에 생긴 통증, 붐비는 사람들 속에서 밟히는 발, 인파 속에서 몸이 밀리며 앞으로 나아가는 느낌, 손끝에 닿는 차가운 유리잔, 탁자 위에 놓인 냅킨이나 코스터를 만지작거리는 느낌, 계속 매만지는 머리카락, 가슴팍을 단정히 하는 느낌, 얇은 지폐, 손짓과 몸짓으로 하는 의사소통(무언가를 가리키고, 손을 흔들고, 고개를 끄덕이는), 누군가 귀에 속삭일 때 목에 닿는 따뜻한 숨결, 가슴을 쿵쿵 울리는 베이스 소리, 과음이나 약물 때문에 느끼는 현기증, 구역질 때문에 뒤틀리는 배, 똑바로 서려고 벽을 짚거나 난간을 잡는 느낌

이 배경에서 벌어질 만한 갈등의 원인

- 상종하기 싫은 섬뜩한 사람이 접근한다.
- 누군가 술에 약을 탄다.
- 손님이 마약이 섞인 술을 마신다.
- 미성년자가 클럽에 들어오려고 한다.
- 옷이나 몸에 토사물이 묻는다.
- 친구가 처음 보는 수상한 인물에게 반한다.
- 맨정신으로 운전을 해주기로 한 사람에게 버림받는다.
- 내 뜻과는 반대로 운전을 맡게 된다.
- 경비원이 자신의 임무를 과하게 수행한다.

- 바텐더, 경비원, 젊은 남자를 노리는 중년 여성, 손님, DJ, 마약 판매상, 취객, 스트리퍼와 매춘부, 위조 신분증을 가진 미성년자 손님, 웨이터와 그 밖의 직원들

이 배경과 밀접한 다른 배경

- **시골 편**   해변 파티, 하우스 파티
- **도시 편**   술집/바, 펍

참고 사항 및 팁

밤의 사교 생활이 이루어지는 장소들은 공통점도 있고 다른 면도 있다. 나이트클럽은 바를 갖춘 큰 공간에서 술을 팔지만, 술보다는 춤을 추기 위한 장소다. 손님을 즐겁게 하고 클럽 내부를 항상 신나게 유지하기 위해서 인기 밴드의 라이브 연주나 특별 이벤트를 개최하고, 특수 효과 기기(연기나 거품 만드는 기계, 섬광 조명, 스포트라이트)를 설치하거나 단상에서 춤을 추는 프로 댄서를 고용하기도 한다. 이에 비해 바는 단순히 술을 마시는 장소다. 특정 손님(바이크 애호가나 와인 애호가 등)을 대상으로 하는 곳도 있지만, 가장 중요한 것은 그곳에서 파는 술이다. 펍은 친구와 어울리거나, 당구를 치기 위해 모이거나, 푸짐한 식사를 하거나, 수제 맥주를 마시거나, 가게 곳곳에 설치된 텔레비전으로 스포츠 경기를 보는 곳이라는 점에서 앞선 두 곳과 다르다.

배경 묘사 예시

강렬한 조명이 손님들을 비췄다. 순조롭게 그 자리에 섞여 든 그들의 몸짓은 조명에 노출되었다가 사라지며 툭툭 끊기듯이 보였다. 나는 톰이나 데릭을 찾아 주위를 훑어봤지만 스피커에서 나오는 엄청나게 시끄러운 음악에 머리가 아파 오기 시작했다. 왼쪽에서 빨간 출구 표시가 구원의 빛처럼 빛나고 있었다. 나는 앨리의 팔을 당겨 얼굴을 돌리게 한 뒤, 출구 방향을 가리키며 담배를 피우고 오겠다는 몸짓을 했다. 상대가 한 말을 알아듣지 못한 사람들이 그렇듯이 앨리는 멍하니 고개를 끄덕였다. 다시 설명할 기운도 없어서 나는 고개를 옆으로 젓

고 그곳을 떠났다.

- **이 글에 쓴 기법**　빛과 그림자, 직유
- **얻은 효과**　분위기 설정

녹음 스튜디오　Recording Studio

（풍경）

녹음실(라이브 룸)　조명이 어둑한 방, 스탠드에 장착된 마이크가 있는 보컬 녹음용 작은 부스, 악기들이 함께 준비된 대형 연주 공간, 각기 다른 악기를 녹음할 수 있는 별도의 부스들, 헤드폰, 칸칸이 진열된 장비들(외장형 프리앰프preamp[음원과 스피커 사이를 연결하는 앰프의 역할 중에서도 먼저 연결하여 각 음원의 볼륨 등을 일정하게 맞춰주는 역할을 하는 장비], 컴프레서compressor[주파수 영역이 일정 정도를 벗어나거나 울림이 과도한 사운드를 압축하여 듣기 좋고 깔끔하게 만들어주는 장비], 리버브 유닛reverb unit[소리에 잔향이나 반사음을 섞어 공간감을 주고 더 풍부하게 만드는 장비], 딜레이 모듈delay module[소리를 일정 시간차를 두고 연속 반복시켜 공간감을 주고 더 풍부하게 만드는 장비]), 앰프, 스피커, 악기 거치대와 보관 케이스, 악보와 코드 악보, 생수병, 추가 장비(악기, 마이크, 모니터, 기타 페달)를 보관한 창고, 흡음재나 벽돌 등 다양한 소재로 두드러지게 처리된 벽면, 바닥에 깔린 깔개, 음향 기술자와 연주자를 분리하는 유리 칸막이, 악기와 장비 사이를 연결한 전선들, 바닥을 가로질러 벽의 콘센트까지 연결된 전선들, 세션이 진행 중임을 알리는 '녹음 중' 혹은 '기록 중' 표시판의 불빛, 연습하며 준비 중인 연주자들과 보컬리스트, 대본을 읽는 성우

조정실(컨트롤 룸)　회전의자, 컴퓨터, 헤드폰, 각종 조절 단추와 회전 다이얼이 빼곡히 달린 한 개 이상의 콘솔과 믹서[녹음을 진행한 뒤 여러 녹음을 하나의 결과물로 만들기 위해 안배하고 섞는 것을 믹싱mixing이라고 하는데, 이 작업을 위해 조정실 내에 수평 모드로 배치하는 대형 계기판을 믹싱 콘솔이라고 한다], 콘솔·믹서와 녹음 마이크를 연결하는 다양한 배치(인터페이스), 패치 베이patch bay[녹음실 마이크와 조정실 콘솔 사이에 복잡하게 연결된 전선들을 일일이 뺐다 꽂았다 하지 않아도 되도록 별도의 중간 지점을 정해 거기에 모두 연결해두고 콘솔에서 원하는 단자만을 선택적으로 조작할 수 있게 한 장치]와 다양한 색상의 패치 케이블patch cable[양쪽 끝이 연결형 커넥터로 이루어진 짧은 길이의 전선. 두 장치를 서로 연결하는 데 쓴다], 모니터, 스피커, 가죽 소파와 실내등으로 꾸며진 휴식 구역, 클립보드와 메모지 묶음, 펜과 연필, 식물 화분, 벽에 걸어둔 골드 디스크와 플래티넘 디스크[해당 앨범이 일정 수량 이상으로 많이 판매된 것을 기념해 음반 협회 같은 기구에서 수여하는 장식용 기념 음반], 케이스에 넣어 진열

한 기념 명판 및 상장, 탁자 위에 놓인 잡지들, 패스트푸드와 포장 음식, 커피와 탄산음료가 담긴 잔들, 약물 관련 도구, 술

소리

악기(기타, 건반, 피아노, 드럼)로 연주되는 음악, 악기를 조율하는 연주자, 노래 하거나 허밍을 하는 가수, 팔랑이며 바닥으로 내려앉는 악보, 음향 기술자가 연 주자들에게 연주를 잠깐 멈추라고 혹은 한 번 더 연주하라고 말하는 소리, 조정 실에서 사람들이 나누는 말소리, 휴식 구역에서 소파에 앉아 잡담을 나누는 손 님들, 전화벨, 녹음된 음악을 재생하는 소리, 녹음이 잘됐을 때 나오는 박수나 환호, 싸우는 연주자들, 클릭 트랙click track[듣는 사람이 박자를 맞출 수 있도록 메트로 놈의 똑딱이는 소리가 녹음된 트랙]이 재생되는 소리, 명료하게 들리는 녹음된 자신 의 목소리나 단독으로 녹음된 악기 소리, 여닫히는 문, 진공청소기

냄새

포장 음식(햄버거, 피자, 중국 음식 등), 커피, 공기 탈취제, 양초, 청소용품, 마리 화나, 담배, 맥주

맛

포장 음식, 자판기 음식(샌드위치, 초콜릿 바, 칩, 에너지 바), 병에 든 생수, 커피, 뜨거운 차, 술

촉감과 느낌

귀를 폭 감싸는 헤드폰, 손에 쥔 악기, 빙글 도는 회전의자, 마이크 상단부 표면 의 금속 격자, 녹음 부스 벽면의 질감, 플라스틱 기타 픽의 매끈한 질감, 손가락 사이에서 빙그르르 도는 드럼 스틱, 드럼을 강타한 직후에 느껴지는 스틱의 진 동, 현을 찰랑찰랑 치는 느낌, 매끈한 피아노 건반, 위로 밀었다 내렸다 하는 믹 서에 달린 버튼, 구멍에 딸깍 들어가는 전선, 전선에 걸려 넘어지는 느낌, 발로 누르는 기타 페달, 박자를 맞추기 위해 탁탁 구르는 발, 노래하는 동안 손으로 귀에 꼭 밀착시키는 헤드폰

이 배경에서 벌어질 만한 갈등의 원인

- 연주자들 사이에서 음악적 견해차가 벌어진다.
- 외부인(열정적인 팬, 배우자 등)이 밴드 멤버들에게 영향을 준다.
- 자존감이나 자만심이 지나치게 높은 사람이 있다.
- 밴드 멤버들이 서로를 질투한다.
- 조잡한 녹음 장비 때문에 결과물이 바라던 수준에 못 미친다.
- 아티스트가 술이나 약에 취해 있다.
- 밴드 멤버가 늦게 도착하거나 아예 나타나지 않는다.
- 스튜디오 매니저가 시설의 예산은 안중에도 없고 허황되고 야심만 넘친다.
- 유명 가수가 스튜디오 직원들에게 과도한 요구를 한다.
- 스튜디오 직원이 아티스트와 사적으로 친해지고 싶어 한다.
- 재능 없는 아티스트나 녹음을 처음 해보는 사람과 작업해야 한다.
- 녹음 스튜디오가 중복 예약되었거나, 녹음 시간이 길어져 다른 예약자의 시간 대까지 침범한다.

이 배경에서 볼 만한 유형의 사람들

- 아티스트나 연주자의 매니저나 에이전트, 접수 담당자나 스튜디오 매니저, 배우나 성우, 관리자, 청소부, 교사, 아티스트가 늘 대동하고 다니는 친구들, 연주자, 미성년 아티스트의 부모, 음식 배달원, 음반 프로듀서, 작사가, 작곡가, 사운드 엔지니어와 기술자, 보컬리스트, 가수, 보컬 코치

이 배경과 밀접한 다른 배경

- 연예인 대기실, 리무진, 공연 예술 극장, 록 콘서트

참고 사항 및 팁

녹음 스튜디오는 다양한 종류가 있다. 프로 뮤지션과 유명인들은 고급 스튜디오를 이용하는데, 이런 곳은 시간 단위로 예약되며 질 좋은 장비와 악기 들이

폭넓게 제공된다. 소규모 스튜디오도 녹음 서비스를 제공하지만 사운드를 장식할 수 있는 부가 기능도 적고, 그래서 비용도 고급 스튜디오보다 저렴하다. 음악 업계가 디지털화되면서 음악 앨범을 제작하거나 목소리를 녹음하고 싶은 뮤지션들은 아예 자신의 집에 홈 스튜디오를 만드는 것이 더욱 실질적이고 효과적인 방법이 되었다.

배경 묘사 예시

존은 눈을 질끈 감고 손가락 두 개로 슬라이더를 밀어 조작하면서 다른 소리를 모두 뒤로 물리고 클라리사의 목소리만 자신의 헤드셋에 들어오게 했다. 아름답고 굵으면서도 독특한 질감이 있고, 살짝 날카로운 그녀의 목소리를. 그는 갓 태어난 신생아를 다루듯 비율을 조심스레 맞춰나갔고, 마침내 그녀의 음색이 매끈하게 다듬어졌다. 그의 입에 미소가 번졌다. 그가 의자에 몸을 털썩 던지자 의자가 끽 소리를 냈다. 그는 유리 칸막이 너머에 있는 클라리사를 향해 양손 엄지를 척 세워 보였다.

- **이 글에 쓴 기법**   직유
- **얻은 효과**   분위기 설정

놀이공원

풍경

놀이 기구(거대한 대관람차, 다채로운 원을 그리는 롤러코스터, 어두운 색으로 칠한 이 층 건물의 유령의 집, 금속 레일 위를 달려 거대한 물보라를 일으키는 통나무형 놀이 기구, 회전 컵, 청명한 하늘 밑을 시소처럼 왔다 갔다 하는 바이킹, 천천히 움직이는 어린이용 비행기, 회전목마, 직접 페달을 밟아 나아가는 배), 놀이 기구를 타려고 길게 늘어선 줄, 범퍼 보트와 범퍼 카, 울퉁불퉁한 미끄럼틀, 어린이용 볼풀과 클라이밍 코너, 나란히 설치된 미니 게임들(상품인 커다란 봉제 인형을 천장에 매달아놓은 고리 던지기, 물에 떠 있는 오리를 낚는 게임, 농구 게임, 망치를 쳐서 근력을 측정하는 게임, 튀어 오르는 목표물이나 불빛을 쏘는 사격 게임, 매달린 타이어나 구멍에 럭비공을 던지는 게임, 다트나 풍선 터뜨리기), 상품(긴 뱀 인형, 반짝이 모자, 거대한 곰 인형, 싸구려 장난감과 작은 봉제 인형)을 들고 걷는 사람들, 재미난 거울로 가득 찬 미로에서 웃음을 터뜨리는 십 대들, 유니폼을 입고 미소를 지으며 놀이 기구를 관리하는 직원, 먹거리(피자, 커다란 칠면조 다리, 햄버거와 감자튀김 등)를 판매하는 곳, 식사용 테이블을 갖춘 패스트푸드 레스토랑, 도랑에 떨어진 쓰레기(포장지, 장난감 가격표, 담배꽁초, 영수증), 놀이공원과 연계된 상품을 파는 선물 가게(봉제 인형과 인형, 책, 액자, 열쇠고리, 머그잔, 펜과 연필, 장난감, 트럼프), 짜증 내는 어린아이를 안거나 유아차를 밀며 걷는 사람, 벤치에 두고 잊어버린 물병, 재활용 수거함 근처에 놓인 찌그러진 탄산음료 캔, 전단지 등 쓰레기 주변에 부는 바람, 하늘로 날아가는 풍선, 땅에 떨어진 음식물을 먹으려고 재빨리 내려오는 새

소리

커다란 음악 소리, 사람들의 외침, 웃음, 환성, 게임 종료를 알리는 벨, 쩔꺽거리는 놀이 기구의 체인, 쉭쉭거리는 에어 브레이크, 통통거리는 기계류, 브레이크들이 내는 삑 소리, 뜨거운 아스팔트를 달리는 발소리, 서로를 부르는 사람들, 큰 기름통에서 지글거리며 튀겨지는 감자와 도넛, 게임 센터의 핀볼 머신, 구멍 속으로 쿵 떨어지거나 부스 뒤쪽을 때리는 공, 터지는 풍선, 짤랑거리는 동전, 열리는 금전등록기, 인쇄되는 영수증, 무대에서 쇼가 끝난 뒤 터지는 박수와

361

환성, 놀이 기구에서 안전벨트를 채우는 소리, 쾅 닫히는 문이나 내려오는 안전 바, 유령의 집에서 들려오는 무시무시한 효과음(사악한 웃음, 삐걱거림, 찍찍거리는 박쥐, 유령의 신음), 지친 아기의 울음, 쓰레기를 쓸어 모으며 바닥을 스치는 빗자루, 멀리 떨어진 곳에서 펼쳐지는 공연의 음악 소리, 밤하늘을 수놓는 불꽃

냄새

담배, 튀김용 기름, 뜨거운 아스팔트, 기름을 채운 기계, 기저귀 갈 때가 된 아기, 햇볕에 달궈진 쓰레기, 체취, 땀, 구취, 선크림, 토사물

맛

놀이공원 식당 음식(햄버거, 핫도그, 도넛, 아이스크림, 초콜릿, 감자튀김, 팝콘, 감자 칩, 아이스크림, 빵)이나 음료수(탄산음료, 물, 레모네이드, 빙수, 밀크셰이크)

촉감과 느낌

칠이 벗겨진 놀이 기구의 안전 바, 폭신한 좌석의 갈라진 틈에 쓸리거나 집혀서 아픈 피부, 무릎을 꽉 조인 안전벨트, 범퍼 카의 페달을 밟는 느낌, 육즙이 꽉 찬 햄버거에서 흘러내리는 기름, 피부에 떨어진 차가운 아이스크림 덩어리, 셔츠에 묻은 케첩을 종이 냅킨으로 닦는 느낌, 햄버거 포장지나 감자튀김 봉투를 구기는 느낌, 차가운 물병이나 탄산음료 페트병을 잡았을 때의 얼얼한 감각, 아이의 땀이 배거나 끈적거리는 손을 잡는 느낌, 물 위를 지나가는 통나무 모양의 놀이 기구를 탄 후에 흠뻑 젖은 옷이 피부에 들러붙는 느낌, 물대포를 맞아 머리와 얼굴에서 뚝뚝 떨어지는 물, 롤러코스터를 탔을 때 속이 뒤집히는 느낌, 햇볕을 오래 받은 데다 빠른 놀이 기구를 많이 타서 느껴지는 현기증과 메슥거림

이 배경에서 벌어질 만한 갈등의 원인

- 인파 속에서 아이를 놓친다.
- 매수나 범죄를 목격한다.
- 소매치기에게 돈을 털린다.
- 라이벌에게 모든 게임을 져서 화가 난다.
- 누군가 자신을 지켜보거나 스토킹 당하는 느낌이 든다.

- 놀이공원에 더 있고 싶은데 일행 중 아픈 사람이 생겨서 같이 돌아가야 한다.

이 배경에서 볼 만한 유형의 사람들

- 놀이 기구나 게임 조작원, 입장객, 운전사와 정비사, 잡역부, 관리인, 공연하는
사람들, 경비원, 쇼 연출자

이 배경과 밀접한 다른 배경

- **시골 편** 지방 축제
- **도시 편** 유령의 집, 서커스장, 워터 파크, 동물원

참고 사항 및 팁

디즈니랜드처럼 특정 주제 위주로 꾸미거나 마스코트를 내세운 놀이공원도 있
고, 모든 연령층이 즐길 수 있는 놀이 기구와 게임을 다채롭게 모아놓은 곳도
있다. 이 장에서 설명하는 놀이공원은 이동식 놀이공원과 달리 한 장소에 터를
잡은 곳이다. 이런 곳은 위치와 기후에 따라 특정 기간에만 개장하기도 하고, 일
년 내내 손님을 받기도 한다.

배경 묘사 예시

조엘은 더러운 콘크리트 바닥을 빗자루로 쓸며 꾸깃꾸깃한 휴지와 담배꽁초,
병뚜껑 등을 모았다. 놀이 기구가 정지하고 음악이 멈추면, 놀이공원은 진정한
모습을 드러낸다. 조엘처럼 바람에 날아오른 핫도그 포장지가 흙으로 더러워진
텐트의 입구를 스치고, 벗겨진 칠이 달빛에 빛나는 광경을 보는 사람은 흔치 않
다. 그런 광경은 보통 사람들이 전혀 알지 못하는 이 세계의 일면이다. 웃음소리
가 사라지고 화장을 지운 놀이공원의 민낯은 그렇게 아름답지는 않다.

- **이 글에 쓴 기법** 대비, 의인화
- **얻은 효과** 분위기 설정

당구장   **Pool Hall**

풍경

벽에 걸려 있거나 바 위에 단 맥주 네온사인, 당구장 정면을 따라 늘어선 검은 필름을 붙인 유리창, 당구공이 놓인 당구대들, 나무로 만든 당구봉이 놓인 벽의 선반, 당구대 끝에 놓인 네모난 초크(일반적으로 파란색), 당구대 밑에 매달리거나 당구대 아래 바닥에 놓인 정삼각형의 볼 랙, 스툴이 설치된 바, 당구장 둘레에 있는 작은 탁자에 놓인 음료, 의자와 스툴에 걸쳐놓은 재킷, 벽에 세운 당구봉, 손님이 있는 곳에 가져다놓은 펍의 요리, 몸에 붙는 옷을 입고 빈 병을 정리하거나 새 음료수를 나르는 웨이트리스 한두 명, 주크박스나 음향 기기, 모퉁이마다 볼트로 고정된 텔레비전, 출입구 부근의 ATM 기계, 당구장 안쪽에 있는 비디오게임과 핀볼 머신, 벽에 설치된 다트 판, 풋볼 테이블, 화장실, 작은 주방, 바 뒤의 거울로 된 벽을 따라 나란히 놓인 다양한 술병, 라임과 레몬 조각, 돈을 주고받는 손, 미성년자 출입 금지 간판, 바 근처에 달아놓은 영업 허가증(주류 취급 증명서), 취급하는 술 브랜드의 마크, 광고나 스포츠 관련 물품, 맥주가 나오는 탭, 유리잔을 나란히 놓은 선반, 탁자에 놓인 구깃구깃한 지폐, 탁자에 남아 있는 다 마신 유리잔, 각 당구대 위에 걸린 조명, 위치를 잡기 위해 당구대에 상체를 앞으로 쑥 내민 사람, 유명한 당구 선수의 포스터와 액자에 넣은 사진, 구석에 있는 카우치와 푹신한 의자

소리

서로 부딪치는 당구공, 포켓에 들어가거나 쿠션에 닿는 당구공, 당구대를 넘어 바닥에 떨어지는 당구공, 방향을 바꿔가며 당구봉에 초크를 칠할 때 나는 끽끽 소리, 실망의 아우성, 욕설, 잘 쳤을 때의 환성과 탄성, 악의 없이 놀리는 목소리, 경기하는 사람들을 바라보며 술을 마시는 사람들이 소음 때문에 크게 이야기를 나누는 소리, 탁자에 놓는 유리잔과 술병, 바닥을 끌거나 긁는 의자나 스툴의 다리, 짤그랑 부딪치는 작은 유리잔들, 텔레비전 소음, 음향 기기에서 흘러나오는 음악, 웃음, 펠트 위에 털썩 내려놓는 판돈, 다트 판에 던지는 다트, 바텐더나 주방장에게 주문을 전하는 웨이트리스, 금전등록기에서 인쇄되는 영수증, 주방에서 들리는 소리, 코인 당구대에서 트레이 안으로 빠르게 굴러 들어가는 당구공,

삐걱거리며 여닫히는 화장실 문

냄새

맥주 및 다양한 술, 초크, 펠트, 주방에서 조리 중인 음식, 땀, 향수, 체취, 맥주 냄새가 밴 숨결, 옷이나 머리카락에 밴 담배 연기, 가죽, 기름칠을 한 목재

맛

맥주 및 다양한 술, 탄산음료, 물, 아작아작 씹는 얼음, 펍에서 파는 음식(나초, 감자튀김, 닭 날개, 피자, 햄버거), 커피, 소금, 라임, 프레첼

촉감과 느낌

손가락 사이를 미끄러지듯 움직이는 당구봉, 당구봉 끝에 문지르는 초크, 많은 음료수를 올린 쟁반의 무게감, 손끝에 닿는 펠트, 당구봉 끝이 공에 닿았을 때의 만족감, 거칠고 홈집이 난 당구대, 슬롯에 굴려넣는 동전, 몹시 구겨진 지폐, 손에 든 맥주병이나 유리잔의 냉기, 입술을 적시고 목구멍을 타고 떨어지는 차가운 맥주, 매끈한 당구공, 스크래치(당구봉으로 친 공이 포켓으로 들어가는 것) 뒤 흰 공을 펠트를 따라 미끄러뜨리는 느낌, 다른 플레이어와 하는 하이파이브, 손가락 사이에 끼고 빙글빙글 돌리는 당구봉, 자신의 순서를 기다리며 당구봉에 기대는 느낌, 어려운 샷을 칠 때 몸을 당구대와 나란히 크게 뻗는 느낌, 회전 스툴을 돌리는 느낌, 당구대 위에 달린 조명의 온기

이 배경에서 벌어질 만한 갈등의 원인

- 사기꾼에게 속았다는 것을 알게 된다.
- 빈 당구대가 나오기를 기다리고 있는데 아마추어 일행의 게임이 끝나지 않는다.
- 자신의 수준에 맞지 않는 사람과 짝이 된다.
- 수중에 없는 금액의 돈을 내기에 건다.
- 맥주가 튄다.
- 누군가 추파를 던지거나 괴롭힘을 당한다.
- 매달린 조명에 머리를 세게 부딪친다.
- 뒤에서 당구봉으로 세게 찔린다.

365

- 당구공에 맞아 손가락이 부러진다.
- 실내의 음악이 짜증 날 정도로 시끄럽다.

이 배경에서 볼 만한 유형의 사람들

- 바텐더, 관리자, 당구로 돈을 사기 치려는 사람, 웨이터나 웨이트리스

이 배경과 밀접한 다른 배경

- 술집/바, 나이트클럽, 펍

참고 사항 및 팁

당구장은 대부분 시끌벅적하고 같은 취미를 가진 사람들이 친목을 나누는 곳이다. 모든 스포츠 활동과 마찬가지로 당구도 늘 사용하는 당구대에 모인 세미 프로부터 재미 삼아 들른 대학생 무리까지, 수준도 마음가짐도 제각각인 사람들이 한자리에 있을 것이다. 당구장 중에는 모든 연령층에 개방되어 있어서 술을 팔지 않는 곳도 있다. 반면 술을 파는 곳은 연령 제한에 차이가 있으니, 그 장면에 등장할 인물을 정할 때는 이 점을 명심해야 한다.

배경 묘사 예시

데님 재킷의 옷깃을 힘껏 끌어당긴 알린은 벽에 자연스럽게 기댔다. 어두운 실내를 둘러본 뒤 마침내 구석에 있는 탁자로 걸어가는 그의 모습을 보고 나는 미소를 지었다. 알린은 주말에만 터프 가이 흉내를 내는 남자들의 냄새를 기막히게 맡는다. 하룻밤 아내로부터 도망쳐 슬럼가에 오는 치과 의사나 회계사들 말이다. 그들은 우리가 친선 게임을 신청하면 절대 거절하는 법이 없으며, 맥주를 진탕 마시고 집에 돌아갈 무렵에는 지갑이 많이 가벼워져 있다.

- **이 글에 쓴 기법**   빛과 그림자
- **얻은 효과**   성격 묘사, 복선

댄스홀

풍경

둥근 천장(물결 모양 테두리와 석고 장식, 특별 주문한 몰딩, 채색된 예술 작품들로 장식된), 춤추는 데 적합한 윤이 나는 나무나 대리석 바닥, 양쪽으로 열리는 프랑스식 창문에 달린 두꺼운 벨벳 커튼, 크라운 몰딩 처리를 한 높은 벽, 위층에 설치된 곡선형 발코니, 크리스털이 층을 이룬 거대한 샹들리에가 부드러운 빛 속에서 반짝거리는 모습, 금 잎사귀와 소용돌이무늬로 장식된 길게 홈이 파진 실내 기둥, 아치형 입구, 패널 몰딩, 벽에 달린 장식용 조명과 돌출 촛대, 2층으로 통하는 나선 계단 및 난간, 소규모 오케스트라와 라이브 밴드, 작은 그랜드피아노, 턱시도와 야회복을 입은 초대 손님, 머리를 올리고 값비싼 보석을 착용한 여성, 원형 식탁(하얀 식탁보, 주름지게 접은 냅킨을 넣은 와인 잔, 완벽히 윤을 내서 배치한 은식기, 금테를 두른 도자기, 양초와 꽃으로 만든 센터 피스가 놓인), 카나페를 대접하거나 빈 잔을 새로운 잔으로 교체하기 위해 사람들 사이를 돌아다니는 웨이터와 웨이트리스, 샴페인 잔에서 일어나는 금색 거품, 빙글빙글 돌며 춤추는 사람들, 우아한 꽃 장식, 흰 장갑을 낀 직원이 배치된 화려하게 장식한 큰 문, 계단 위에 깔린 심홍색 카펫, 벽을 따라 설치된 금속 프레임 거울, 보석, 스팽글, 반짝이는 고급 손목시계, 손질해서 반짝이는 검은 정장 구두

소리

조화로운 연주를 선사하는 악기, 많은 소리가 뒤섞인 웅성거림, 짤그랑거리는 유리 제품과 식기, 웃음, 춤출 때 바삭거리는 드레스, 대리석 바닥을 걷거나 계단을 오르는 구두, 서로 소리치는 사람들, 메아리(실내에 사람이 별로 없을 경우)

냄새

음식, 향수, 춤을 많이 추고 난 뒤에 흘리는 땀, 광택제나 나무 기름, 흡연자의 구취나 몸에서 풍기는 담배 냄새, 싱싱한 꽃 장식

맛

손님들에게 대접하는 음식(스테이크, 생선 요리, 훌륭한 파스타와 섬세하게 공들

인 샐러드, 층층이 쌓인 디저트), 음료(거품이 보글거리는 샴페인, 식전에 마시는 술, 와인, 물), 립스틱, 구취 방지용 민트

촉감과 느낌

매끈한 계단 난간, 로비의 두꺼운 카펫에 파묻히는 하이힐 굽, 무거운 문을 열고 댄스홀로 들어가는 느낌, 겨드랑이에 낀 클러치 백, 립스틱이 묻지 않도록 친구와 볼을 대고 소리만 나는 입맞춤을 하는 느낌, 손가락으로 들고 있는 샴페인 잔, 드레스의 매끄러운 원단, 한창 춤을 추다가 파트너와 손을 잡는 느낌, 등에 닿은 손의 압력, 쥐고 있는 은식기의 냉기, 혼잡한 실내에서 턱시도 때문에 느껴지는 더위, 꽉 끼는 구두 탓에 아픈 발, 머리카락을 빳빳하게 고정하는 헤어스프레이와 핀, 딱 맞는 드레스를 입고 조심스럽게 앉는 느낌, 묵직한 고가의 목걸이, 하이힐이나 새 신발 때문에 아픈 발, 목을 죄는 나비넥타이

이 배경에서 벌어질 만한 갈등의 원인

- 과음해서 화를 내거나 휘청거리는 사람들이 있다.
- 라이벌끼리 만나서 격렬한 말다툼이나 싸움을 벌인다.
- 사람들 사이를 돌아다니는 소매치기가 있다.
- 초대장을 잃어버려서 입장을 거부당한다.
- 같은 드레스를 입은 두 여인이 있다.
- 의상에 문제가 생긴다.
- 계단을 올라가거나 내려갈 때 넘어져서 구른다.
- 두 사람과 데이트를 하고 있는데, 그들이 같은 행사에 나타난다.
- 대립 관계에서 위험한 정치적 술책을 쓴다.
- 빌린 보석을 잃어버린다.
- 발설하면 안 되는 말이 피하고 싶은 사람 귀에 들어간다.

이 배경에서 볼 만한 유형의 사람들

- 행사 책임자, 참석자, 초대받은 고위 인사와 유명인, 호텔이나 댄스홀 직원(웨이터, 연주자, 바텐더, 주방 담당자, 출장 요리 담당자)

- **시골 편** 대저택, 졸업 무도회, 결혼 피로연
- **도시 편** 정장을 입어야 하는 행사, 리무진

참고 사항 및 팁

댄스홀은 호화로운 호텔이나 부유한 대저택, 혹은 특정 의식에 사용되는 건물에 있는 경우가 많다. 오래된 건물이라면 댄스홀의 역사를 지키기 위해 세심한 복원 작업을 할 것이다. 이에 비해 새로 지어진 댄스홀은 독특한 건축 양식을 따를 수도 있다.

배경 묘사 예시

촛불이 어른거리고 부드러운 음악이 흐르고 파란 장미로 만든 센터 피스를 우아하게 장식한 탁자가 나란히 놓인 밤이었다. 하얀 장갑을 끼고 민첩하게 움직이는 직원들은 쟁반을 높이 든 채 기부금의 최종 집계가 낭독되기를 기다리는 사람들 사이를 뚫으며 거품이 올라오는 샴페인 잔을 날랐다. 그날은 맥밀런 아트 센터의 자선 이벤트 주최자인 사십 대의 벨린다가 9호 사이즈에 맞지 않는다는 것을 알아챈 밤이기도 했다. 사실 10호도 아니고 12호에 가까웠으며, 어쩌면 14호일지도 모른다. 벨린다를 알고 사랑하는 사람들에게 사이즈는 문제가 아니었지만, 그녀가 입은 반들반들한 녹색 드레스는 그것이 마음에 걸렸던 모양이다. 벨린다가 발표를 위해 단상으로 올라갈 때, 드레스가 후식으로 먹은 두 조각의 블랙베리 타르트에 거부 반응을 보이기 시작했다. 옷이 찢어지는 소리가 실내에 크게 울려 퍼졌다. 몸에 딱 붙었던 드레스가 더 이상 버틸 수 없다고 보내는 대대적인 통지였다. 드레스가 엉덩이 바로 위에서 쫙 찢어지는 바람에 생각지도 못한 부분이 노출됐고, 속옷을 입지 않는 취향까지 드러났다.

- **이 글에 쓴 기법** 은유, 다중 감각 묘사, 의인화
- **얻은 효과** 성격 묘사, 분위기 설정, 긴장과 갈등

동물원 Zoo

풍경

구불구불 이어지는 인도, 서식지나 동물 분류 체계에 따라 세분화된 공원, 나무와 관목, 대나무 숲, 휙휙 지나가는 벌레들, 나무로 만든 보행로, 간식거리를 파는 가판대, 화장실, 간이 식탁과 벤치, 기념품점, 우리 근처에 자리한 동물 먹이 자판기, 쓰레기통, 낙엽, 골프 카트를 탄 직원, 유아차를 미는 부모, 학생들을 인솔하는 교사와 보호자, 더 잘 보려고 울타리를 기어오르는 아이들, 아이를 목말 태운 부모, 지도를 보느라 길 한쪽 옆에 옹기종기 모인 관람객들, 동물원 내 커피숍, 유아차와 휠체어 대여소, 손자국이 가득 남은 관람용 유리창, 소형 건조물과 울타리를 두른 우리, 동물들이 계속 밟고 다녀 잘 닳은 길, 눈에 잘 안 띄는 장소에서 자고 있어 좀처럼 보이지 않는 동물, 바위와 동굴, 오를 수 있게 해놓은 나무, 물고기와 물새가 서식하는 연못과 개울, 우리 주변에 흩어진 동물 인형들, 동물들과 소통하거나 우리를 청소하는 사육사, 동물 쇼가 열리는 야외 공연장, 동물 정보와 사진이 실린 안내판, 교육 센터, 놀이터, 동물 진료소, 새끼들이 보살핌을 받는 시설, 어린이 관람객을 위한 체험형 동물원, 파충류 전용관, ATM 기계, 의무실, 음수대, 파티용 장소

동물원 내 동물들 호랑이, 코끼리, 사자, 하마, 코뿔소, 낙타, 나무늘보, 고릴라, 고함원숭이howler monkey[거미원숭이과에 속하며 신세계원숭이로 분류되는 종류들 중에 제일 큰 원숭이. 시끄럽게 짖는 소리가 특징이다]와 거미원숭이spider monkey[손발과 꼬리가 가늘며 쥐는 힘이 좋아 나무 사이를 자유자재로 다니는 원숭이 종류], 침팬지, 하이에나, 판다, 스라소니, 호저, 기린, 큰뿔야생양, 영양, 얼룩말, 캥거루, 흑멧돼지, 수달, 늑대, 곰(흑곰, 회색곰, 북극곰), 바다사자, 표범, 악어, 거북, 뱀, 플라밍고, 독수리, 공작, 박쥐, 매, 송골매, 타조와 에뮤, 전갈, 거미와 곤충

소리

사람들의 대화, 웃음, 질문하거나 칭얼거리는 아이, 우는 아기, 뛰어다니는 발소리, 낙엽을 밟는 소리, 나뭇잎과 나뭇가지 위를 덜컹거리며 지나가는 유아차, 나무 사이로 부는 바람, 윙윙거리는 곤충들, 지저귀거나 서로를 부르는 새, 날개를 퍼덕이는 새, 동물들의 울음소리, 물속에서 첨벙대는 동물들, 마이크를 쓰거나

목소리를 키워 한 무리의 관객들에게 정보를 전달하는 직원, 바스락거리는 음식 포장지, 호주머니 안에서 잘그랑거리는 동전, 실내 동물 우리와 서식지 내부에 울리는 사람들의 목소리, 여닫히는 문, 숨겨진 스피커에서 들려오는 은은한 소리(웡웡거리는 벌레 소리, 새의 울음소리, 타닥타닥 떨어지는 빗소리), 유리로 된 우리를 두드리는 아이, 화를 내는 부모, 갖가지 탄성을 내지르는 관람객, 동물이 보이자 꺅꺅 소리를 지르는 아이, 작동되는 스프링클러

냄새

거름, 젖거나 기름기로 번들거리는 동물 가죽, 수중 우리나 인조 연못에서 나는 조류 냄새, 쓰레기, 비, 매점에서 파는 음식, 모기 퇴치제, 선크림, 향수, 체취, 갈때가 된 기저귀, 진흙, 야생화, 신선한 풀, 부패 중인 과일, 실내 우리에서 나는 악취(파충류나 원숭이 집 등)

맛

병에 든 생수, 탄산음료, 땀, 실수로 뿌린 모기 퇴치제, 아이스크림, 담배, 껌, 박하사탕, 음식점이나 매점에서 파는 음식(햄버거, 피자, 핫도그, 치킨 너겟, 튀김, 팝콘, 솜사탕, 아이스크림, 과자)

촉감과 느낌

표면이 고르지 않은 나무 보행로, 금이 간 인도, 발밑에 밟히는 낙엽, 아스팔트에서 피어오르는 열기, 쩅쩅 내리쬐는 햇볕, 시원한 산들바람, 보슬보슬 내리는 비, 땀에 젖어 피부에 달라붙는 옷, 플라스틱이나 유리로 된 우리에 얼굴을 바짝 대 눌린 코, 펭귄 우리의 아주 차가운 공기, 표면에 물방울이 맺혀 떨어지는 탄산음료병, 손가락에 닿는 우리의 나무판자, 손바닥에 놓인 새 모이, 체험형 동물원에서 부드럽거나 거친 털을 만지는 느낌, 사람 손에 놓인 먹이를 먹을 때 동물의 주둥이가 간질이는 느낌, 녹아서 팔에 방울져 떨어지는 아이스크림, 목에 건 카메라 끈의 무게감, 무거운 배낭, 햇볕에 타서 따끔거리는 피부, 품에 안은 아이가 지쳐 늘어질 때의 무게감

이 배경에서 벌어질 만한 갈등의 원인

- 동물이 우리를 탈출한다.
- 동물들 간에 혹은 동물에서 인간에게 전염되는 질병이 발생한다.
- 피켓을 들고 항의하거나 시위하는 사람이 있다.
- 잔인하거나 비인도적인 사육사가 있다.
- 동물을 돌보는 일에 대해서는 아무것도 모르는 관료적인 행정관이 있다.
- 동물을 보고 싶은 마음과 우리에 갇힌 동물이 불쌍한 마음이 충돌한다.
- 애정을 쏟던 동물이 죽는다.

이 배경에서 볼 만한 유형의 사람들

- 사육사, 목수, 매점 직원, 가족들, 관리자, 유지 보수 직원, 견학 온 학생과 교사, 수의사

이 배경과 밀접한 다른 배경

- 서커스장

참고 사항 및 팁

동물원은 뜨거운 논쟁거리다. 많은 사람(특히 어린이들)에게 동물을 볼 기회를 제공하지만, 동물을 우리에 가두는 형태는 윤리적으로 용납하기 힘들다. 인간의 즐거움을 위해 동물을 가두는 것이 옳은 일인가? 처우와 보살핌의 수준을 떠나 동물원은 인도적인가? 인간은 복잡한 존재다. 어떤 사람은 상황, 장소, 가능성의 윤리와 도덕에 이의를 제기하지만, 어떤 이들에게는 이런 것들이 전혀 문제가 되지 않는다. 주인공에게 도덕적 딜레마가 생기는 상황을 그리는 것은 이야기에 갈등과 깊이를 더하는 훌륭한 방법이다.

배경 묘사 예시

나는 창가에 서서 엄지발가락에 힘을 주고 아이들 손자국이 안 남은 깨끗한 부

분을 찾으려 몸을 위로 쭉 당겨 올렸다. 드디어 사자를 가까이에서 본다! 나는 누워 있는 통나무들과 풀이 무성한 언덕, 포플러 나무 그늘 등을 훑으며 정글의 왕을 찾았다. 그러다 마침내, 울타리를 가로지르는 흙길을 따라 걷고 있는 사자를 발견했다. 하지만 그 대단한 피조물이 앞으로 갔다 뒤로 갔다를 쉬지 않고 반복하자 기쁨은 점점 사라지고 이내 마음이 아파오기 시작했다. 녀석은 철조망에 갇혀 죽은 고기나 받아먹으며 여기 있을 놈이 아니었다. 녀석에게는 장벽이나 경계가 없는 영역이 필요했다. 사람 없는 생을 누릴 자격이 있다는 말이다. 나는 유리창에서 떨어졌고, 녀석의 육중한 몸과 부드러운 갈기에 감탄해 숨을 헐떡이며 들어선 다른 관람객이 곧 그 자리를 차지했다. 동물원에는 더 이상 볼 일이 없다고 결심한 나는 출구를 향해 갔다.

- **이 글에 쓴 기법** 다중 감각 묘사
- **얻은 효과** 감정 고조

라스베이거스 쇼   Vegas Stage Show

풍경

층높이를 다르게 해서 몇 단씩 설치된 좌석, 높이가 각기 다른 여러 단과 그리로 오르는 계단들이 한데 설치된 다층 무대, 스포트라이트 조명, 화려하고 반짝이는 의상, 노출이 심한 의상을 입은 댄서, 가수와 연주자, 현란한 의상을 입고 머리에 깃털 장식을 단 쇼걸, 화려한 색상, 번쩍거리는 조명, 스팽글로 장식된 턱시도를 입고 실크해트를 쓴 남성 댄서, '태양의 서커스'처럼 대규모 출연진을 갖춘 공연, 1인 공연(안개에 싸인 무대에 오른 탈출 묘기 곡예사, 단골 장비들을 가지고 공연하는 마술사, 가수, 연예인 흉내 내기 달인 등), 무대를 가로지르며 춤추는 네온 및 형광 불빛들, 분수처럼 퍼지는 불꽃 및 기타 특수 효과를 만들어내는 불꽃놀이 기술, 음악의 박자에 맞춰 깜박거리는 조명, 실감 나는 무대미술과 대형 배경 막, 관객들에게 좌석을 안내하는 직원, 무대에 오를 지원자를 데려오기 위해 관객석으로 들어가는 조수, 기립 박수와 앙코르 요청

소리

공연 전 담소를 나누는 관객들, 자리를 찾으려고 좌석 줄을 따라 발을 끌며 걷는 관객, 공연 시작 시간을 알리는 장내 방송, 직접 연주되는 오케스트라 음악, 노래, 하이힐을 신고 춤을 추거나 무대 위를 걷는 소리, 음향 효과, 공연을 보며 화답하는 관객들(놀람, 웃음, 고함, 휘파람, 손뼉), 작은 폭죽 소리, 으르렁거리거나 각종 울음소리를 내는 동물들, 울리다가 다급하게 꺼지는 휴대전화, 귓속말을 주고받는 관객들, 좌석 뒤편에서 들리는 뒷사람이 발을 끄는 소리, 삐걱거리는 좌석

냄새

드라이아이스에서 나는 오존 냄새, 무대에서 쓰는 화재 효과 때문에 나는 연기 냄새, 향수, 술, 매점에서 흘러 들어오는 냄새

맛

허용되는 경우에 한해 장내 매점에서 파는 음식과 음료(팝콘, 미니 도넛, 설탕 가루를 묻힌 프레첼, 맥주, 일회용 플라스틱 컵에 담은 하이볼 칵테일, 병에 든 생수)

를 공연 중에 먹을 수 있다.

촉감과 느낌

눈부신 스포트라이트 조명 때문에 가늘게 뜬 눈, 푹신한 좌석, 무감각해지는 한쪽 발, 장내가 너무 추워 오들오들 떠는 몸, 공연이 시작되길 기다리며 기대감으로 가슴이 두근거리는 느낌, 곡예사의 위험한 묘기에 철렁 내려앉는 심장, 감동해서 나는 눈물, 광택지로 만들어진 전단이나 프로그램, 푹 꺼지거나 기울어진 좌석, 쿠션이 안 들어간 팔걸이에 올려놓은 팔이 묵직하게 아픈 느낌, 실수로 떨어뜨린 팝콘 한 알이 가슴골 사이로 들어가 꺼내야 하는 상황, 냅킨에 닦는 기름 묻은 손가락, 취기가 올라 알딸딸한 느낌, 휘황찬란한 조명과 과음 때문에 어지럽고 메스꺼운 느낌

이 배경에서 벌어질 만한 갈등의 원인

- 입장권을 잃어버린다.
- 자신의 자리에 다른 사람이 앉아 있다.
- 지독한 술 냄새나 향수 냄새를 풍기는 사람 옆자리에 앉는다.
- 보고 싶었던 배우가 아니라 그 배우의 대역이 공연할 거라는 사실을 알게 된다.
- 공연장에 오기 전에 들른 카지노에서 큰돈을 잃어 기분이 좋지 않다.
- 원하지 않는데 지원자로 선택돼 무대에 올라가야 한다.
- 무대에 너무 가까이 앉는 바람에 코미디언의 단골 표적이 된다.
- 수준 이하의 공연을 보고 표값이 아깝다는 생각이 든다.
- 예상치 못한 이유(유명 공연자의 병이나 죽음, 테러리스트 공격, 공연장 문제 등)로 기대했던 공연이 취소된다.
- 공연 중에 잔인한 장면(동물의 공격, 높은 곳에서 떨어진 곡예사, 폭죽 때문에 몸에 불이 붙은 사람 등)을 보게 된다.
- 아이를 데려왔는데 아이가 볼 만한 내용이 아님을 뒤늦게 알게 된다.

이 배경에서 볼 만한 유형의 사람들

- 곡예사, 동물 조련사, 관객, 벌레스크burlesque[원래는 18세기 무렵 서구에서 유행한 과

375

장된 스타일의 공연이었으나 이후 1800년대 후반부터 1960년대 사이에(특히 미국에서) 버라이어티 쇼 형식으로 캬바레 등의 무대에 올려졌던 쇼를 말함. 현재에도 과거 유행했던 스타일 그대로 무대에 올리는 경우가 많음] 스타, 안무가, 코미디언, 댄서, 그날의 주연 배우와 공연 팀, 최면술사, 저글링 곡예사, 마술사, 감독, 제작자, 쇼걸, 가수, 음향 및 조명 기술자, 무대 감독, 안내 담당 직원, 촬영 비디오 담당자

이 배경과 밀접한 다른 배경

- 대도시 거리, 카지노, 연예인 대기실, 호텔 객실, 리무진, 공연 예술 극장, 택시

참고 사항 및 팁

라스베이거스 쇼의 화려함은 상상을 초월한다고 알려져 있다. 그날의 주요 공연뿐만 아니라 조명, 불꽃, 음악, 의상, 곡예, 춤 등 그 뒷받침을 하는 요소들에도 심혈을 기울인다. 이 모든 것이 완벽히 어우러져야 관객들에게 잊지 못할 기억을 선사할 수 있기 때문이다.

배경 묘사 예시

거대한 벨벳 커튼이 올라간 순간부터 공연이 끝나고 내려올 때까지, 나는 태양의 서커스 팀이 펼치는 믿기지 않는 곡예에 넋이 나간 채 앉아 있었다. 의상, 저글링, 신체 묘기, 음악 등 그 모든 것이 한데 어우러져 만들어내는 이야기에 나는 각각의 순서와 춤과 포즈가 나올 때마다 점점 깊이 빠져들었다. 예술을 향한 그들의 열정을 보니 목이 메어왔다. 그런 아름다움과 기술을 그토록 자연스럽게 구사할 수 있을 때까지 쏟았을 셀 수 없는 노력의 시간을, 나는 그저 상상만 할 뿐이었다. 마지막에 모든 출연진이 무대 위로 뛰어나왔을 때 나는 다른 사람들처럼 자리에서 벌떡 일어났다. 장내에 울려 퍼진 박수 소리가 어찌나 천둥처럼 크던지 가슴이 쿵쿵 울렸고, 이런 공연을 경험하게 해준 답례로 환호하고 휘파람을 부느라 목이 쉬고 따가웠다.

- **이 글에 쓴 기법** 다중 감각 묘사
- **얻은 효과** 분위기 설정, 감정 고조

레크리에이션 센터 Rec Center

풍경

실외 농구 코트, 축구나 풋볼용 잔디 구역, 일반적인 놀이 기구(미끄럼틀, 그네, 정글짐, 수평 사다리, 암벽 타기)를 갖춘 놀이터, 테니스 코트, 실외 수영장, 인도 옆에 설치된 자전거 보관소, 아스팔트 위에서 어른거리는 열기, 정면 현관으로 이어지는 넓은 시멘트 길, 입구 바로 안쪽에 있는 강좌와 이벤트 접수 데스크, 관람석이 계단식으로 배치된 실내 체육관, 작은 웨이트트레이닝실, 탈의실 및 공중화장실, 음수대, 관리실, 벽에 붙은 동기 부여 포스터, 다양한 강좌(댄스, 그림, 도예, 텀블링, 가라테, 체조, 필라테스, 요가, 호신술, 수영)에 참가하는 어린이나 어른, 다양한 방과 후 활동을 하는 어린이(숙제를 하고, 간식을 먹고, 보드게임이나 운동을 하는), 달리는 아이, 아이를 데리러 온 어른, 건물을 통해 밖으로 나가는 수영 강습생들이 바닥에 흘린 물방울, 안내 데스크에서 수강료를 지불하는 사람, 자판기, 카우치와 의자가 놓인 대합실

소리

체육관에서 들리는 메아리, 끽끽거리는 운동화, 고함, 튀는 공, 심판이 부는 호각, 아이들의 고함과 웃음, 격하게 부딪치는 발소리, 여닫히는 문, 열린 문에서 들어온 산들바람에 게시판에 붙여놓은 공지 사항이 펄럭이는 소리, 강좌를 들으러 가며 떠는 수다, 짤랑거리는 열쇠, 휴대전화로 통화하는 목소리, 관리실에서 울리는 전화벨, 방향을 묻는 목소리, 댄스 강좌에서 들리는 음악, 지시를 내리는 강사, 수영장에서 들리는 물소리, 귀에 들어간 물 때문에 웅웅거리는 주변 소리, 자판기에서 철컹 떨어지는 탄산음료 캔, 운동 경기에 환호를 보내거나 박수를 치는 사람들, 감독을 향해 고함치는 부모, 날카로운 소리를 내는 호각, 쾅 닫히는 무거운 문, 실외에서 공을 때리는 테니스 라켓, 공이 코트 펜스를 때릴 때마다 금속 망이 짤그랑 흔들리는 소리

냄새

수영장의 염소, 젖은 수건, 땀투성이 아이, 그림물감, 뜨거운 아스팔트, 살균제, 손 소독제, 청소용품, 바닥용 왁스, 고무

377

맛

자판기의 음료수, 물, 방과 후에 먹는 간식, 생일 파티에 준비된 피자와 케이크

촉감과 느낌

너무 강해서 소름이 돋는 에어컨 바람, 수영한 사람들이 흘린 물로 미끄러운 타일 바닥, 다리 뒤쪽에 달라붙는 금속으로 된 관람석, 실외 농구 코트에 내리쬐는 햇볕, 피트니스 수업의 격렬한 운동으로 얼얼한 근육, 체육관에서 한 운동 탓에 피곤한 근육, 일정한 리듬으로 손바닥에 닿는 튀어 오르는 농구공, 캔버스 위에서 빠르게 붓질하는 느낌, 푹신한 운동 매트 위를 구르는 느낌, 젖은 수영복에서 흘러내리는 물, 피부를 흘러 떨어지는 물방울, 피부를 조이는 작은 수영모나 고글, 손바닥으로 쾅 닫는 로커 문, 물이 담긴 페트병의 무게감, 어깨에 걸친 배낭이 당기는 느낌, 아이를 기다리며 부드러운 의자에 맡기는 몸

이 배경에서 벌어질 만한 갈등의 원인

- 수강생 간에 경쟁이 치열하다.
- 교실이 이중 예약된다.
- 강사가 나타나지 않는다.
- 수강용품이 부서져 있거나 질이 형편없다.
- 아이를 데리러 오는 부모가 늦게 온다.
- 로커에서 개인 물건을 도난당한다.
- 강사에게 불만이 있다.
- 심판이 역할을 제대로 하지 못한다.
- 비행 청소년이 온다.
- 운동을 하다 다친다.
- 제대로 된 신원 조사 없이 강사를 채용한다.
- 부모가 센터를 고소한다.
- 강사가 센터의 제약에 좌절감을 느낀다.
- 소문이나 사람의 결점을 발견하길 좋아하는 부모가 있다.
- 강사가 수강생을 편애한다.

- 인기 있는 강의 때문에 작은 틈새 강의가 밀려난다.
- 자금 부족으로 해고와 예산 삭감이 발생하고, 시설의 질과 안정성이 흔들린다.

이 배경에서 볼 만한 유형의 사람들

- 관리자, 어른, 아이, 감독, 강사, 그 밖의 직원들(방과 후 프로그램 직원, 관리 직원, 유지 보수 직원), 안전 검사관, 부모

이 배경과 밀접한 다른 배경

- **시골 편** 체육관, 로커 룸
- **도시 편** 커뮤니티 센터, 피트니스 센터, 야외 수영장, 스포츠 경기 관람석

참고 사항 및 팁

레크리에이션 센터는 운영 방침에 따라 매우 다양하다. 어린이만 대상으로 하는 곳도 있고, 전 연령층이 이용할 수 있는 곳도 있다. 다양한 강좌, 방과 후 수업, 운동 경기장 및 시설, 파티나 모임을 위한 장소 대여 등 레크리에이션 센터에서 제공하는 서비스도 여러 가지다. 이런 시설은 대부분 행정 지원으로 이루어지기 때문에, 지원 상황에 따라 설비의 종류와 질이 좌우된다. 청결도와 보수 상태도 마찬가지다.

배경 묘사 예시

제러마이아는 텅 빈 복도를 최대한 빠르게 걸었다. 공 튀는 소리, 끽끽거리는 운동화, 감독의 비판적인 호각 소리 등 체육관에서 들려오는 소리가 복도에 울려 퍼졌다. 지각에 대해 무슨 변명을 할지 생각하며 제러마이아는 침을 삼켰다. 더구나 이번이 처음도 아니다. 그의 속보는 곧 조깅 수준으로 바뀌었다.

- **이 글에 쓴 기법** 다중 감각 묘사
- **얻은 효과** 성격 묘사, 복선, 과거 사연 암시, 긴장과 갈등

록 콘서트

Rock Concert

무대 뒤 분장실과 출연자 대기실, 의상실, 장비를 옮기는 장비 전문가들, 무대 뒤에 전략적으로 배치된 각종 장비들, 폭죽 효과 담당이 특수 효과를 장치하는 모습, 각종 운반과 흐름을 지시하는 매니저, 몸을 푸는 뮤지션들, 매력적인 스타 주변을 맴도는 열성 팬, 탁자에 마련된 음식과 음료

무대 다채로운 색상의 스포트라이트 조명으로 밝혀진 무대, 천장까지 쏘아 올리거나 관중 쪽을 비추는 조명, 바닥에서 떠 있는 발판 형태의 무대, 무대 뒤편에 늘어뜨린 배경 막, 대형 스피커, 소리를 증폭시키는 앰프, 마이크 스탠드에 장착된 마이크, 대담한 의상을 입고 악기를 연주하는 뮤지션, 각 연주자 가까이에 둔 물병, 무대 뒤편 벽에 비춰지는 내용들(밴드 이름, 최근 앨범 표지, 특정 투어를 가리키는 로고), 레이저 조명, 드라이아이스나 안개 효과, 폭죽과 불꽃, 폴 댄스를 추는 댄서, 비디오 화면, 악기를 부수거나 관중을 향해 기념품(기타 픽, 드럼 스틱)을 던지는 연주자

객석 서로 뒤엉켜 꽉꽉 들어찬 사람들, 밴드의 티셔츠를 입은 팬들, 남자 친구 어깨 위에 목말을 탄 여자들, 보디 서핑body surfing[뮤지션이 많은 관객 위를 서핑하듯이 움직이는 것]을 하는 사람들, 앞줄에 만들어진 모시 핏mosh pit[음악에 맞춰 격렬하게 춤추는 사람들이 모여 일시적으로 형성되는 특정 구역], 무대 가까이에서 연주자들을 향해 순간적으로 가슴을 내보이는 여자들, 술 마시고 담배 피우는 사람들, 뛰고 소리 지르는 팬들, 다 함께 불 붙인 라이터를 공중에 들고 천천히 흔드는 장면, 공연을 찍으려고 휴대전화를 높이 든 사람들, 헤드 뱅잉 하는 사람들, 주먹다짐, 술이나 약에 취한 사람들

기타 장소 줄지어 선 이동식 화장실(야외 공연장일 경우), 매점(생수와 탄산음료, 사탕과 초콜릿, 껌, 맥주, 와인을 파는), 기념품 판매대(음반, 티셔츠, 프로그램 책자, 반다나, 장신구, 모자, 포스터, 열쇠고리, 머그잔)

말도 안 되게 시끄러운 음악, 서로의 귀에 대고 외치며 대화를 시도하는 사람들, 귀를 찢는 마이크 소음, 마이크에 대고 얘기하는 뮤지션, 기타나 드럼 독주, 발

구르는 소리, 박수, 비명을 지르거나 소리 높여 외치는 팬들, 귀에서 울리는 소리, 목이 터져라 노래를 따라 부르며 합창하는 팬들

냄새

마리화나, 담배 연기, 바디 스프레이, 땀, 체취, 김빠진 맥주, 토사물

맛

담배, 바짝 마른 입안, 맥주 및 기타 주류

촉감과 느낌

다른 팬들과 어깨가 맞닿을 만큼 빽빽이 들어선 느낌, 가슴을 둥둥 울리게 하는 낮은 베이스 음의 진동, 귀청이 터질 듯한 음악 소리, 군중 속을 어깨로 조금씩 밀면서 앞으로 나아가는 느낌, 흠뻑 젖은 땀, 술에 취해 비틀거리며 걷는 느낌, 갈증으로 타는 듯한 목, 몸에 쏟아지는 음료, 누군가에게 밟힌 발, 뒤에서 밀려드는 군중 때문에 난간이나 무대에 짓눌리는 몸

이 배경에서 벌어질 만한 갈등의 원인

- 입장권을 잃어버린다.
- 예전 공연에 갈 수 없었기에 다른 사람들이 그 공연이 얼마나 좋았는지 떠드는 걸 듣고 있어야만 한다.
- 친구들 무리를 놓친다.
- 주차장에서 누군가 차 문을 열고 물건을 털어간다.
- 기념품 판매대에서 돈을 너무 많이 쓴다.
- 공연을 보는 내내 자신의 자리를 사수하기 위해 힘겹게 버틴다.
- 취한 팬들이 예측 불가능한 행동을 한다.
- 폭동이 일어나 넘어져 짓밟힌다.
- 군중 속에서 누군가에게 성추행을 당한다.
- 누군가에게 신체적 폭력을 당한다.
- 무대 뒤로 입장할 수 있는 표를 얻었으나 정작 밴드를 실제로 만나자 실망한다.
- 누군가 자신의 몸에 토한다.

- 팔꿈치로 끊임없이 찍히고 떠밀린다.
- 오프닝 공연이 엉망진창이다.
- 키가 너무 큰 사람 뒤에 섰는데 다른 자리로 옮길 수 없다.
- 휴대전화를 높이 쳐들고 공연 내내 촬영하는 사람들 때문에 앞이 보이지 않는다.
- 팬들 사이의 견해차(밴드에서 실력이 가장 좋은 멤버, 최고의 곡, 최악의 앨범 등에 관한)가 심각한 싸움으로 번진다.

이 배경에서 볼 만한 유형의 사람들

- 에이전트(밴드나 연예인들의), 관리 직원, 행사 기획 담당자, 팬, 매니저, 뮤지션, 개인 비서나 도우미, 음향 및 조명 기술자, 관객, 판매원

이 배경과 밀접한 다른 배경

- **시골 편** 대저택
- **도시 편** 연예인 대기실, 호텔 객실, 리무진, 공연 예술 극장, 녹음 스튜디오, 라스베이거스 쇼

참고 사항 및 팁

록 콘서트는 다른 음악 관련 행사들에 비해 무질서하고 거친 편이다. 하지만 다른 배경들처럼 이곳도 몇 가지 기준에 따라 모습이 다양해질 수 있다. 실내 공연인가, 야외 공연인가? 공연장 규모는 어느 정도인가? 현재 활동하는 밴드인가(현대적이고 유행에 뒤떨어지지 않은 관객층), 관객 연령대가 그보다 높은 재결합 투어인가? 이런 질문들에 대한 답을 생각해보면 콘서트에 어떤 관객이 찾아올지 쉽게 결정할 수 있을 것이다. 또한 원하는 장면을 정확하고 상세하게 묘사할 수 있을 것이다.

배경 묘사 예시

나는 친구 발이 건네준 물을 받아 쥐고 꿀꺽꿀꺽 마셨다. 8월의 태양이 머리 바로 위에 있었고, 구름 한 점 없는 하늘에 햇빛이 눈부시게 쨍쨍했다. 꽉꽉 들어

찬 2000명가량의 관객들이 내뿜는 체온을 고려해보면 현재 이 들판의 온도는 40도는 될 것이다. 목덜미는 햇볕에 타 따끔거렸고, 진흙은 다리에 튀는 것도 모자라 마지막으로 관중을 향해 호스로 물을 뿌린 이후 신발에도 질퍽하게 들러붙었다. 앞서 지나간 두 팀의 공연 동안 얼마나 혹사를 당했던지 발에 거의 감각이 없었지만 그래도 괜찮았다. 앞으로 두 팀만 더 견디면, 우리의 '애시드 뱃츠'가 나온다. 나는 고개를 젖혀 머리카락의 땀을 털어내며 막 무대에 오르는 '좀비 선라이즈'를 향해 함성을 질렀다.

- **이 글에 쓴 기법** 다중 감각 묘사, 날씨
- **얻은 효과** 분위기 설정, 감정 고조

풍경

긴 통로, 기둥이 받친 높은 천장, 밝은 조명, 유리 진열장에 전시한 유물, 관람객이 만지지 못하도록 로프를 친 전시물, 단이나 대에 올려놓은 전시물, 작품에 대한 정보가 적힌 판, 액자에 넣어 벽에 단 예술 작품, 상형문자(돌에 새겨진 진품이나 사진), 색 바랜 태피스트리, 방 하나에 배치된 공룡의 화석, 크고 작은 조각상, 역사적 인물의 흉상, 유리관에 전시된 미라, 부족의 가면, 구시대의 인형과 장난감, 오래된 비행기와 그 밖의 차량들, 고대의 책과 두루마리, 의상과 머리 장식, 갑옷, 특정 문화나 시대의 무기, 보석과 보물, 금이 가고 이가 빠진 접시, 멸종동물을 재현한 전시, 단지와 도자기, 왕관과 머리 장식, 작품 정보를 읽기 위해 전시물에 가까이 다가가는 사람, 벤치에 앉아 쉬는 관람객, 견학 온 학생들, 도슨트와 함께 박물관을 도는 관람객들, 사진을 찍는 관람객(플래시를 끄고), 전시물에서 받은 영감을 표현하는 예술가(스케치를 하거나, 메모를 하는)

소리

속삭임, 전시물에 대해 서로 나누는 이야기, 타일 바닥이나 대리석 바닥을 걷는 발소리, 안내원의 쩌렁쩌렁한 목소리, 메모를 할 때 종이를 긁는 펜, 웃고 뛰는 아이들, 정해진 시각에 독실에서 나오는 짧은 영상 속 내레이션, 주제가 있는 구역이나 방에서 흘러나오는 배경음(제2차세계대전을 주제로 한 방의 전투 소리, 고대 메소포타미아 전시실의 사막 소리), 아이들에게 정숙하라고 주의를 주는 교사, 유아차의 삐걱거리는 바퀴, 칭얼거리는 아기, 작동 중인 청소기나 바닥 광택기, 펴거나 접는 박물관 안내도

냄새

청소용품, (잘 손질했지만 풍기는) 오래된 물건 특유의 냄새, 곰팡내, 먼지, 가죽, 돌, 고서의 종이, 천천히 부패해가는 천

맛

이 배경에서는 등장인물이 가지고 있는 것(껌, 박하사탕, 립스틱, 담배 등) 말고

는 관련된 특정한 맛이 없다. 이럴 때는 미각 외의 네 가지 감각에 집중하는 것이 좋다.

(촉감과 느낌)

발밑의 딱딱한 바닥, 손끝에 닿는 매끄러운 유리, 전시물을 보려고 몸을 기울일 때 허벅지에 닿는 벨벳 로프, 딱딱한 벤치, 반들반들한 박물관 안내도, 만져볼 수 있는 반질반질한 공룡 뼈 화석, 잡고 있는 아이의 손

이 배경에서 벌어질 만한 갈등의 원인

* 발이 걸려 넘어지며 전시물에 부딪친다.
* 실수로 전시물에 손상을 입힌다.
* 전시 중에 잘못된 부분을 발견하고 이의를 제시해야 한다는 생각에 사로잡힌다.
* 뭐든지 만지려고 하는 아이를 돌봐야 한다.
* 모든 작품을 보고, 모든 해설을 들어야 만족하는 친구와 박물관을 돈다.
* 어떤 작품을 봐도 비난하거나, 이런 자리에 있고 싶지 않다며 허풍을 떠는 사람과 박물관을 간다.
* 특정 작품을 관람하려고 방문했는데 일반인에게는 공개하지 않는다.
* 지루하지만 자리를 뜰 수가 없다.
* 침입자나 절도범이 들이닥친다.
* 폭탄을 설치했다는 협박을 받는다.
* 물건이 저절로 움직였다는 등 초자연현상이 발생했다는 보고가 들어온다.
* 강도가 들어오거나 박물관이 봉쇄된다.
* 고장 난 스프링클러 때문에 전시물이 손상된다.

이 배경에서 볼 만한 유형의 사람들

* 열정적인 예술 애호가, 박물관 관리인, 큐레이터, 박물관장, 도슨트, 관람객, 역사학자, 전시품 기증자, 견학 온 사람들(학생, 교사, 보호자), 박물관 투어를 하는 일행, 행락객

이 배경과 밀접한 다른 배경

- **시골 편** 고대 유적
- **도시 편** 골동품점, 아트 갤러리

참고 사항 및 팁

이 장에서는 가장 일반적인 박물관인 역사 박물관과 과학 박물관에서 볼 수 있는 것을 다뤘다. 그 밖에도 스포츠와 특정 오락, 어린이의 관심사, 예술과 공예, 원주민, 유명하거나 악명 높은 사람들, 특정 지역, 시대, 군사 관련, 엔터테인먼트, 색다른 물건, 초자연현상 등 다양한 분야를 전문적으로 다룬 박물관이 늘고 있다. 박물관은 점점 가상 현실을 이용해 쌍방향 소통이 가능한 공간으로 변화하고 있으니 그런 점에 대한 묘사도 선택지에 넣어두자. 박물관을 배경으로 한 장면의 완성도를 높이고 싶다면 특이한 주제를 다룬 박물관이나 상상으로 만든 물건을 취급하는 장소를 검토해보자.

배경 묘사 예시

우리는 신발 소리를 울리면서 고대 에페수스의 조상술에 초점을 둔 작은 전시실로 들어갔다. 머리 부분이 없는 조각을 관찰하며 조각가가 로브의 주름과 완벽한 손발의 섬세함을 어떻게 표현했는지 이해하려는 동안 도슨트의 목소리는 멀어졌다. 손끝이나 샌들을 만져서 돌이 전하는 작은 균열의 감성을 느껴보고 싶어 손가락이 근질근질했다.

- **이 글에 쓴 기법** 다중 감각 묘사
- **얻은 효과** 감정 고조

볼링장   Bowling Alley

풍경

접수 카운터 뒤에서 볼링화에 탈취제를 뿌리는 직원, 멋없는 볼링화로 가득 찬 작은 신발장, 판매 상품들(볼링공, 가방, 셔츠), 어두운 조명, 어둠 속에서 빛나는 볼링을 즐기기 위한 네온 조명, 검은 거터gutter[레인 양옆에 위치한 도랑]가 설치된 광택 나는 나무 레인, 아마추어와 어린이를 위한 공기 주입식 공이나 비닐 공, 플라스틱 의자와 디지털 점수판, 대리석 질감의 공들이 나열된 볼 반환 기계, 서는 위치와 겨냥하는 장소를 알려주는 화살표와 선이 표시된 바닥, 마찰로 생긴 검은 흠집이 곳곳에 있는 볼링 핀, 매점 구역(플라스틱 컵, 맥주병, 생수병, 감자튀김이나 핫도그가 담긴 패스트푸드 쟁반이 있는)과 테이블, 게임기와 핀볼 머신이 있는 게임 코너, 화장실, 분수식 음수대, 쓰레기통, 비상구, 볼링 치는 사람(볼링화를 신어보고, 볼링공을 고르고, 순서가 된 사람을 응원하는), 핀 센터에서 상태가 좋지 않은 핀을 정리하는 직원, 똑같이 맞춘 셔츠를 입고 경기가 잘 풀렸을 때 서로 하이파이브를 하는 볼링 팀, 벽에 붙은 광고, 생일 고깔모자를 쓰고 얼굴에 케이크 부스러기를 묻힌 파티에 참석한 아이들

소리

나무 바닥에 떨어져 굴러가는 볼링공, 쨀그랑거리며 서로 부딪치는 핀들, 윙 소리와 함께 기계를 통과해 돌아온 공이 다른 공에 쿵 부딪치는 소리, 멀리 떨어진 곳에서 소리를 내는 핀 센터 머신, 웃음과 외침, 스피커에서 흐르는 음악, 주변을 뛰어다니며 자기 차례가 왔는지 끊임없이 묻는 아이, 좋은 플레이를 한 뒤 뛰어오르며 기뻐하는 사람이나 고개를 떨군 채 의자로 돌아가 다음 순서를 기다리는 사람, 바닥을 스치는 신발, 시끄러운 게임기, 바스락거리는 막대 사탕 포장지, 빨대로 홀짝이는 탄산음료, 바삭거리는 감자 칩, 아이에게 불러주는 가족들의 생일 축하 노래, 경쟁하는 친구들이 장난치며 서로를 깎아내리는 목소리

냄새

바닥 광택제, 가죽 장갑과 가방, 소독제, 흡연자에게서 풍기는 담배 냄새, 향수, 핫도그의 짭조름한 냄새, 한창 감자튀김을 만들 때 튀김 솥에서 부글거리는 기

름 냄새, 넘쳐흐른 맥주의 효모 냄새, 땀, 발 냄새

맛

감자 칩, 치즈를 얹은 나초, 핫도그, 감자튀김, 물, 탄산음료, 피자, 맥주, 생일 케이크, 자판기의 사탕

촉감과 느낌

매끈한 볼링공, 차가운 구멍 속에 미끄러뜨리듯 넣는 손가락, 손에 닿는 드라이어의 바람, 꽉 끼는 가죽 장갑, 손에 잡은 공의 무게감, 다른 사람이 막 사용한 볼링화의 축축함, 풀린 구두 끈, 나무 바닥 위에서 미끄러지기 쉬운 신발 밑창, 볼 반환 기계의 진동, 딱딱한 플라스틱 의자, 차가운 음료수, 스트라이크가 나왔을 때 하는 하이파이브, 차가운 에어컨 바람, 시끄러운 음악의 베이스 음, 구겨진 지폐, 음식물 부스러기가 흩어진 매끈한 탁자, 새 볼링 셔츠의 부드러움, 땀에 젖은 머리, 끈적거리는 사탕, 짭짤한 나초, 뜨거운 피자 치즈 때문에 얼얼한 입천장, 셔츠에 튄 차가운 물, 파울 라인을 밟고 매끈한 바닥에 미끄러지는 느낌

이 배경에서 벌어질 만한 갈등의 원인

- 라이벌과의 경기가 싸움으로 발전한다.
- 장난치던 사람들 때문에 손해를 입는다.
- 크게 휘두른 손에 어린아이가 부딪힌다.
- 식중독에 걸린다.
- 볼링 핀을 세우는 기계의 고장으로 경기를 망친다(특히 큰 대회에서).
- 부주의한 사람이 게이트가 열리기도 전에 공을 던져 기계를 부순다.
- 볼링공 구멍에 엄지손가락이 낀다.
- 볼링공이 발 위로 떨어진다.
- 게임 센터에서 돈을 잃는다.
- 부담감 때문에 중요한 시합에서 진다.

이 배경에서 볼 만한 유형의 사람들

• 생일 파티에 참석한 사람, 볼링 클럽 회원, 직원, 프로 볼링 선수

이 배경과 밀접한 다른 배경

• 영화관

참고 사항 및 팁

볼링장 중에는 반사 도료를 칠한 인테리어와 번쩍이는 조명을 비춰서 어둠 속에서 빛나는 특수한 레인을 구비한 곳도 있다. 이런 곳에서라면 평범한 볼링장이 독특한 공간으로 변신하며, 빛과 그림자의 대비도 이용할 수 있다.

주인공과 관계된 사람을 구상할 때 짝사랑 상대나 친구, 좋은 지도자 등 주변에서 흔히 볼 수 있는 인물을 선택하면 글쓰기가 수월하다. 하지만 주변 인물을 이용해 흥미진진하고 독특한 상황을 만들 수도 있다. 볼링장에서 만날 수 있는 사람들을 떠올려보자. 그는 아마추어 볼링 선수일 수도 있고, 아들의 생일 파티를 연 싱글 대디일 수도 있다. 혹은 핀을 정리하고 어린이용 경사로를 꺼내는 직원일지도 모른다. 이런 사람들을 이용해 주인공이 갈등과 자기 관찰, 성장을 하는 의미 있는 기회를 만들어보자.

배경 묘사 예시

나는 묵직한 공을 쥔 채 남아 있는 두 개의 핀을 보았다. 스플릿인가. 어려운 샷이지만 5점 차로 지고 있으니 두 개 다 쓰러뜨려야 한다. 베이스가 쿵쿵 울리는 음악과 옆 레인에서 아우성치는 아이들, 실내를 반짝거리며 비추는 조명 등 모든 것에 대한 신경을 끄고 겨냥한 장소에만 시선을 고정했다. 열 개의 핀 오른쪽에 있는 2.5센티미터의 틈새다.

• **이 글에 쓴 기법** 다중 감각 묘사
• **얻은 효과** 긴장과 갈등

서커스장   Circus

풍경

외부 알록달록하게 칠한 화물차와 대형 트레일러, 몇 개의 깃발이 펄럭이는 줄무늬 텐트, 게임과 경품으로 가득 찬 통로, 회전목마 등 어린이용 놀이 기구, 여흥을 위한 사이드쇼sideshow[축제에서 주 행사에 더해 부수적으로 제공되는 볼거리나 즐길거리](수염을 기른 여인, 문신을 한 남자, 불 쇼, 인간 대포), 동물 쇼나 희귀 동물을 모은 동물 전시회, 매점, 흙이나 잔디로 덮은 일대, 울타리를 친 출입 금지 구역, 투광기, 넘치는 쓰레기통, 땅에 떨어진 작은 쓰레기들(팝콘 낟알, 꾸깃꾸깃 뭉쳐진 휴지, 담배꽁초, 플라스틱 포크)

텐트 내부 중앙에 배치된 원형 또는 타원형 바닥, 계단식 좌석, 스포트라이트로 특정 부분을 눈에 띄게 만들기 위해 어둡게 조절한 조명, 관객에게 말을 거는 무대 감독, 다양한 묘기(공중 그네, 애크러배틱, 체조, 동물 쇼, 오토바이 스턴트, 죽음의 고리)가 펼쳐지는 여러 공간, 야생동물과 가축(호랑이, 사자, 말, 개, 새)을 길들이는 조련사, 어릿광대와 죽마를 탄 곡예사, 반짝이는 의상, 트램펄린 위를 뛰어오르는 체조 곡예사, 빙빙 돌며 내부를 비추는 컬러 스포트라이트, 공중에 설비된 장치(공중그네, 번지점프용 로프, 위에 매달아놓은 비단, 고리)를 이용하는 애크러배틱 곡예사, 줄타기를 하는 곡예사, 연기나 드라이아이스로 뿌연 공기, 댄스 팀, 외발자전거를 타고 저글링을 선보이는 곡예사, 네온 조명, 불꽃, 텐트 천장에 떠 있는 헬륨 가스가 빠진 풍선, 눈을 크게 뜨고 팝콘과 솜사탕을 먹는 아이들

소리

스피커에서 들려오는 방송, 서커스를 주제로 삼은 음악, 동물에게 이야기하는 조련사, 실내에 크게 울려 퍼지는 무대 감독의 목소리, 숨을 삼키는 관객, 박수, 서로 소리치는 애크러배틱 곡예사들, 동물 울음소리(으르렁거리는 소리, 매애 우는 소리, 짖는 소리, 쉭쉭 소리, 코끼리의 큰 울음소리), 바닥에 쿵 닿는 말발굽, 묘기를 선보일 때 흐르는 드럼과 심벌즈 소리, 발을 끌며 걷는 금속 계단, 쿵 울리는 대포 소리, 빵 터지는 풍선, 어릿광대가 부는 나팔, 회전목마에서 나오는 오르골 음악, 서커스장으로 가는 길에 들리는 전화벨과 알람 소리, 울려 퍼지는 음

악, 지나가는 사람들에게 말을 거는 상인, 말소리와 웃음, 울리는 휴대전화, 아이들의 웃음과 울음

냄새

동물, 땀, 서커스장에서 파는 음식, 건초, 연기, 소변, 거름, 먼지

맛

팝콘, 땅콩, 솜사탕, 빙수, 핫도그, 피자, 감자튀김, 나초와 치즈, 아이스크림, 부드러운 프레첼, 탄산음료, 물, 레모네이드

촉감과 느낌

텐트 안에서 가동되는 에어컨, 밝은 야외에서 어두운 텐트 안으로 들어온 뒤 서서히 어둠에 익숙해지는 눈, 홈이 있는 금속 계단을 밟고 자리를 찾아가는 느낌, 붐비는 실내에 앉아 있을 때 양 옆사람과 닿는 몸, 딱딱한 금속이나 플라스틱 좌석, 박수를 열심히 쳐서 따끔거리는 손바닥, 위험한 곡예를 보며 느끼는 긴장감, 갑자기 들이마시는 숨, 끈적한 솜사탕, 더운 날에 마시는 차가운 음료수, 기름진 감자튀김이나 피자

이 배경에서 벌어질 만한 갈등의 원인

- 열차 사고나 교통사고로 장비가 파손되거나 곡예사 또는 동물이 다친다.
- 텐트가 무너진다.
- 동물이 흥분해서 날뛴다.
- 밖에서 동물 보호 단체가 항의 시위를 벌인다.
- 사육사가 잔인하다.
- 공중 곡예사가 묘기를 선보이다 떨어져 죽는다.
- 조련사가 동물에게 폭력을 휘두른다.
- 보건소가 서커스장을 폐쇄한다.
- 매우 중요한 곡예사가 병에 걸려 무대에 서지 못하게 된다.
- 어릿광대 또는 특정 동물을 무서워하는 관객이 있다.
- 인파 속에서 아이가 사라진다.

이 배경에서 볼 만한 유형의 사람들

• 서커스 총지휘자, 무대 감독, 애크러배틱 곡예사, 조련사와 사육사, 어릿광대, 매점 경영자, 관객, 댄서, 토지 관리인, 체조 곡예사, 저글링 곡예사, 통로를 누비는 행상인, 사이드쇼 공연자, 죽마 곡예사

이 배경과 밀접한 다른 배경

• **시골 편** 지방 축제
• **도시 편** 놀이공원, 유령의 집, 야외 주차장

참고 사항 및 팁

서커스는 몇 세기 전부터 시작됐으며, 세월과 함께 큰 변화를 겪었다. 이제는 많은 서커스가 매번 조립하고 해체해야 하는 텐트보다는 고정된 경기장에서 열린다. 또 서커스단은 전차보다는 화물차나 대형 트레일러로 이동한다. 오래전부터 동물 조련사의 가혹 행위가 도마에 올랐는데, 동물 보호 운동이 세상의 주목을 받게 되면서 많은 현장에서 코끼리와 곰 등 야생동물 사용이 금지되었다. 설득력 있는 이야기를 만들기 위해서는 늘 그렇듯 철저한 조사를 통해 모순을 줄여야 한다.

배경 묘사 예시

구경거리들을 이리저리 비추는 빨간 스포트라이트를 쫓아가는 지미의 눈이 원반처럼 동그래졌다. 울타리 안에서는 말이 발굽으로 분진을 차올리고, 꼬리를 좌우로 홱홱 흔들며 '8' 자 모양으로 뛰어다녔다. 지미는 목을 빼고 텐트의 가장 높은 곳에서 공중그네를 타는 사람들을 바라봤다. 그들은 드럼 소리에 맞춰 하늘을 가르고 날아서 닿을락 말락 한 위치에서 간신히 서로의 손을 잡았다. 지미의 왼쪽에서는 반짝이는 옷을 입은 곡예사가 사슬톱과 초승달 모양의 칼, 큰 접시 두 장, 멜론으로 저글링을 하고 있었다. 손에 든 아이스크림이 녹아내리고, 하도 열심히 쳐다봤더니 눈도 아팠다. 그래도 눈을 깜박이거나 자리를 옮기다가 오늘 밤 최고의 곡예를 놓칠까 두려웠다.

- **이 글에 쓴 기법** 빛과 그림자, 직유
- **얻은 효과** 분위기 설정

스케이트보드 파크 Skate Park

(풍경)

원하는 대로 배열할 수 있는 장애물과 난코스(볼, 쿼터 파이프, 하프 파이프, 벽, 비탈, 펀 박스, 피라미드, 레일, 계단, 벤치)가 조합된 넓은 시설, 콘크리트와 나무로 만든 구조물, 장애물 꼭대기에 있는 평평한 판, 바깥에 둘러놓은 울타리, 스케이트보드와 인라인스케이트를 타는 사람들, BMX(스포츠 자전거)를 타는 사람, 킥보드를 타는 어린이, 서서 평평한 판을 바라보는 사람, 이어폰을 끼고 안전 장비(팔꿈치 보호대, 무릎 보호대, 헬멧)를 장착한 스케이터, 장애물의 우묵한 곳에 드리운 긴 그림자, 벽에 그린 그라피티, 회색 벽이나 그라피티풍 그림이 있는 콘크리트, 야간용 조명, 쓰레기통, 난이도가 낮은 장애물이 배치되어 있으며 입문자들이 보드 타는 법을 배우는 초보 구역, 새 기술을 배우다 굴러 떨어질 때를 대비해 마련한 발포 고무 바닥, 공원 주변을 장식한 식물과 인도, 장애물의 끝을 구분하기 위해 그은 선, 화장실과 장비 대여소가 있는 작은 건물, 철망 울타리, 장애물 위에 앉아 풍경을 바라보는 스케이터, 매점이나 자판기, 베이고 쓸린 상처가 난 자전거 애호가, 다시 스케이트보드에 오르기 전에 깊게 베인 상처를 치료하는 스케이터, SNS에 올리기 위해 휴대전화로 스케이팅 모습을 촬영하는 친구

(소리)

데굴데굴 구르는 스케이트보드 바퀴, 인라인스케이트를 신은 사람이 일정한 리듬으로 질주해 지나가는 소리, 레일을 따라 미끄러져 지면에 쾅 착지하는 보드, 달그락거리는 바퀴, 자전거를 탄 사람이 낙하할 때 나는 쾅 소리나 미끄러지는 소리, 덜커덩거리며 스케이트보드를 타는 사람, 지저귀는 새들, 사람들의 수다, 어려운 스턴트 묘기를 했을 때 나오는 감탄과 함성, 바퀴가 모래 위를 구를 때 나는 껄끄러운 소리, 콘크리트의 이음매 위를 쿵쿵거리며 지나가는 스케이트보드, 근처 거리에서 들리는 소리(지나가는 차, 짖는 개, 쾅 닫히는 문), 울리는 휴대전화, 누군가의 이어폰에서 새어 나오는 음악

(냄새)

젖은 콘크리트, 담배나 마리화나 연기, 땀, 체취, 뜨거운 포장도로와 녹은 타르, 방금 뿌린 페인트 스프레이

(맛)

껌, 사탕, 담배, 물, 탄산음료, 포장 음식

(촉감과 느낌)

덜커덩거리며 콘크리트 위를 굴러가는 바퀴, 목재로 만든 코스를 부드럽게 통과하거나 콘크리트의 이음매에 쿵쿵 닿는 바퀴, 지면에 세게 부딪치는 몸, 거친 콘크리트에 긁힌 피부, 스케이트보드로 금속 난간을 타거나 계단을 내려오는 느낌, 점프할 때의 두근거림, 두 발로 꽉 잡는 스케이트보드, 콘크리트에서 올라오는 열기, 다른 스케이터와 충돌을 피하려고 갑자기 인도로 방향을 바꾸는 느낌, 장애물에 걸린 헐렁한 옷, 머리카락을 휘날리게 하고 옷을 잡아당기는 바람, 바람에 흘러내려 얼굴에 닿는 머리카락, 팔꿈치와 무릎을 죄는 보호대, 땀에 젖은 헬멧, 흘러내릴 것 같은 바지를 추어올리는 느낌, 위치를 조정하는 흘러내린 보호대, 아픈 찰과상이나 멍을 살펴본 뒤 다시 스케이트보드를 타려고 붕대를 감는 느낌

이 배경에서 벌어질 만한 갈등의 원인

- 스케이트보드를 타다 다친다.
- 동료들이 압력을 넣는다.
- 잘못된 경쟁심을 느낀다.
- 안전 장비를 제대로 착용하지 않은 채 스케이트보드를 탄다.
- 판단력이 떨어져 있을 때(화가 나거나 초조할 때, 뭔가에 영향을 받았을 때, 트라우마가 될 만한 일을 겪은 뒤에) 스케이트보드를 탄다.
- 결함이 있는 장비를 사용한다.
- 관리가 소홀한 공원에서 스케이트보드를 탄다.
- 공원 안에서 비행을 저지르거나 약물을 하는 사람이 있다.

- 마약상이 아이들을 구슬리려고 주변을 얼쩡거린다.
- 스케이트보드에 대한 사람들의 편견과 선입견에 시달린다.
- 주변 가게나 회사가 빈번하게 경찰을 부르거나 시에 공원 폐쇄를 요청한다.
- 자신을 과잉보호하는 부모 때문에 창피를 당한다.
- 스케이트보드를 탄 지 얼마 안 되거나 그다지 흥미도 없는데 재능이 자신보다 뛰어난 친구가 있다.

이 배경에서 볼 만한 유형의 사람들

- BMX를 타는 사람, 친구, 그라피티 아티스트, 인라인스케이트나 스케이트보드를 타는 사람, 스케이트보드 애호가, 십 대

이 배경과 밀접한 다른 배경

- 공원, 야외 주차장, 레크리에이션 센터

참고 사항 및 팁

스케이트보드 파크는 몇 십 년 전부터 있었고, 그 종류도 다양하다. 대부분 실외에 있지만 추운 지방에는 실내 시설도 있고, 그런 곳에서는 매점과 무료 와이파이, 기념품점, 어린이 파티장 등 더욱 많은 서비스가 제공되고 있다. 정부의 지원으로 일반적인 기준에 따라 완성된 시설이 대부분이지만 각 지역의 스케이터들이 자신들의 힘으로 건축한 곳도 있다. 공공 스케이트보드 파크는 무료이며 누구든지 입장할 수 있지만, 개인 소유의 시설 중에는 입장료를 받는 곳도 있다. 시설은 낮에 개방되고, 장소에 따라 야간 이용이 가능한 곳도 있다.

배경 묘사 예시

장애물의 뜨거운 꼭대기 위에 앉은 케이는 스케이트보드를 뒤집어 무릎 위에 얹었다. 뒤에서 세 명의 십 대들이 우묵한 공간 안을 미끄러지며 금속 벌 떼처럼 우르릉 소리를 내고 있었다. 돌아보지 않아도 그들이 뭘 하는지 알 수 있었다. 몇 달이나 여기에서 보드를 탔으니까. 하지만 스트리트 코스는 아직 배우지

도, 아니 시도하지도 못했다. 한 명이 레일을 따라 스케이트보드를 타면서 계단 몇 개를 날아가는 모습을 눈으로 좇았다. 그녀는 스케이트보드 바퀴를 엄지 손가락으로 누르며 뱃속에 치밀어 오르는 긴장감을 가라앉히려 했다.

- **이 글에 쓴 기법** 직유
- **얻은 효과** 성격 묘사, 분위기 설정

스키 리조트　　　　　　　　　　　　　　　Ski Resort

풍경

로지　난로, 안락한 의자와 카우치가 놓인 휴식 공간, 탁자와 의자가 있는 식당, 음식을 주문하는 장소, 양념과 소스 코너, 자판기, 스키용품 대여소, 로커, 바닥에 떨어진 눈, 녹기 시작한 눈, 화장실, 탁자를 맡기 위해 의자 위에 놓은 소품(모자, 장갑, 목도리, 고글), 실내장식(나무 대들보가 보이는 천장, 벽에 걸린 빈티지 스키용품과 뿔 달린 동물의 머리 부분, 석조 난로), 슬로프의 아름다운 경치를 바라볼 수 있는 유리 벽, 스포츠 프로그램과 날씨 예보가 나오는 텔레비전

슬로프　눈 덮인 언덕, 기슭에 있는 커다란 로지, 실외 스케이트 링크, 스키와 폴을 놓는 선반, 바위산이나 나무가 점점이 보이는 산으로 둘러싸인 주변, 산을 올라가는 리프트와 곤돌라, 큰 커브를 그리며 활강하는 사람과 스노보드를 타는 사람, 리프트에 줄을 선 사람들, 리프트권을 스캔하는 직원들, 초급 코스에서 스키를 타는 어린이들, 강사를 둘러싼 초심자들, 슬로프의 난이도를 나타내는 색깔별 표식, 위험 지역을 알리는 경고와 주황색 그물 울타리, 모굴mogul[스키를 탈 때 뛰어넘을 수 있도록 높게 다져놓은 눈 더미]과 점프대, 제설차, 눈 사이로 곳곳에 보이는 갈색 지면, 완만한 길과 교차하는 비탈, 숲속으로 이어지는 산길, 내리는 눈, 낮게 깔린 구름, 굴뚝에서 연기가 피어오르는 각각의 로지, 주황색 조끼를 입고 활강하는 스키 패트롤ski patrol[스키 타는 사람들을 도와주고 위급 상황시 구조 활동을 하는 스키 전문가 그룹], 김이 서린 고글, 고글 때문에 좁아진 시야

소리

로지의 깔개 위를 통과하는 스키 부츠를 신은 사람들, 난로에서 타닥타닥 타는 불, 스키 재킷을 걸치고 지퍼를 버석버석 올리는 소리, 사람들로 붐비는 로지(대화, 웅성거림, 웃음, 주위 사람을 교묘하게 이야기에 빠지게 하는 목소리와 통화 기기, 촬영한 영상), 바인딩에 찰칵 끼우는 부츠, 눈길을 스키로 쉭 미끄러지는 소리, 끽끽거리는 리프트, 윙 소리를 내는 곤돌라, 리프트로 정상까지 가는 사람들의 대화, 리프트에 딘 사람이 신고 있는 스키를 서로 탁탁 비벼 눈을 터는 소리, 지면으로 떨어지는 눈, 지면에 내려 선 사람이 스키를 타고 눈 위를 미끄러져 내려가는 소리, 스키가 얼음에 부딪치거나 얼음 위를 미끄러질 때 나는 날카

398

로운 소리, 넘어지며 지르는 고함, 웃거나 친구를 부르는 소리, 아이들의 비명, 서벅서벅 밟는 눈, 스키를 타던 사람이 멈출 때 날리는 눈보라, 불룩 솟은 지형에서 튀어 오르는 썰매, 스노보드나 스키를 탄 사람이 근처를 빠르게 지나가는 소리

냄새

커피, 땀, 장작 연기, 젖은 모직 옷, 따뜻한 음식, 선크림, 로션, 마스크나 목도리를 했을 때 나는 정체된 공기 냄새, 찬 공기, 눈과 얼음의 오존 냄새, 마스크 속에 고인 강한 양파 냄새가 밴 뜨거운 숨결, 향기 나는 립크림

맛

립크림, 로지에서 파는 음식(일반적인 패스트푸드 레스토랑에서 파는 요리), 커피, 물, 탄산음료, 핫초콜릿, 사과주, 따뜻한 홍차

촉감과 느낌

뻣뻣한 옷 때문에 둔한 몸, 무거운 스키 부츠, 운반이 쉽지 않은 스키, 스키 장갑이나 엄지장갑 때문에 안정적이지 못한 동작, 스키 부츠를 신고 걸을 때의 어색함, 얼음에 미끄러져 넘어지는 느낌, 힘들게 운반하는 스키와 폴, 스노보드를 타고 균형을 잡는 느낌, 부츠 속에서 녹기 시작한 눈, 리프트 의자에 싣는 몸, 발끝에 스키를 장착하고 다리를 흔들 때 느끼는 묵직함, 흔들리는 리프트, 추워서 나오는 콧물, 바람을 맞아 얼얼한 볼, 눈부시게 흰 눈 때문에 아픈 머리, 차가운 손가락과 발가락, 축축한 양말, 털모자 속에서 땀에 젖은 머리카락, 멈출 수가 없는 제어 불능의 감각, 얼음에 도달해 올리는 스피드, 옆으로 미끄러지며 멈추는 느낌, 얼굴을 때리는 차가운 바람 때문에 눈물이 맺히는 눈, 로지 안에서 벗는 재킷, 바깥에서 따뜻한 로지로 발을 디뎠을 때 느껴지는 온도 차이, 갈라진 입술, 건조한 피부, 매섭게 쏟아지는 눈, 얼굴을 문지르는 반쯤 얼어 딱딱해진 목도리, 얼굴을 죄는 스키 고글

이 배경에서 벌어질 만한 갈등의 원인

- 초심자들이 수준에 맞지 않는 어려운 슬로프를 탄다.

399

- 혼잡한 슬로프에서 무모하게 스키를 타는 사람이 있다.
- 기온이 갑자기 상승해 스키 휴가가 위태로워진다.
- 부상을 입는다.
- 표시된 코스를 벗어나 길을 잃는다.
- 폭설이 쏟아진다.
- 리프트에 타고 있을 때 스키가 벗겨져 다른 사람에게 떨어진다.

이 배경에서 볼 만한 유형의 사람들

- 로지 직원, 관리 직원, 스키 패트롤 대원, 구조 팀, 스키나 스노보드를 타는 사람, 스키 강사

이 배경과 밀접한 다른 배경

- **시골 편** 북극 지대 툰드라, 숲, 산
- **도시 편** 야외 스케이트장

참고 사항 및 팁

스키 리조트는 부유한 단골손님을 대상으로 하는 곳도 있고, 단순히 휴가를 즐기는 사람이나 낮에 코스 타는 것을 즐기는 지역 사람들에게 맞춘 적당한 가격의 시설도 있다. 스키 리조트의 규모나 분위기, 숙박 시설은 위치와 관계가 있다. 노스캐롤라이나주에서 스키를 타는 것은 로키산맥에서 스키를 타는 것과 완전히 다르다. 알프스산맥이나 안데스산맥도 같은 곳이라고 볼 수는 없을 것이다. 등장인물과 이야기에 적합한 스키장을 선택하려면 각 지역을 꼼꼼히 조사해야 한다.

배경 묘사 예시

브라이언을 싣고 산을 올라가는 스키 리프트는 밤의 경사를 그대로 보여주었다. 조명이 나선형으로 비탈길을 비춰 점을 이어 만든 지도처럼 윤곽을 표현했다. 때때로 목소리가 들려왔지만 그 소리들은 멀고 작았다. 낮에 스키를 타는 것

과는 다르다. 그는 공중에 입김을 내뿜으며 열심히 귀를 기울였다. 들리는 것이라고는 앉아 있는 의자의 삐걱거림과 소나무 사이를 빠져나가는 바람 소리뿐이었다.

- **이 글에 쓴 기법** 대비, 빛과 그림자, 은유, 다중 감각 묘사
- **얻은 효과** 분위기 설정, 감정 고조

스포츠 경기 관람석   Sporting Event Stands

풍경

팬(응원하는 팀의 유니폼과 모자를 착용하고, 우비를 입고, 맥주가 담긴 플라스틱 컵을 든), 페이스 페인팅을 한 관객, 팝콘이 흩어진 계단식 관람석, 딱딱한 금속 벤치나 플라스틱 좌석, 콘크리트나 금속 계단, 손가락 모양 응원 도구를 흔드는 사람, 펄럭이는 우승기와 팀 깃발, 직접 만든 응원 보드를 걸거나 수술을 흔드는 팬, 번쩍이는 카메라 플래시, 쓰레기통 속으로 들어가거나 벤치에 버려진 꾸깃꾸깃한 사탕 봉지와 구겨진 핫도그 포장지, 음식을 파는 행상인, 음료수가 쏟아져 젖은 바닥, 어깨를 나란히 하고 앉거나 선 사람들, 낯선 사람들 사이에 싹트는 동지애, 경기와 관련된 물건(야구 글러브, 미식축구 헬멧, 아이스하키 마스크)을 가져온 사람, 휴대용 쿠션, 벤치나 등받이에 걸어놓은 윗도리, 우산, 맨가슴에 번호를 쓴 반라의 남자들, 기념품, 누군가 잊고 간 선글라스, 빈 맥주 캔이나 탄산음료 캔, 찌부러진 땅콩 껍질, 금속 난간, 대형 모니터와 스피커, 관객과 어울리는 마스코트, 치어리더에게 추파를 던지는 남자들, 관객들에게 티셔츠를 뿌리는 티셔츠 건, 날아오는 공이나 높게 뜬 퍽을 잡으려고 뛰어드는 사람, 곳곳에 몇 명씩 상대 팀 유니폼을 입고 모여 있는 사람들, 싸움, 격해지는 말다툼, 돈을 주고받는 모습, 텔레비전 카메라, 스폰서 표지판, 배너 광고, 파도타기를 하는 팬들, 쉬는 시간에 경기장을 점령하는 악대, 하늘을 나는 소형 비행선

소리

스피커에서 들려오는 아나운서의 목소리, 비명과 고함, 환성, 휘파람, 야유, 불만과 불평, 중얼거림, 찌부러트리는 맥주 캔, 끽끽거리는 의자, 웃음, 관객들이 내는 소음 속에서 이야기를 나누려는 사람들, 스피커에서 흐르는 음악, 심판이 부는 호각, 욕설, 바스락거리는 음식 포장지, 바삭바삭 씹는 팝콘과 감자 칩, 훌쩍훌쩍 마시는 음료수, 인터뷰하는 선수, 쉬는 시간에 흐르는 음성 광고, 울리는 휴대전화, 구호를 일제히 되풀이하는 관객들, 쏘아 올린 불꽃, 경기장에 울려 퍼지는 악대의 연주, 누군가 흥분해서 뛰어오를 때 후드득 떨어지는 팝콘, 바스락거리는 수술, 울리는 나팔, 경찰관이나 경비원의 무전, 종이로 만든 응원 팻말을 바스락거리며 흔드는 소리, 발 근처에서 부서지는 팝콘과 땅콩 껍질, 플라스틱

메가폰으로 소리를 지르는 사람, 상대 팀 팬과의 말다툼, 넘치는 음료수, 홈 팀이 득점했을 때 쏘는 대포나 총, 쿵쿵 구르는 발

냄새

팝콘, 핫도그, 땀내, 향수, 엎지른 맥주, 기름, 계피, 사탕, 조미료(겨자, 식초, 케첩), 시멘트와 금속의 오존 같은 냄새(특히 비 오는 날이나 추운 날)

맛

물, 맥주, 탄산음료, 주스, 핫도그, 미니 도넛, 츄러스, 감자튀김, 햄버거, 초콜릿 바, 아이스크림, 사탕, 따뜻한 땅콩, 프레첼, 그레이비소스, 기름, 어니언 링, 슬러시, 빙수, 팝콘, 솜사탕, 나초, 살사, 할라피뇨, 양파 냄새가 나는 트림

촉감과 느낌

딱딱한 의자, 요통, 계속 앉아 있거나 서 있어서 느끼는 피로감, 다른 사람들과 부딪치는 느낌, 신발 밑에 엎질러진 끈적거리는 음료수, 다른 사람과 나누는 하이파이브, 흥분되는 순간에 옆 사람이 팔을 잡는 느낌, 튄 맥주에 맞는 느낌, 좁은 통로에서 발이 걸려 넘어지는 느낌, 누군가의 등이나 어깨를 가볍게 두드리는 느낌, 껌 위에 앉은 느낌, 실수로 차버린 쓰레기나 빈 병, 다른 사람의 발을 밟는 느낌, 기름진 팝콘, 음료병에 맺힌 차가운 물방울, 팔꿈치로 찌르는 느낌, 기름으로 끈끈한 손가락, 냅킨으로 닦는 손이나 얼굴, 화장실에 가야 하지만 경기를 놓치고 싶지 않아 자리에서 배배 꼬는 몸, 손가락을 타고 옷에 뚝뚝 떨어지는 아이스크림, 열기 때문에 느껴지는 현기증, 다른 사람에게 부딪히지 않도록 몸으로 막는 음식과 음료, 혼잡한 줄에서 팬들 앞을 살짝 지나가는 느낌

이 배경에서 벌어질 만한 갈등의 원인

- 홈구장의 심판이 불공평한 판단을 내린다.
- 관람석에서 라이벌끼리 싸움을 벌인다.
- 과도하게 말참견을 하는 부모들이 감독과 선수에게 고함을 지른다.
- 발가벗고 경기장을 가로지르는 사람이 있다.
- 도박 중독으로 재정적 위기에 빠진다.

- 즐거운 시간을 망치는 사람(불평만 하거나, 성격이 거칠거나, 소란스러운 응원 도구를 사용하거나, 자녀 앞에서 천박한 말을 내뱉거나, 부딪치고 밀거나, 말할 때 침을 튀기는) 옆에 앉는다.
- 언쟁으로 부당한 비난을 받고 경기장에서 쫓겨난다.

이 배경에서 볼 만한 유형의 사람들

- 운동선수, 치어리더, 감독, 팬, 리포터, 스포츠 팀 의사, 스카우터, 경기장 직원

이 배경과 밀접한 다른 배경

- **시골 편** 지방 축제, 체육관, 로데오
- **도시 편** 경마장

참고 사항 및 팁

스포츠 경기 관람석은 어디든 비슷하지만 그래도 차이점이 있다. 중·고등학교 경기는 규모가 작고 지역사회의 유대감이 느껴진다. 작은 마을에서 하는 경기는 관객 수는 적지만 팬들이 말참견을 하는 빈도와 충성도는 강하다. NHL(북미 아이스하키 리그)의 플레이오프나 NBA(미국 프로 농구), MLB(미국 프로 야구의 최상위 리그)의 경기 등등 몇만 명의 관객을 수용하는 대도시의 거대한 경기장에서 열리는 경기들도 이 설정에 포함된다. 필요한 경기의 종류는 이야기의 흐름에 따라 다르겠지만, 장면의 분위기는 작가에게 달려 있다.

배경 묘사 예시

시즌 첫 경기란 빈자리는 하나도 없다는 뜻이었다. 경기장은 스템페더의 긍지를 나타내는 적과 백의 바다로 물들어 있었다. 활기와 긴장이 섞인 발걸음으로 풋볼 선수들이 경기장에 나타나자 관객석에서 익숙한 합창이 터져 나왔다. 그 노래에 수천 명의 목소리가 합해지고 마침내 좌석이 흔들리기 시작할 정도로 커졌다. 마지막 음이 끝나자 어둠이 내린 하늘로 계속 불꽃을 쏘아 올렸고, 모두 열광적인 환호성을 터뜨렸다.

- **이 글에 쓴 기법** 다중 감각 묘사, 상징적 표현
- **얻은 효과** 분위기 설정

실내 사격장

Indoor Shooting Range

풍경

매장 벽이나 유리 진열장 속 선반에 나열된 총, 합법적인 호신용품(후추 스프레이, 경보음이 울리는 열쇠고리, 전자 호각, 최루가스 스프레이), 권총 가죽 케이스와 총 케이스, 총 청소용품, 총 보관함, 삼각대, 탄약 상자, 사격장 로고가 박힌 티셔츠와 모자, 총을 운반할 때 필요한 더플백과 가방, 사격용 귀마개, 종이 타깃(그림자, 일반적인 사람의 윤곽, 과녁), 사격 총 대여 코너, 그 지방의 가게들을 소개하는 팸플릿과 명함, 대합실(소파, 탁자와 의자, 잡지, 텔레비전이 있는), 규칙과 규제에 관한 게시판, 포스터, 화장실, 음수대, 사격장으로 통하는 이중 구조의 유리문

사격장 흡음재로 지은 벽, 사격장 뒤에 설치된 통과 방지 고무 벽, 번호를 붙인 레인, 각 레인별로 설치된 방탄유리, 종이 재질의 타깃을 이동시키는 금속 트랙이 각 레인별로 상부에 마련되어 있는 모습, 타깃 위치를 앞뒤로 조정하는 버튼, 타깃까지의 거리를 표시하는 디지털 판독기, 대형 총을 고정하는 삼각대, 총을 들고 귀마개를 하고 보안경을 쓴 단골손님, 앉아서 사격하길 원하는 손님을 위해 준비한 접이의자, 안내 게시판(사용법과 규칙, 안전 정보가 담긴), 사격수들이 총 케이스와 더플백을 두는 탁자, 소화기, 사용한 타깃을 버리는 쓰레기통, 바닥에 흩어진 반들반들한 탄피, 사격수들을 도와주거나 총 사용법을 지켜보는 작업복을 입은 직원, 넘어오지 못하도록 시멘트 바닥 위에 그은 붉은 선, 타깃을 맞췄을 때 주위에 흩날리는 판지나 종이 파편

소리

크고 예리한 총성, 바닥에 짤그랑 떨어지는 금속 탄피, 금속 레일 위를 윙 움직이는 타깃, 귀마개를 통해 들리는 분명치 않은 주위 소리, 케이스나 더플백의 지퍼를 여는 소리, 총에 미끄러져 들어가는 탄환, 찰칵 장전되는 소리, 타깃의 상태를 살피거나 타깃을 가져가려고 둘둘 말 때 바스락거리는 종이, 콘크리트 바닥 위를 걷는 발소리, 탄피를 옆으로 차내는 부츠, 큰 소리로 대화하는 사격수들, 사격장으로 들어오는 문이 여닫히는 소리, 사격장 소유의 총을 장전하거나 사격수들과 안전 수칙을 재확인하는 직원

(냄새)

에어컨, 시멘트, 탄환, 화약

(맛)

이 배경에서는 등장인물이 가지고 있는 것(껌, 박하사탕, 립스틱, 담배 등) 말고
는 관련된 특정한 맛이 없다. 이럴 때는 미각 외의 네 가지 감각에 집중하는 것
이 좋다.

(촉감과 느낌)

손에 쥔 총의 무게감, 매끈한 나무 총대, 플라스틱이나 고무 손잡이의 까슬까슬
한 격자선, 방아쇠를 당기기 전에 가볍게 만져보는 총, 방아쇠의 저항력, 균형을
잡기 위해 중심을 이동시키는 느낌, 발포하기 전에 마음을 가라앉히려 하는 심
호흡, 총성 때문에 본능적으로 깜박이는 눈, 압력으로 세게 당겨지고 통증이 밀
려드는 어깨, 총성을 듣고 거세게 뛰는 가슴, 온도가 조절된 서늘한 공기, 강력
한 총을 발포할 때 온몸에 치솟는 아드레날린, 귀를 감싸고 주위의 소리를 없애
주는 귀마개

이 배경에서 벌어질 만한 갈등의 원인

- 낡거나 제대로 보관되지 않은 총 때문에 오발 사고가 일어난다.
- 사격수 사이에 말다툼이 벌어진다.
- 단골손님과 총기 규제를 요구하는 운동가 사이에 싸움이 벌어진다.
- 공기 정화 시스템의 결함으로 사격수가 탄환의 잔류물을 흡입한다.
- 범죄자들이 사격장을 운영하고 있다는 사실이 밝혀진다.
- 오랫동안 드나든 단골손님이 총기 관련 범죄와 연관되어 있다는 사실이 밝혀
진다.
- 손님이 자신의 총으로 자살한다.

이 배경에서 볼 만한 유형의 사람들

- 퇴역 군인, 총기 애호가, 총기 소유자, 사냥꾼, 경찰관, 생존주의자[자연재해나 인재에 대비해 비상식량을 저장하고, 응급치료나 방어 도구 사용법 등에 숙달해야 한다고 주장하는 사람], 관광객

이 배경과 밀접한 다른 배경

- **시골 편** 양궁장
- **도시 편** 군사 기지

참고 사항 및 팁

사격장은 실내 시설도 있지만, 야외에서 더욱 멀리 있는 타깃을 쏘는 곳도 있다(야외에서는 보통 실내보다 강력한 총을 사용한다). 새로 지은 사격장은 사격수 주변의 탄약 찌꺼기를 빨아들여 급속히 냉각하는 공기 정화 시스템을 갖춘 곳도 있지만, 오래된 사격장은 허름할뿐더러 보안 설비와 경비 설비도 제대로 갖추지 않아 위험하다. 사격장에서 빌릴 수 있는 총의 종류는 그 사격장이 있는 나라와 각 지방의 법에 따라 다르다.

배경 묘사 예시

온기를 유지하려고 살이 드러난 맨팔을 문지르며 관람 구역의 시멘트 벽에 기댔다. 일정한 냉기를 토해내는 에어컨 탓에 몸이 얼어붙는 듯했다. 각 칸막이 뒤의 바닥에는 빈 탄피가 흩어져 있었고, 누군가 발포할 때마다 새 탄피가 날아와 칸막이에 맞고 튀어나오거나 직원의 투박한 부츠 위로 튀었다. 총성에 심장이 마구 날뛰어서 귀마개를 귀에 눌러 덮었다. 신청한 '사명감' 패키지에 포함된 무기 중 하나인 AR-15 총을 직원에게 받은 톰은 바보처럼 히쭉거렸다. 이 짓거리를 참아내면 다음에 내 그림물감을 사러 화방에 갈 때는 불평하지 못하겠지.

- **이 글에 쓴 기법** 다중 감각 묘사
- **얻은 효과** 성격 묘사, 감정 고조

아트 갤러리　　　　　　　　　　　　　　　　　　Art Gallery

풍경

진입이 편한 입구에 후원자를 유혹하는 대표작 몇 점이 전시된 모습, 감각을 뽐내는 조화 꽃다발이 장식된 작은 안내 책상, 책상 위에 놓인 명찰과 명부, 사람들이 예술 작품에만 주목할 수 있도록 장식을 하지 않은 벽, 빛이 닿는 방향을 잘 계산해 배치한 조명, 후원자가 자유롭게 둘러보도록 설치된 칸막이, 한곳에 모아둔 작품(특정 주제, 양식, 예술가에 관련해), 스포트라이트 아래 있는 중심 작품과 마주 보게 놓은 평범한 감상용 벤치나 의자, 깨끗한 바닥(소음 방지용 카펫을 깔 때도 있는), 작은 작품(블로잉 기법으로 만든 유리 작품, 조각상, 돌 조각품 등)을 전시한 탁자, 카드(작가 이름과 가격을 적은)와 함께 게시된 액자에 넣은 그림과 질감을 표현한 작품, 관심 가는 작품의 가격을 확인하는 후원자, 각 전시실로 통하는 문이 없는 출입구, 작품과 작품 사이에 마련된 넓은 공간, 창문이 몇 개 있거나 아예 없는 전시실, 높은 천장, 작품 구입을 검토하는 고객과 작품에 대해 협의하거나 신인 예술가의 포트폴리오를 보는 갤러리 대표 또는 큐레이터, 전시회 기간 중에 초대 손님과 인사하는 예술가

소리

낮은 목소리로 작품에 대해 이야기하는 사람들, 갤러리 분위기에 어울리는 차분한 음악이나 테마에 맞춘 자연음(흐르는 물소리, 종소리), 희미하게 들리는 발걸음 소리나 발을 끌며 바닥을 걷는 소리, 벽과 높은 천장에 울리는 소리, 입구나 안내처에서 수다 떠는 사람들, 책상 위에서 울리는 전화, 예술가에게 자신의 감상을 전하는 후원자, 작은 분수나 물을 사용한 장식품이 만드는 편안한 소리

냄새

그림물감, 소독제, 목재 광택제, 폴리우레탄, 개잎갈나무, 석고, 가죽, 아로마 향(달콤한 풀의 혼합물, 세이지, 라벤더, 감귤류, 에센셜 오일)

맛

이 장면에 관련된 맛은 없지만 특별전이나 이벤트가 개최될 때는 와인이나 탄

산수, 수입 맥주, 가벼운 음식, 한 입 크기의 전채 요리(고급 치즈를 올린 음식, 허브와 감귤류를 곁들인 올리브, 양념에 절인 소고기 꼬치) 등을 준비하는 경우도 있다.

촉감과 느낌

아트 갤러리에서는 작품을 만질 수 없기 때문에 촉감을 묘사할 기회가 많지 않다. 하지만 특별한 이벤트가 진행 중이라면 와인 잔을 잡거나 잔을 손바닥으로 감쌀 수 있고, 간단한 전채 요리를 집을 때 접시나 냅킨의 무게감을 느낄 수도 있다. 이런 곳이 아니라면 작품을 가만히 바라보며 목걸이를 만지거나 예술가의 이름을 떠올리기 위해 카드 홀더에서 명함을 고르는 등 등장인물과 연관된 감각을 구상해보자.

이 배경에서 벌어질 만한 갈등의 원인

- 실수로 작품에 부딪쳐 손상을 입힌다.
- 지진이 일어나거나 파이프가 폭발해 작품이 엉망이 된다.
- 작품을 두고 입찰 경쟁이 벌어진다.
- 후원자가 사람들 앞에서 자신의 작품을 혹평한다.
- 작품 전시를 부탁하려고 갤러리 대표를 만났지만 거절당한다.
- 전시회를 위해 갤러리 대표와 접촉을 바라던 중에 그곳 직원과 개인적인 갈등이 생긴다.
- 전시회에 관객이 조금밖에 오지 않는다.
- 갤러리 대표가 위작을 진품이라며 고객에게 떠넘긴다.
- 예술 비평가에게 혹평을 받는다.
- 유명한 예술가가 자신의 작품을 모방했다며 비난한다.

이 배경에서 볼 만한 유형의 사람들

- 예술가의 후원자와 고객, 예술가, 액자 세공인과 배달원, 갤러리 직원 및 대표

이 배경과 밀접한 다른 배경

• 아트 스튜디오, 정장을 입어야 하는 행사, 박물관

참고 사항 및 팁

아트 갤러리는 다양한 형태로 경영된다. 예술가들이 공동으로 직접 운영하는 갤러리도 있고, 미술 관련 기업이나 디자인 기업이 소유한 갤러리도 있다. 종류와 자본 상태에 따라 어두운 조명이 드문드문 설치된 협소한 곳도 있고, 상류층 고객을 대상으로 한 넓고 환한 곳도 있다. 갤러리 안에서 액자 작업을 하는 일도 많은데, 그런 곳에는 액자 재료를 갖춘 작업실과 창고 공간이 설치되어 있다. 그래서 예술 작품을 구입하려고 방문한 손님뿐만 아니라, 이미 소장한 작품을 새 액자에 넣으려고 방문하는 손님도 있다.

배경 묘사 예시

플루트 잔에 담긴 샴페인을 홀짝이며 레드는 곳곳으로 관람객을 인도하는 칸막이를 따라 서성였다. 조명이 설치된 각 작품 앞에 발길을 멈추었지만 가장 기묘한 작품, 특히 금속과 철사를 사용한 작품에 마음이 끌렸다. 레드는 킥킥 웃었다. 설마 이런 곳에서까지 내 분야에 관련된 작품에 눈길이 가는 건가? 값비싼 향수 냄새를 풀풀 풍기며 전시회에 참석한 부유한 고객들이 그를 둘러싸고 있었다. 그들은 스팽글이 곳곳에 박힌 명품 핸드백이나 고급 구두를 과시하며 두꺼운 질감의 그림을 보고 감탄사를 내뱉었지만, 교양 없는 그의 눈에 그 그림들은 모두 토사물로 보였다. 이런 건 아무래도 좋았다. 레드가 전문으로 하는 일은 오직 하나였다. 그는 가장 자신 있는 행동에 나섰다. 타깃은 모여 있는 사람들이다. 미소를 띠고 잠시 말을 섞으며 손목에 손을 살짝⋯⋯. 지갑 두 개, 롤렉스 시계, 진주 팔찌가 그의 주머니 속에서 무게를 착착 더해갔다.

• **이 글에 쓴 기법** 다중 감각 묘사
• **얻은 효과** 성격 묘사

아트 스튜디오

풍경

그림물감을 색깔별로 분류해 진열한 벽 선반, 스케치나 그림을 그릴 때 조절이 가능한 이젤, 라벨을 붙인 투명 용기와 화구가 담긴 가방, 아트 스튜디오에서 작업하는 예술가에게 영감을 주는 그림이나 사진이 벽에 붙은 모습, 자연광(천창이나 덮개가 없는 창문에서 들어오는)이나 작업 중인 작품에 비추는 강한 조명(또는 이동식 램프), 책상(스케치나 방안지, 데생용 연필이 담긴 병, 사인펜, 색연필 또는 영감을 스케치하기에 좋은 그림 도구가 놓인), 스툴, 벽화, 쌓여 있는 패널과 캔버스, 지울 때 쓰는 걸레 조각과 종이 타월, 환기 수단(열어놓은 창이나 특별히 설치된 환기 시스템), 본인의 예술 분야에 관련된 서적(그림 기법, 스케치, 만화, 조각 등)이 나열된 책장, 정물(도자기 재질의 주전자, 골동품 찻잔 세트, 낡은 인형, 와인병)이 놓인 선반, 벽에 기대놓은 몇 개의 연습 작품, 액자 틀, 클립, 테이프, 그림물감을 사방으로 뿌린 판이 놓여 있는 이젤, 벽에 테이프로 붙이거나 클립보드에 꽂은 드로잉이나 사진, 팔레트, 페인트 희석제가 담긴 양동이, 물질을 용해하는 데 쓰는 다양한 액체, 여기저기 흩어져 있는 빈 머그잔, 바닥에 깔린 비닐이나 천, 그림물감이 튄 자국과 얼룩, 작업의 각 단계를 기록하기 위한 카메라

소리

작업 중에 틀어놓은 좋아하는 음악, 열린 창문으로 들리는 외부 소리(차량, 정원에서 노는 아이들, 잔디 깎는 기계), 선풍기나 에어컨, 새 캔버스에 휘두르는 붓, 물을 가득 담은 유리병 안에서 달그락거리는 붓, 종이를 긁는 연필, 손으로 지우개 찌꺼기를 터는 소리, 중얼거리거나 콧노래를 부르는 예술가, 테이프를 잡아당겨 떼는 소리, 두루마리에서 뜯어내는 종이 타월, 구깃구깃 뭉쳐서 쓰레기통으로 던지는 제도용 종이, 필요한 붓을 찾을 때 병 안에서 서로 부딪치는 붓들, 하나의 작품에 대해 의견을 나누는 예술가들(아트 스튜디오를 여러 명이 함께 사용할 경우), 탁자 위에 놓는 커피 잔, 딸깍 켜는 전기 스위치, 바스락거리는 종이, 발을 끌며 걷는 소리, 혼합물이나 접착제의 튜브 뚜껑을 열 때 플라스틱 봉인이 갈라지는 소리

냄새

그림물감, 기름, 용해제, 페인트 희석제, 테이프, 연필, 연필깎이

맛

이 배경에서는 등장인물이 가지고 있는 것(껌, 박하사탕, 립스틱, 담배 등) 말고
는 관련된 특정한 맛이 없다. 이럴 때는 미각 외의 네 가지 감각에 집중하는 것
이 좋다.

촉감과 느낌

매끈한 붓 자루, 손가락 끝으로 세게 누르는 연필, 손가락 끝에 분말처럼 묻은
파스텔 기름, 피부에 살짝 묻은 차갑고 매끈한 그림물감, 그림 그릴 대상을 상자
모양으로 칸을 막은 어두운 공간 속이나 진열대 위로 옮겨 배치할 때 느끼는 무
게감, 귓전에 거는 말린 붓이나 연필, 작업 공간에서 지우개 찌꺼기를 치울 때
느끼는 울퉁불퉁한 촉감, 캔버스에 바르는 미끈거리는 그림물감, 창문으로 들
어온 한줄기 바람, 여닫는 서랍, 광택지로 제작된 미술책을 홀홀 넘기는 느낌,
그림물감 닦는 천으로 두 손을 싹싹 닦는 느낌, 건조해서 따끔거리는 종이 타월,
꽉 잠긴 튜브 뚜껑의 저항력, 부드러운 솔, 마르면 피부를 딱딱하게 붙는 그림물
감 얼룩

이 배경에서 벌어질 만한 갈등의 원인

- 기물이 파손된다.
- 지진이나 화재로 몇 년치 작품이 손상을 입거나 파손된다.
- 다른 예술가를 가르쳤는데, 그가 자신의 기법이나 양식을 베끼고 자신의 독창
  적인 방법이라고 주장한다.
- 환기가 잘 되지 않아 폐가 나빠진다.
- 아트 갤러리나 구매자에게 보내려고 준비하던 작품을 도난당한다.
- 병(파킨슨병 등)이나 건강에 이상이 생겨 몸이 떨린다.
- 몇 개의 작품이 바라던 완성도에 미치지 못해서 자신감을 상실한다.
- 전시회 준비를 하고 있었는데 전시회가 갑자기 취소된다(갤러리가 폐업하거나,

예술가에 대한 혹평 때문에 갤러리 대표가 마음을 바꾸거나, 갤러리에 피치 못할 사정이 생겨서).

이 배경에서 볼 만한 유형의 사람들

• 미술 교사, 예술 애호가, 예술가, 초대받은 예술가의 가족이나 친구

이 배경과 밀접한 다른 배경

• 아트 갤러리

참고 사항 및 팁

아트 스튜디오는 집이나 아파트의 간소한 방 한 칸일 수도 있고, 미술 학교 작업실처럼 여러 학생을 지도하는 넓은 공간일 수도 있다. 아트 스튜디오에 있는 미술 재료는 그곳에서 제작되는 작품의 종류(회화, 스케치, 드로잉, 만화, 파스텔화 혹은 더욱 현대적이거나 흔치 않은 재료로 제작되는 작품)에 따라 달라진다. 이곳을 배경으로 쓸 때는 아트 스튜디오의 정돈 상태, 재료의 수준, 등장인물이 주변에 둔 착상의 소재 등을 검토하고, 각각의 디테일을 통해 등장인물의 특징을 독자에게 어떻게 전달할지 생각해야 한다.

배경 묘사 예시

화가 치밀 때면 늘 그랬듯이 리드는 빨간색을 고르고 새 캔버스에 그 색을 세차게 뿌렸다. 그는 자신의 뮤즈, 그의 로나를 떠올렸다. 리드가 그리는 선은 거짓말쟁이에다 배신자인 그녀의 매끄러운 피부를 푹 찌르는 칼이었다. 격정적으로 붓을 놀려 수차례 찌르는 것처럼 그림물감을 모조리 털어낸 그의 호흡이 가빠지면서 거칠고 귀에 거슬리는 숨소리를 냈다. 작업을 마치자 빨간색 물감이 이젤을 더럽히고, 바닥의 시트에 반점을 만들고, 그가 입은 흰 셔츠에도 얼룩을 만들었다. 리드는 운 좋세도 그녀와의 마지막 만남을 예측하고 빨간 그림물감을 사들였다. 함께 3년을 보내는 동안 배운 것이다. 두 사람의 관계는 늘 일촉즉발 상태였고, 분노의 불꽃은 간단히 누그러지지 않았다. 하지만 그녀의 외도가 발

각된 지금은 그 일촉즉발 상태도 감정도 끝을 맺게 될 것이다.

- **이 글에 쓴 기법** 대비, 상징적 표현
- **얻은 효과** 분위기 설정, 과거 사연 암시, 감정 고조, 긴장과 갈등

야외 수영장   Outdoor Pool

풍경

햇볕이 아롱아롱 내리쬐는 물, 아이들(물을 튀기며 나아가거나 수영하고, 코마개를 하고 수영장에 뛰어들고, 물안경을 쓰고, 부력 막대로 수면을 때리고, 손발을 허우적거리며 전진하고, 발차기를 하고, 물을 토하며 얼굴에 붙은 젖은 머리카락을 떼내고, 귀에 손을 넣어 물을 빼고, 수영복 매무새를 고치는), 수영용품(구명조끼, 코마개, 수영모, 물안경), 물속을 떠다니는 반창고와 머리 끈, 정리해놓거나 잔디나 시멘트 위에 펼쳐놓은 젖은 수건, 샌들이나 신발 위에 쌓아 올린 옷더미, 벽을 따라 나란히 배치된 빛바랜 로커, 판자를 덧댄 나무 벤치, 군데군데 배낭과 가방을 올려놓은 접이의자들, 피크닉 담요, 매점, 작은 나무 몇 그루가 줄지어 선 잔디 구역, 샤워실과 탈의실을 갖춘 화장실, 챙 넓은 모자를 쓰고 부력 의자에 앉은 아기, 아이가 시야에서 사라지지 않도록 곁에 붙어 있거나 잠수해서 주워 오는 놀이 기구를 던지는 부모, 워터 슬라이드, 수영장 가장자리에 앉아 물장구를 치는 엄마, 의무실, 구명용품들, 덮개를 씌운 전망대에 선글라스를 끼고 앉아 있는 안전 요원, 다이빙대, 곳곳에 물웅덩이가 있고 급속하게 마른 발자국이 보이는 젖은 시멘트, 파리, 비치 파라솔, 물놀이 도구(물총, 비치볼, 튜브), 플립플랍 샌들, 눈에 띄는 행동을 하는 십 대 소년, 마스카라가 시커멓게 번진 십 대 소녀, 수영장 깊이를 나타내는 수위 표시, 코스를 구별하기 위해 수면에 띄워 놓은 줄, 배출구, 배수구, 여과 장치

소리

아이의 웃음과 비명, 부모와 십 대 자녀의 대화, 수영하며 괴로운 듯 헐떡거리는 소리, 숨을 가누려고 헐떡거리며 말하는 소리, 아이에게 소리치는 엄마, 안전 요원의 호각, 바삭거리는 나뭇잎, 튀는 물, 샤워기에서 뿜어지는 물, 엎드린 자세로 물에 뛰어드는 소리, 젖은 콘크리트 위를 철퍽철퍽 걷는 발걸음, 수면을 때리는 물놀이용 장난감, 돌진해서 물에 뛰어드는 소리, 담요 위에 남은 음식을 낚아챈 새의 요란한 울음소리, 귀에 물이 들어가서 먹먹하게 들리는 주변의 소음, 수영장 물을 너무 많이 마셔서 나는 기침, 바스락거리는 감자 칩 봉지나 아이스크림 포장지, 울리는 휴대전화, 스피커에서 흐르는 음악, 콸콸 소리를 내는 여과 장치

(냄새)

염소, 선크림이나 선탠로션, 벌레 퇴치제, 매점에서 파는 감자튀김의 기름과 지방 냄새, 소금, 막 깎은 잔디, 깨끗한 수건에서 풍기는 섬유 유연제 향기

(맛)

매점에서 파는 음식(탄산음료, 주스, 물, 슬러시, 아이스크림, 감자 칩, 나초, 감자튀김, 핫도그, 초콜릿 바), 껌, 집에서 가져온 음식(샌드위치, 과일, 크래커와 프레첼, 그래놀라 바), 염소 처리된 물, 피부를 타고 입에 들어온 선크림

(촉감과 느낌)

발밑의 까칠한 콘크리트, 미끄러지기 쉬운 타일, 피부에 닿는 차가운 물, 수영장에서 나왔을 때 얼굴과 다리에서 가늘게 흘러내리는 물, 발 위로 떨어지는 물방울, 뜨거운 통로, 피부를 문지르는 깨끗한 수건, 수영복이나 피부에 들러붙는 따끔따끔한 풀, 목과 어깨에 들러붙는 머리 갈래, 얼굴로 늘어진 머리카락, 꽉 죄는 물안경, 뜨거운 금속 난간, 눈에 스며든 염소, 쭈글쭈글해진 손가락과 발가락, 뜨거운 햇빛 때문에 건조해진 피부, 말려 들어간 수영복을 잡아당기는 느낌, 햇볕에 타는 느낌, 젖은 발에 들러붙는 감자 칩 부스러기, 수영하다 다른 사람과 부딪치는 느낌, 수영장의 거칠한 벽에 가볍게 닿은 피부, 발가락 끝으로 걷는 자갈이 많은 수영장, 일광욕을 하다 맞은 얼얼할 정도로 차가운 물보라, 미지근한 물웅덩이를 지나가는 느낌, 물이 들어가서 아린 코, 바람이 센 날에 구름이 태양을 가려 젖은 몸으로 추위에 떠는 느낌

이 배경에서 벌어질 만한 갈등의 원인

- 수영에 서툰 사람이 어느새 수영장의 가장 깊은 곳까지 간다.
- 안전 요원의 성격이 포악하다.
- 몸에 콤플렉스가 있어서 부끄럽다.
- 부적절한 의상으로 일광욕을 하는 사람이 있다.
- 심술궂은 소녀들이 있다.
- 갑자기 호우가 쏟아진다.

417

- 수영장에 의심스러운 물건이 뜬다.
- 수영장에 도착했는데 수리 때문에 문을 닫았다.
- 미끄러지거나 떨어지거나 그 밖에 다른 부상을 입는다.
- 수영복 끈이 풀리거나 흘러내린다.
- 아침 수영장에서 반갑지 않은 생물(뱀, 악어 등)을 만난다.
- 함께 온 친구들이 싸워서 예정보다 빨리 돌아가게 된다.

이 배경에서 볼 만한 유형의 사람들

- 생일 파티 참석자, 아이들, 매점 직원, 다이빙을 좋아하는 사람, 안전 요원, 유지 보수 직원, 보모, 부모, 수영하는 사람, 십 대, 수영 강습을 받는 아이와 어른

이 배경과 밀접한 다른 배경

- **시골 편** 호수, 여름 캠프
- **도시 편** 싸구려 모텔, 호텔 객실, 공중화장실, 레크리에이션 센터, 워터 파크

참고 사항 및 팁

야외 수영장 외에도 날씨나 기후를 타지 않는 실내 수영장도 많다. 여러 사람들이 모이는 이런 공공장소에서는 누구나 다른 사람의 눈을 의식하기 때문에 평소와 다르게 행동하거나 혹은 자신의 본성을 드러내기도 한다. 예를 들어, 근처로 막 이사 온 젊은 엄마는 다른 엄마들의 시선 때문에 평소보다 아이를 엄하게 다룰지도 모른다. 혹은 여름에 새로 사귄 친구가 학교에서 인기 있는 여자아이들이 선탠을 하거나 남자들을 체크하러 수영장에 온 순간, 주인공을 무시하게 될지도 모른다. 사람은 나이에 관계없이 타인이 자신을 보거나 평가한다고 느끼면 자신의 가치를 의심한다. 그리고 사람들 사이에 섞이려고 평소답지 않은 행동을 할 수도 있다.

배경 묘사 예시

수영장에서 빠져나온 뒤 무거운 발걸음으로 거친 시멘트 위를 지나 꾸깃꾸깃한

수건을 놓은 곳으로 향했다. 줄무늬 천에 들러붙어 있는 풀을 흔들어 털어버리자 물방울이 비처럼 몸을 타고 떨어졌다. 오후의 태양 아래 몇 분 엎드려 있다가 몸이 충분히 마르면 자전거를 타고 집에 돌아갈 생각이었다.

- **이 글에 쓴 기법** 다중 감각 묘사, 직유, 날씨
- **얻은 효과** 분위기 설정

야외 스케이트장   Outdoor Skating Rink

풍경

바깥에 낮은 벽이나 난간이 세워진 타원형의 아이스링크, 주변의 겨울 경치(서리에 덮인 나무, 쌓인 눈, 가게와 음식점이 늘어선 거리, 고층 빌딩, 가로등, 배기가스를 내뿜으며 힘차게 지나가는 차량), 아이스링크 건물(화장실, 대여용품 카운터, 로커, 매점 등이 있는), 야외에 설치된 의자와 테이블, 야간 스케이팅용 투광 조명, 아이스하키 네트와 마크가 그려진 빙판, 아이스링크를 따라 천천히 전진하며 지나간 자리에 매끄러운 길을 만드는 정빙기, 바지가 얼음으로 뒤덮인 채 스케이트를 타는 사람, 벽을 짚으며 아이스링크를 도는 아이, 보행기처럼 생긴 보조 기구나 썰매를 이용하는 아이, 정해진 시간에 연습을 하는 하키 팀, 모두의 얼굴에서 피어오르는 하얀 입김, 턴과 회전을 하는 자신만만한 사람, 서로 손을 잡은 커플, 아이스링크 가운데의 피겨스케이팅 구역을 구분 짓기 위해 세운 칼라콘, 의상을 입고 연습하는 피겨스케이팅 선수, 아이스링크에 물을 뿌리거나 삽으로 얼음을 긁는 직원, 아이스링크에 내리는 눈, 아이스링크 위에서 혼자 질주하는 사람, 빙판 위를 천천히 나아가는 많은 사람

소리

얼음을 가볍게 베거나 얼음 표면을 비비는 스케이트의 날, 웃음과 대화, 아이들의 외침과 울음, 스테레오 장치에서 흐르는 음악, 바닥을 두드리는 하키 스틱, 골키퍼의 글러브를 쾅 치는 퍽, 주위를 둘러싼 보드에 부딪치는 퍽, 선수를 향해 고함치는 감독, 아이스링크를 돌며 경주하는 사람들의 빠른 스케이트 날 소리, 스케이트가 얽혀 넘어지는 사람들, 나무들 사이에서 세차게 불거나 건물 사이를 빠져나가는 바람, 산들바람에 흔들리는 깃발과 장식물, 빙판 위를 전진하는 정빙차, 삽으로 긁어모으는 물렁한 눈, 따뜻한 핫초콜릿을 홀짝거리는 아이, 추위에 굳어져 버석거리는 윗도리와 스노우 팬츠

냄새

오존, 얼음, 커피, 핫초콜릿, 홍차, 근처 식당에서 파는 음식, 매점에서 조리 중인 핫도그

420

차가운 공기, 립크림, 커피, 핫초콜릿, 물, 매점에서 파는 음식(나초, 피자, 핫도그, 감자튀김, 샌드위치), 자판기에서 파는 음식(감자 칩, 사탕, 초콜릿, 쿠키)

눈을 가늘게 뜨고 바라보는 얼음에 내리쬐는 강한 햇볕, 눈부신 하얀 눈 때문에 아픈 머리, 감각이 사라진 손끝과 발끝, 벽을 짚을 때 장갑에 묻은 얼음 파편, 스케이트를 신고 균형을 잡는 느낌, 스케이트를 타다 다른 사람에게 밀리는 느낌, 다른 사람과 부딪치지 않으려고 일부러 움츠리는 몸, 발과 발목을 꽉 죄는 스케이트화, 스케이트화가 너무 느슨해서 아픈 발목과 발등, 딱딱한 빙판 위에 찧는 엉덩방아, 넘어져서 긁힌 손바닥이나 얼굴, 아이스링크 주위를 둘러싼 보드에 부딪친 얼굴, 몸이 부들부들 떨리는 추위, 두꺼운 옷을 입고 흘리는 땀, 무거운 옷을 껴입어서 둔해진 몸, 바로 앞에서 미끄러지듯 멈춰 선 사람이 뒤집어씌운 얼음 가루, 얼굴을 때리는 매서운 칼바람, 립크림을 바른 입술에 달라붙는 머리카락, 보풀이 인 겨울 모자나 금속 난간에서 느끼는 정전기, 발을 삐는 바람에 절뚝거리며 떠나는 아이스링크

이 배경에서 벌어질 만한 갈등의 원인

- 수준이 다른 여러 사람이 좁은 공간에서 함께 스케이트를 탄다.
- 감독할 직원이 없다.
- 발목 근력이 떨어진다.
- 스케이트에 어울리는 복장이 아니다.
- 스케이트를 위험하게 타는 사람이 있다.
- 아이스하키 퍽이 날아온다.
- 스케이트를 타는 사람들이 위험한 경쟁을 벌인다.
- 나뭇가지가 떨어진다.
- 아이스링크가 제대로 관리되지 않아서 표면에 크고 작은 구멍이나 홈, 도랑이 있다.
- 부상을 당한다(낙상, 찰과상, 타박상, 충돌).

- 부모가 아이를 데리러 오는 것을 잊어버린다.
- 밤중에 아이스링크에 혼자 남아 신변의 위협을 느낀다.

이 배경에서 볼 만한 유형의 사람들

- 스케이트 타는 사람, 아이, 매점이나 대여용품 카운터에서 일하는 직원, 가족 단위 손님들, 피겨 스케이팅 선수, 피겨 스케이팅이나 아이스하키 감독, 아이스하키 선수, 유지 보수 직원, 자원봉사자, 정빙차 운전사

이 배경과 밀접한 다른 배경

- **시골 편** 호수, 연못
- **도시 편** 공원, 레크리에이션 센터, 스키 리조트

참고 사항 및 팁

이 장에서는 기계로 아이스링크를 만드는 스케이트장을 다루었지만, 자연적으로 만들어진 스케이트장도 있다. 추운 지방에서는 꽁꽁 언 연못이나 호수에서 스케이트를 탄다. 비록 주위를 둘러싼 벽이나 투광 조명, 매점은 없지만 훨씬 자연 친화적이며 전원적인 분위기를 느낄 수 있어 인공적으로 만들어진 아이스링크와는 또 다른 인상을 준다. 겨울 스포츠를 좋아하는 집에서는 아이들이 친구들과 놀거나 스케이트 타는 법을 배울 수 있도록 뒤쪽 정원이나 사유지 한쪽에 작은 아이스링크를 만들기도 한다. 아이스링크 표면에서 긁어낸 눈은 골대를 빗나간 퍽을 막거나 초보자가 넘어져도 다치지 않도록 주위에 쌓아둔다.

배경 묘사 예시

레니는 장갑 낀 두 손으로 아빠 손을 꽉 잡았다. 서보려고 했지만 스케이트는 금속 뱀처럼 미끄러졌다. 딱딱한 얼음을 바라보다 눈을 꼭 감자 미끄러지는 감각이 더욱 강하게 느껴졌다. 레니는 손을 놓고 아빠 다리를 두 손으로 감은 채 얼음투성이 바지에 얼굴을 묻었다.

- **이 글에 쓴 기법** 다중 감각 묘사, 직유
- **얻은 효과** 감정 고조, 긴장과 갈등

연예인 대기실   Green Room

풍경

청결하고 매력적인 장식, 안락하고 앉기 편한 의자와 소파, 장식용 쿠션, 커피 테이블, 물과 기본 주류들(럼, 위스키, 스카치, 보드카, 진, 와인)을 채운 미니바, 냉장고에 준비된 탄산음료와 칵테일, 과일을 담은 그릇, 얼음이 담긴 버킷, 테이블 위에 나란히 놓은 음식이 담긴 큰 접시들(채소, 과일, 치즈, 새우), 작은 뷔페식 테이블(한 입 크기의 가벼운 음식이나 샌드위치, 접시와 냅킨, 커피, 사탕, 감자칩, 아이스크림 등이 놓인), 평면 스크린 텔레비전(프로그램이 방영되거나 휴게실에 있는 연예인이 등장할 스튜디오의 상황을 보여주는), 지금까지 그 장소에서 공연을 했거나 인터뷰를 한 유명인의 사진과 포스터를 액자에 넣어 걸어놓은 벽, 부드러운 음악이 나오는 스테레오 시스템, 몇 권의 인기 잡지, 전화기, 세련되고 편안한 분위기를 강조하는 예술 작품과 장식, 밝은 조명과 거울이 있는 화장실, 무대에 올라가기 전 큐 카드와 진행표를 다시 검토하는 연예인, 연예인의 헤어스타일과 메이크업을 손보는 스타일리스트

소리

부드러운 음악(대기실에 있는 사람들에게 어울리는), 앉을 때 삐걱거리는 가죽 소파, 유리잔 속에서 달그락거리며 녹는 얼음, 뒤에서 들려오는 텔레비전 소리, 연예인의 준비를 돕는 사람들, 바스락거리는 사탕 봉지나 감자 칩 봉지, 바삭거리며 먹는 과자, 샴페인 코르크 마개를 따는 소리, 쉭 소리를 내며 열리는 탄산음료 캔, 작동 중인 에스프레소 머신, 목소리를 가다듬는 뮤지션, 헤어스프레이를 뿌리는 스타일리스트, 행사에 앞서 연예인과 인터뷰를 하는 기자, 행사 후에 팬에게 사인을 해주는 연예인

냄새

따뜻한 음식, 공기 탈취제, 향수, 땀, 커피, 감귤류, 맥주

맛

대기실을 사용하는 사람이 가져온 음식(주류, 과자, 고기, 치즈와 과일이 담긴 쟁

반, 새우 칵테일, 전채 요리와 연예인이 특별히 요청한 음식)

(촉감과 느낌)

쿠션이 부드러운 좌석에 기대는 느낌, 방송 전에 마음을 안정시키려고 팔락팔락 넘기는 광택 나는 잡지, 실내의 이쪽 끝에서 저쪽 끝까지 왔다 갔다 하는 느낌, 인터뷰를 하거나 무대에 오르기 전에 하는 스트레칭 혹은 긴장을 풀기 위한 의식, 볼펜이나 사인펜을 꼭 쥐고 팬에게 사인을 해주는 느낌, 식사를 마친 뒤 부드러운 천 냅킨으로 가볍게 두드리는 입술, 실크 넥타이를 바로잡거나 의상이나 옷을 홱 잡아당기는 느낌, 매만져 틀어 올린 머리카락, 주름을 펴려고 매만지는 셔츠나 드레스, 손톱을 잡아 뜯는 등 긴장해서 나오는 나쁜 버릇, 출연자의 얼굴을 가볍게 두드리는 메이크업 아티스트, 머리카락을 매만지는 스타일리스트, 등과 겨드랑이 아래로 흐르는 땀, 뜨겁고 땀이 밴 손, 배에 구멍이 뚫린 듯한 긴장감, 밀려드는 무대 공포증

이 배경에서 벌어질 만한 갈등의 원인

- 다른 사람들과 대기실을 같이 쓰는 것이 달갑지 않은 연예인이 있다.
- 연예인이 마음에 들지 않는 부분에 대해 특별한 요청을 한다(특정 장식이나 분위기, 음식, 음료수 등).
- 무대 공포증이 있다.
- 밴드의 멤버가 지각을 하거나 술 또는 마약에 취한다.
- 연예인이 술에 진탕 취하거나 약물을 해서 대기실이 엉망이 된다.
- 대기실에서 위법 행위가 벌어진다(마약을 복용하거나 매춘부를 데려오는 등).
- 미성년자 팬과 열정적인 팬이 대기실에 들어오려고 한다.
- 경비원의 실수로 광기 어린 팬이나 그 밖의 위협이 대기실을 비집고 들어온다.

이 배경에서 볼 만한 유형의 사람들

- 연예인과 수행원, 스튜디오 관계자들, 팬, 연예인이 초대한 특별 게스트(콘테스트 우승자, 투어에 동행한 가족, 측근들), 스튜디오나 로케 현장이 위치한 지방의 사회자, 연예인이나 뮤지션을 취재하러 온 기자

- **시골 편** 대저택
- **도시 편** 크루즈선, 리무진, 펜트하우스 객실, 공연 예술 극장, 록 콘서트, 라스베 이거스 쇼, 요트

참고 사항 및 팁

연예인 대기실은 연예인이 방송 프로그램이나 이벤트 무대에 오르기 전에 순서를 기다리는 방이다. 앉기 편한 소파, 스튜디오의 모습이 나오는 텔레비전, 스낵이 준비된 테이블, 화장실 등을 갖춘 방으로 사람들이 끊임없이 드나들며, 연속적으로 이루어지는 짧은 인터뷰들도 충분히 할 수 있다. 하지만 과격한 라이브 공연 사이에 잠시 휴식을 취하거나 커버 밴드가 연주하는 동안 대기실에서 시간을 보내는 뮤지션이라면 대기실에 특별한 주문을 덧붙일지도 모른다. 동물 가죽 물건은 사용하지 않는다거나 비건 스낵, 특정 수입 브랜드의 생수 등 연예인들의 요구는 대기실을 관리하는 사람들에게 일종의 도전이다. 이야기에 이런 대기실이 등장한다면 연예인의 특별한 요구를 통해서 어떤 성격을 보여줄지, 그 요구를 들어주지 않는다면 연예인과 어떤 갈등이 생길지 생각해보자.

배경 묘사 예시

마틴은 리모컨을 들고 재즈 스위치를 올렸다. 등받이가 달린 하얀 장의자와 역시 하얀 천을 두른 팔걸이의자에 놓인 짙은 보라색 쿠션도 불룩하게 만들었다. 이 대기실에 대한 주문은 상당히 구체적이었다. 인테리어는 흰색과 보라색만 사용할 것, 프로세코 와인 세 종류를 각각 얼음을 채운 버킷에 넣어둘 것, 부드러운 재즈 음악을 틀 것. 그리고 아주 이상하게도 라임 맛 젤리빈을 원했다. 보라색이나 흰색으로 된 라임 맛 젤리빈이 있는지 인터넷으로 검색해보았지만 없었다. 하지만 실망하는 대신 그는 녹색 젤리빈을 보라색 유리잔에 담고 모든 일이 잘되길 빌었다.

- **이 글에 쓴 기법** 대비, 다중 감각 묘사
- **얻은 효과** 성격 묘사, 분위기 설정

영화관 Movie Theater

풍경

상영 중인 영화 제목이 검은 글씨로 적힌 하얀 간판, 건물 외벽에 붙인 영화 포스터, 길 모퉁이까지 배웅을 받는 아이들, 유리를 끼운 매표소에 앉아 있는 직원, 극장으로 통하는 문들, 상영 중인 영화 제목과 상영 시간을 표시한 전광판, 티켓 판매기, 표를 사려고 나란히 줄을 선 손님들, 밝은 조명이 켜진 로비, 게임기와 동전 교환기가 있는 게임 센터 구역, 젖은 바닥에 세워놓은 칼라콘, 배우들의 패널, 상영 예정작의 광고판, 매표소와 매점을 구분하는 로프, 네온 조명과 가격표가 설치된 매점, 팝콘과 탄산음료 기기, 다양한 사탕들, 빨대와 냅킨 디스펜서, 양념과 소스가 마련된 코너, 쓰레기통, 쌓여 있는 어린이용 보조 의자, 분수식 음수대, 화장실, 파티 룸, 입장권을 확인하고 상영관을 안내하는 직원, 3D 안경이 담긴 통, 상영관으로 통하는 어두운 통로, 각 상영관 밖에 설치된 상영 작품 제목을 표시한 간판, 카펫이 깔린 극장 실내 계단, 양옆에 커튼이 있는 커다란 스크린, 벽에 설치된 스피커, 계단에 설치된 유도등, 어둠 속에서 빛나는 휴대전화, 계단식으로 나열된 푹신한 좌석, 컵 홀더, 바닥에 떨어진 팝콘과 빨대 포장지, 계단에 쏟아져 흩어진 알록달록한 사탕, 바닥에 떨어진 꾸깃꾸깃한 냅킨, 나란히 앉아 영화에 집중하는 관객들

소리

어떤 영화를 볼지 실랑이하는 목소리, 모퉁이에서 하차한 사람들이 차 문을 탕 닫는 소리, 마이크를 통해 들리는 매표소 직원의 작은 목소리, 타일 바닥 위를 걷는 발걸음, 직원들의 대화, 튀겨지는 팝콘, 탄산음료가 채워지는 컵, 기기에서 팝콘을 푸는 소리, 영화관 안에 울려 퍼지는 목소리와 발소리, 게임기에서 끊임없이 들려오는 땡땡 울리는 소리와 알람, 웃으며 뛰어가는 아이들, 바닥을 쓰는 빗자루, 극장 안에서 삐걱거리는 좌석, 영화가 상영되길 기다리며 웅성거리는 사람들, 바스락거리며 벗기는 사탕 봉지, 바삭바삭 씹는 팝콘이나 나초, 울리는 휴대전화, 큰 소리로 나오는 예고편, 웃음, 속삭임, 옆자리에서 음식을 씹는 사람들

427

냄새

팝콘, 소금, 곰팡내 나는 카펫

맛

물, 탄산음료, 팝콘, 버터, 나초, 프레첼, 핫도그, 사탕

촉감과 느낌

열린 문에서 세차게 불어오는 바람, 에어컨의 냉기, 계단의 금속 난간, 흔들리는 좌석, 앞으로 쏟아질 것 같거나 등받이가 뒤로 심하게 기울어지는 망가진 의자, 팔걸이 위에서 서로 맞닿는 팔, 팝콘 때문에 기름진 손가락이나 녹은 초콜릿으로 지저분해진 손가락, 음료수 컵에 맺힌 물방울, 흥분해서 앞좌석을 계속 차는 아이들, 입술과 손가락에 묻은 버터를 냅킨으로 닦는 느낌, 쏟아진 탄산음료 때문에 끈적이는 팔걸이, 끈끈한 바닥, 너무 시끄러운 소리에 움찔하는 느낌, 울음을 참는 느낌, 너무 덥거나 추운 실내, 기침이 계속 나와 따끔거리는 목

이 배경에서 벌어질 만한 갈등의 원인

- 초콜릿이나 다른 사탕 때문에 목이 막힌다.
- 보고 싶은 영화가 아닌 다른 작품을 보게 되어 화가 난다.
- 아이 앞에서 십 대 커플이 스킨십을 한다.
- 즐거운 시간을 망칠 것 같은 사람(코를 골고, 팔걸이를 독차지하고, 음식을 더럽게 먹고, 계속 중얼거리고, 이상한 순간에 웃음을 터뜨리고, 상영 전이나 상영 중에 몇 번이나 자리에서 일어나는) 옆에 앉는다.
- 사람들로 붐비는 극장에 늦게 도착해서 맨 앞줄에 앉게 된다.
- 음식이나 음료수를 흘린다.
- 함께 영화를 보는 상대가 작품을 계속 비평한다.
- 뒷자리에 앉은 사람이 자꾸 좌석을 찬다.
- 영화 상영 중 큰 소리로 떠들거나 야유하는 사람들이 있다.
- 첫 데이트나 부모님과 함께 간 영화관에서 거북한 베드신을 보게 된다.
- 북적이는 사람들이나 어둠, 커다란 음량, 세균에 접촉할 가능성 때문에 불안하다.

- 계산원, 잡역부와 관리 직원, 관객, 매니저, 그 밖의 직원들

이 배경과 밀접한 다른 배경

- 실내 주차장, 야외 주차장, 공연 예술 극장, 쇼핑몰

참고 사항 및 팁

대부분의 영화관은 크기도 내부 구조도 비슷하지만 가끔 예외도 있다. 요즘에는 주로 멀티플렉스 영화관을 찾지만, 그보다 규모가 작고 상영 작품 수가 한정된 영화관도 있다. 줄지어 나열된 좌석에 앉아 간식을 먹으며 영화를 보는 대신 우아한 식사와 함께 신작 영화를 즐기는 레스토랑 형식의 영화관도 있다. 멸종 위기에 처했다는 자동차 극장도 여전히 곳곳에서 볼 수 있다. 그 밖에도 역사 깊은 건물이나 아르데코풍의 장식을 한 공간에서 예술영화 팬을 위해 고전 영화나 독립 영화, 재개봉작 등을 중심으로 상영하는 영화관도 있다.

배경 묘사 예시

다른 소녀들이 움푹 파인 좌석에 몸을 파묻고 미친 거위처럼 깔깔거릴 때, 저넬은 패닉에 빠지지 않으려 애썼다. 구두가 한 번도 청소한 적 없는 듯한 십 년 묵은 바닥의 탄산음료 얼룩에 딱 붙은 느낌이다. 번들거리는 버터투성이 손가락에 닿고 침이 잔뜩 묻었을 팝콘 부스러기는 좌석의 구석과 금이 간 틈을 완전히 메우고 있었다. 게다가 이 구린내는 뭐지? 먹을 것에 핀 곰팡이? 건물에 자리 잡은 곰팡이? 될 수 있는 한 아무것도 만지지 않으려고 애쓰면서 그녀는 두려움에 젖어 좌석에 앉았다. 영화 따위는 질색이다.

- **이 글에 쓴 기법** 과장, 다중 감각 묘사, 직유
- **얻은 효과** 성격 묘사, 감정 고조, 긴장과 갈등

429

워터 파크

풍경

주변을 둘러싼 울타리, 포장된 인도, 하늘 높이 다양한 방향으로 솟아 있는 색색의 원통형 미끄럼틀, 계단을 따라 차례를 기다리며 길게 줄을 선 사람들, 여러 개의 다양한 풀장, 놀이 기구에서 방울져 떨어지는 물, 이용객이 바닥에 착지할 때 그 반동으로 미끄럼틀 끝부분에서 크게 튀어 오르는 물줄기, 놀이 기구와 계단의 이음매를 손상시키는 녹슨 부위, 사방에 생긴 물웅덩이, 안전 요원용 감시대, 휘날리는 깃발들, 수영복을 입은 물에 젖은 이용객들, 사람과 튜브로 가득 찬 파도 풀장, 플라스틱 일광욕 의자 위로 그늘을 드리우는 줄무늬 파라솔, 잔디 위에 놓인 수건과 담요, 물이 사방에 뿌려지고 뿜어져 나오는 화려한 색감의 어린이용 놀이터, 매점 가판대, 간이 식탁, 로커, 화장실, 놀이 구역에서 첨벙거리는 아이들, 뛰어다니는 아이들, 무전기와 구명대를 갖춘 안전 요원, 다양한 구역으로 사람들을 안내하는 표지판, 워터 카펫water carpet[사람이 올라탈 수 있도록 물 위에 띄우는 가벼운 소재의 넓은 막], 구명조끼, 소형 튜브를 양팔에 끼운 아이들, 물에 떠다니는 머리 끈, 말벌들이 몰려든 쓰레기통, 플라스틱 일광용 의자에 길게 누워 햇볕을 즐기는 사람들, 출발해도 좋다는 신호가 들어오는 미끄럼틀 꼭대기의 조명 시설, 튜브를 가져가고 반납하는 장소

소리

재빨리 미끄럼틀을 통과하거나 미끄럼틀을 타고 내려오는 소리, 미끄럼틀 안에서 메아리처럼 울리는 꺅꺅 소리와 웃음소리, 햇볕 아래서 느긋하게 쉬며 담소를 나누는 부모들, 너무 빨리 뛰다가 미끄러져 우는 아이들, 가족 담요 위에서 물을 뚝뚝 흘리거나 튀기는 아이들, 발을 디딜 때마다 끽끽거리는 계단, 보도 위를 찰싹거리며 뛰어다니거나 웅덩이를 첨벙거리며 밟고 지나가는 발소리, 워터 파크에 흐르는 음악, 깃발들을 펄럭이게 하는 바람, 안내 방송, 안전 요원이 부는 호각, 확성기로 소리치는 안전 요원, 일광욕 구역에서 울리는 휴대전화, 빨대로 마시는 탄산음료, 부스럭거리는 음식 포장지, 거의 빈 케첩이나 겨자 통에서 나는 바람 빠지는 소리, 여닫히는 화장실 문, 내려가는 변기 물, 미끄럼틀을 타고 밀려 내려가는 물

냄새

염소, 선크림, 선탠오일, 젖은 수영복과 수건, 음식, 풍선껌, 벌레 퇴치제, 흰 곰 팡이

맛

염소 성분의 물, 땀, 매점에서 파는 음식(햄버거, 튀김, 핫도그, 피자, 나초, 막대 아 이스크림), 병에 든 생수, 탄산음료, 초콜릿 바

촉감과 느낌

발에 닿는 뜨거운 보도, 더운 날에 발바닥이 시원하도록 웅덩이들만 껑충거리 며 밟고 다니는 느낌, 맨발로 걷거나 뛰는 콘크리트 바닥, 젖은 수영복에 쓸리 는 피부, 엄청 큰 미끄럼틀을 타고 내려온 뒤 수영복이 엉덩이 사이에 끼는 느 낌, 눈에 들어간 물, 목과 얼굴에 달라붙는 젖은 머리카락, 햇볕에 타는 느낌, 끈 적거리는 선크림이나 선탠오일, 따뜻하게 데워진 플라스틱 일광욕 의자, 사람 들이 너무 많아 서로 가까이 달라붙는 느낌, 손으로 잡는 플라스틱이나 유리섬 유 소재의 난간, 계단 꼭대기에 다다랐을 때 뱃속이 떨리는 느낌, 꼭대기에서 아 래를 내려다보며 내려갈 준비를 할 때의 어지러움, 물이 튄 피부, 젖은 수건으로 찰싹 때릴 때의 통증, 차가운 음료와 아이스크림, 철벅거리는 튜브, 화장실의 차 가운 공기에 돋는 소름, 파도 풀장에서 너울거리는 파도, 젖어서 엉킨 머리카락, 얼굴에 튀는 물보라, 코에 물이 들어와 아린 느낌, 물이 들어와 파삭거리는 귀, 갑작스러운 복통

이 배경에서 벌어질 만한 갈등의 원인

- 익사하거나 거의 익사할 뻔한다.
- 계단에서 떨어진다.
- 콘크리트 바닥에서 미끄러져 넘어진다.
- 수영을 못하게 되는 상황에 놓인다.
- 고소공포증이 있다는 사실을 친구들에게 들키고 싶지 않다.
- 안전 요원이 강압적이거나 태만하다.

431

- 누군가 약자를 괴롭힌다.
- 수영이 서툰 천방지축 아이를 과잉보호하는 부모가 있다.
- 평소 지각을 안 하던 아이가 제시간에 약속 장소에 나타나지 않는다.
- 소아 성애자가 돌아다닌다.
- 수영복을 입어야 하는데 몸매에 자신이 없다.
- 햇볕에 화상을 입는다.
- 워터 파크의 설비 유지와 보수를 소홀히 한다.
- 물을 염소로 제대로 소독하지 않아 더럽다.
- 같이 온 친구들의 목적이 서로 제각각이다(미끄럼틀을 최대한 많이 타기, 여자 유혹하기, 싸움박질하기 등).
- 파도 풀장 안에서 수영복이 벗겨진다.

이 배경에서 볼 만한 유형의 사람들

- 어린이와 십 대, 안전 요원, 부모, 직원, 일광욕하는 사람, 휴가객

이 배경과 밀접한 다른 배경

- 놀이공원, 야외 수영장

참고 사항 및 팁

높은 계단, 아슬아슬한 미끄럼틀, 파도 풀장, 사방이 물인 곳에 설치된 금속 설비, 방광 조절이 잘 안 되는 아이들 등 워터 파크에서 벌어질 가능성이 있는 갈등 상황은 적당히 부끄러운 선부터 자칫하면 죽을 수도 있는 수준까지 다양하다. 현실 속 워터 파크는 면밀하게 감시와 규제를 받는 시설이기 때문에 영업을 계속하려면 안전과 위생을 특정 수준으로 유지해야 하지만, 소설 속에서는 어떤 일도 일어날 수 있다. 갈등의 토대를 적절히 마련할 경우 워터 파크는 운 나쁜 시각에 운 나쁜 장소에 있게 된 주인공을 위한 완벽한 배경이 된다.

나는 맷을 따라 가파른 계단을 뛰어 올라갔다. 단마다 설치된 미끄럼 방지 띠의 거친 표면이 얼마나 발바닥을 파고들든 아랑곳없이. 꼭대기에 올라 밤의 워터 파크 전경을 보니 수면마다 불빛들만 반짝일 뿐, 우리가 얼마나 높이 올라왔는지 전혀 감이 오지 않았다. 순간적으로 바람이 훅 불었고, 우리가 서 있던 출발대가 미세하게 출렁였다. 어둠 속에서 뛰어내린다는 이 말도 안 되는 시도를 떠올리자 가슴이 벌렁거렸다. 나는 금속 난간을 꼭 잡고 어서 앞사람들이 지나가고 내 차례가 되기만을 기다렸다.

- **이 글에 쓴 기법**　빛과 그림자, 다중 감각 묘사
- **얻은 효과**　성격 묘사, 분위기 설정

유령의 집   Carnival Funhouse

다채로운 간판 주위를 둘러싼 번쩍번쩍 빛나는 전구, 입구에서 따분한 표정으로 입장권을 받는 직원, 예측할 수 없는 방향으로 넘실거리고 움직이는 바닥, 흔들리거나 기울어지는 계단, 칠이 벗겨진 안전용 손잡이, 앞으로 나아가려면 꼭 통과해야 하는 뱅뱅 도는 원반, 사람이 들어가면 회전하기 시작하는 거대한 통, 스프레이로 그린 만화(어릿광대, 풍선, 음악을 듣고 즐거워하는 아이들), 벽에 그린 화려한 그라피티, 균형이 맞지 않는 발판으로 만든 비틀린 사다리, 안전망, 동그랗게 말린 미끄럼틀, 나무판자로 만든 흔들리는 다리, 위로 올라가는 것 같지만 실은 내려가는 에스컬레이터 계단, 갑자기 흔들리는 바닥, 좁은 통로, 외부의 신선한 공기를 마시거나 눈 아래 펼쳐지는 놀이공원의 풍경을 바라볼 수 있는 곳곳에 설치된 발코니, 흠집이 나거나 가장자리가 이지러져 비뚤어진 모습이 비춰지는 거울, 켜졌다 꺼졌다 하는 전구, 현기증이나 착시 현상을 불러일으키는 회전 판, 웃음을 터뜨리는 십 대들과 아이들, 바닥에 떨어진 쓰레기, 섬광 전구, 엎질러진 음료수, 시각 효과를 위해 구멍에서 나오는 김이나 연기

소리

시끄러운 음악, 녹음되어 흘러나오는 어릿광대의 웃음소리, 금속 바닥 위에서 탕탕거리는 발소리, 고속으로 회전하며 삐걱대는 기계, 놀이 기구에 전력을 공급하기 위해 움직이기 시작하는 모터의 둔탁한 폭발음, 놀이공원의 소음, 삐걱거리며 흔들리는 체인, 소리치거나 비명을 지르는 친구들, 회전하는 통 속에서 일어서려고 하는 사람들이 발을 끄는 소리와 서로 부딪치는 소리, 좁은 통로에 울리는 메아리

냄새

뜨거운 기름으로 조리하는 놀이공원 음식(핫도그, 미니 도닛, 반죽에 담그고 튀긴 오레오 과자), 팝콘, 갓 만든 솜사탕, 땀, 흙, 탄산이 빠진 맥주, 햇볕에 달궈진 비닐, 뜨거운 기계, 휘발유의 배기가스

$\boxed{맛}$

놀이공원에서 파는 음식과 음료수(탄산음료, 솜사탕, 감자튀김, 캔디 애플candy apple[사과를 꼬치에 꿰어 시럽이나 캐러멜을 입힌 음식], 퍼넬 케이크funnel cake[깔때기(퍼넬) 등을 이용해 반죽을 소용돌이 모양으로 뽑아 굽거나 튀긴 케이크], 핫도그 등), 사탕, 껌, 박하사탕, 페트병에 입을 대고 꿀꺽꿀꺽 마시는 물

$\boxed{촉감과 느낌}$

손가락 사이에 끼운 얇은 티켓, 칠이 벗겨진 안전 바를 손으로 미는 느낌, 이동하고 굽이치는 바닥에 서서 균형을 잡는 느낌, 유령의 집 안에서 가동하는 모터의 진동이 다리에서 팔로 전해지는 느낌, 균형을 잡기 위해 벽에 손을 짚고 그 손을 바지에 닦는 느낌, 회전하는 통 속에서 손발로 기는 느낌, 혼잡한 실내에서 서로 부딪치는 사람들, 몸을 지탱하기 위해 잡은 친구의 따뜻한 팔, 흔들리는 바닥을 건너는 중 빨리 가라며 쿡쿡 찌르는 친구, 끈끈하거나 더러운 손가락

이 배경에서 벌어질 만한 갈등의 원인

- 장치가 고장 난다.
- 사이가 안 좋은 사람이나 자신을 괴롭히는 사람을 만난다.
- 다른 사람들이 자신에 대해 이야기하는 것을 엿듣는다.
- 유령의 집에 들어간 사이에 데면데면한 친구들이 어디론가 가버린다.
- 굴러서 다친다.
- 입고 있던 옷이 바닥 위에서 움직이는 금속판에 낀다.
- 폐소공포증을 겪는다.
- 어둠 속에서 공격적인 사람에게 밀리거나 눌린다.

이 배경에서 볼 만한 유형의 사람들

- 놀이공원의 관리원, 손님, 유지 보수 직원, 안전 검사원

이 배경과 밀접한 다른 배경

- 놀이공원, 서커스장

참고 사항 및 팁

이동식 놀이공원은 모든 놀이 기구를 트럭의 짐칸에 싣고 옮겨 다녀야 하기 때문에 결과적으로 규모가 꽤 작아진다. 이렇게 협소한 유령의 집은 언제나 손님들로 혼잡하기 마련이다. 하지만 일정한 곳에 자리 잡고 1년 내내 문을 여는 놀이공원이라면 장치는 몇 단계를 거쳐 점점 복잡해질 것이다. 이동식이든 고정식이든, 놀이공원은 최대한의 이익을 거두기 위해 될 수 있는 한 많은 손님을 받는다. 유령의 집은 몇 개의 테마(어린이 손님을 위한 비디오게임, 좀비, 외계인, 기분 나쁜 어릿광대, 아라비안나이트 등)로 이루어진 곳도 있고, 옛날 방식으로 꾸며진 곳도 있다. 오래된 유령의 집에 방문한다면 거대한 어릿광대나 괴물의 입을 본뜬 입구를 만나게 될 것이다.

배경 묘사 예시

메건은 어둠이 감싼 통로를 재빨리 걸어갔고, 나는 혼자 뒤처졌다. 스피커에서 어릿광대의 실성한 듯한 웃음소리가 울려 퍼지고 압축된 공기가 한꺼번에 얼굴을 덮치는 바람에 수명이 몇 년은 줄어들었다. 바닥이 갑자기 움직이며 넘실대서 손잡이를 잡았다. 내가 유령의 집에 약하고, 특히 밤에는 더욱 무서움을 타는 것을 알면서도 동생은 나를 일부러 버리고 간 것이다. 조금 전에 했던 것처럼 갑자기 튀어나와서 나를 잡을 생각이라면 자는 틈을 타 죽여버리겠어.

- **이 글에 쓴 기법** 과장, 다중 감각 묘사
- **얻은 효과** 분위기 설정, 복선, 긴장과 갈등

정장을 입어야 하는 행사　　　Black-Tie Event

풍경

사유지의 원형 도로에 줄을 선 리무진과 고급 차, 발렛 파킹, 붉은 카펫이 깔린 입구, 검은 드레스나 야회복을 입고 반짝이는 보석을 단 여성, 턱시도 차림의 남성, 입장하는 손님들에게 인사하는 주최자, 코트나 겉옷을 보관해주는 사람, 고가의 장식이 설치된 호화스러운 연회장, 얼음 조각상, 천장에 달린 샹들리에와 사람들의 눈길을 끄는 종이 랜턴, 기조 연설자나 자선 활동의 기회를 참석자들에게 알리는 전시물, 희고 검은 옷차림으로 쟁반을 나르는 웨이터와 웨이트리스, 전채 요리가 나올 때 사람들이 모여드는 높은 탁자, 대화를 나누며 와인과 샴페인을 마시는 초대 손님들, 검은 식탁보를 깐 탁자, 커버를 씌운 의자, 각자의 자리를 지정해놓은 이름표, 증정품을 담은 주머니, 탁자 위에서 흔들리는 촛불, 꽃을 곁들인 센터피스, 크리스털 식기, 고급 도자기 식기, 천으로 만든 냅킨, 고급 요리, 손거울로 화장을 점검하고 립스틱과 파우더로 화장을 고치는 여성들, DJ나 현악사중주단의 연주, 댄스 플로어에서 춤추는 초대 손님들, 함께 사진을 찍는 친구들, 저명인사나 기조 연설자에게 사인이나 사진을 부탁하는 초대 손님

소리

도착한 손님의 이름을 소리 내어 읽는 목소리, 실외로 통하는 문이 여닫힐 때 외부에서 들리는 소리, 클래식 음악이나 연주곡, 대리석 바닥을 또각또각 걷는 하이힐, 코트나 겉옷을 벗는 소리, 찍찍 소리를 내는 정장 구두, 서로 소리치는 사람들, 웃음과 수다, 울리는 휴대전화, 말없이 전채를 대접하는 웨이터, 녹기 시작하는 얼음 조각상에서 조용히 떨어지는 물방울, 바닥에 끌리는 의자, 짤그랑거리며 접시에 닿는 은식기, 유리잔 안에서 짤그랑거리는 얼음, 볼륨을 높인 음향 시스템에서 들려오는 기조 연설자의 목소리, 박수, 서빙하기 전에 어떤 와인을 고를지 속삭이며 묻는 웨이터

냄새

가구 광택제, 바닥 세정제, 공기 탈취제, 향초, 에센셜 오일, 싱싱한 꽃, 향수, 헤

437

어스프레이, 로션, 비누, 음식, 구강청결제, 누군가의 숨결에서 풍기는 술 냄새

맛

고급 요리(가리비, 새우, 연어, 소갈비, 안심 스테이크), 샴페인, 와인, 물, 섬세하고 맛있는 후식

촉감과 느낌

피부 위로 미끄러지는 공단이나 실크, 촘촘한 레이스, 딱 붙는 드레스나 셔츠 칼라, 귓불을 잡아당기는 무거운 귀고리, 발에 익숙하지 않은 새 구두, 어깨 부분이 없는 드레스 때문에 느끼는 추위, 따뜻한 히터와 촛불에서 나오는 열기, 팔꿈치나 허리의 잘록한 부분을 잡은 파트너의 손, 헤어스프레이로 고정한 머리카락, 두피를 긁는 헤어 핀, 유리잔과 작은 접시의 균형을 유지하며 전체 요리를 먹는 느낌, 거나하게 느껴지는 취기, 화장실에서 고쳐 바르는 립스틱, 파트너와 천천히 추는 춤, 하이힐 때문에 비틀거리는 몸

이 배경에서 벌어질 만한 갈등의 원인

- 정치적 또는 종교적 견해를 밝혀 상대를 화나게 한다.
- 사람의 이름을 틀리게 부른다.
- 돌아가고 싶지만 파트너는 아직 떠날 마음이 없다.
- 건강 문제로 먹을 수 있는 음식이 한정되어 있다.
- 말을 멈추지 않는 상대에게 붙잡힌다.
- 적의 옆에 앉게 된다.
- 센터피스 또는 식사에 들어간 재료에 알레르기 반응을 일으킨다.
- 가고 싶지 않은 행사에 참석해야 한다(일 때문에 혹은 배우자의 요구로).
- 현금을 깜박해서 코트를 맡아주는 직원이나 주차 직원에게 건넬 팁이 없다.
- 주최자에 관한 불쾌한 정보를 듣는다.
- 비열한 소문의 피해자가 된다.
- 주최자에게 압력을 받는다(원하지 않는 행사의 참가나 자선 행사의 고액 기부, 바쁜데도 자원봉사를 하라는 강요 등).
- 행사를 개최한 비영리단체의 실체가 그들의 주장과는 다른 것을 알게 된다.

- DJ, 경매인, 바텐더, 초대된 저명인사, 고용된 운전사, 손님, 기조 연설자, 주차 직원, 업자와 배달원, 웨이터와 웨이트리스

이 배경과 밀접한 다른 배경

- **시골 편** 대저택, 졸업 무도회
- **도시 편** 아트 갤러리, 댄스홀, 크루즈선, 리무진, 펜트하우스 객실, 공연 예술 극장, 요트

참고 사항 및 팁

생일이나 기념일, 자선기금 마련 파티, 직장과 소속 클럽의 사교 행사 등 정장을 입고 참석하는 이벤트가 개최되는 이유는 다양하다. 행사의 목적이나 장소, 개최 시기에 따라 장식이나 준비되는 요리, 복장 등이 결정된다. 야외 행사라면 여성은 겉옷을 입고, 바람에도 견딜 수 있는 헤어스타일을 선택할 것이다. 또 주최자와 개인적으로 가까운 손님이라면 정장이지만 약간 힘을 뺀 옷을 선택할지도 모른다. 등장인물이 행사에 가게 된다면 이런 점을 모두 고려하자.

배경 묘사 예시

많은 사람 때문에 실내 온도가 상당히 올라갔지만, 이를 알아차린 누군가가 고맙게도 베란다로 통하는 문을 열어주었다. 비를 예고하듯 세찬 바람이 불어와 초의 불꽃을 간지럽히고 탁자 위의 색종이 조각을 흐트러뜨렸다. 숄이 팔에서 펄럭이고 머리카락도 흔들렸지만, 스프레이를 뿌린 머리카락은 몬순이 불지 않는 한 심각한 손상은 없을 것이다.

- **이 글에 쓴 기법** 과장, 날씨
- **얻은 효과** 성격 묘사

카지노 {.title}

Casino

풍경

돔형 감시 카메라가 설치된 높은 아치형 천장, 번쩍이는 조명과 수백 개의 백라이트가 비추는 슬롯머신, 같은 무늬가 끝없이 펼쳐지는 카펫, 스툴에 앉아 있는 플레이어(버튼을 누르고, 음료수를 마시고, 담배를 피우고, 정산 영수증을 인쇄하는), 조명을 반사해서 기계의 빛을 증폭시키는 거울 벽, 유니폼을 입은 직원, 카지노 직원과 딜러, 블랙 잭과 그 밖의 트럼프 게임용 테이블, 룰렛, 칩과 주사위가 준비된 테이블, 정장 차림의 경비원, 로프를 친 고액 베팅 포커 테이블과 게임 구역, 온라인 카지노용 거대한 텔레비전 모니터, 잭팟을 알리는 화면, ATM, 부티크(고급 보석 장신구, 핸드백, 시가, 시계, 옷 등을 파는), 레스토랑과 바, 강화유리를 설치한 정산 카운터, 탁자 위와 머신 근처에 두고 간 반쯤 마신 음료수, 화려한 포스터와 현란한 예술 작품, 취한 단골손님, 매춘부, 선글라스를 쓴 포커 플레이어, 사진을 찍는 관광객, 진열된 고가의 경품(빙글빙글 돌고 있는 자동차와 특수 제작 오토바이), 카지노와 제휴를 맺은 뷔페나 쇼의 쿠폰을 나눠주는 직원, 호텔의 다른 층으로 통하는 엘리베이터

소리

획획 소리를 내는 자동문, 전동으로 회전하는 슬롯머신, 세게 누르는 버튼, 혼잣말을 하거나 머신에게 욕을 하는 사람, 누군가 이겼을 때 땡땡 울리는 알람 소리, 웃음과 대화, 도박을 하며 음료수를 주문하는 손님, 트럼프를 섞는 기계, 베팅을 하기 전에 칩을 짤그랑거리며 만지작거리는 포커 플레이어, 딸깍거리는 룰렛 볼, 베팅을 요청하는 딜러, 직원의 무전기에서 들려오는 잡음 섞인 대답, 펠트 위를 구르는 주사위, 삐걱거리는 스툴, 음료수 안에서 달그락거리며 녹는 얼음, 음악이나 다른 방에서 라이브로 들려오는 노랫소리, 모니터에 표시된 딜러의 녹음된 목소리, 울리는 휴대전화, 누군가 대승리를 거두었을 때 주위에서 터지는 환성

냄새

담배 연기, 오래된 카펫, 향수, 애프터셰이브 로션, 땀, 음식, 돈, 뜨거운 기계, 방향제, 에어컨, 입에서 풍기는 맥주 냄새

$\boxed{\text{맛}}$

물, 탄산음료, 술, 껌, 박하사탕, 담배, 전자 담배

$\boxed{\text{촉감과 느낌}}$

발밑의 얇은 카펫, 서늘한 에어컨, 푹신한 스툴과 의자, 매끈한 카드, 플라스틱 칩, 펠트를 깐 탁자, 나무 탁자의 테두리, 따뜻한 주사위, 슬롯머신의 금속 레버, 매끈한 플라스틱 버튼, 베팅에 지나치게 열중했을 때 흐르는 땀, 너무 더운 옷, 코에서 미끄러지는 선글라스, 군중의 웅성거림, 엎질러진 맥주를 밟은 느낌, 끈적거리는 슬롯머신, 칩에 손을 뻗었을 때 펠트를 스치는 소매, 손바닥이나 컵 안에서 달그락거리는 주사위, 바지에 문지르는 땀이 밴 손, 입술에 닿는 차가운 음료수, 행운을 빌며 주사위에 부는 입김, 셔츠나 윗도리 주머니를 처지게 만드는 칩의 무게감, 정산할 때 슬롯머신에서 잡아 뜯는 영수증

이 배경에서 벌어질 만한 갈등의 원인

- 술 취한 사람들이 포커에 지고 한바탕 소동을 일으킨다.
- 남자 손님이 여직원의 몸에 손을 댄다.
- 소매치기를 당한다.
- 음료수를 쏟는다.
- 너무 취해서 방까지 데려다줘야 할 손님들이 있다.
- 뷔페에서 식사를 했는데 몸 상태가 나빠진다.
- 유명인을 경호하는 일행이 과잉 방어를 한다.
- 하룻밤 사이에 주말 생활비를 탕진한다.
- 친구에게 버림받는다.
- 미성년자가 도박을 하려고 한다.
- 경비원에게 들키지 않고 트럼프를 세려고 한다.
- 도박사들이 카지노에 대항해 몰래 팀을 짠다.
- 도박 중독자와 그를 사랑해서 도박에서 벗어나길 바라는 사람이 말다툼을 벌인다.
- 매춘부인지 모르고 유혹한다.

441

이 배경에서 볼 만한 유형의 사람들

- 바텐더와 서빙 직원, 유명인, 범죄자, 도박 중독자, 호텔과 카지노 직원, 단골손님, 경비원과 경찰관, 휴가객

이 배경과 밀접한 다른 배경

- 크루즈선, 경마장, 라스베이거스 쇼

참고 사항 및 팁

호텔에 있는 카지노는 위치가 어디든 웅장하게 장식되어 있을 것이다. 천장의 높이는 경우에 따라 다르며, 건축 연도와 공기 청정 시스템 상태에 따라 실내 공기의 질도 차이가 있다. 하지만 카지노의 모습과 인상은 어디든 비슷하다. 도박을 좋아하는 사람들은 그중에서도 느낌이 딱 오는 곳이 있고, 운과 건물의 관계를 믿는 경우도 있다고 한다. 크고 무질서한 카지노의 경우, 어디를 봐도 비슷한 모습이 보여서 길을 잃은 느낌이 들지도 모른다. 이럴 때는 몇 가지 표식(포커 게임의 특별 상품인 단상 위에서 회전하는 자동차, 과거 카지노에서 연주했던 사람의 밀랍 인형, 로비와 뷔페의 방향을 알리기 위해 천장에 단 표식 등)을 설치하자. 등장인물이 방향을 파악할 수 있도록 도와주고, 독자는 이곳에서의 체험을 보다 생생하게 느낄 것이다.

배경 묘사 예시

나는 경멸을 드러내지 않으려고 노력하며 카드를 분배했다. 온라인 카지노에서 조금 땄을 뿐인데 마치 일류 도박사라도 된 양 몹시 상기되어 지독한 향수 냄새를 풍기는 루저들이 매일 밤 내 테이블에 온다. 그리고 밤이 깊어질 무렵이면 그들은 경찰관이 거리에서 끌고 와 목격자 확인 줄에 세울 법한 모습으로 바뀐다. 새우등에 언짢은 눈, 자존심 덕분에 텅 빈 호주머니.

- **이 글에 쓴 기법** 다중 감각 묘사
- **얻은 효과** 성격 묘사

ㅋ

퍼레이드 **Parade**

풍경

길가에 줄지어 선 많은 사람들, 관람객(꽉꽉 들어차고, 줄지어 서고, 모퉁이에 앉고, 접이의자나 트럭 짐칸에 앉은), 퍼레이드의 선두를 달리는 경찰차와 소방차, 거대한 풍선 아치가 달린 장식 수레, 놓쳐서 하늘로 올라가는 풍선, 마스코트와 주제에 맞춘 전시, 악대, 장식한 트럭과 차, 마차, 촬영 스태프와 기자, 플래시를 터뜨리는 사진기, 휴대전화로 퍼레이드를 찍는 관람객, 군중에게 손을 흔드는 퍼레이드의 중심인물(정치인, 연예인, 미인 대회 우승자)을 태운 클래식 카와 번쩍거리는 오픈카, 불꽃놀이, 공중을 떠다니다 땅에 떨어진 작은 색종이 조각들, 화려한 의상을 입은 퍼레이드 참가자, 장식 수레 위에서 펄럭이는 깃발, 차량에 붙인 현수막과 간판, 말을 탄 사람들, 댄서들, 길가에 서서 동작을 선보이는 치어리더, 물구나무를 서서 걷거나 연속 공중제비를 하는 곡예사, 관객을 놀리는 어릿광대, 군인, 죽마 타는 사람, 군중을 감시하며 혼란을 막으려는 경찰관, 정해진 퍼레이드 길을 따라 설치한 출입 금지 테이프와 나무틀, 군중에게 사탕을 던지는 사람들, 아이를 목말 태운 아버지, 유아차, 목줄을 맨 개, 말똥을 치우는 청소부, 모퉁이에 쌓인 사탕이나 장식 조각

소리

소방차와 경찰차의 사이렌, 악대의 연주, 장식 수레에서 들려오는 녹음된 음악, 고함과 아우성, 박수, 마이크나 스피커로 들리는 사회자의 목소리, 소리 지르는 아기, 아이의 큰 웃음, 차 엔진의 회전음, 자동차 경적, 말발굽, 터지는 풍선, 뿔나팔 등이 내는 시끄러운 소리, 장식 수레를 타고 노래하는 사람, 지시를 내리는 댄스 팀 리더나 고적대 단장, 바람에 날리는 깃발, 퍼레이드 참가자들이 일제히 행진하며 사뿐히 걷는 소리, 오토바이 엔진, 짖는 개, 경찰관의 호각, 말이 터벅터벅 걸으며 부는 콧바람, 어릿광대가 탄 차에 붙은 작은 모터, 상공을 나는 보도진의 헬리콥터, 펑 쏘아 올린 불꽃

냄새

배기가스, 스낵, 커피, 젖은 아스팔트, 땀, 동물의 배설물, 노점에서 산 음식

443

맛

노점 음식(팝콘, 땅콩, 프레첼, 사탕, 솜사탕, 핫도그), 물, 탄산음료, 커피

촉감과 느낌

빽빽이 들어찬 사람들, 사람들과 부딪치거나 군중에 밀리는 느낌, 울퉁불퉁한 아스팔트, 피부 위로 날아오거나 머리카락에 들러붙는 색종이 조각, 가슴을 쿵쿵 울리는 베이스 드럼, 저항하며 목줄을 갑자기 당기는 개, 어깨에 태운 아이의 무게감, 겁이 나서 무릎으로 파고드는 아이, 머리를 적시고 피부를 타고 흐르는 땀, 끈끈한 솜사탕, 뜨겁거나 차가운 음료로 따뜻해지거나 어는 손, 목 뒤로 내리쬐는 햇볕

이 배경에서 벌어질 만한 갈등의 원인

- 무질서 속에서 공격당하거나 납치된다.
- 어릿광대 공포증이 있다.
- 열사병 증상이 나타난다.
- 뺑소니차나 장식 수레에 다친다.
- 퍼레이드 행렬이 던진 사탕에 맞는다.
- 날씨가 몹시 나쁘다.
- 아이를 잃어버린다.
- 주차할 곳을 좀처럼 찾을 수가 없다.
- 한꺼번에 많은 감각이 자극되어 공황 상태에 빠진다.
- 화재나 폭발로 도로에 많은 사람이 몰려들어 아수라장이 된다.
- 개가 퍼레이드 행렬에 뛰어든다.

이 배경에서 볼 만한 유형의 사람들

- 곡예사, 사회자, 지휘봉이나 깃발 돌리는 사람, 아이, 어릿광대, 퍼레이드를 악용하려는 범죄자, 댄서, 운전사, 장식 수레에 탄 사람과 연예인, 말을 탄 사람, 악대 멤버, 취재 스태프, 관람객, 사진사, 경찰관, 노점 점원, 죽마 타는 사람, 퍼레

444

이드의 선두에 서는 총지휘관

이 배경과 밀접한 다른 배경

• 놀이공원, 대도시 거리, 야외 주차장, 소도시 거리

참고 사항 및 팁

퍼레이드는 매우 능동적인 설정으로 사용할 수 있다. 온갖 소음과 시각적인 혼돈이 난무하는 퍼레이드는 이야기 속에서 일어나고 있는 사건의 부족한 부분을 채우거나 대비를 나타낼 수 있는 자연스럽고 활발한 배경을 제공해준다. 사람들의 주의가 퍼레이드에 집중되는 사이, 주인공은 출입 금지 구역에 들어가거나 주변의 눈길을 끌지 않고 행동할 수 있다. 하지만 퍼레이드를 추적자를 따돌리기 위한 수단(영화 〈도망자〉)으로 쓰거나 주목받을 기회(영화 〈페리스의 해방〉)로 사용하는 등 진부한 수법으로 선택할 때는 주의가 필요하다. 이럴 때는 이야기를 새로운 방식으로 전개해야 한다.

배경 묘사 예시

조명이 금속성 음악과 함께 지나가는 장식 수레의 윤곽을 비췄다. 길 반대편 모퉁이에 사람들이 모여 있었는데, 빛나는 팔찌와 반짝이는 네온 조명이 크게 떠들거나 음악에 맞춰 춤을 추는 사람들의 얼굴과 팔을 빛내고 있었다. 의자에 앉은 할머니는 불꽃이 올라갈 때면 두 손으로 귀를 막았지만, 눈을 크게 뜨고 뺨을 당기며 희미하게 미소를 지었다. 저녁의 산들바람이 시원하게 불어왔다. 나는 할머니와 이곳에 온 걸 감사하며 눈을 감았다. 할아버지와 살아온 할머니의 인생에서 퍼레이드는 항상 중요한 부분이었다. 할아버지가 돌아가신 뒤 처음 맞는 퍼레이드에 할머니가 어떤 반응을 보일지는 몰랐지만, 내 직감이 맞았다. 같이 나오길 잘했다.

• **이 글에 쓴 기법**   대비, 빛과 그림자, 다중 감각 묘사
• **얻은 효과**   분위기 설정, 과거 사연 암시, 감정 고조

445

음식점

- 간이식당
- 델리 숍
- 술집/바
- 아이스크림 가게
- 제과점
- 캐주얼 다이닝 레스토랑
- 커피숍
- 패스트푸드 레스토랑
- 펍

ㄱ
ㄴ
ㄷ
ㄹ
ㅁ
ㅂ
ㅅ
ㅇ
ㅈ
ㅊ
ㅋ
ㅌ
ㅍ
ㅎ

간이식당

풍경

길거리나 주차장이 보이는 얼룩 가득한 유리창을 따라 나란히 배치된 칸막이
있는 좌석들, 스툴들이 간격을 두고 줄줄이 놓인 긴 카운터 테이블, 간이식당
에서 파는 대표 음식들(베이컨 앤드 에그, 팬케이크, 버거와 튀김류, 미트로프meat
loaf[곱게 다진 고기를 식빵 모양으로 만들어 익힌 음식], 그릴드 치즈grilled cheese[구운 치
즈. 혹은 치즈를 넣어 구운 샌드위치 토스트], 패티 멜트patty melt[동그랗고 납작하게 만든
다진 고기 위에 치즈를 올려 구운 것. 이것을 빵 사이에 끼워 먹는다])이 적힌 비닐 코팅
메뉴판, 유리 보관함 안에 진열된 몇 가지 과일 파이와 머랭 파이meringue pie[달걀
흰자와 설탕을 함께 휘저어 단단하게 만든 머랭을 위에 올려 구워낸 파이], 식탁마다 놓인
금속 냅킨함과 양념 통 및 케첩, 긁힌 자국투성이에 모서리 곳곳이 떨어지고 바
닥에는 껌이 붙은 식탁, 닳아서 뭉툭해진 금속 나이프와 끝부분이 살짝 휘어지
기도 한 포크, 체크무늬 타일로 된 바닥, 더러운 커튼이나 먼지 앉은 블라인드,
커피용 흰색 머그잔, 접시와 깊은 그릇, 유니폼을 입고 소스를 뿌린 음식 접시나
튀김 그릇을 내려놓는 무뚝뚝한 웨이트리스, 커피를 따라주고 주문을 받아 적
는 또 다른 웨이트리스, 금전등록기, 매일 바뀌는 특별 메뉴를 써놓은 화이트보
드, 얼룩이 묻은 흰색 앞치마를 두르고 그릴 위에서 버거를 뒤집는 요리사, 금전
등록기 옆에 팁을 넣도록 둔 병, 썩 깨끗하지는 않은 화장실, 카운터에 남겨진
신문, 식탁에 쏟아진 소금, 무료해하는 손님들(커피용 크림을 하나씩 쌓아 올리
거나, 1인용 종이 식탁 매트를 반듯하게 접거나, 커피를 아주 조금씩 홀짝이는), 기
름 얼룩이 묻은 야구 모자에 체크무늬 셔츠를 입고 푸짐한 아침 식사를 열심히
먹는 트럭 운전사, 음식이 나올 때까지 기다리지 못하고 시끄럽게 구는 아이들
때문에 피곤한 부모

소리

나이프와 포크가 식탁 위에서 잘그랑거리고 접시 위를 훑는 소리, 얼마 안 남은
케첩을 짤 때 공기가 함께 빠지는 소리, 요리사에게 특유의 식당 속어와 억양을
써가며 주문 내용을 전달하는 웨이트리스, 담배 피우는 사람의 잔기침, 끼끽거
리는 스툴, 잠을 깨려고 시킨 커피를 후루룩 들이켜는 트럭 운전사, 주문받은 음

식을 급히 가져와 식탁 위에 쿵 내려놓는 웨이트리스, 꼴꼴 채워지는 물컵, 탁자 위에 짤그랑 놓는 잔돈, 설탕을 녹이며 커피 잔 속을 찰강거리며 스치는 숟가락, 그릴 위에서 구워지는 버거나 뜨거운 기름 안으로 잠기는 튀김 재료, 메뉴 이름을 외치는 요리사, 문이 열리는 순간 들이닥치는 바깥의 시끄러운 차 소리, 손님이 들어올 때 댕그랑 울리는 문에 달린 종, 바깥 주차장에서 부르릉거리는 큰 트럭, 라디오에서 힘차게 흘러나오는 노래, 커피 메이커에 제대로 덜컥 놓이는 커피 주전자, 커피 메이커에서 꿀렁거리고 쉭쉭거리며 내려지는 새 커피, 커피 리필을 요청하는 손님, 웃고 대화하는 친구들, 영수증이나 서비스에 대해 투덜거리는 손님

냄새

굽는 고기, 튀기는 양파, 튀김기 속 뜨거운 기름, 짭짤한 핫도그, 베이컨 기름, 향긋한 커피, 향신료, 갓 내온 코울슬로에서 나는 톡 쏘는 식초 냄새, 녹은 버터, 그레이비소스, 방금 청소한 바닥에서 나는 소나무 향 세제 냄새, 체취와 땀내

맛

커피, 기름진 튀김, 햄버거, 핫도그, 아침 식사류(스테이크와 달걀 프라이, 베이컨, 소시지, 팬케이크, 그리츠grits[굵게 빻은 옥수수로, 미국 남부에서 아침 식사로 많이 먹는 음식], 버터 바른 토스트, 오믈렛), 매운 칠리, 케첩, 겨자, 핫 소스, 후추, 파이(블루베리, 사과, 딸기, 루바브, 복숭아, 레몬 머랭), 그릴드 치즈 샌드위치, 수프, 짭짤한 크래커, 향신료, 물, 탄산음료, 주스, 우유, 샐러드, 밀크셰이크

촉감과 느낌

곳곳이 끈적한 카운터, 기름기 번진 메뉴판, 식탁에 쏟아진 소금이나 설탕 알갱이, 식기세척기에서 갓 꺼낸 나이프와 포크의 온기, 추운 날에 손에 쥔 뜨거운 머그잔, 뜨거운 커피를 후후 불 때 얼굴에 확 끼치는 열기, 가득 찬 냅킨함에서 억지로 꺼내려다 찢어진 냅킨, 창문으로 들어온 눈부신 빛 때문에 가늘게 뜬 눈, 손톱으로 긁어내는 나이프에 말라붙은 음식 조각, 입안 구석에 박혀 안 나오는 작은 음식 찌꺼기, 꽉 짜는 양념 통, 손바닥에 느껴지는 차가운 유리잔이나 캔, 그레이비소스에 묻히는 튀김, 나이프로 써는 스테이크, 따뜻한 접시, 휘어진 포크 끝부분을 피려고 힘을 줄 때 느껴지는 금속의 반발력, 푸짐한 식사를 마친

뒤 편하게 늘어지는 느낌, 맨다리에 들러붙는 인조 가죽 의자의 쿠션

이 배경에서 벌어질 만한 갈등의 원인

- 손님이 음식값을 안 내고 도망친다.
- 밤 데이트를 나온 커플이 싸운다.
- 다른 사람의 팁을 훔치는 웨이트리스가 있다.
- 요리사가 갑자기 일을 그만둔다.
- 손님이 주문에 대해 큰 소리로 불평하며 사람들의 심기를 불편하게 만든다.
- 손님이 웨이트리스를 주물럭거리며 대놓고 추근거린다.
- 손님이 잔돈으로 음식값을 치르고 팁도 주지 않는다.

이 배경에서 볼 만한 유형의 사람들

- 손님, 설거지 담당 직원, 요리사, 경찰관, 주인, 웨이트리스

이 배경과 밀접한 다른 배경

- 제과점, 커피숍, 델리 숍, 패스트푸드 레스토랑, 트럭 휴게소

참고 사항 및 팁

간이식당은 영업시간이 길기 때문에(24시간 운영하는 곳도 종종 있다) 굉장히 다양한 인물들을 등장시킬 수 있다. 좋아하는 메뉴를 먹으러 온 지역 주민, 근무 중인 경찰관, 길에서 많은 시간을 보내는 트럭 운전사와 영업 사원, 여러 술집을 전전하다 늦은 식사를 하러 들른 젊은이, 길 위의 고달픔을 덜고 싶은 노숙자를 모두 만날 수 있는 곳이다. 이럴 때 누군가 다른 사람의 대화를 우연히 듣게 된다면 그 내용이 어떨지, 또 그런 환경에서 개성이 서로 다른 인물이 어떻게 충돌할지 여러 모로 궁리해보자.

그 남자는 새벽 3시를 갓 넘긴 직후에 비틀거리며 들어와 가게 뒤쪽을 향해 갔고, 그가 지나간 곳의 공기는 엎어진 맥주잔만큼 시큼하고 고약한 술 냄새가 진동했다. 그는 중간쯤 가다가 비틀거리며 왼쪽으로 방향을 틀더니 카운터 자리의 스툴에 걸렸고, 곧 둘 사이에 짧은 몸싸움이 시작됐다. 그는 두 번이나 인사불성에 빠지는 듯했으나, 마침내 자신을 향해 엉겨 붙는 스툴의 손아귀를 떨쳐내고 가까스로 칸막이 자리에 쓰러지듯 안착했다. 나는 엄청 진한 커피를 내린 주전자를 들며 수도 없이 후회했다. 베서니와 근무 시간을 바꾸는 게 아니었는데.

- **이 글에 쓴 기법**　다중 감각 묘사, 직유
- **얻은 효과**　성격 묘사, 감정 고조

델리 숍   **Deli**

[이미 조리된 육류와 치즈, 샐러드, 통조림, 소시지 등 각종 식품류를 파는 가게]

풍경

각종 저장육(파스트라미pastrami[양념한 소고기를 훈제하여 차게 식힌 것], 페퍼로니, 살라미salami[각종 허브 등을 첨가해 오랫동안 건조시켜서 만드는 이탈리아식 햄의 일종], 마늘로 양념한 로스트비프, 훈제 닭고기와 칠면조 고기, 햄, 초리소chorizo[이베리아 반도에서 유래한 여러 종류의 돼지고기로 만든 소시지류의 총칭], 페퍼로니 스틱pepperoni stick[페퍼로니를 가늘고 긴 막대 형태로 가공한 것])을 전시한 커다란 유리 진열장, 샌드위치 재료(상추, 몇 가지의 치즈, 피클, 양파, 토마토, 고추, 올리브) 및 소스류(씨가 있거나 따뜻하게 가공한 매운 겨자, 치포틀레 마요chipotle mayo[매운 고추와 마요네즈 등을 섞은 멕시코식 소스. 치포틀레는 할라피뇨 고추를 말려 훈제한 것]나 갈릭 마요, 핫 소스, 오일과 식초), 카운터 뒤에 놓인 냉장고 및 냉장 저장 공간, 스테인리스 저울, 저장육을 얇게 썰어내는 기계, 바게트와 샌드위치 빵을 담은 쟁반, 납지를 한 장씩 올려놓은 플라스틱 쟁반, 사이드 메뉴(코울슬로, 샐러드, 으깬 감자, 익힌 고추, 베이크드 빈)를 따로 비치한 진열장, 다양한 수프가 담긴 뚜껑 달린 그릇들, 하나씩 나눠 셀로판지에 포장한 디저트류(쿠키, 브라우니, 조각 케이크), 절인 달걀과 소시지가 담긴 뿌연 유리병들, 피클병, 테이크아웃 용기에 포장되고 있는 푸짐한 샌드위치, 음료(탄산음료, 생수, 주스, 아이스티)가 진열된 유리문이 달린 냉장고, 감자 칩 종류로 채워진 선반, 줄을 선 손님들, 금전등록기, 이 손에서 저 손으로 건네지는 돈, 쓰레기통, 추가 소스류와 냅킨이 구비된 작은 탁자 몇 개와 의자, 전면 유리창을 따라 길게 마련된 카운터 테이블과 스툴

소리

출입구가 여닫힐 때마다 땡그랑 울리는 종소리, 주문을 하거나 친구들과 대화하는 사람들, 다 떨어져가는 재료를 보충하라고 외치는 직원, 여닫히는 미닫이식 유리문, 전자레인지의 작동 완료 알림음, 토스트가 다 됐다고 알리는 오븐의 알람, 오븐에서 꺼낸 철판을 식히려고 카운터에 내려놓는 소리, 칼로 슥삭슥삭 써는 빵 덩어리, 바스락거리는 납지, 가스레인지 위 프라이팬이 가열되며 내는 쉿쉿 소리, 따뜻한 샌드위치 속을 만들려고 스패출러로 팬을 긁어내는 소리, 소

453

스 통에서 꿀렁거리거나 뿌직거리며 나오는 내용물, 라디오에서 나오는 음악, 윙윙 돌아가는 육류 절단기의 칼날, 저울에 툭 올리는 얇게 썬 고기 더미, 딸랑 울리는 금전등록기, 팁 넣는 병에 짤그랑 떨어지는 동전, 진열대의 고기가 싱싱하도록 그 위에 분무기로 칙칙 뿌리는 물, 주문을 외치는 소리, 입에 음식을 가득 넣은 채 말하는 사람들, 벗겨지는 셀로판 포장지, 뜯어서 여는 과자 봉지, 아삭아삭 깨무는 피클

냄새

저장육, 매운 겨자와 고추, 식초, 후추, 갓 구운 빵에서 나는 효모 냄새

맛

훈제 고기, 통후추 및 그 밖의 향신료, 부드러우면서도 바삭한 빵, 톡 쏘는 겨자, 매운 고추, 마요네즈, 식초에 절인 피클, 뜨끈한 수프, 달달한 디저트, 새콤한 피클

촉감과 느낌

주문을 하려고 카운터 쪽으로 몸을 기울일 때 모서리에 눌리는 가슴, 묵직한 샌드위치가 담긴 플라스틱 쟁반, 입가에 묻은 겨자 얼룩, 아삭한 피클, 혀에 남은 얼얼한 향신료, 마구 구기는 종이 냅킨, 겉껍질은 바삭하지만 안쪽은 부드러운 빵, 팔에 건 가득 채운 테이크아웃 봉지, 작은 탁자 위에서 자기가 산 물품들을 요리조리 정리하는 느낌, 손가락에 묻은 소금, 혀에 닿는 따뜻한 수프, 쫄깃쫄깃한 빵, 입안에서 고기와 신선한 속재료와 양념이 어우러지면서 풍미가 한꺼번에 터져 나오는 느낌

이 배경에서 벌어질 만한 갈등의 원인

- 주문을 두고 가게 주인과 언쟁을 벌인다.
- 만나고 싶지 않은 사람(옛 애인, 하룻밤 파트너, 꼴 보기 싫은 옛 직장 상사)을 우연히 마주친다.
- 점심시간은 짧은데 줄이 길다.
- 앞 손님이 주문하는 데 시간을 오래 잡아먹는다.
- 가게 주인이나 직원이 위생 혹은 안전 사항을 위반한다.

- 고기에서 냄새가 나고 맛이 변질됐다.
- 강도 혹은 인질극이 벌어진다.
- 범죄자가 가게를 간신히 운영하는 주인에게서 보호비 명목으로 돈을 갈취한다.
- 비윤리적인 위생 검사관을 상대해야 한다.
- 건물주가 갑자기 임대료를 올린다.
- 유명한 체인점이 근처에 들어와 장사를 위협한다.
- 직원으로 고용한 친척이 게으르거나 무능하지만 해고할 방법이 없다.

이 배경에서 볼 만한 유형의 사람들

- 매니저, 손님, 배달원, 직원, 위생 검사관, 도매업자 및 공급 업체, 주인

이 배경과 밀접한 다른 배경

- 제과점, 간이식당, 패스트푸드 레스토랑

참고 사항 및 팁

널찍한 상가 안에 있든 길을 따라 자리한 좁은 임차 공간에 있든 델리 숍은 인기가 많은 곳이다. 다른 음식점과는 달리, 긴 카운터 테이블이 있기 때문에 공간이 협소해서 안에서 샌드위치를 먹기보다는 외부로 포장해 가는 편이다. 어떤 델리 숍은 신선한 샌드위치를 만들면서도 고객에게 고기를 덩어리로 무게 단위로 팔고, 어떤 곳은 오직 신선 식품이나 얇게 자른 고기만 판다. 배경으로 델리 숍을 골랐다면 그곳의 좁은 공간을 어떻게 장점으로 활용할지 생각하라. 예를 들어, 등장인물은 북적이는 손님들 무리 속에 숨을 수도 있고, 다른 사람 눈에 띄지 않게 뭔가를 몰래 전달할 만남의 장소로 델리 숍을 이용할 수도 있다.

배경 묘사 예시

중심가에 있는 작은 가게, 에드의 델리 숍 유리문을 열었다. 문에 달린 종이 땡그랑 울리자, 갓 구운 호밀 빵과 훈제육과 맵싸한 겨자 냄새가 내 위장에 행복한 돌풍을 일으켰다. 사람들의 어깨가 서로 닿을 만큼 다닥다닥 붙어선 긴 줄이

카운터를 따라 이어졌다. 앉을 곳은 아무 데도 없었지만 나는 개의치 않았다. 점심시간마다 다들 이 집의 샌드위치를 가져와 각자의 자리에서 만족스러운 신음 소리를 내며 열심히 먹는 장면을 견디는 것도 더 이상은 못할 짓이었다. 이제 나도 이 황홀한 작품을 직접 영접할 참이었다.

- **이 글에 쓴 기법** 다중 감각 묘사
- **얻은 효과** 분위기 설정, 감정 고조

술집/바   Bar

풍경

높은 카운터 테이블 하단의 황동 발걸이에 바짝 붙여놓은 나무 스툴들, 손님으로 북적이는 탁자와 좌석, 손님들(친구들과 웃고, 처음 보는 사람에게 말을 걸고, 벽에 고정된 텔레비전을 보고, 자기가 마시는 음료를 들여다보는), 소매를 걷은 채 술을 따르고 웨이터들이 받아온 주문을 처리하는 바텐더, 회녹색 식기 건조대에 가지런히 쌓인 유리잔, 스프레이가 부착된 싱크대, 쟁반이나 싱크대에 놓인 각얼음 봉지, 물 빠짐 쟁반, 다 쓴 것을 내리고 새것으로 교체되는 대용량 맥주, 빨대와 젓는 막대, 작은 플라스틱 꼬챙이와 빨대, 색색의 얼음 혼합물이 윙 돌아가는 믹서, 여러 개의 노즐 버튼이 달린 탄산음료 디스펜서, 술병이 한가득 진열된 벽, 바텐더 머리 위 보관 랙에 거꾸로 가지런히 걸린 긴 와인 잔이나 마티니 잔, 반달 모양으로 자른 라임과 레몬 조각이 담긴 플라스틱 통, 주스가 들어 있는 냉장고, 카운터 아래 비치된 우유와 크림, 자동 커피 메이커, 계산 작업을 처리하는 작은 컴퓨터 단말기 코너, 각 손잡이마다 해당 상표명이 표기된 생맥주 디스펜서, 맥주를 광고하는 네온사인 불빛이 반사된 바 뒤편의 거울 벽, 다른 사람과 부딪치지 않으려고 쟁반을 높이 들고 매장 안을 누비는 직원들, 사각형 냅킨이나 종이로 만든 받침 위에 놓인 양주잔들이 바를 따라 줄지어 늘어선 모습, 녹색이나 갈색 맥주병이 표면에 맺힌 물방울로 젖은 모습, 침침한 조명, 탁자 위에 동그랗게 남은 물 자국, 특별 음료를 써서 탁자들에 세워둔 종이 메뉴판, 드문드문 보이는 프레첼이 담긴 그릇, 뒤편 화장실로 이어지는 거무칙칙한 복도, 조명이 번쩍이는 도박용 기계, 작은 양주잔 여러 개가 가득 놓인 탁자, 반쯤 비운 칵테일 잔이나 와인 잔, 택시 호출용으로 쓰는 벽걸이 전화, 특별 행사를 홍보하는 광고, 화장실

소리

손님들(이야기하고, 스포츠 때문에 말다툼하고, 직장이나 배우자에 대해 불평하는), 웃음, 유리잔 속에서 찰그랑거리는 얼음, 남이 듣지 못하도록 소리를 낮춰 말하는 사람들의 웅웅거리는 불분명한 소리, 바텐더에게 자기 얘기를 하는 단골손님, 끌거나 움직이는 바 스툴, 텔레비전에서 나오는 스포츠 경기나 대전 중

계, 녹음된 음악이나 라이브 음악, 병맥주를 따르거나 마실 때 꿀렁거리는 소리,
바스락거리는 지폐, 바에 탁 놓는 병이나 잔, 가끔 들리는 유리가 박살 나는 소
리, 문이 여닫힐 때 끽끽거리는 경첩, 술통이 비었을 때 연결 관에서 공기가 새
며 나는 달그락 소리, 요란하게 돌아가는 믹서, 잔뜩 취한 손님들의 욕설과 고
함, 몸싸움이 벌어져 바닥에 쓰러지는 탁자와 의자

냄새

맥주, 독한 향수, 소금, 땀, 감귤류, 바에서 파는 음식(나초, 핫 윙, 드라이 립dry
rib[다양한 향신료를 활용해 건조하고 바삭하게 튀긴 돼지갈비 요리], 슬라이더slider[한 입
크기로 만든 작은 햄버거 모양의 스낵], 푸틴poutine[감자튀김과 조각 치즈 위에 그레이비소
스를 끼얹은 음식], 매운 딥 소스, 피클 튀김)

맛

들이켠 술의 타들어가는 듯한 맛(테킬라, 위스키 등), 효모 맛이나 쓴맛이 나
는 맥주, 과일 맛이 느껴지는 혼합 음료, 거품이 나는 탄산수나 탄산음료, 신 라
임이나 레몬 조각, 술잔 가장자리에 묻힌 소금이나 설탕, 톡 쏘는 토마토 시저
tomato caesar[보드카, 토마토 주스, 조개 육수, 핫 소스, 우스터소스를 이용해 만드는 칵테일]
칵테일, 장식용 체리를 깨물었을 때 확 퍼지는 단맛, 술을 너무 많이 마시고 토
할 때 느껴지는 시큼한 맛

촉감과 느낌

물방울이 맺혀 미끌거리는 맥주병 상표, 딱딱한 스툴, 생각에 잠겨 천천히 빙글
빙글 돌리는 술잔, 무의식적으로 맥주병 상표를 떼려고 만지작거리는 느낌, 손
잡이를 안 만지고 문을 열거나 변기 물을 내리려고 어설프게 시도하는 느낌, 몸
을 기울여 얘기할 때 팔꿈치가 나무로 된 카운터 테이블을 강하게 누르며 지탱
하는 느낌, 종이 냅킨이나 일회용 설탕 봉지, 바에서 누군가 흥미를 보일 때 방
향을 트느라 무릎이 다른 사람 몸에 닿는 느낌, 손가락으로 잡은 울퉁불퉁한 라
임 조각, 레몬이나 라임 즙이 눈에 들어간 느낌, 술을 쏟아 얇은 냅킨으로 닦는
느낌, 술을 너무 많이 마셔서 느껴지는 현기증

이 배경에서 벌어질 만한 갈등의 원인

- 몸싸움이 벌어진다.
- 손님이 취해서 직원에게 지나치게 친절하거나 공격적으로 군다.
- 연인과 결별한다.
- 술값이 모자란다.
- 누군가 기절한다.
- 신분증 검사로 미성년자라는 것을 들킨다.
- 경비원이 누군가를 심각하게 다치게 하거나 살해한다.
- 취한 손님이 설득하는 사람을 뿌리치고 운전대를 잡는다.

이 배경에서 볼 만한 유형의 사람들

- 바텐더, 경비원, 택시 운전사, 고객, 경찰관, 바 주인, 웨이터

이 배경과 밀접한 다른 배경

- **시골 편** 와인 저장실, 와인 양조장
- **도시 편** 나이트클럽, 펍

참고 사항 및 팁

바는 우중충한 싸구려 술집일 수도, 스포츠 채널이 구비된 식당일 수도, 호화로운 인기 업소일 수도 있다. 바가 어떤 모습이든 등장인물은 그 안에서 자기 영역처럼 편안함을 느끼거나 혹은 그 반대의 감정을 느낄 수 있다. 어떤 바에는 댄스 플로어가 있어서 밴드를 고용해 연주하게 할 수도 있다. 등장인물의 성격과 경험을 염두에 두고 그 장면에서 도달하고자 하는 목표에 대해 심사숙고하기 바란다. 등장인물에게 갈등과 긴장감을 유발할 것인가, 아니면 그가 편안하게 풀어질 수 있는 최고의 기회를 제공할 것인가.

그 사업가는 바의 맨 끝에 웅크린 채 잔을 다시 채워달라고 꿍얼거렸다. 러셀은 요청대로 술을 따르며, 마치 까다로운 퍼즐 조각이라도 되는 듯 그를 쳐다보았다. 그를 대화에 끌어들이려고 이미 한 번 시도했지만 대꾸가 없었다. 평소에도 혼자 마시러 오는 사람 수가 적지 않은 곳이었음에도, 맞춤 양복에 실크 넥타이를 정성스럽게 맨 그 남자는 이런 술집과 어울리지 않았다. 그날 밤 내내 그는 자기 옆에 억지로 밀고 들어와 주문을 하는 사람들을 전혀 신경 쓰지 않았고, 화장을 떡칠한 중년 여성들이 수작을 걸어보려고 끈질기게 애쓰는 것도 모르는 눈치였다. 그의 목표는 러셀이 전에도 수없이 봐왔던 장면, 즉 고통을 최대한 빨리 무디게 만드는 것뿐인 듯했다. 그리고 그것은 자기 값어치를 하는 바텐더라면 누구든 외면하지 못할 의문을 남겼다. 대체 무엇 때문에?

- **이 글에 쓴 기법**   다중 감각 묘사, 직유
- **얻은 효과**   성격 묘사, 복선

아이스크림 가게

풍경

대표 메뉴와 각각의 가격을 적은 칠판이 벽에 높이 걸린 모습, 무엇을 먹을지 기대하며 얘기 나누는 손님들이 길게 줄을 선 모습, 그 가게의 고유한 대표 메뉴를 홍보하는 밝은색 포스터, 대형 아이스크림 통들이 들어 있는 유리 진열장, 유리에 붙이거나 통에 꽂혀 있는 다양한 아이스크림 맛 이름(초콜릿, 바닐라, 딸기, 커피, 로키 로드rocky road[초콜릿 아이스크림과 견과류, 잘게 다진 마시멜로 등을 섞은 맛], 생일 케이크birthday cake[말 그대로 생일 케이크 맛이나 형태의 아이스크림], 민트 초콜릿 칩, 쿠키 앤 크림, 퍼지 리플fudge ripple[바닐라 아이스크림 사이에 퍼지(설탕, 버터, 우유를 섞어 가열하여 부드럽게 만든 것)를 흘려 넣어 대리석 같은 무늬가 생기도록 만든 맛], 피넛 버터 컵peanut butter cup[중심에 땅콩 버터를 주입한 초콜릿 조각을 아이스크림에 섞은 맛], 버터 피칸butter pecan[버터 향이 가미된 바닐라 아이스크림에 견과류인 피칸을 섞은 맛], 프랄린praline[견과류와 시럽, 우유나 크림을 섞은 프랄린을 아이스크림과 섞은 맛], 피스타치오, 체리), 다양한 셔벗 종류들(오렌지, 레몬, 산딸기, 라임, 체리, 다양한 색을 띤 레인보우), 차곡차곡 쌓인 와플 콘, 채워지기를 기다리는 그릇과 컵, 밀크셰이크용 컵, 밝은색 플라스틱 숟가락과 줄무늬 빨대, 냅킨 디스펜서, 각종 토핑류를 담은 통들(작게 부순 견과류, 스프링클, 사탕, 잘게 다진 베리류, 마시멜로, 쿠키 조각, 잘게 썬 과일, 초콜릿 칩, 곰 모양 젤리, 코코넛, 휘핑크림), 시럽 디스펜서(초콜릿, 캐러멜, 딸기), 금속 주걱으로 아이스크림을 능숙하게 푸는 직원들, 싱크대 물에 담가놓은 아이스크림용 숟가락들, 믹서와 도마, 금전등록기, 테이블과 의자

소리

윙 돌아가는 믹서, 바나나를 비롯한 각종 토핑류를 자르는 칼, 싱크대 가장자리에 탁탁 치는 아이스크림 주걱, 아이스크림을 너무 많이 담아 갈라지는 콘, 빨대로 호로록 마시는 밀크셰이크의 마지막 한 모금, 앞에 선 사람의 주문이 길어지자 뒷사람들이 내쉬는 한숨, 딸랑거리며 열리는 금전등록기, 숟가락으로 달그락거리며 떠내는 스프링클, 디스펜서에서 찍 나오는 시럽, 콘을 건네받으면서 꺅꺅거리는 흥분한 아이들, 내용물이 거의 안 남은 대형 아이스크림 통을 긁는

금속 주걱, 금전등록기 안으로 짤그랑거리며 들어가는 동전

(냄새)

와플 콘을 납작하게 누른 후 구울 때 나는 달달한 냄새, 따뜻한 초콜릿, 신선한 딸기와 바나나, 냉장 장비에서 나는 오존 냄새, 구운 견과류, 캐러멜 소스

(맛)

달고 차가운 아이스크림, 새콤한 베리류가 톡 터지는 맛, 반쯤 녹은 바나나 덩어리, 캐러멜과 초콜릿 시럽, 오도독 씹히는 구운 견과류, 바삭바삭한 와플 콘, 친구나 가족과 함께 번갈아가며 아이스크림을 핥는 맛, 막대 아이스크림, 물, 탄산음료에 아이스크림을 띄워 만든 음료, 크림이 풍부한 밀크셰이크

(촉감과 느낌)

혀에서 녹는 차갑고 부드러운 아이스크림, 손목을 타고 흐르는 차가운 한 방울을 혀로 핥는 느낌, 손가락에 닿는 울퉁불퉁한 와플 콘, 흘린 아이스크림을 닦자 순식간에 젖는 냅킨, 끈적해진 손가락, 딱딱한 초콜릿 코팅을 부수며 그 아래 부드러운 아이스크림을 맛보는 느낌, 한 번 베어 물었을 때 부드러운 아이스크림과 바삭한 견과류 혹은 쿠키 조각을 동시에 맛보는 느낌, 따뜻한 햇볕을 받으며 야외의 간이 식탁에 앉아 있는 느낌, 빨대로 호로록 마시는 밀크셰이크, 찬 것을 먹었을 때 생기는 두통, 플라스틱 숟가락으로 싹싹 긁는 그릇의 밑바닥, 아이스크림을 너무 힘주어 뜨다가 부러지는 플라스틱 숟가락

이 배경에서 벌어질 만한 갈등의 원인

- 냉장 장비가 고장 난다.
- 공급 배달이 늦어져 아이스크림이 떨어진다.
- 더운 날씨 때문에 손님들의 인내심이 바닥난다.
- 한창 아이스크림콘을 만들고 있는데 손님이 주문을 바꾼다.
- 아이스크림콘을 떨어뜨린 아이가 울부짖기 시작한다.
- 정말 싫어하는 사람이 손님으로 온다.
- 다이어트 중인데 아이스크림을 먹고 싶어서 갈등에 빠진다.

- 일하면서 숟가락을 핥거나 머리를 긁는 직원이 주문한 아이스크림을 내온다.
- 제품을 먹는 직원 때문에 재료 비용이 늘어난다.
- 십 대 직원이 자기 친구들한테 아이스크림을 공짜로 준다.
- 유제품 알레르기에도 불구하고 아이스크림을 주문해서 먹는다.

이 배경에서 볼 만한 유형의 사람들

- 손님(아이들과 함께 온 부모와 조부모, 데이트 중인 커플, 관광객), 배달원, 직원, 가게 주인

이 배경과 밀접한 다른 배경

- **시골 편** 해변
- **도시 편** 대도시 거리, 편의점, 공원, 쇼핑몰, 소도시 거리

참고 사항 및 팁

어떤 아이스크림 가게는 특정 테마에 맞춰 지어진다. 이를테면 1950년대 아이스크림 가게로 설정하면서 내부 가구와 집기 등을 그에 맞춰 구비하는 식이다. 또 어떤 곳은 긴 유리 진열장과 카운터만 있어서 손님들이 안에서 아이스크림을 먹을 수 없는 곳도 있다. 아이스크림 가게가 대형 체인점이라면 직원들은 유니폼을 입고, 컵이나 냅킨, 포스터에는 회사의 로고가 새겨져 있을 것이다. 아이스크림 가게는 관광지와 대형 쇼핑몰에 자리한 경우가 많으며, 기후가 서늘한 지역에 있는 일부 가게는 특정 계절에만 문을 연다. 후자의 경우에는 여름철 아르바이트가 필요한 학생들에게 특히 인기가 좋다.

배경 묘사 예시

딸아이는 까치발로 서서 길게 줄지어 진열된 형형색색의 아이스크림과 셔벗을 들여다봤다. 고개를 돌릴 때마다 땋아 내린 검은 머리카락이 등을 가로지르며 획획 왔다 갔다 했다. 카운터 뒤에 선 젊은 직원이 그 애가 꼭 세상의 운명이 지금 엄청 위태로운 것 같은 표정을 하고 있다고 말해서 나는 웃었다. 사실이었으

니까. 하지만 로레나는 아무리 오랫동안 그렇게 스스로를 고문하듯 고민해도 늘 같은 걸 골랐다. 우리 뒤에 줄을 선 사람들이 자세를 바꾸기 시작하며 눈에 띄게 조용해졌다. 내가 세 번 목을 가다듬으며 재촉하자 로레나는 진열장 한 곳을 손가락으로 다급하게 두드렸다. 그 애의 숨결 때문에 유리 표면에 김이 서렸다. 나는 이름표를 보려고 흐려진 부분을 닦아냈다. 아니나 다를까, 이번에도 풍선껌 맛이 승자였다.

- **이 글에 쓴 기법**　다중 감각 묘사
- **얻은 효과**　성격 묘사

도넛(글레이즈드, 설탕을 뿌린 것, 가루 설탕[가루처럼 곱게 빻은 설탕]을 묻힌 것, 견과류와 스프링클을 곁들인 것, 아이싱을 입힌 것, 크림으로 속을 채운 것)이 든 키큰 유리 진열장, 종이 포장재를 둘러 구운 머핀(당근, 바나나와 견과류, 초콜릿칩, 블루베리), 빨간 플라스틱 쟁반에 놓인 다양한 쿠키, 황금색으로 잘 구워져 보관함 안이나 봉투에 담긴 빵 덩어리, 화려한 색의 과일 타르트와 글레이즈드 플랜flan[디저트의 일종. 플랜에는 두 가지 종류가 있는데 '크림 캐러멜'이라고도 부르는 부드러운 커스터드 푸딩 형태와 타르트에 가까운 페이스트리 형태가 있다], 대니시 페이스트리, 한 입 크기로 잘라 먹을 수 있는 네모난 초콜릿, 마카롱과 에클레어, 흰색 상자에 담긴 다양한 케이크, 금전등록기와 카드 단말기가 놓인 스테인리스 재질의 카운터 테이블, 벽의 칠판에 쓰인 그날의 특별 메뉴, 병에 든 음료(탄산수, 주스, 우유, 아이스티)를 보관한 작은 냉장고, 고객들이 구매한 제품을 먹고 갈 수 있도록 한쪽에 마련한 작은 탁자나 칸막이를 두고 마련한 자리, 주방이 보이는 열린 출입구(밀가루가 뿌려진 카운터 테이블, 거대한 오븐에서 꺼내는 베이글, 식히는 동안 바삭한 껍질에 장식으로 낸 칼집 사이로 과즙이 스며 나오는 각종 베리류 파이), 막 닦은 타일 바닥, 흰 유니폼에 초콜릿 자국과 밀가루로 뒤덮인 앞치마 차림으로 분주하게 오가는 직원들, 윙 소리를 내며 반죽을 섞는 제빵기, 빵 반죽을 바로 넣을 수 있도록 버터나 기름칠을 해서 배열해둔 금속 틀, 대형 스테인리스 싱크대, 빵이나 과자 부스러기투성이의 접시들을 업소용 식기 세척기에 넣으려고 쌓아둔 모습, 이스트가 보관된 캔이 여럿 놓인 선반, 설탕 봉지와 다양한 종류의 밀가루가 담긴 통, 사람이 드나들 수 있는 규모의 냉장실

업소용 혼합기 안에서 섞이는 반죽, 여닫히는 금전등록기, 삐 울리는 오븐의 타이머, 먹으면서 대화를 나누는 손님들, 도넛이나 머핀을 집을 때 밑에 깔린 납지의 바스락 소리, 달그락거리는 포크와 나이프와 접시, 바삭한 빵이 파사삭 부서지는 소리, 입안에 음식을 머금은 채로 맛을 음미하며 소감을 우물거리는 사람들, 오븐 문이 여닫힐 때 끽끽거리는 경첩, 슥삭거리며 베이글이나 번을 가르는

칼, 식기 세척기 안에서 찰박거리는 물, 쓰레기통 안으로 떨어지는 쓰레기, 가게 출입문이 열릴 때 딸그랑거리는 종, 울리는 휴대전화, 종이봉투 입구를 접어 손님에게 건넬 때 나는 부스럭 소리

냄새

발효를 거쳐 구워지는 이스트가 들어간 반죽, 설탕, 녹은 버터, 커피, 구운 빵, 구운 견과류, 메이플 시럽이나 꿀, 차, 풍미 강한 향신료, 마늘, 계피, 카다멈cardamom[열대 아시아에서 나는 생강과 식물이자 그 씨앗으로 만든 향신료], 생강, 레몬, 초콜릿, 치즈를 올린 크루아상과 오븐에서 구워지는 베이글

맛

녹은 버터가 뚝뚝 흐르는 갓 구운 빵, 생강의 톡 쏘는 맛, 표면에 바른 설탕이 혀에서 녹는 맛, 바삭한 견과류, 알곡과 씨앗, 뻑뻑하고 끈끈한 크림으로 속을 채운 도넛, 한껏 부풀어 오른 휘핑크림, 진한 초콜릿, 쓴 커피, 물, 씨가 살아 있는 과일 잼, 부드러운 크림치즈, 한 덩이의 빵이나 케이크 위에 장식으로 올린 잘게 썬 레몬 제스트, 메이플 시럽으로 만들어 입힌 글레이즈, 차, 소금, 달달한 베리류나 사과로 속을 채운 파이의 바삭한 껍질

촉감과 느낌

도넛을 물었을 때 시원한 잼이나 속에 채운 레몬 필링이 터져 나와 뺨에 묻는 느낌, 손가락 끝에 묻은 설탕 가루, 입술에 묻은 가루 설탕, 손가락에 묻은 끈적한 글레이즈, 종이 냅킨으로 닦는 입, 물방울이 겉에 맺힌 유리잔, 뜨거운 커피가 담긴 머그잔을 집다 살짝 데는 느낌, 식기 세척기에서 아직 온기가 있는 접시를 꺼내 탁자로 가져가는 느낌, 반으로 찢어 버터를 듬뿍 바르는 촉촉한 롤빵, 가볍고 바삭한 페이스트리나 쫄깃한 식감의 빵을 씹는 느낌, 손가락 위로 스며 나오는 버터나 녹은 잼, 뜯기 전에 흔드는 일회용 설탕 봉지, 냅킨함에서 당겨서 꺼내는 냅킨, 맛있는 빵의 마지막 부스러기까지 먹으려고 접시에 꾹꾹 누르는 손가락, 롤빵에 버터를 문지를 때 느껴지는 나이프의 무게감, 얇고 바스락거리는 머핀용 포장지

이 배경에서 벌어질 만한 갈등의 원인

- 젖은 바닥 때문에 미끄러진다.
- 주방에서 화재가 일어난다.
- 오븐이나 튀김기를 사용하다 직원이 화상을 입는다.
- 한창 붐비는 자리에 앉아 있는데 사이가 안 좋은 사람이 들이닥쳐 모종의 이유를 들며 사람들 앞에서 비난을 퍼붓는다.
- 벌레가 들끓는다.
- 생물학적 테러 행위(많은 사람을 살상하기 위해 탄저균 같은 물질을 설탕에 섞는 등)가 벌어진다.
- 불시에 위생 검사를 받는다.
- 알레르기 반응을 일으키는 뭔가를 먹는다.
- 음식에서 머리카락이 나온다.

이 배경에서 볼 만한 유형의 사람들

- 제빵사, 손님, 배달원, 직원, 위생 검사관

이 배경과 밀접한 다른 배경

- **시골 편** 부엌
- **도시 편** 커피숍, 델리 숍, 간이식당

참고 사항 및 팁

판매 제품의 종류는 제과점의 스타일에 따라 달라진다. 어떤 제과점은 과자와 빵을 판매만 하고 앉아서 먹는 자리는 없는 반면, 어떤 곳은 손님들이 앉아서 음식을 먹고 커피를 마시고 친구를 만나는 장소로 이용할 수 있도록 커피숍처럼 꾸며놓는다. 또한 제과점은 케이크나 도넛처럼 특정 품목만 팔기도 하고, 다양한 종류의 제과 제빵 제품을 팔면서 케이크 장식 서비스를 제공하는 곳도 있을 수 있다. 지금 쓰고 있는 소설에 다문화적인 요소를 넣고 싶다면, 나라별 색깔이 드러나는 과자류를 판매하는 독일식, 혹은 중국식이나 스웨덴식 제과점으로 설정해보는 것도 좋은 방법이다.

배경 묘사 예시

레지나는 손을 앞치마에 닦은 뒤, 동그란 고리 모양 반죽 몇 개를 기름통에 넣었다. 도넛들은 몇 초 만에 두 배로 부풀어 기름으로 번들거리는 탕 안에서 작은 갈색 구명띠처럼 떠올랐다. 그녀는 머릿속으로 칼로리를 계산하며 도넛을 꺼내 설탕 통에 가볍게 던졌다. 그 유혹적인 가루에 손대지 않도록 조심하면서. 그녀는 자신의 결심을 점검했고, 적들을 격퇴하는 성벽처럼 그 결심이 튼튼한 것을 확인했다. 여기에서 일하면서 체중 감량 목표를 달성할 수 있다면, 앞으로 어디서든 똑같이 할 수 있으리라.

- **이 글에 쓴 기법**   직유
- **얻은 효과**   성격 묘사

캐주얼 다이닝 레스토랑　　　Casual Dining Restaurant

[고급 레스토랑과 패스트푸드 레스토랑 사이급의 식당으로, 적당한 가격과 캐주얼한 분위기가 특징이다]

풍경

유행하는 스타일의 칠판에 쓰인 특별 메뉴, 벤치에 앉아 기다리는 손님들, 메뉴판 및 포크와 나이프 묶음이 준비된 안내 스탠드, 아이들을 위해 비치된 색칠 놀이용 종이와 크레용, 식당의 테마(단순 소박하거나 최신 유행 등)나 제공되는 음식 종류에 어울리는 분위기의 조명과 실내장식(이탈리아 식당 : 장식이 들어간 오일병, 투명한 통에 넣은 파스타 면과 페페론치노, 해산물 식당 : 해양 테마의 장식과 해수 수족관, 수조 속 랍스터, 일본 식당 : 초밥, 접이식 실크 부채, 칸막이용 병풍, 일본풍 예술 작품, 사케병), 벽에 걸린 사진이나 그림, 거울 벽 앞에 마련된 바, 종이 냅킨 위에 놓인 음료, 와인병과 술병, 낮게 늘어진 조명, 회전 스툴에 앉아 방향을 이리저리 돌리는 사람들, 푹신한 벤치형 좌석이 놓인 4인 이상용 칸막이 자리, 높은 탁자, 4인 이상용 칸막이 자리와 일반적인 식탁과 의자를 놓은 자리가 함께 있는 식사 공간, 깨끗하게 치워진 식탁과 종이 냅킨이 놓인 식탁, 식탁 위에 비치된 양념(소금, 후추, 케첩, 겨자, 설탕 봉지), 무료 제공된 빵이 담긴 바구니, 앞치마를 두르고 주머니에 펜과 메모판을 꽂은 채 바쁘게 오가는 종업원들, 김이 모락모락 나는 음식이 담긴 쟁반, 식탁에 앉은 손님, 앉아서 뒤를 돌아보는 아이, 지저분한 접시들만 남은 빈 식탁, 뒤편의 화장실, 박하사탕과 함께 제공된 영수증, 빈 접시를 나르는 직원, 지나가다 직원과 잠시 얘기를 나누는 매니저, 금전등록기에 보이는 다양한 신용카드 표식들, 많은 금액이 나온 영수증을 보고 언짢은 표정이 스치는 손님의 얼굴

소리

웅얼거림과 대화, 시끄러운 웃음소리와 바에서 들리는 함성, 텔레비전에 나오는 스포츠 경기와 뉴스 진행자, 달그락거리는 포크와 나이프, 깨지는 접시, 휙 열리는 문, 주문을 받는 직원, 투닥거리거나 우는 아이들, 화장실에 뛰어가거나 뛰어나오는 아이들, 끽끽거리는 바의 회전 스툴, 잔에 채우는 음료, 나이프에 긁히는 접시, 빨대로 마시는 음료, 탁 닫는 메뉴판, 기계에서 출력되는 영수증, 홀

ㅋ

469

서빙 직원들과 요리사들이 앞뒤로 서로 외치는 소리, 지글거리며 조리되는 음식, 치즈나 후추를 음식 위에 뿌릴 때 나는 부드럽게 갈리는 소리, 칸막이 좌석으로 슥 들어갈 때 나는 미끄러지는 소리, 생일 고객에게 노래를 불러주는 직원, 특별 메뉴를 읊어주는 직원, 바닥에 끌리는 의자, 쉭쉭거리는 생맥주나 디스펜서 입구에서 쏟아지는 탄산음료, 식탁에서 바사삭 써는 단단한 빵, 스테이크를 써는 소리, 떠날 채비를 하는 손님들이 호주머니에서 찰그랑거리며 꺼내는 열쇠

냄새

조리 중인 음식, 향신료, 이스트, 맥주, 감칠맛 나는 와인, 향수, 화장수, 기름, 공기 탈취제, 세제, 마늘, 구취, 상쾌한 숨결(박하 향이 나는)

맛

요리된(해당 식당의 조리법에 따라) 음식, 커피, 차, 물, 와인, 맥주 및 그 밖의 주류, 탄산음료, 얼음, 박하사탕, 껌, 립스틱이나 립글로스, 마늘, 버터, 기름, 지방질, 소금, 후추

촉감과 느낌

아삭아삭한 샐러드, 비닐이나 천 재질의 좌석 표면에 들러붙는 다리, 식탁 아래에서 다른 사람의 발을 밟거나 무릎이 서로 부딪치는 느낌, 다리 길이가 맞지 않아 흔들리는 탁자, 딱딱한 타일이나 나무로 된 바닥, 차가운 포크와 나이프와 접시, 거친 종이 냅킨이나 부드러운 천 냅킨, 매끈한 탁자, 낮게 드리운 조명이 내뿜는 온기, 칸막이 좌석 내부가 너무 좁아 어깨와 엉덩이가 서로 닿는 느낌, 따뜻한 빵, 뜨거운 접시, 뜨거운 음식에 덴 입천장, 너무 낮은 온도로 설정된 에어컨, 천장의 선풍기에서 불어온 바람에 흩날리는 머리카락, 무릎에 떨어진 소스, 손가락에 달라붙은 빵 부스러기, 이에 낀 음식

이 배경에서 벌어질 만한 갈등의 원인

- 잘못 주문된 음식을 받아 알레르기 반응을 일으킨다.
- 손님이 팁을 인색하게 준다.
- 직원들이 불친절하다.

470

- 음식에 불쾌한 게 들어 있는 것을 발견한다.
- 함께 저녁 식사를 하기로 한 사람에게 바람맞는다.
- 기진맥진한 직원과 부딪치는 바람에 쏟아진 음식과 음료를 뒤집어쓴다.
- 예약 좌석을 놓친다.
- 비윤리적이거나 게으른 직원들과 함께 일해야 한다.
- 손님이 무례하거나 과한 요구를 해서 감당하기 벅차다.
- 손님에게 성희롱을 당한다.

이 배경에서 볼 만한 유형의 사람들

- 입구의 안내 담당 직원, 레스토랑 직원, 회의 겸 점심 식사를 하는 사업가들, 데이트 중인 커플, 손님, 특별한 날(기념일, 생일, 약혼식, 결혼식 전날 만찬 등)을 축하하는 친구와 가족, 매니저

이 배경과 밀접한 다른 배경

- 간이식당, 야외 주차장

참고 사항 및 팁

식당은 등장인물들이 이야기 안에서 함께 어울릴 수 있는 보편적인 장소다. 레스토랑의 종류(캐주얼 다이닝 또는 고급 레스토랑)에 따라 고객의 성격도 달라질 수 있다. 어찌 됐든 사람들이 모이는 곳에서 충돌은 피할 수 없는 법. 특히 다른 사람들 앞에서 튀고 싶어 하는 등장인물이 있다면, 이야기 안에서 사건 사고를 만들 수 있는 수많은 기회가 생긴다.

배경 묘사 예시

나는 롭이 고른 식당을 점점 마음에 들어 하며 칸막이 좌석에 앉았다. 식탁마다 촛불이 깜박였고, 조명은 아늑하게 어두웠다. 직원이 빵 굽는 오븐에서 나는 듯한 냄새를 풍기는 바구니를 들고 조용히 다가왔다. 그가 순백의 깨끗한 식탁보 위에 버터 컬butter curl[버터를 장식적인 효과가 있도록 동그란 형태로 조금씩 깎아낸

471

것] 한 접시를 놓자 내 위장은 바로 항복을 외쳤다. 내가 조금 일찍 오긴 했지만 롭이 많이 늦지는 않길 바랐다. 그렇지 않으면 그가 먹을 빵 부스러기조차 남지 않을 것 같았으니까. 오늘 마침내 이루어진 그와의 만남은 좋으리라. 그가 데이트 프로필을 솔직히 작성했고, 그래서 내가 그를 바로 알아본다면.

- **이 글에 쓴 기법** 다중 감각 묘사, 직유
- **얻은 효과** 성격 묘사, 분위기 설정

커피숍

Coffeehouse

(풍경)

크롬색 에스프레소 기계 및 거품기가 늘어선 긴 카운터 테이블, 원두를 가는 그라인더, 향기로운 블렌드의 커피가 채워진 커피 포트, 커피에 곁들이는 재료와 토핑류를 담은 병들(은색 휘핑크림 용기, 캐러멜과 초콜릿 시럽, 조각 토피toffee[캐러멜화한 설탕, 당밀, 버터, 밀가루 등으로 만든 과자]), 믹서, 금속제 온도계, 카운터 아래 냉장고에 보관된 우유 통, 한창 여과 중인 커피 포트, 식기세척기에서 갓 꺼내 아직 뜨겁고 물기가 있는 머그잔, 높이 쌓아둔 종이컵과 뚜껑, 금전등록기 근처에 팁을 넣도록 둔 병, 여러 스낵류(머핀, 샌드위치, 페이스트리, 쿠키)가 진열된 유리 진열장, 유행에 맞게 장식된 철제 의자와 그 위에 덧댄 방석과 함께 간격을 두고 배치된 작은 원형 테이블, 낮은 커피 테이블 주변에 놓인 가죽 안락의자들, 사람들이 놓고 간 신문과 잡지가 여기저기 흩어진 모습, 손님들(노트북 컴퓨터나 태블릿 컴퓨터로 일하고, 책을 읽고, 친구들과 한담을 나누는), 의자 등받이에 걸친 쇼핑백과 핸드백, 벽 선반에 진열된 커피 관련 상품들(머그잔, 양철통에 담은 쿠키, 커피 그라인더, 휴대용 텀블러, 포장된 커피나 차, 커피 추출 기계, 찻주전자, 여러 제품을 담은 선물 세트), 바깥 풍경을 볼 수 있는 거대한 통유리창, 금전등록기 앞까지 길게 늘어선 줄, 그날의 특별 메뉴(스무디, 차, 얼음과 함께 간 음료, 카페 라테, 카푸치노, 에스프레소 음료 등)를 써놓은 칠판, 각각의 커피를 담아 이름표를 붙인 서랍들이 벽을 가득 채운 모습, 샌드위치와 포장지, 탁자위에 남은 쓰레기, 각종 커피 관련 물품(일회용 설탕 봉지, 시럽, 크림 등)을 비치한 코너, 커피 젓는 막대, 추가 뚜껑, 냅킨과 시나몬 통, 쓰레기통과 재활용 수거함 세트

(소리)

그라인더 안에서 갈리는 커피, 받은 주문을 외치는 직원, 웅성거리는 목소리, 웃음, 달그락거리는 그릇, 머그잔 안쪽에 찰강찰강 닿는 숟가락, 묵직한 소리를 내며 작동하는 거품기, 금속들이 서로 긁히는 소리, 땡 울리는 금전등록기, 출력되는 영수증, 다 쓴 커피 가루를 탁탁 두드려 필터에서 떼어내는 바리스타, 팁 넣는 병에 짤그랑 떨어지는 동전, 다 쓴 휘핑크림 용기에서 쉭쉭 빠지는 공기, 음

473

료를 한 모금 마시고 낮은 목소리로 음미하는 사람들, 쿠키와 대니시 페이스트리를 꺼낼 때 버스럭거리는 봉지, 커피가 담긴 은박 봉지를 찢어 여는 소리, 믹서 안에서 갈리는 얼음, 웅웅거리는 기계, 라디오에서 나오는 음악, 문이 여닫힐 때마다 땡그랑 울리는 종소리, 펄럭거리며 넘기는 신문, 걸레로 슥슥 닦는 바닥, 쓰레기통 안으로 퉁 떨어지는 커피 컵

냄새

갓 내린 커피와 갓 간 원두, 풍미 가득한 에스프레소, 탄 커피의 매캐한 냄새, 따뜻한 캐러멜이나 초콜릿, 톡 쏘는 듯한 향료(계피, 차이 티chai tea[홍차에 각종 향신료나 허브를 함께 넣어 끓여낸 인도식 차], 멀드 사이더mulled cider[사과주에 향신료와 감귤류를 넣어 달게 끓여낸 음료]), 갓 구운 쿠키와 머핀, 뜨거운 허브 차에서 나는 과일 향, 뒤섞인 향수 냄새, 바닐라

맛

달콤하거나 쓴 커피, 카페 라떼, 차이 향신료와 차이 티, 초콜릿을 가늘게 끼얹은 휘핑크림, 견과류가 든 따뜻한 쿠키, 겨자나 마요네즈 맛이 느껴지는 푸짐한 샌드위치, 매운 수프, 블렌드된 음료나 아이스커피의 얼얼하게 차가운 맛, 레몬이나 민트

촉감과 느낌

손에 쥔 따뜻한 머그잔, 너무 뜨거운 커피나 차에 데인 혀, 목구멍을 타고 쭉 내려가는 온기, 입술에 묻은 부스러기나 음료의 거품을 핥는 느낌, 쏟아진 음식이나 커피 때문에 끈적거리는 카운터 테이블, 젖은 바닥에 미끄러지는 느낌, 음료에서 피어오르는 김에 달아오른 얼굴과 습기가 차는 안경, 뜨거운 음료에 입김을 불 때 훅 느껴지는 열기, 더운 날에 스무디를 마실 때 목구멍을 따라 느껴지는 차가운 쾌감, 손목에 뜨거운 커피 방울을 흘렸을 때의 통증, 커피가 위장을 채우면서 서서히 퍼지는 온기, 종이 냅킨으로 닦는 입술, 바닥에 떨어지지 않도록 무릎 위에 잘 펴놓은 화려한 잡지, 손가락 끝에 닿는 매끈한 컴퓨터 키보드, 편안한 독서용 의자, 등을 파고드는 철제 의자의 딱딱한 등받이, 뜨거운 커피가 담긴 종이컵 때문에 따끔거리는 손가락

이 배경에서 벌어질 만한 갈등의 원인

- 음료값을 치르려는데 돈이 모자란다.
- 뭔가에 부딪치거나 걸려 커피를 쏟는다.
- 인원 수가 많은 모임 때문에 큰 탁자가 필요한데, 다른 손님이 넓은 자리를 혼자 차지하고 커피를 조금씩 홀짝인다.
- 주문한 음료나 음식이 잘못 나온다.
- 와이파이가 느리다.
- 커피를 너무 많이 마셔 초조해지다 결국 화를 터뜨린다.
- 오지 않는 데이트 상대를 기다린다.
- 앉아서 분위기를 만끽하고 싶으나 빈자리가 없다.

이 배경에서 볼 만한 유형의 사람들

- 매니저, 바리스타와 그 밖의 서빙 및 조리 담당 직원, 손님, 배달원

이 배경과 밀접한 다른 배경

- 제과점, 대도시 거리, 간이식당, 야외 주차장, 소도시 거리

참고 사항 및 팁

체인점으로 된 커피숍은 어느 지점이든 모습이 비슷하지만, 개인이 하는 커피숍은 좀 더 개성적이고 특정 고객에게 어필할 수 있는 특별한 분위기를 추구한다. 트렌디하고 고급스럽거나, 옛날 분위기를 내든가, 개성 있는 고객들이 좋아하도록 꾸미든가, 환경 문제에 관심 있는 고객을 끌기 위해 '녹색' 테마로 커피숍을 장식하든가 하는 식으로 말이다.

배경 묘사 예시

나는 블랙커피의 마지막 모금을 마신 다음 더 달라는 신호를 보냈다. 몇몇 십대 커플들이 근사한 크롬빛 테이블에 놓인 카푸치노 잔 위로 몸을 기울이고 있

었고, 뒤편의 칸막이 자리는 웃고 떠드는 그룹들로 북적였다. 내 파트너인 이 가게 안의 유일한 빈 좌석은 내게 조용히 권유했다. 따분하게 굴지 말고 얼른 정신 차리고 나가서 다른 손님이 이 자리를 대화로 채울 수 있도록 배려하라고.

---

* **이 글에 쓴 기법** 대비, 상징적 표현
* **얻은 효과** 분위기 설정

패스트푸드 레스토랑   Fast Food Restaurant

풍경

금전등록기를 담당한 직원이 서 있는 전면 카운터, 뒤쪽에 자리한 주방, 드라이브스루 전용 창구, 제품과 가격을 표시한 메뉴판, 현금이나 신용카드를 건네는 손님, 음식과 음료를 담은 쟁반을 들고 가는 사람들, 소스 및 양념 코너(일회용 케첩과 겨자, 냅킨, 플라스틱 포크와 나이프), 음료용 물품(컵, 빨대, 뚜껑)이 구비된 탄산음료 디스펜서, 어린이용 놀이 공간, 각기 다른 제품을 홍보하는 포스터들이 붙은 벽, 해당 식당의 마스코트나 그 밖의 상징물의 그림이나 사진, 노출되지 않게 캐비닛 안에 넣어 설치한 쓰레기통, 다 쓴 쟁반 더미, 같은 간격을 두고 배치된 테이블과 별도의 다인용 자리, 바퀴 달린 유아용 식탁 의자, 한쪽에 쌓인 어린이용 키 높이 보조 의자들, 바닥에 뒹구는 벗겨낸 포장지와 영수증, 부스러기들과 케첩 자국으로 더러워진 테이블, 바닥에 뭔가 흘렸음을 표시한 칼라콘, 화장실, 테이블을 닦거나 바닥을 걸레질하는 직원, 전반적인 상황을 감독하는 매니저, 화장실로 뛰어가는 아이들

소리

지글거리며 요리되는 버거와 튀김, 주문하는 손님, 뒤쪽 주방 직원에게 틀린 주문을 정정해서 불러주는 계산 담당 직원, 영수증을 출력하는 기계, 삐 소리를 내는 튀김기와 오븐, 튀김 위에 뿌리는 소금, 튀김 통에서 한 주걱 떠내는 튀김, 헤드셋을 통해 말하는 드라이브스루 담당 직원, 탄산음료가 꼴꼴거리며 나오는 디스펜서, 닫히는 냉장고 문, 플라스틱 나이프와 포크를 싼 셀로판 포장지가 바스락거리는 소리, 봉지에 담는 음식, 빨대 포장 비닐을 뜯는 소리, 컵 안으로 떨어지는 얼음, 끽끽거리는 회전의자, 타일 바닥 위로 끌리는 의자, 뛰어가는 발소리, 웃거나 소리 지르는 아이, 우는 아기, 너무 시끄러운 아이들을 나무라는 부모, 서로 인사하는 손님들, 휴대전화로 통화하는 사람들, 쩝쩝거리며 시끄럽게 먹는 사람, 빨대로 음료를 꿀꺽꿀꺽 마시거나 컵 안의 얼음을 찰랑찰랑 흔드는 사람, 놀이 공간에서 나는 꺅꺅 소리와 외침

(냄새)

구워지는 고기, 기름과 지방질, 샐러드에 뿌린 새콤한 드레싱, 물티슈, 케첩

(맛)

버거와 튀김, 튀기고 구운 닭고기, 어니언 링, 과일, 샌드위치와 랩 샌드위치, 샐러드와 드레싱, 밀크셰이크, 아이스크림, 쿠키, 탄산음료, 물, 커피, 과일 주스, 마요네즈, 겨자, 케첩, 바비큐 및 그 밖의 소스, 얼음

(촉감과 느낌)

기름 묻은 손, 손가락에 묻은 소스를 핥는 느낌, 테이블에서 털어내는 소금 부스러기, 빨대로 꿀꺽꿀꺽 마시는 차가운 음료, 와플 콘 가장자리로 녹아내리는 아이스크림, 끈적끈적한 케첩, 컵 표면에 맺힌 물방울에 젖는 손바닥, 음식과 음료를 가득 올린 쟁반의 균형을 잡는 느낌, 컵을 잡은 손으로 넘치는 탄산음료, 너무 뜨거운 음식에 데인 입, 종이 냅킨으로 닦는 입, 구겨서 쟁반으로 던지는 샌드위치 포장지, 플라스틱 나이프로 낑낑거리며 아이의 고기를 써는 느낌

이 배경에서 벌어질 만한 갈등의 원인

- 손님이 메뉴를 좀처럼 정하지 못하거나 주문 시 요구 사항이 너무 많다.
- 긴 줄에 비해 카운터 담당 직원이 부족하다.
- 음식이 아무리 기다려도 나오지 않는다.
- 직원이 주문한 음식을 잘못 준다.
- 재료가 부족해 특정 메뉴를 더 이상 만들지 못한다.
- 화장실이 지저분하다.
- 직원이 무례하거나 서툴다.
- 아이가 제멋대로 날뛰도록 방치하는 부모가 있다.
- 아이가 미친 듯이 성질을 부린다.
- 다른 사람의 부탁으로 오긴 했지만 좋아하는 식당이 아니다.
- 좋아하는 메뉴지만 그 메뉴의 칼로리나 함께 나오는 재료는 마음에 들지 않는다.
- 차가 드라이브스루 통로 중간에서 멈춘다.

- 생일 파티가 너무 시끄러워 매장 전체에 폐를 끼친다.
- 놀이 공간에서 아이가 찬 기저귀가 샌다.

이 배경에서 볼 만한 유형의 사람들

- 생일 파티에 참석한 어린이, 아이와 함께 온 가족, 행사나 경기 후에 함께 모인 운동부나 그 밖의 팀원들, 커피와 아침 식사를 먹으며 서로 교류하려고 모인 퇴직자들, 점심시간에 들른 직장인들, 혼자 식사하러 온 손님

이 배경과 밀접한 다른 배경

- 델리 숍, 쇼핑몰

참고 사항 및 팁

실제 생활에서든 이야기에서든 사람은 먹는 데 상당한 시간을 보내기 때문에 식사 장면을 쓰는 건 당연한 일이다. 하지만 그런 장면에서는 인물들이 주로 앉아 있고 움직임도 적기 때문에, 자칫 이야기의 속도가 느려지거나 분량을 너무 많이 잡아먹을 수 있다. 가정집 부엌이든 식당이든 식탁에서 펼쳐지는 장면을 쓸 때는 움직임을 넣어서 분위기가 늘어지지 않도록 주의해야 한다. 예를 들어, 아이들이 뛰어다니거나, 사람들이 양해를 구하고 자리를 뜨거나, 누군가 음료를 채우러 일어나거나 하는 식으로 대화 사이에 움직임을 만들면 장면에 활기가 생기고 덜 수동적으로 보인다. 지금 이 배경을 택한 충분한 이유가 있음을, 그래서 이 혼잡하고 바쁜 공간이 앞으로 일어날 중요한 사건들을 생각할 때 적당한 배경이 될 것임을 확실히 해놓아야 한다.

배경 묘사 예시

에드는 구석 자리를 골랐지만 지금은 위치가 어디든 아무 소용 없을 것 같았다. 놀이 공간에서 아이들이 질러대는 괴성이 북적이는 식당 내 소음과 쌍벽을 이뤘다. 바닥은 작은 발들이 내달리는 소리로 울렸고, 내 두개골 속에서 방금 시작된 두통의 욱신거림과 서로 박자를 맞췄다. 나는 카운터 앞에서 메뉴를 훑어봤

지만 아이들의 땀내 때문에 들어올 때 남아 있던 약간의 식욕조차 깡그리 사라졌다. 따분해 보이는 점원이 메뉴를 결정했느냐고 물었을 때, 눈 뒤쪽 두통이 느껴지는 부위를 문질렀다. "맥주 있나요?" 나는 큰 기대 없이 물었다.

- **이 글에 쓴 기법** 다중 감각 묘사
- **얻은 효과** 분위기 설정, 감정 고조

풍경

목재로 된 벽, 바 내부를 내려다보게끔 일정한 간격을 두고 벽에 설치된 텔레비전들, 종종 특정 나라(아일랜드, 스코틀랜드, 독일 등)와 관련된 주제로 꾸민 실내장식, 그 문화를 대표하는 장식물(사진, 골동품, 깃발, 휘장, 상징), 무거운 목재 탁자, 벤치 의자나 튼튼한 일인용 의자, 어두운 조명, 스테인드글라스 장식이 들어간 창문, 짧은 검은색 치마에 주머니가 달린 작은 앞치마를 두르고 펜과 노트를 든 웨이트리스, 지역 수제 맥주와 해외 브랜드 맥주가 나오는 탭들이 장착된 기다란 바 테이블, 주문을 받는 용도의 컴퓨터, 바 위에 설치된 보관 랙에 거꾸로 걸린 손잡이가 긴 유리잔들, 음료용 장식들(빨대, 젓는 막대, 플라스틱으로 만든 검 모양 꼬챙이, 우산 모양 장식, 썰어놓은 오렌지, 반달 모양의 라임과 레몬 조각, 한 입 크기의 파인애플, 올리브, 알이 작은 양파)이 비치된 쟁반, 맥주 배수구, 얼음을 가득 얼린 얼음 틀, 씻으려고 싱크대에 둔 믹서와 블렌더, 술병들, 쌓여 있는 메뉴판, 음료를 건네거나 주문받은 음료를 쟁반에 놓는 바텐더, 음료(병, 머그잔, 크고 작은 양주잔 등에 담긴)가 여기저기 놓인 탁자, 코스터와 구겨진 냅킨, 펍 음식과 간단한 애피타이저가 담긴 접시, 탁자를 치우고 깨끗이 닦아 다음 고객이 앉을 수 있도록 준비하는 웨이트리스, 비틀거리며 화장실로 가는 취한 손님, 벽에 걸린 다트 판

소리

이야기하고 웃는 친구들, 술을 마실수록 높아지는 목소리, 텔레비전을 보며 소리 지르거나 환호하는 스포츠 팬, 건배하며 부딪치는 잔, 나무 탁자 위에 쿵 내려놓는 맥주잔, 접시를 긁는 포크와 나이프, 바닥에 끌리는 의자, 비닐 쿠션 의자에 체중이 나가는 사람이 앉을 때 나는 바람 새는 소리, 끼끽거리며 열리는 화장실 문, 거의 빈 맥주 통에 연결된 탭이 꿀럭거리며 거품만 토해내는 소리, 주방에서 갓 나온 지글거리는 뜨거운 요리, 바사삭 부서지는 나초 칩, 휴대전화 알림음, 자기 말을 강조하려고 탁자에 탕탕 두드리는 손

(냄새)

햄버거 고기와 그릴에 구운 스테이크, 튀김, 향신료, 맥주, 향수, 흡연자의 옷에서 풍기는 담배 냄새, 맥주 마신 사람의 숨결, 땀, 체취, 냉장고에서 나는 상쾌한 감귤 향, 강한 감초 향이나 견과류 향이 나는 술, 커피

(맛)

맥주, 다양한 맛의 술(테킬라, 럼, 위스키, 와인, 보드카), 짭짤한 립과 매운 닭 날개 요리, 튀긴 피클을 한 입 베어 물었을 때 터져 나오는 식초 맛, 치즈로 만든 딥 소스와 스프레드, 탄산음료, 커피, 향이 들어간 립크림이나 립스틱, 달달한 칵테일, 레몬이나 라임 조각의 신맛, 잔 테두리에 바른 설탕이나 소금

(촉감과 느낌)

푹신한 좌석, 거친 나무 탁자의 이랑진 표면, 칸막이 좌석 안에 다른 사람들과 꽉 끼어 앉은 느낌, 기름진 닭 날개 요리를 먹느라 점점 미끈거리는 손가락, 어깨 위에 놓인 다른 사람의 묵직한 팔, 유리잔에 맺힌 물방울이 손바닥에 닿는 느낌, 플라스틱 막대나 음료 장식용 꼬챙이를 짓궂게 혹은 초조하게 잘근잘근 씹는 느낌, 음식이 담긴 따뜻한 접시, 혀에 닿는 치즈 딥 소스의 부드러움, 보송보송한 종이 냅킨, 손가락에 묻은 굵은 소금을 털어내는 느낌, 술이 점점 거리낌 없이 오가면서 잦아지는 친밀한 몸짓과 접촉, 등받이 없는 스툴 때문에 생기는 등 아래쪽의 통증, 스툴이 살짝 빙그르르 도는 느낌, 양주잔으로 단숨에 들이켠 술이 목구멍을 따라 흐를 때의 타는 듯한 느낌

이 배경에서 벌어질 만한 갈등의 원인

* 잔뜩 취한 고객이 있다.
* 식중독 증상을 보이거나 알레르기 반응을 일으킨다.
* 새로운 상대와 함께 온 옛 애인을 발견한다.
* 음료나 술 맛이 너무 밍밍하거나 독하다.
* 텔레비전에서 중계되는 스포츠 경기 때문에 언쟁이나 몸싸움이 벌어진다.
* 취했거나 전혀 안 끌리는 상대가 끈질기게 치근덕거린다.

482

- 계속 뚫어지게 쳐다봐서 상대방을 불편하게 만드는 오싹한 손님이 있다.
- 모르는 사람이 주차장까지 계속 따라온다.
- 택시가 안 잡혀서 음주 운전을 하고 싶은 유혹에 빠진다.
- 화장실에 있는 동안 친구들이 가버린다.
- 사람들에게 잘 보이기 위해 한잔 사겠다고 데려왔는데 돈이 모자란다.

이 배경에서 볼 만한 유형의 사람들

- 바텐더, 요리사, 손님, 배달원, 매니저, 단골손님, 경찰관, 주류 회사 직원

이 배경과 밀접한 다른 배경

- 술집/바, 나이트클럽, 당구장

참고 사항 및 팁

펍과 바는 비슷해 보여도 몇 가지 뚜렷한 차이점이 있다. 펍은 자리 잡고 앉아 술이나 음료를 한두 잔 기울이고, 칼로리가 높은 푸짐한 식사를 하고, 친구들과 어울리는 것 등이 더 강조되는 장소다. 반면 바에서는 주로 술을 마시거나, 데이트 상대를 고르거나, 스포츠 경기를 시청한다. 밴드가 펍에 있는 무대에 오를 경우, 손님들은 일어서서 춤추기보다는 자기 테이블에 앉아 공연을 감상한다.

배경 묘사 예시

나는 사람들로 붐비는 실내를 훑으며 조시를 비롯한 우리 일행을 재빨리 찾아내길 바랐다. 그래야 어떤 반쯤 취한 남자가 나를 친구 하나 없는 분실물이나 그보다 더 최악으로 보고 술을 사겠다고 결심하는 참사가 벌어지지 않을 것이다. 육감적인 웨이트리스가 나초가 담긴 작은 비행선만 한 접시를 들고 내 곁을 지나치자 뱃속이 난리가 났다. 그녀는 반쯤 숨겨진 계단을 올라갔는데, 그때 리사가 언젠가 꼭대기 층이 좀 더 조용하다고 했던 말이 생각났다. 아니나 다를까. 내가 2층 층계참 꼭대기에 다다르자 환호성이 터졌다. 우리 팀이 구석 자리 높은 테이블 주변에 둘러앉아 손을 높이 들어 인사했다. 그들 사이에는 빈 맥주

잔과 유리잔의 꽤 인상적인 컬렉션이 널려 있었다. 나는 의자에 억지로 몸을 밀어넣고 커피를 시켰다. 누군가는 이 취한 열혈 엄마 부대를 집까지 태워줘야 할 테니까.

- **이 글에 쓴 기법**   과장, 다중 감각 묘사
- **얻은 효과**   성격 묘사, 분위기 설정

강렬한 배경 만들기

강렬한 배경은 작품의 주인공은 물론 다른 등장인물들에게도 특별한 의미가 될수 있다. 감정이 충만한 장면을 만들고 싶다면 지시대로 아래 도형들을 채워보자.

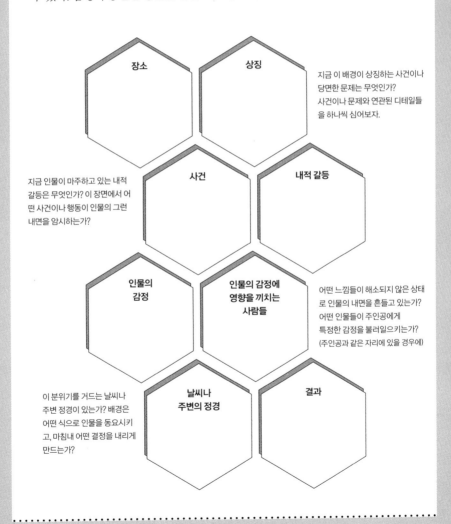

장소

상징

지금 이 배경이 상징하는 사건이나 당면한 문제는 무엇인가?
사건이나 문제와 연관된 디테일들을 하나씩 심어보자.

지금 인물이 마주하고 있는 내적 갈등은 무엇인가? 이 장면에서 어떤 사건이나 행동이 인물의 그런 내면을 암시하는가?

사건

내적 갈등

인물의 감정

인물의 감정에 영향을 끼치는 사람들

어떤 느낌들이 해소되지 않은 상태로 인물의 내면을 흔들고 있는가?
어떤 인물들이 주인공에게 특정한 감정을 불러일으키는가?
(주인공과 같은 자리에 있을 경우에)

이 분위기를 거드는 날씨나 주변 정경이 있는가? 배경은 어떤 식으로 인물을 동요시키고, 마침내 어떤 결정을 내리게 만드는가?

날씨나 주변의 정경

결과

예시

장소

메리가 어렸을 때 살았던 집 주방, 메리가 안 간 지 한참 된 곳.

상징

벽에 걸린 십자가, 어린 시절에 어머니가 썼던 것과 똑같은 접시 받침, 부모의 강요로 한 번에 몇 시간 동안 억지로 앉아 있었던 나무 의자.

사건

말없이 저녁을 먹는 상황. 메리는 이로 인해 어린 시절에 부모와 식사를 하던 순간을 떠올린다. 식사 시간에 말을 못 하게 했던 부모는 그녀가 물을 달라는 말만 해도 심한 벌을 주었다.

내적 갈등

자신을 신체적으로 학대했던 아버지에게 당당히 대들고 싶다. 하지만 아버지의 투철한 신앙심과 자신의 낮은 자존감 때문에 엄두를 내지 못한다.

인물의 감정

죄책감, 분노, 무기력, 증오, 수치심이 뒤섞인 상태.

인물의 감정에 영향을 끼치는 사람들

메리의 아버지(그녀의 분노가 향하는 가장 큰 대상) : 어린 메리에게 고통을 주었고, 오늘까지도 벗어나지 못하는 학대를 제공한 사람.

날씨나 주변의 정경

환한 주방 조명. 메리는 자신이 까발려지는 듯한 기분을 느낀다(자신이 죄를 진 것 같고, 스스로가 하찮게 여겨진다).

결과

메리는 침묵을 깨고 아버지가 '하느님의 이름으로' 자행한 학대와 악행을 상기시킨다.

배경 체크리스트

장소: _____ 장면 또는 챕터: _____

지금 이 배경이 인물의 행동을 위한 최선의 선택인가?
그렇다면 이유를 나열하라.

_____
_____
_____

이 배경 묘사를 통해 무엇을 얻고 싶은가?
(해당하는 모든 항목에 표시할 것)

☐ 갈등이나 긴장을 불러일으킨다.

☐ 곧 일어날 사건의 복선을 제공한다.

☐ 감정에 의한 행동이나 선택을 하게 한다.

☐ 인물이 과거(좋거나 나쁜)를 떠올리게 만든다.

☐ 오래전의 아픈 기억을 들쑤신다.

☐ 주인공이 내면의 두려움을 피하지 않고 직시하게 만든다.

☐ 반복되는 시련을 통해 주인공이 과거의 상처를 극복하게 만든다.

☐ 밝혀지지 않은 중요한 사연을 효과적으로 전달한다.

□ 한 명이나 그 이상의 인물의 성격을 묘사한다.

□ 전하려는 메시지나 의미를 더욱 강조하는 상징이나 동기를 보여준다.

□ 특정한 분위기를 만든다.

□ 플롯이 나아가는 데 일조한다.

□ 장애, 좌절을 통해 인물을 시험에 들게 한다.

□ 배경에 감정적 가치를 부여하고, 감정을 불러일으키는 계기를 만든다.

과거의 사건을 상징하고, 감정을 고조시키거나
메시지를 강조하는 디테일을 생각해보자.

_____
_____
_____
_____

당신의 주인공은 이 배경에 어떻게 반응하고 소통하는지 생각해보자.

_____
_____
_____
_____

이 툴의 인쇄 버전은 http://blog.naver.com/willbooks에서 다운로드 받을 수 있습니다.

《디테일 사전》 시리즈 소개

《디테일 사전: 시골 편》

디테일 사전 도시 편을 재미있게 읽었다면 솔깃할 만한 소식을 전한다. 이 시리즈엔 자매편이 있다. 바로 《디테일 사전: 시골 편》으로 100개의 배경 활용 방법은 물론 비유적 언어를 사용해 생생한 풍경을 묘사하는 법과 상징적인 의미를 작품에 표현하는 데 필요한 과정을 상세히 설명한다. 배경 활용이 어떻게 플롯을 움직이게 하는지, 이야기의 갈등을 제공할 수 있는지, 작중 인물의 감정에 영향을 미치는지도 알려준다.

생생한 시골 배경 묘사를 통해 여러분은 픽션과 실제 세계를 자연스러운 이음매로 통합할 수 있게 될 것이다. 이는 작가의 작품에 더 깊이 있는 진정성을 부여하는 요소다. 다음은 《디테일 사전: 시골 편》의 차례다.

지은이 **안젤라 애커만**Angela Ackerman
베카 푸글리시 Becca Puglisi

안젤라 애커만과 베카 푸글리시는 글쓰기 코치이자 강사이며, 베스트셀러 《작가들을 위한 사전 시리즈Writers Helping Writers Series》의 공동 저자다. 대표작으로 《트라우마 사전》이 있다. 그들의 책은 미국 대학의 글쓰기 강의 교재로 쓰이고 있으며, 여러 언어로 번역되어 전 세계 소설가, 시나리오 작가, 편집자들이 곁에 두고 보는 작법 참고서로 자리 잡았다. 안젤라와 베카는 작가들이 능력을 연마할 수 있도록 돕는 웹사이트 Writers Helping Writers®와 스토리텔링 능력 함양에 도움을 주는 One Stop for Writers®를 만든 주인공이며 운영자이기도 하다. 이 두 인기 웹사이트는 예술적 영감과 더불어 글쓰기에 관한 실용적 지침을 얻을 수 있는 저장소로, 전 세계 작가들에게 큰 힘이 되고 있다.

옮긴이 **최세희**

대학에서 영문학을 전공한 후 문화콘텐츠 기획, 라디오방송원고를 쓰며 번역을 해오고 있다. 《렛미인》, 《예감은 틀리지 않는다》, 《사랑은 그렇게 끝나지 않는다》, 《사색의 부서》, 《에마》, 《깡패단의 방문》, 《킵》, 《인비저블 서커스》, 《맨해튼 비치》, 《우리가 볼 수 없는 모든 빛》 등을 우리말로 옮겼으며 공저에 《이수정 이다혜의 범죄영화 프로파일》이 있다.

성문영

부산대학교 한문학과를 졸업한 후 음악잡지 〈Hot Music〉 편집부 기자와 〈Sub〉 편집장을 거쳐 명음레코드 팝 마케팅부에서 일했고 영국 사우샘프턴 인스티튜트의 미디어 석사 과정을 수료했다. 음악 필자와 출판 번역자로 활동하며 팝 칼럼니스트로서 독특한 글쓰기와 위트 넘치는 가사 번역으로 유명하다. 《테이킹 우드스탁》, 《파이 바닥의 달콤함》, 《우리는 언제나 성에 살았다》, 《어둠 속에서 작은 키스를》, 《오 마이 마돈나》, 《왕가위》 등을 옮겼다.

노이재

중앙대 통번역대학원을 졸업한 후 현재 〈하버드비즈니스리뷰〉 번역 팀에서 정보통신부 소속 번역가로 활동 중이다.

디테일 사전 도시 편
: 작가를 위한 배경 연출 가이드

펴낸날 초판 1쇄 2021년 4월 20일
　　　　 초판 3쇄 2021년 8월 15일

지은이 안젤라 애커만, 베카 푸글리시

옮긴이 최세희, 성문영, 노이재

펴낸이 이주애, 홍영완

편집 백은영, 박효주, 김애리, 양혜영, 문주영, 최혜리, 장종철, 오경은

디자인 박아형, 김주연, 기조숙

마케팅 박진희, 김태윤, 김소연, 김슬기

경영지원 박소현

펴낸곳 (주)윌북

출판등록 제2006-000017호

주소 10881 경기도 파주시 회동길 337-20

전자우편 willbooks@naver.com

전화 031-955-3777 **팩스** 031-955-3778

블로그 blog.naver.com/willbooks **포스트** post.naver.com/willbooks

페이스북 @willbooks **트위터** @onwillbooks **인스타그램** @willbooks_pub

ISBN 979-11-5581-360-7 03600